U0516115

# 法理卮言

ESSAYS ON JURISPRUDENCE
IN A NUTSHELL

## 法哲学视野中的法或法律

From the Perspective of
the Philosophy of *Ius* or *Lex*

周 静 著

社会科学文献出版社
SOCIAL SCIENCES ACADEMIC PRESS (CHINA)

# 法哲学视野中的法或法律（代序）

　　自民国时代起，法理教材或讲义中就常见到一个内容，那就是西方各国关于法或法律的表达，比如，英语如何，德语如何，法语如何，西班牙语如何，葡萄牙语如何，拉丁语如何，甚至古希腊语如何。这个内容太普通了，那么一讲，那么一听，没人认真地当回事。或许，视而不见、听而不闻就是这个意思，看了，不等于看到看清了，听了，不等于听到听懂了。

　　但也有人认真地当回事。分析法学原有一批老辈学者，他们有过系统完整的古典教育背景，语言功底够，文化修养深，对于个中精微之处，体会得真切，讲解得既浅显且到位。比如，萨尔蒙德就讲过，欧陆诸国相关表达多有两个系列之别，而英国却没有，这或许是造就海陆法系和法律观念隔阂的深层次原因。把语言差别提高到文化高度，也许，这算不上首次，但语言牵连着文化，看来，却不是没有道理。

　　这两个系列，一以拉丁语"尤斯"（*jus*）为代表，译作法；一以拉丁语"莱克"（*lex*）为代表，译作法律。它们一者含义宽泛，一者用法固定；一者比较抽象，一者比较具体；一者伦理性强，一者技术性强。又，一者系主观法，一者系客观法；一者兼指权利，一者暗指义务。为表示这些差别，建议一译作法，一译作律，以法律合称二者，以法代称二者，这虽说比较理想，但鉴于习用既久，传习既广，恐怕不易推开，且一仍旧贯吧。

比较而言，在英语中则无此差别，一概称法律（law）。法律（laws of state）自然是律（law），更广义上，规律（laws of nature）和定律（laws of logic and mathematics）都是律。为便利起见，人们刻意以正义（justice）或衡平（equality）对应于尤斯系列，以法律（law）对应于莱克系列，好像它们原就是对立骈行似的。古希腊语中的情况类似，法律叫作"诺谟"（*nomos*），正义叫作"狄克"（*dikaion*），同样地，人们也刻意把它们相提并论，好像原本如此似的。

从法到法律，这是一个广阔深邃的世界，也是一片绚烂多彩的天地，论对象范围之广，论内容跨度之大，论类型数目之繁，论性质相异之甚，论功能影响之巨，在诸多领域之中是不多见的。名与实，体与用，本与末，形与质，从这些角度观察和说明法或法律的，可叫作本体论，反映在逻辑上，就是概念论。如果问法或法律有无本体，本体何在，那么，权利义务之类必定当仁不让。法是权利之类，法律是义务之类，哪里有权利义务之类，哪里就有法，就有法律。对法或法律能作出怎样的观察和说明，对权利义务就能作出怎样的观察和说明。

这样的观察和说明有四类。

一是规范层面，这部分可叫作规范论。法或法律具有规范层面，规范论主要从逻辑角度观察和说明法或法律。原则，标准，规则，制度，部门，程序，体系，法系，诸如此类，它们所反映出来的是法或法律的构造性的一面，就像是一座楼房，一层一层，一门一门，一户一户，井井有条，有条不紊。

二是事实层面，这部分可叫作事实论。法或法律具有事实层面，事实论主要从经验角度观察和说明法或法律。行为，事件，事态，遵守，违反，执行，适用，监督，诸如此类，它们所反映出来的是法或法律的功能性的一面，就像是一把斧头，或劈或砍，或斩或削，或挥或运，各尽其才，各尽其用。

三是渊源层面，这部分可叫作渊源论。法或法律具有渊源层面，渊源论主要从起点角度观察和说明法或法律。立法，政策，习惯，学理，合同，遗嘱，道德，宗教，诸如此类，它们所反映出来的是法或法律的发生性的一面，就像是一株树木，有花有叶，有枝有权，有根有干，其出有本，其来有自。

四是价值层面，这部分可叫作价值论。法或法律具有价值层面，价值论主要从归宿角度观察和说明法或法律。秩序，正义，自由，利益，法治，宪制，仁爱，尊严，诸如此类，它们所反映出来的是法或法律的导向性的一面，就像是一面旗帜，一树一偃，一卷一舒，一用一藏，云集响应，分合聚散。

我们可以说，法或法律是规范体系或规则体系，这强调的是法或法律的规范性。我们可以说，法或法律是社会事实或文化产物，这强调的是法或法律的实践性。我们可以说，法或法律是立法体系或判例集合，这强调的是法或法律的合法性。我们可以说，法或法律是正义要求或自由体现，这强调的是法或法律的合理性。法或法律既具有规范性，又具有现实性，既具有合法性，又具有合理性，它们是同一正方形的四条边，是同一菱形的四个顶点。四个方面理应兼收并蓄，兼容并包，只见树木不见森林不好，攻其一点不及其余更不好！

规范论注重的是法或法律的形式要素，渊源论也注重形式要素；价值论注重的是法或法律的实质要素，事实论也注重实质要素。规范论注重的是法或法律的静态维度，事实论也注重静态维度；渊源论注重的是法或法律的动态维度，价值论也注重动态维度。套用亚里士多德"四因论"的说法，规范论讲求的是形式因，事实论讲求的是质料因，渊源论讲求的是动力因，目的论讲求的是目的因。形式就是框架、结构，质料就是材料、内容，二者对立统一，相辅相成；渊源就是起点、出发点，目的就是终点、落脚点，二者对立统一，相辅相成。四个顶点，两两相对；两组矛盾，一纵一横，法或法律就是这样一个集动静虚实于一身的"集大成者"。

从法到法律，这个世界可称广袤深邃，这片天地可称绚烂多彩，之所以这样讲，是有一些考虑在内的。一则，从法到法律，纵贯自然、社会和精神三大领域，精神在上，自然在下，社会居中，这是纵线。另则，从法到法律，横跨历史、现实和理念三个阶段，理念在右（面前），历史在左（身后），现实居中，这是横线。法或法律之上有精神世界，所谓规范论，即法或法律同精神世界交相作用的结果。法或法律之下有自然世界，所谓事实论，即法或法律同自然世界交相作用的结果。法或法律之左有历史世界，所谓渊源论，即法或法律同历史世界交相作用的结果。法或法律之前有理念世界，所谓价值论，即法或法律同理念世界交相作用的结果。

两条主线纵横相交，交点便是中点。从纵线看，中点是社会世界；从横线看，中点是现实世界。可见，中点便是社会世界和现实世界，合而言之，便是社会现实，简作社会。在现实世界中，法或法律同其他社会现象交相作用，这便是联系论，或叫存在论。社会中靠上的部分是文化，靠下的部分是经济，靠左的部分是习惯，靠右的部分是道德。可以说，所谓规范论，即法或法律同文化世界交相作用的结果；所谓事实论，即法或法律同经济世界交相作用的结果；所谓渊源论，即法或法律同习惯世界交相作用的结果；所谓价值论，即法或法律同道德世界交相作用结果。

这样，以规范、事实、渊源和价值为顶点，形成一个小的菱形，用以表示法或法律，中点是权利义务。又，以精神、自然、历史和理念为顶点形成一个大的菱形，用以表示世界，中点是社会现实。又，以文化、经济、习惯和道德为顶点形成一个中的菱形，用以表示社会，中点是政治。三重菱形，由大而中而小，逐层嵌套，足以形成一幅全景示意图，用以展示一种法哲学视野，进而揭示法或法律的存在场景，也揭示存在于法哲学视野中的法或法律。

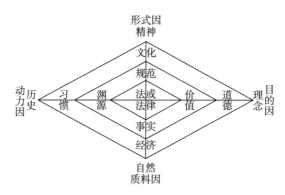

**图 1  法或法律的本体论框架**

说明：内层菱形代表法或法律，中点是权利义务；中层菱形代表
社会，中点是政治；外层菱形代表世界，中点是社会现实。

有了这幅图示，我们便可以问：法或法律应当标定在中点还是
顶点位置上，或者标定在哪些顶点之间，或者接近或远离哪些顶
点？这是在讨论法或法律的本质问题，可以叫本质论。在标定之
后，我们可以继续问：法或法律处在什么样的位置上，同它相对的
有哪些点，同它相邻的有哪些点，居于上下左右的又各有哪些点？
这是在讨论法或法律的存在问题，可以叫存在论。把规范、事实、
渊源和价值四个顶点，连接起来，围成一个菱形，用以表示法或法
律本身。这是讨论法或法律的本体问题，可以叫本体论。法或法律
的本质论、存在论（联系论）和本体论三位一体，互为表里，暂以
本体论代称之。法哲学如果局限在形而上学方面，那么，它主要研
究法或法律的本体论问题。

法或法律的本体论之外，尚有认识论和方法论，它们是相互关
联着的。本体论是关于对象的理论，认识论是关于观察者的理论，
方法论是关于对象和观察者之间关系的理论。历史上，自然法学强
调法或法律的价值方面，长于哲学方法，也叫价值方法；分析法学
强调法或法律的规范方面，长于逻辑方法，也叫分析方法；社会法
学强调的是法或法律的事实方面，长于经验方法，也叫社会学（科

学）方法；历史法学强调法或法律的渊源方面，长于谱系方法，也叫历史方法。

法或法律的原理即法理，法理是个省称。因此，法或法律的本体论、认识论和方法论是法理。又，法和法律的本体论、存在论（联系论）和本质论是法理。又，法和法律的规范论、事实论、渊源论和价值论是法理。上述两条主线、三重菱形、十二个顶点以及一个中点，它们的原理都是法理。比如，自然原理、社会原理和精神原理都是法或法律的原理。又如，历史原理、现实原理和理念原理都是法或法律的原理。法哲学以法或法律为主要研究对象，力图呈现法或法律的全貌原貌，从这个角度讲，它要比法学宽泛得多，希望也能深入得多。

当今是立法的时代，在立法的时代，法就是法律，法律就是立法；其他法律形态，如欲成其为法律，须经立法机构的严格审查和筛选。当今也是人的时代，在人的时代，法就是人类法，是社会法，是国家法，是国内法，其他法律形态，如欲成其为法律，须经司法机构的严格审查和筛选。法学是以现行法为主要研究对象，力图呈现现行法的全貌原貌，从这个角度讲，法哲学要宽泛得多，希望也能深入得多。

（二○二○年十二月二十五日初稿）

（二○二○年十二月二十七日改）

（二○二○年十二月三十日改定）

# 目　录

## 三　法的基础和根据

# 四　法的知识和方法

# 图表目录

# 一　法的规范和渊源

# *1* 论法与律

今天，出台"法律"，要缀上一"法"字，比如，《公司法》、《破产法》、《民事诉讼法》和《刑事诉讼法》等。

百年前，晚清修律，题材接近，却要沿用"律"字，比如《公司律》、《破产律》和《刑事诉讼律（草案）》、《民事诉讼律（草案）》等。

再行上溯，春秋战国之际，同样地，多见"法"字，比如，"宪法"（齐法）、"仆区之法"、"茆门之法"、"被庐之法"等。秦崛起之后，又使用"律"字，比如，"田律"、"厩苑律"、"效律"、"除吏律"等。

这中间，便是我们熟知的传统。李悝首创《法经》。《唐律疏议·名例》："商鞅传授，改法为律。"萧何"攈摭秦法，作律九章"，其后，又增加三种，一共六十篇，史称汉律。唐律时，达到巅峰。之前，秦律汉律，均以律名；之后，明律清律，一仍其旧。皇皇我中华法系，名曰"法"系，实以"律"称。

上述变化，概括地说，即：第一次，"法"改称"律"，在先秦；第二次，"律"改称"法"，在清末。"法"而"律"，"律"而"法"，既有相同，也有差异，既有相似，也有分别。有同有异，才能有通有变；有似有别，才能有沿有革。社会变化，继而，观念变化，总归要落实到称谓上；而称谓更迭，多少也折射出这些变化。以下，试做些说明。

首先，器物方面。先秦时，"法"大量比作度量衡；而"律"则直接用作度量衡。《管子·七法》："尺寸也，绳墨也，规矩也，衡石也，斗斛也，角量也，谓之法。"《商君书·修权》："法者，国之权衡也。"《尚书·舜典》:"同律度量衡。"《尔雅·释言》:"坎律,铨也。"《广雅·释器》:"称谓之铨。"《说文》段注引《声类》:"铨所以称物也";又,称俗作秤。

其次,性质方面。"法"即"平"、"常","律"则为"均"、"常"。《尔雅·释诂上》,"法"、"律"同列,皆训(解释成)常;如上,"律"、坎同列,皆训铨。郝疏,常训长,度名。坎,卦名,为水。铨是重器,用以平轻重,求得平衡。"法","灋"字省笔,都带水旁。《说文·廌部》:"平之如水,从水。"

最后,功用方面。据考,"法"读音近"伐"、"废",且训"逼",由此,生出刑(刑罚)禁(禁止)令(命令)之义;"律"远没有那样强烈,训为"述"、"率"、"累"等。《管子·心术》:"杀戮禁诛之谓法。"《盐铁论·诏圣》:"法者,刑罚也,所以禁强暴也。"《说文·廌部》:"灋,荆也。"《尔雅·释言》:"律,述也。"《广雅·释言》:"律,率也。"郝疏讲,述还作术,还有率,解作"循",即"遵循"。《释名·释典艺》:"律,累也,累人心使不得放肆也。"

何以如此?曰:"法"与"刑"进而与"兵"有关;而"律"则与"乐"进而与"礼"有关。此其大略。

"法"解作"刑","刑"或作"罚罪"。《说文·廌部》:"灋,荆也。"《说文·丼部》:"荆,罚皋也。"篆文"荆",楷作"荆",《说文·廌部》把"法"解作"荆"。段注分辨说,此"荆"非彼"刑","荆"可引申出"模范镕埴(荆上土下)",而"刑者,到头也,横绝之也"。《说文·刀部》:"刑,到也";"到,刑也"。他还说,"荆"才是正字。

不过,实际使用起来,似更加宽泛。世传"刑起于兵"之说,华夷战争,讨伐无道,惩办不法等,无不是刑的范畴。《慎子·逸文》:"斩人肢体,凿人肌肤,谓之刑。"《国语·鲁语上》:"大刑用甲兵,其次用斧钺;中刑用刀锯,其次用钻笮;薄刑用鞭扑,以威民也。故大者陈之原野,小者致之市朝,五刑三次,是无隐也。"

可见，只是程度问题，五十步，一百步，如是而已。

而"律"，本系竹器，用作定音和候气。蔡邕《月令章句》："截竹为管谓之律。"有人写作"箻"，解作竹名、简名。起初，材质用竹，后用玉，汉末改用铜。相传，黄帝命伶伦，用黍粒排列的办法，来确定律度（律管长度），借以确定音高。律管越长，音量越低，反之，则越高。其规格，共十二种，阴阳奇偶各六，这就是"十二律"。奇数为阳，叫作"六律"；偶数为阴，叫作"六吕"。"律吕"并称，各具名目。《千字文》："闰余成岁，律吕调阳。"

《孟子·离娄上》："师旷之聪，不以六律，不能正五音。"五音声代表音级，六律六吕代表音高，二者组合，乐曲随之产生，调式随之分别。古人又把它们同岁时、方位、五行等对应起来，礼乐之类，因之平添了不少非同寻常的意义。《左传·襄公二十九年》载，吴公子季札出访鲁国，聆听周乐，逐一加以评论，敏锐地体察出各国的政治风貌。所谓"吹律审音，听乐知政"者也。

对此，历朝历代颇为推重。《史记·律书》："王者制事立法，物度轨则，壹秉于六律，六律为万事根本焉。"《洪武正韵》："律吕，万法所出，故法令谓之律。"另外一些问题，由此，或可明解，比如"均布"等。《说文·彳部》："律，均布也。"《说文系传》卷四："十二律均布节气，故有六律六均。"

可见，有很长一段时间，"法"与"刑"，天然关联，由此延伸至"兵"；"律"与"乐"，天然关联，由此延伸至"礼"。这层意思，应予适当关注。

三代之际，礼刑相须，互为表里。其后，"礼崩乐坏"，"周室卑微，诸侯力政"，"刑"分立了出来，同"礼乐"断了联系，这就是"法"。想想，法家任法，所为者何？无非"富强"二字，图存、图治、图富强。秦崛起了，威加海内，但依旧老一套，赤裸裸的暴力，以致"二世而亡"。教训何其深刻！

打天下，治天下，"攻守之势异也"，故不同术。汉兴，初尚黄老，兼用法术。汉武朝，"罢黜百家，独尊儒术"。由此，绵延四百载之久。刑戮居于次要，道义复为主导，先前的"法"不再中立，而重新皈依礼教，同众多精神观念、社会现象水乳交融，浑然一体，这就是"律"。至此，又在更高层次上，回归"三代"。

经济要振兴，国防要巩固，国际地位要提高，光靠道德不行，光靠教化不行，要用"法"。民族要融合，国运要长久，人格尊严要升华，光靠经济不行，光靠"实力"不行，要用"律"。"法"是功利化、政治化了的"刑"；"律"是道德化、艺术化了的"法"。当然，对象清楚了，情况清楚了，叫什么，怎么称呼，反倒不重要了。

近代以来，我们积贫积弱，饱受凌辱，所以要"变法"，要自新，要强大。如今，现代化进程已历百年，特别是改革开放后，综合实力全面提高，民族自信心大幅回升……有一天，我们足够强了，足够富了，那时，能够做些什么？应该做些什么？这类问题，是否应该坐下来，平心静气，好好思量思量呢？

（二〇二〇年六月九日改订）

# $\mathcal{2}$ 论三重效力

效力一语，用法宽泛，而我们日常教学中的理解和关注，比较起来则要狭窄一些。

比如说，有合同效力，有条款效力，按照一般原理，条款效力不影响合同效力。有法规效力，有条款效力，有文件效力，有段落效力，同理，部分效力不影响整体效力。反之则不然，整体无效，部分无效。按照这个逻辑，应有章节效力、项目效力、条文效力等存在，它们都是部分效力。

又，有法律效力，有合同效力，有遗嘱效力，有条约效力，有判决效力，有文书票证的效力，有法律行为的效力，有权利义务的效力。按照一般原理，法律效力兼容其他效力，只要它们于法有据即可；法律效力不排斥其他效力，只要它们与法律规定不相抵触即可。

又，立法有效力问题，道德有效力问题，政策有效力问题，习惯有效力问题，其他技术规范也有效力问题。其他如逻辑定理、数理定律、自然规律，又如理论学说、观点主张等，也涉及效力问题。法律渊源形形色色，社会规范形形色色，效力问题也就形形色色。

又，有对人效力，有对事效力，有空间效力，有时间效力。效力总是对人效力和对事效力，空间效力是一定空间范围内的对人效力和对事效力，时间效力是一定时间范围内的对人效力和对事效力，归根结底讲，都是对人效力和对事效力。只在一定范围内有效，这是人类法或实证法的特征，也是所有社会规范的共同特征。

相对而言，自然法则不具有这一特征，自然法讲究普遍性和永恒性，从地域上看是普遍的，从时间上看是永恒的。所以，对自然法而言，无须讨论效力范围问题，甚至无须讨论效力问题，因为效力问题是不言自明的。

效力，也叫有效性，一般讲，指拘束力，或叫约束力，但是不够全面。法律不仅有拘束力或约束力，也有劝导力，有宣告力，有强制力，有执行力。法律的诸多"力"，哪一个都不宜同法律效力分割开来。在此，试作辨析。

拘束力设定遵守法律的义务。这时，它直接针对公民而言，它告诉他们应当如此这般地遵守法律，在必要时候动用暴力，或以暴力相威胁。公民和法律之间，从深层次上讲，也是公民和国家之间，因之得以确立起某种联系来。这是第一重。

效力设定应用法律的义务。这时，它直接针对法官而言，它告诉法官应当如此这般地应用法律，必要时候附加某种措施或机制。法官和法律之间，从深层次上讲，也是法律和国家之间，因之得以确立起某种联系来。这是第二重。

效力设定尊重法律的义务。这时，它直接针对公民和法官以外的"局外人"而言，它告诉他们应当如此这般地尊重法律，必要时候附加某种方式或手段。"局外人"和法律之间，从深层次上讲，也是"局外人"和国家之间，因之得以确立起某种联系来。这是第三重。

尊重义务含义有二：一是不否认，最好是承认，即肯定法律存在；二是不干涉，最好是配合，即维护法律存在。"局外人"对法律的尊重义务体现为不否认法律有效，不干涉法律实施，最好是既能友好地承认法律有效，又能积极地配合法律实施。

试以《中华人民共和国香港特别行政区基本法》为例说明之。基本法是香港"小宪法"，对于香港当局和香港地区而言，当然具有约束力无疑，这是守法义务。中央或港方有必要按照基本法要求妥处纠纷与分歧，这是用法义务。基本法对于他国而言不能说有效，但也不能说无效，他国对基本法负有尊重义务，也就是不否认义务和不干涉义务。

行政法规对于中央军委，北京市法规对于天津市民，内地法律对于香港市民，中国法律对于美国公民，这几种情况都不具有拘束力，但也不是无效，而是存在尊重义务，即不否认义务和不干涉义务。美国方面经常动用所谓"长臂管辖"，这一蛮横行径之所以引发各方极度反感，因素之一，就是因为误把尊重义务当作守法义务了，当然，绝不能排除是有意为之。

再以合同为例，缔约双方为当事人，合同凝聚双方共识。对于双方当事人来讲，合同自然具有拘束力；对于合同来讲，双方当事人自然负有履约义务。对于法官来讲，合同也具有效力，法官负有按照有效合同裁判的"守法"义务。对于缔约双方之外的第三人来讲，他是"局外人"，合同对他有效，他对于合同负有尊重义务，即不否认和不干涉义务。

效力为相关方面设定了三重义务，一是遵守义务，二是应用义务，三是尊重义务。这三个方面，尤其是第三重义务，仅仅拘束力或约束力是无法涵盖的。

如前，我们说效力含义要比日常理解和关注来得丰富，原因就在这里。

（二〇二〇年六月八日初稿）
（二〇二〇年六月九日修订）

# *3* 论效力根据

何谓法律效力？这是效力概念。法律何以有效？这是效力根据。针对什么有效？这是效力范围。冲突如何协调？这是效力冲突。法理中讲到法律效力问题，这几方面一般都会涉及。这里，只讲效力根据。

据说，有四种效力观，它们是逻辑效力观、伦理效力观、事实效力观和心理效力观。又据说，有三种有效性，它们是经验有效性、道德有效性和逻辑有效性。这两种说法大同小异，前种说法中有事实效力观和心理效力观，后种说法中有经验有效性，两者大抵相当。无论讲四种，还是讲三种，背后总有所谓三大法学派的影子。

法律所以有效，是因为符合道德，自然法如是说。天外有天，法外有法；人上有人，法上有法。句中前一个法指实证法，后一个法指自然法，它们都是法。自然法先于实证法，高于实证法，优于实证法，大于实证法，因而是渊源，是基础，是标准，是权威，是归宿。实证法之为法律，是自然法赋予它这种品格的，实证法背离自然法，即为恶法，"恶法非法"。大多数人把自然法解作道德，似乎居于法外，故名。

这种意见把法律分作两种，一真一幻，一虚一实，一本一末，一用一体，一道一器，一原一委，一尊一卑，一主一从，凯尔森称之为二元论。二元论不限于自然法，凯氏说，像历史法学、社会连带法学之类，都在此列。或许，凡是有点形而上学意味的，都带有这样的特点。这种观念源起很早，可以追溯到柏拉图；而流传又很长，直至今日，仍未绝迹。二元论可以守旧，可以启蒙，可以评价，可以批判，足以产生直截了当的对比效果，给人以强烈震撼。

法律所以有效，是因为逻辑使然，分析法学如是说。法律是规范，法律体系是规范体系，不仅如此，还是动态规范体系。这样，法律效力渊源即不必外求，在自身体系内解决即可。由个别规范而低级规范，由低级规范而高级规范，由高级规范而基础规范，有此基础规范足矣。哈特也讲承认规则，讲法虽有异，其用意是一样的。似乎，效力外求总是有些忌讳，最好用体系来解决问题。

这种意见把法律看作一套自足体系，就像一台机器一样精密紧致，又像一条生产线一样连绵不断，环环相扣，层层相连，仿佛达到自动控制的地步。凯氏之前有奥斯丁，凯氏之后有哈特，对于效力来源，他们有的从国家机器当中去找，有的从社会事实当中去找，只是不愿从高级法和道德标准中去找罢了。自休谟之后，应然实然蓦然生出一条鸿沟，壁垒森严，不可逾越。后世亦步亦趋，令行景从，不敢越雷池一步。

法律所以有效，是因为具有实效，法社会学如是说。社会是一片林子，法律即是其中一簇灌木；社会是一垄田地，法律即是其上一畦庄稼；社会是一掬肥料，法律即是其后一架果实。社会是理解法律的重要参照系，就像国家是重要参照系一样，也像道德是重要参照系一样。法律扎根于社会当中，寄托于社会当中，孕育于社会当中，成熟于社会当中。饮水思源，落叶归根，人们把法律效力归结于社会，就像是在祠堂和神龛中找到了祖先神位。

这种意见把法律看作结果，有时也看作过程，让法律参与到同其他社会力量的相互作用之中，谁是背景，谁是角色，谁是对象，谁是环境，不容易说得清楚。法社会学极其庞杂，按庞德的说法，有过物理学阶段，有过生物学阶段，有过心理学阶段，有过综合阶段，他本人的社会法学系集大成者。法社会学用事实来解释效力，有的是客观事实，有的是主观事实，法现实主义特别看重主观事实。孔德自创实证主义，希望在神学和形而上学之后，为人类认识找到正途。他还创立社会学一语，不知其后社会学大兴于世，这个算不算作机缘？

　　自然法、分析法学和法社会学三足鼎立，雄踞天下，其他小门小派则夹杂其中，沦为附庸。它们对问题各有说法，互相攻讦，互不相让，不仅落实到法律效力问题上是这样，在其他问题上也是这样。自然法代表哲学的说法，分析法学和法社会学代表科学的说法，境界不同，视野不同，立场不同，态度不同，有时候并不在一个平面上，有些争论不到一处去。不过，厘清一下，做点综合工作，就像综合法学和统一法学那样，也还是有益的。

　　我们知道，一句话之所以正确，有很多原因，有时是话本身正确，有时是说话的人正确，有时是说话的场合正确。自然法学讲，法律效力本于道德，这是因为说话内容正确而话正确；分析法学讲，法律效力本于逻辑，这是因为说话人正确而话正确；法社会学讲，法律效力本于事实，这是因为说话场合正确而话正确。一句正确的话，可以是内容正确的一句话，可以是说话人正确的一句话，可以是说话场合正确的一句话，但最好的是由正确的人在正确的场合说出来的一句内容正确的话。这样子，不是更好么？

　　我们希望，我们说的话是正确的话，我们不仅希望它的内容正确，说话人正确，场合正确；除此之外，我们还希望对象正确，方式正确，语气正确，起因正确，影响正确，还有，最好是姿态、表情、手势、眼神，都能正确。

（二〇二〇年七月四日）

# *4* 论基础规范

基础规范是凯尔森规范体系的基础，也是凯氏纯粹法学的基础。基，台基也，础，柱础也，基础支撑台柱不倒塌，但基础规范却饱受争议。即便对这些争议不以为意，即便是醉情于凯氏纯粹之美，在谈到基础规范时，也不免有些意犹未尽之憾。

"休谟命题"至凯氏时已成铁律。凯氏十分注意区别应然和实然，十分小心地使之两不相干，两不相犯。具体到法律效力的来源问题上，就是一定要内求诸己，而不是外求诸人，也就是一定要在法律体系内部解决，而不是诉诸体系外部的某个领域。

比如说，法院一纸有罪判决何以有效？不过一纸文书而已，何以一夜之间，嫌犯从此变作罪犯，公民从此变作囚徒？何以监狱机关须加照做，而不得有误呢？

对此，可以回答说，法院判决顺天应人，得到老百姓衷心拥护。可以回答说，法院判决操作专业，体现了良好的为人民服务传统。可以回答说，法院判决代表国家作出，具有权威性和强制性，不服从这张判决，就会得到另外一张判决。当然，还可以回答说，法院依法设立，判决依法作出，所以有效。

以上四种回答，只有最后一种是法学回答，其他的要么是政治学回答，要么是社会学回答，不论是哪一个学科的回答，总之不是法学回答。凯氏追求的是法学回答。

凯氏认为法律是一套规范体系。在这套体系中，也包括了法院判决在内，称作个别规范。个别规范要服从于低级规范，低级规范要服从于高级规范，所有规范要服从于基础规范。只有这样，各规范才能形成一个体系，而不再是七零八落、七拼八凑而来的

"乌合之众"。

那么，法院判决何以有效？是因为依法作出，依刑法，依刑诉法，都叫作依法。依法作出的何以有效？因为它们由全国人大制定。全国人大制定的何以有效？因为有现行宪法授权。现行宪法何以有效？因为七八宪法。七八宪法何以有效？因为七五宪法。七五宪法何以有效？因为五四宪法。五四宪法何以有效？因为共同纲领。

这是一个"回溯"过程。判决效力来自法律，法律效力来自现行宪法，现行宪法效力来自以前的宪法，所有以前的宪法效力均来自第一部宪法，一部叫作共同纲领的文件。共同纲领的实质，就是为新中国法律体系提供一个基础规范，保证这一体系当中的所有规范有效。

那么，共同纲领何以有效？也就是说，基础规范何以有效？这是纯粹法学的各种反对派手中的"绝杀器"，也是各种支持者心目中永远的"软肋"。

对此，可以回答说，是毛主席指挥若定，共产党朝气蓬勃，解放军气势如虹，摧枯拉朽，反动派则一触即溃，一败涂地，反动政权气数已尽，土崩瓦解。可以回答说，是人民的选择，是时代的选择，共产党则代表全国各民族的根本利益。可以回答说，国际环境，谈谈打打，是国际形势使然。可以回答说，天下大势，分分合合，是历史规律使然。

以上四种回答，没有一种是法学回答，它们要么是政治学回答，要么是社会学回答，要么是历史学回答，要么是国际关系的回答，总之不是法学回答。而凯氏所追求的法学回答是：不回答！基础规范的性质不可说！

凯氏说，法学要想真正成为一门科学，就必须建立在某个认识论假定上，不可能让这类追问无休止地继续下去，而基础规范就是这样一个假定。凯氏后来又说，基础规范是个拟制。拟制是什么？拟制就是虚构，把不是的东西当作是，这就是拟制。似乎，凯氏本人多少有些摇摆，有些拿不定主意。

其实，无论假定也好，拟制也罢，总是一个起点，科学研究总要找到一个起点。

就像几何学研究构建起那样庞大精致的知识体系，然而它们无不建筑于数目极其有限的公理之上。有人怀疑过这些公理吗？又像逻辑学研究构建起那样复杂严谨的形式语言系统，然而它们无不建筑在数目极其有限的定理之上。有人怀疑过这些定理吗？又像经济学研究构建起那样光彩炫目的理论分析，然而它们无不是建筑在数目极其有限的假定之上。有人怀疑过这些假定吗？

既然没有人怀疑过这些公理、定理和假定，为什么又要怀疑基础规范呢？既然没有人怀疑过几何学、逻辑学和经济学的科学性，为什么又要怀疑法学的科学性呢？

而且，几何学的公理，逻辑学的定理，经济学的假定，在哲学之类的更为基础的学科看来，不正是它们的研究对象和研究成果吗？一个学科的起点，可能正是另一个学科的终点；反过来，一个学科的结束，可能正是另一个学科的开始。有起点，有终点，有开始，有结束，各个学科才能相互联系起来，相互配合补充，组织成为一个体系。

再回到基础规范。基础规范可能就是这样一个开始。法学的开始或是其他学科的终点，正像法学的终点或是其他学科的开始一样。对于基础规范，尽可以政治学研究之，以社会学研究之，以历史学研究之，以国际关系学研究之，总之，不必以法学研究之。法学只需要以它做起点就够了，法学不可能包揽一切。

解放战争胜利在即，新中国建立前夜，全国各主要正义力量的代表齐聚一堂，共同参政议政，共同决定国家大事，共同就某些极端重要的事项达成共识，共同就某些极端重要的安排取得一致，有这些，就够了。这些意见就形成基础规范。有了基础规范，各部宪法效力就有保证；各部宪法效力有保证，法律效力就有保证；法律效力有保证，法院判决效力就有保证。这样，法律体系就有了，法学也就有了。一切顺理成章，水到渠成。

法学的科学性在于纯粹性，也就是纯洁性。蒸馏水是人所共知的，排除掉杂质，才能够纯洁，这就是蒸馏水，它是世界上最纯洁的水。法律科学就是提取后的蒸馏水，来自自然法的杂质，来自政治学的杂质，来自社会学的杂质，来自历史学的杂质，还有来自心理学的杂质，统统给排除掉了，于是，法学就成了科学。法学是科学吗？法学如何成为科学？这始终是问题，不能不引起人们的思考。

基础规范既是一个开端，也是一个终结。对法学而言，它是一个开端；对其他学科而言，它是一个终结。法学以其他学科的某些研究为开始，其他学科以法学的某些研究为终结。如此环环相接，周而复始，形成一个完整链条，不也挺好的吗？

明乎此，基就是基，础就是础，基础规范就是基础，它既是规范体系的基础，也是纯粹法学的基础，更是凯氏思想的基础。

忽然想到，倘若凯氏本人尚在，他要是说："我才不那样想呢？"或者说："我何曾那样想过？"想到此，一时语塞，不知如何才好！

（二〇二〇年六月二十日）

# $5$ 论规则

　　一个行为发生了，另一个行为随之发生，两个行为一先一后，它们中间存在某种联系。如果这种联系不是个别的，不是偶然的，那么，可能有某个规则存在。

　　一个事件发生了，另一个事件随之发生，两个事件一先一后，它们中间存在某种联系。如果这种联系不是个别的，不是偶然的，那么，可能有某个规则存在。

　　一个事实发生了，另一个事实随之发生，两个事实一先一后，它们中间存在某种联系。如果这种联系不是个别的，不是偶然的，那么，可能有某个规则存在。

　　这个意思，可以反过来说，规则代表两个行为之间的某种联系，也代表两个事件之间的某种联系，总之，代表两个事实之间的某种联系。但是，什么样的联系，可以称之为规则呢？为什么上面只说"不是个别的，不是偶然的"？这不是要求太低了么？

　　"日月"是个事实，"潮汐"是个事实，这两个事实联系在一起，便叫作规律。规律表现为规则。"摩擦"是个事实，"生热"是个事实，这两个事实联系在一起，也叫作规律。规律表现为规则。

　　"损害"是个事实，"赔偿"是个事实，这两个事实联系在一起，便叫作法律。法律表现为规则。"杀人"是个事实，"偿命"是个事实，这两个事实联系在一起，也叫作法律。法律表现为规则。

　　"日月"和"潮汐"，"摩擦"和"生热"，一因一果，是自然规律，体现出必然联系。"损害"和"赔偿"，"杀人"和"偿命"，一过一罚，是国家法律，体现出应然联系。必然和应然，虽各有所属，但二者之间，呈现出惊人的、深刻的一致性。

　　某种联系之所以冠以"必然"二字，就是要独立并优越于一般的、常规的联系，当然也要独立并优越于个别的、偶然的联系。某种联系之所以冠以"应然"二字，就是要独立并优越于一般的、常规的联系，当然也独立并优越于个别的、偶然的联系。"必然"、"应然"都是模态，它们是某种独特存在状态，有别于实时存在状态。

　　必然联系代表某种普遍联系，每一个个别的、偶然的联系均是它的一个例证。应然也代表某种普遍联系，每一个个别的、偶然的联系均是它的一个例证。这种普遍联系就像是一个抽象的数学公式，而每一个个别的、偶然的联系都是一道例题。例题就是例证，作用是验证公式，当然也是应用公式。

　　或许正是出于这种一致性，古人纷纷转向自然当中寻求根据，近人则纷纷转向人的自然即人性当中寻求根据，而由此推导出来的却无不是道德律；明明都是道德律，却又叫作"自然法"，有时也叫作"自然权利"。道德扎根于自然，正像道德扎根于精神一样，从它们那里为道德寻求根据，进而为法律寻求根据，这恰是古典思维的典型特征所在。

　　其实，自然律也好，道德律也罢，从地域上讲，都具有某种普遍性，至少是一般性；从时间上讲，都具有某种永恒性，至少是长久性；从导向上讲，都具有某种目的性，至少是指导性；从位阶上讲，都具有某种优越性，至少是权威性；从功能上讲，都具有某种批判性，至少是评价性。总括起来，它们都具有某种绝对性，至少是有效性。

　　它们有那么多相似性，只不过，近人心细，又有耐心，所以愿意把它们分别区处。到休谟、康德之后，二者一个叫是，一个叫应当；一个叫实然，一个叫应然；一个叫事实，一个叫价值。居于它们之间的，俨然是一道不可逾越的鸿沟，是、实然和事实正在此处，而应当、应然和价值却在彼岸。正如书上说的，"鸡犬之声相闻，民至老死不相往来"。今人古人，想法各异。

　　所谓普遍性、一般性、个别性，多少是量的概念。一个抽象命题对全部具体情况都适用，就叫作普遍；对差不多半数情况适用，就叫作一般；只对少之又少的情况适用，就叫作个别。另如多数、大多数、绝大多数等，又如少数、较少数、极少数等，都是量词。

从操作角度看，规则成立应以排除偶然情况和个别情况为宜。什么是偶然情况？比如，只是一次性和随机性适用。什么是个别情况？比如，只是对个别主体的个别行为适用。命题的普遍性或一般性程度的对比反差可以非常之大，这也就是说，规则所代表事实联系的普遍性或一般性程度的对比反差可以非常之大。由普遍性到个别性，程度逐渐降低，反之则程度逐渐增加。

因此，只要事实联系或命题摆脱个别性、偶然性情况，便立即呈现出某种一致性、重复性、长期性、稳定性和连续性。随着这些方面水平的不断提高，规律性水平不断提高，直到抵达普遍性；反之，则规律性水平不断降低，直到回归个别性。这种情况，在自然领域和法律领域都有所反映。

从自然领域看，随着科学研究的发展推进，自然规律的普遍性和一般性程度也在发生变化。据说，在一个平面上，三角形内角和等于一百八十度；在球体表面，则大于一百八十度；在球体内部，又小于一百八十度。又，牛顿力学和欧氏几何揭示了中观时空条件下的自然规律；爱因斯坦相对论和非欧几何则揭示了非中观时空条件下的自然规律。又，量子力学和测不准原理则大大更新拓展了人们对时空和因果关系的认知和理解。

从法律领域看，合同可以为两个或更多特定人确立规则。物权可以为不特定人确立规则。习惯可以为一个群体确立规则。立法可为不同群体确立规则。国际条约可以为不同国家确立规则。比较法可以为不同法系确立规则。法律传统可以为不同时代确立规则。规则的普遍性程度和一般性程度有如一架质地优良的弹簧，压缩伸展幅度可以非常之大！

普遍和个别是两个极端。如果只把普遍命题当作规则，那么，世间可能找不出几条规则；相反，如果把个别命题也当作规则，那么，世间可能找不出几条不是规则。我们在法学中看到，分析法学容易把法律窄化，所以就会令人困惑："什么是法律？"而法社会学容易把法律泛化，所以就会令人疑惑："什么不是法律？"

一开始曾说道，规则联系的是两个事实，那么，为什么不能是三个，或者更多呢？又为什么不能是一个呢？首先，可以是三个。为什么不能呢？比如，可以通过"如果甲，则乙"和"如果乙，则丙"这两个规则，从而把"甲—乙—丙"三个事实联系来。再如，也可通过"如果甲，则乙"和"如果非乙，则丙"这两个规则，从而把三个事实联系起来。更多的事实，可以通过更多的方式联系起来，从而呈现出更多的面貌。

规则就好比一根绳索，事实就好比绳索两头打好的绳结。如果在一端接一段绳索，在另一端再打个结，这时，两条线段，三个绳结，恰对应两个规则和三个事实。不断继续下去，就会出现一张布满绳结的大网，就像是罩在地球表面的经纬网格一样，这就是整个规律和法律。法律和规律，还有定律，在西语中使用同一个词表达。古往今来，人们常用网来形容法律和规律，人们说："天网恢恢，疏而不漏。"

规则联系着两个甚至更多的事实。只要这些事实不是个别地、偶然地联系在一起，只要这些联系存在，规则就可能存在。至于这些事实是靠什么力量联系在一起，又是出于什么目的联系在一起，则可以在所不问，因为它们并不影响规则的存在。这些事实可以因自然的力量联系在一起，这时，从道德角度看，或许根本就没有什么联系！这些事实，也可以因政治的力量联系在一起，这时，从自然角度看，或许根本就没有什么联系！

因什么联系在一起，这类问题，在法学上，由渊源理论来回答。而为什么目的联系在一起，这类问题，由价值理论来回答。而是否存在这一层联系，这类问题，由规范理论来回答。实践中个别事实之间是否存在这些联系，这类问题，则由关系理论加以回答。相对完整地把握法律规则问题，需要法律关系理论、法律规范理论、法律渊源理论和法律价值理论数者的通力协作。

那么，一个事实可否构成规则？可以。规则可以就一个事实本身作出规定。这就是说，规则可就一个实体是否具有某些属性作出规定，也可就一个行为是否具备某些特征作出规定。这在语言上表现为定义，在实践中用作标准，人们可以据此就某些具体情况作出定性。法学上的侵权行为构成和犯罪行为构成，其实就是这样一些标准，不过由学理加以归纳和表述出来罢了。

规则指向某些非个别的、非偶然的事实，规则就若干事实特别是它们之间的联系加以规定。一定规模的事实可构成世界或领域，一定规模的规则可构成规律或法律，规律用以支配某个世界，法律用以调整某个领域。基本图景，大抵如此。

这样，一个行为发生了，一个事件随之发生，一先一后，如果二者中间存在某种联系，且这种联系不是个别的，不是偶然的，那么，其中可能存在某种规则。

同理，一个事件发生了，一个行为随之发生，一先一后，如果二者中间存在某种联系，且这种联系不是个别的，不是偶然的，那么，其中可能存在某种规则。

同理，在一个事态同另一事态之间，在事态和行为之间，在事态和事件之间，同样可能存在规则，但它所代表的联系不能是个别的，不能是偶然的。

（二○一九年十一月二十七日）

# *6* 论规定

规定和描述互为对子，规定性和描述性也互为对子，相应地，其他词性词缀变化也互为对子。汉语没有那么多词性词缀变化，表达起来要吃力很多。

比如，凯尔森在《规范通论》（*General Theory of Norms*，1991）第二十五章中说："描述是认知行为的意义，规定是意志行为的意义。描述某些事情，办法是讲清它如何是；而规定某些事情，尤其是规定特定行为，办法是表明它如何应当是。"［p. 96.］

凯氏意见一贯自觉坚持并贯彻休谟定律，十分注意不同领域性质的分野。在规定和描述这一对子背后，其实是无数对子，是和应当，实然和应然，事实和价值，描述性和规范性，描述性和评价性，等等。反映在法学理论当中，也有无数对子，事实上和法律上（*de facto v. de jure*），事实和规范，实效和效力，实证法和自然法，等等。休谟定律在社会科学中，一度相当于公理一般的存在。

整个世界由此一分为二，它的一侧是是，另一侧是应当，楚河汉界，鸿沟阻隔。处于是这侧的，有事实，有实然，有描述（性）；处于应当这侧的，有应然，有规范（性），有评价（性），有规定（性）。同描述（性）相对称的，除规定（性）而外，至少还有规范（性）和评价（性）。可见，规定（性）处于应当这一侧，与应然相通，同规范、评价相通；同时，与是相对，与事实、描述相对。对规定的说明，某种程度上，就是对应当的说明，就是对应当和是的关系的说明。

凯氏之学名为纯粹法学，又称规范法学。凯氏讲，规范就是应当，规范必定有效，无效非规范，效力表明规范存在，二者同在。

与之相对，行为处于事实层面，是遵守还是违反规范，这是实效问题，而非效力问题。至于规范的效力，即应当的来源，应当不能来自是，只能来自另一个应当。于是，一系列应当构成一个体系，这就是规范体系，法律和道德都是这样的规范体系。规定总是规范一类的事物，不能离开应当去理解规定。

进一步讲，有可能，凯氏不是二分，而是三分。他区分应当和是，这点奥斯丁也做了；他又区分主观价值和客观价值，这点奥斯丁没做。所谓规范和规定之类，当然不是是，可也不是笼统的应当，而是作为客观价值的应当。社会法学苦守是这一侧，所以凯氏反对它；自然法苦守应当这一侧，所以凯氏也反对它。依凯氏所见，自然法学所苦守的是主观价值，而他本人所坚持的是客观价值，即规范，某种具有规定性的东西。

在凯氏那里，相互对峙的是规范和价值、事实。事实是是，价值是应当，而规范当然也是应当，不过是某种特别的应当。它的特别之处就在于：规范是没有命令者的命令，也许规范就是那个命令者；二者之间，是规范性先于权威性，而不是相反。这不仅反驳了奥斯丁，也迎合了现代法治要求，同时又满足了纯粹法学的纯粹性，可谓一石三鸟，一举三得。在规范和命令之间，凯氏用规范去解释命令，规范所以具有规定性，不在于命令性，而在于合法性，在于所有高级规范，在终极意义上是基础规范。

凯氏学说重分别，康德学说也重分别，可能现代学问都重分别。分是必须的，但分只是手段，分的目的可以突出别，突出异，也可突出似，突出同。凯氏是突出别，突出异，他把规范和事实分别开来，又把规范和价值分别开来，分别才能独立，独立才能纯粹，凯氏用意是可以理解的。

只是，规范和事实没有相同相似之处吗？规范和价值没有相同相似之处吗？规范为什么不能成为一个中间地带和过渡地带，既把它们连接起来，也把它们沟通起来，为什么不能呢？为什么不能参照一个更大一些的背景，由此来说明规范，进而说明规定，为什么不能呢？赵元任先生说过："说有易，说无难。"有当然有，能当然能，不过，这里不详细展开，只交代要点。

规范面向行为，社会面向实践，规范身处社会当中，总体来说是行为指南，是实践模式，是社会技术。规范连通价值，它本身就是应当；规范连同事实，它本身就是是。事实和价值交相作用，共同孕育了规范，就像精神和自然交相作用，共同孕育了社会一样。这样在事实和价值两极之间，规范便有了无数可能性，有时接近事实，如习惯，有时接近价值，如立法。习惯、立法差别巨大，却一同属于规范；就像事实、价值差别巨大，却一同成就规范一样；又像精神、自然差别巨大，却一同成就社会一样。

在这个更大一些的背景中，规定始终属于价值一面的，同时也是始终属于精神一面的，由此展现出同规范的差异之处。规定带有强烈的人工特点，如果不局限于人的话，则带有强烈的设定特点。所以社会中越强调精神性及创造性的部分，其规定性就越强；同理，规范中越强调价值性及意志性的部分，其规定性就越强。反之，社会中越强调自然性及必然性的部分，其规定性就越弱；同理，规范中越强调事实性及理性的部分，其规定性就越弱。规定性贯穿于规范全程，如由价值到事实方向运动，则不断减弱，反之，则不断加强；同理，如由精神向自然方向运动，则不断减弱，反之，则不断加强。

规定在本质上是一种设定。神为人类立法，是一种设定，所以是规定。圣贤为后世立法，是一种设定，所以是规定。国家为公民立法，是一种设定，所以是规定。团体为成员立法，是一种设定，所以是规定。上级为下级立法，是一种设定，所以是规定。师傅为弟子立法，是一种设定，所以是规定。连医生为病人立法，也是一种设定，所以是规定，不过西人叫作处方（prescription）。所以，规定所展示出来的是一种设定性，更是一种权威性，这是与规范不同的地方。

我们知道，在伦理学界，英国学者黑尔以普遍规定主义著称，他也这样自称。他在《道德语言》(*Language of Morals*，1952) 一书中讲："道德语言是一种规定语言。"〔黑尔：《道德语言》，万俊人译，商务印书馆，一九九九，第五页〕据说，道德判断兼有规定性和普遍化双重属性，兼有描述性和评价性双重功能。之所以是普遍化，同逻辑规则的合理性有关；之所以是规定性，则同命令性有关。规定性就是某种命令性，就是某种应当。

在各价值词中，善主要表达赞扬，正当主要表达赞同，应当则主要表达规定。道德判断在涉及利益时，主要用应当来表达；在涉及理想时，主要用善来表达。应当是一种规定词，应当总是意味着能够。对道德判断的分析，说到底，就是对价值词的分析，就是对应当的分析，就是语言分析。在元伦理学发展过程中，道德先是归结为直觉，后来归结为情感，最后则归结为规定。

黑氏讲双重属性，双重功能，实际是看到了道德实践的二元性特征；他讲规定性和评价性最重要，这是看到了精神和价值因素的主导地位；他讲规定就是某种命令，这是看到了规定背后的权威性意味；他讲应当是规定词，这是看到了评价词项相对于普通谓词的优先性和基础性地位。这些都是可以理解的。

不过近代以来，先有认识论转向，又有方法论转向，再有语言学转向，今人把一切问题都归之于逻辑，用逻辑来兜底，中间透露出无比自信和优越的气息。过去，推倒皇帝当皇帝，也当大总统；今天，推翻一个故事，再讲一个故事，也讲一个童话。这种做法多少是不可理解的。

（二〇二〇年七月十日）

# 7 论冲突规范

《中华人民共和国涉外民事关系法律适用法》（二〇一一年）第三十六条规定："不动产物权，适用不动产所在地法律。"这个法条由如下部分构成：第一，"不动产物权"部分；第二，"不动产所在地法律"部分；第三，"不动产所在地"部分；第四，"适用"部分。按照国际私法理论的说法，第一部分叫作"范围"，第二部分叫作"系属"，第三部分叫作"连接点"，第四部分叫作"关联词"。其中，范围负责交代情况，即指明有待处理的民事关系；系属负责给出法律，即指明应当适用的法律；连接点负责提供根据，即指明适用何种法律；关联词负责充当纽带，即指明系属要归结到范围之上。一般认为，冲突规范包括三个要素，即范围、系属和关联词，连接点属于系属，这是"三要素说"。或许，三要素说可进一步整理简化，如果能改作"二要素说"，可能更为直观、简洁。这里，想试着讨论下这种可能性。

所谓二要素说，和原三要素说相同的是保留范围，不同的是将其余三者合并，可称为"准据"。也就是说，冲突规范由两个部分组成，第一是范围，作用是提出问题，也可叫"情况"；第二是准据，作用是指出办法，也可叫"处理"。冲突规范作用何在？不外是碰到问题，想出办法，遇到情况，作出处理。不惟冲突规范如此，规范就是这样，否则要规范何用？问题是范围以外三者为何可以合并，为何不能独立，理由何在？这要从处理谈起。

什么叫处理？处理就是办法。什么叫办法？办法就是给出行为模式，或者是命令，或者是禁止，或者是授权。命令、禁止带来义务，授权带来权力，或带来自由。义务是必须，禁止是不得，授权是有权，自由是可以。义务是肯定性的，是积极的，是正面的，是作为；禁止是否定性的，是消极的，是反面的，是不作为。义务和禁止是一物两面，都叫作义务也可，如此一来，禁止就是一种不作为义务。从禁止到不得，从有权到可以，这些都充分表明处理是一种要求，是一种规定。它们同事实不同，也同相应的事实描述不同，不同之处就在于禁止之类的字眼，逻辑上叫模态词，语法上叫祈使句。它们的区别有些像祈使句和陈述句的区别。

那么两种句式之间有什么区别？陈述句的重心是谓语系词，谓语系词表明主语具有某种属性，或处于某种关系当中。这些也是祈使句的必要组成部分，祈使句实则是陈述句谓语系词之前附加上禁止之类的模态词，如果不附加模态词，那就一定要把主语去掉。为什么这么处理？就是因为这两类句式表达的对象不同，它们所表达的对象属于不同领域，性质、特点、功能诸项都有不同。概括地说，一者是描述性的，一者是规定性的；一者是经验性的，一者是规范性的；一者是事实性的，一者是评价性的；等等。一个事实命题有三种模态，即必然，可能和现实。祈使句就接近于必然或可能，总之不能是现实，因为它陈述的不是现状，法律规范也是如此，冲突规范当然也是如此。

如前，冲突规范范围之外的系属、关联词、连接点共同构成准据，是负责想办法、做处理的。什么是准据？准据就是标准，就是依据，一定是规定性的，是规范性的，是评价性的，而不是相反。准据提供的是授权，当然也可理解为命令，授权加命令立刻产生一项公共权力，即法官应当如此这般适用法律，或者是法官有义务也有权力如此这般适用法律。有了准据，即有了行为模式；有了行为模式，即有了规则。有了规则，原先条件句不再从经验意义上理解，而要从现在的规范意义上理解。有了规则，条件句就不再是描述事件，而可指导行为，当然这里主要是用作法律适用指南。

情况因为附加上了处理，所以成为规范。问题因为附加上了办法，所以成为规范。范围因为附加上关联词和系属，所以成为规范，所以对法官产生指示作用，所以对其他用法者产生指示作用。命题性质要发生改变，功能要发生改变，模态要发生改变，句式要发生改变，其途径就是在谓语系词之前加上模态词，在语法上还必须去掉主语，以表明命题的非个别性质。在所引第三十六条中，实现这个功能的就是：适用不动产所在地法律这个部分，也就是适用某一法律部分。法条中没有见到模态词，是因为从语法上讲，普通陈述句只要去掉主语，便可产生祈使效应，就可让人感觉到是在提要求，下命令，作规定，等等。反过来，如果在适用法律之前，加上应当，意义完全没有发生改变。但有一点是不变的，就是"适用"、"不动产所在地"、"法律"这几个语词必须结合发挥作用。这是因为从逻辑上讲，它们共同充当后一语句的谓词。把它们分成三个部分，再连起来，似也可以理解，而且不影响语义，但这是语法分析，不是逻辑分析。请想想，是不是这样？

规范的结构可以从语法上分析，也可以从逻辑上分析。所引法条，从语法上分析有三种可能：第一，带状语的祈使句，所谓范围部分用作状语，前面省略了"关于"或"对于"。第二，条件句，范围部分不是状语，而是句子，表达条件。第三，被动句，范围部分作为主语，被动词省略。这三种可能性中，第三种可能性最小，基本可以排除；前两种可能性都很大，不能简单排除。

如果取第二种可能，逻辑上的分析已经做过了，就是两个部分，前者表达条件，后者表达处理办法，范围之外的三个部分结合起来共同发挥处理办法部分的谓词功能。这样做的好处是便于同其他规则联系起来，因为作为规则它们有着共同结构。民法规范的一般结构是：构成要件和法律后果。刑法规范的一般结构是：犯罪构成和刑事责任。冲突规范和它们一样，都显示出一种"情况和处理"或"事项和办法"之类结构，无论如何称呼，都是两个部分。两个部分是简单规范的结构。所谓规范，其实就把某种结果或后果附加在某种情况上，也就是把一种情况附加在另一种情况上，这种联系，凯尔森叫作"归责"。规范对行为的指导功能，其评价功能，以及其他规范功能，就是据此而产生的。

当然也有不同。民法规范和刑法规范，以行为规范居多，这里的冲突规范更像一种能力规范。之所以说是能力规范，是因为这个规范产生一项授权，授权法官如何行为。能力规范是产生在行为规范之上的规范，以行为规范为对象，为内容，是关于规范的规范，哈特所说"次要规范"，就是些能力规范。所引规范是指向相关法律的，以相关法律为对象，为内容，是关于它们的规范，所以说是能力规范。

无论行为规范还是能力规范，它们都是法律规范。法律规范所揭示的，不就是一个事实同另一个事实之间的联系吗？杀人和偿命，借债和还钱，违约和赔偿，等等。再推广，自然法则是因果律，也呈现出同样结构，即原因和结果，如摩擦和生热、排放和变暖，等等。再如，精神领域，目的律也是这样，即目的和手段，治病和用药，信神和诵经，等等。法律处于社会领域，处于政治领域，处于实践领域，属于自由律，同时杂有因果律和目的律的成分，是一个中间地带。而现代立法则更倾向于目的律。在两个事实之间建立某种联系，从而支配具体事件，指导具体行为，这大概是法律、规律和定律之类事物的共同特征吧。至于这些联系是如何确立起来的，不同领域，各有不同。在自然领域，可能是因果律，可能是事物本质；在精神领域，可能是目的，可能是价值倾向；在现代立法领域，则可能是社会习惯，也可能是国家立法。两个事实本来可能没有联系，而联系起来，就有可能形成规范。而之所以联系起来，原因多样，如上，可能是社会习惯，也可能是国家立法，还可能是别的。这是另外一个问题，此处不宜深谈。

前面讲了三种可能，现在讨论了两种，再看第一种。如果是第一种可能，冲突规范可理解为某些标准，或叫标准性规范。这部分，法理学研究得很不够。所引法条实际就是援引性法条，它的任务是援引其他法律，就像是学术论文的脚注，关于某某观点，见某某文献，二者十分相近。论文脚注就某一主题指明文献来源，冲突规范就某一问题指明法律渊源；论文脚注指导读者追寻文献，验证观点，冲突规范指导法官查找法律，解决纠纷。国际私法中的转致和反致，很像是论文脚注当中的交叉引用和多次引用，这表明，查找工作不能一次完成，要费一些周折。这类援引性法条在法律文件中很多见，比如，关于某某问题，参照本法某某条执行，或者按照某某情况处理，等等。有时指引很明确，会具体到文件和条款；有时则不够明确，只是涉及主题；最可怖的是适用有关规定和有关法律，简直让人手足无措。

这类法条所确立的是某法条同其他法条的援引关系，或者同其他文件的援引关系。冲突规范所确立的就是同其他国法律的援引关系，它的指引关系是通过"适用"一语实现的，标准意义是通过"连接点"实现的。连接点连接的是范围和系属，它把范围的某个或某些特征直接指派给系属，又通过"适用"之类的关联词，从而一举确立了本国法律同外国法律之间的援引关系。连接点是个中介，是个媒介，这个定性很准确，在它身上，一方面具有范围的影子，另一方面具有系属的影子，是两个不同事物、两个不同领域的共同点，是异中之同，唯其如此，才能起到沟通桥梁的作用。连接点是一些属性或关系，它既从属于系属，又从属于范围。之所以从属于系属，是由法律规定的；之所以从属于范围，是由事物性质规定的；法律之所以那样规定，所依据的正是事物的性质。大抵如此。

如果把冲突规范理解成标准，那么它仍由两部分组成，即事项和要求，即规定某事项满足某些要求。比如，我国高速公路最高限速一百二十公里，这里标准的意义在于要求车速低于限速。又如，诚信原则、公序良俗原则，谨慎注意义务，其实它们也是些标准，要求相关争议处理满足这些要求。这里，所引法条之所以可能是些标准，是因为法条规定处理范围事项，要满足系属要求。标准同行为规范不同，差异之一便是标准当中没有行为模式，只在数量、程度、范围、目的、时间、地点等方面提出要求，因此在规则原则之间，标准更接近原则。适用标准无法直接确定权利义务，而只能是从标准出发，或者通过推论，或者通过查找，总之是通过一定途径和若干步骤，才能确定权利义务，直到最后确定法律后果。所引法条正是这样，它没有为当事人规定构成要件，也没有规定行为模式，而只是对法官行为提出明确的指向性要求。所以它有可能是标准。

同一法条既是规范，又是标准，不矛盾吗？回答是不矛盾。如果是规范，也不是行为规范，而是技术规范。如果是标准，也不是道德标准，而是技术标准。其实，标准就是规范，规范也是标准，它们能指导行为，也能评价行为，正因为它们是规范，是标准，它们才能够具有规范或标准所应当具有的功能。这些功能概括起来，大约有如下几项：第一，援引，即确立不同规范之间的援引关系；第二，授权，即给法官一项授权，要求他如此这般处理纠纷；第三，指引，即指导法官或相关人员找到相应的法律依据；第四，承认，即承认相关外国法律对本国案件纠纷的效力；第五，精简，即避免文字重复和篇幅冗余。这里只是列举，不一定周全。

综上，冲突规范由两部分构成，尊重现行做法，就叫范围和系属，无论从规范理解，还是从标准理解，大约都是这样。一定的功能必须借助于一定的结构，而承载和实现一定的功能也是结构的特征。冲突规范可能的这些功能，需要借助于"两段论"结构完成，而承载和实现以上这些功能，也是"两段论"结构的一部分特征。

（二〇一九年十月二十四日）

## *8* 论命令禁止

有句话叫"令行禁止"，令是命令，行是执行，禁是禁令，止是停止，禁加上止，合称禁止。令禁不同，令是令，禁是禁，有令则行，有禁则止，这是旧时说法；按今时说法，令就是命令，禁就是禁止。

命令禁止，两相对举，今天看，都设定义务。命令从正面讲，设定作为义务；禁止从反面讲，设定不作为义务。作为就是做，不作为就是不做，命令旨在让做，禁止旨在不做，所以说，一是作为义务，一是不作为义务。

命令做是作为义务，禁止做是不作为义务。实践中，不讲禁止不做，而讲禁止做，不过，禁止做的做，一定要同命令做的做分别开来，两者恰相反对，或相矛盾。比如，成年父母有义务抚养未成年子女，禁止不抚养，但不讲禁止不抚养，而讲禁止遗弃，遗弃属于不抚养情形，二者恰相反对。

禁止做的做，本来带有反面消极意味，却要采取正面积极形式，这是语言上的处理手法。只是，无论如何，一定要把禁止做的做同命令做的做分别开来，它们是两个做，不是同一个做，这是逻辑上的强制要求。针对同一事项、同一行为，不能同时既命令，又禁止，讲话人如若这样讲，听话人则立陷尴尬之中，要么不知所云，要么无所适从。这无异于乱命，因为违背了矛盾律。

理论上，既有命令做，又有禁止不做；既有命令不做，又有禁止做，这四种形式都有可能。逻辑上，命令做等于禁止不做，禁止做等于命令不做，二者之一等于另一者加不，反之亦然。做与不做，两相矛盾；命令禁止，两相反对。由此，便生出许多语言上和逻辑上的变形和转换来。

如前所举，成年父母对未成年子女有抚养义务，但一般不讲命令不遗弃，而直接讲禁止遗弃；一般不讲禁止不抚养，而讲命令抚养。似乎是这样，命令做较之命令不做，禁止做较之禁止不做，做较之不做，作为较之不作为，要更符合国人表达习惯一些。正面讲比反面讲，比较起来好像要更顺畅一些。

命令做，可转化为禁止不做，由此生出另一个禁止做来，且同命令做不相抵牾，不仅不相抵牾，而且能相互配套，共同发挥作用，这是一套办法。禁止做，可转化命令不做，由此生出另一个命令做来，且同禁止做不相抵牾，不仅不相抵牾，而且能相互配套，共同发挥作用，这又是一套办法。

命令做，禁止做，究竟是由哪家来领衔为好，采取哪种套路为好？这说不好，要视具体情况而定。有时，需要突出确立常态，相应排除反常，即以常态为先，以反常为次，这时，就采用以命令做领衔的套路。有时，需要突出排除反常，相应确立常态，即以反常为先，以常态为次，这时，就采用以禁止做领衔的套路。目标筛选策略，策略服务目标。

常态之与反常，孰先孰后，孰主孰从？同样地，不可一概论定，要视具体情况而定。但从某些思维惯性说来，首先确定常态，然后排除反常，即便是首先排除反常，也要立即找出个常态来，由常态来界定反常，解释反常，评价反常。比如，几何学首先教人懂得什么是点线面，什么是三角、矩形和圆形，然后人们用它们来理解和评判实际事物，从而应付和解决实际生活中的难题。

从这种思维惯性说来，常态是第一位的，反常是第二位的。于是，真是第一位的，假是第二位的；善是第一位的，恶是第二位的；美是第一位的，丑是第二位的；利是第一位的，害是第二位的；正义是第一位的，非正义是第二位的；吉是第一位的，凶是第二位。诸如除恶扬善，拨乱反正，去伪存真，趋利避害，逢凶化吉之类，这样，两方面看似并驾齐驱，实则一马当先。

诸如真假、善恶、美丑、利害、正邪、吉凶等，另如是非曲直、治乱兴衰、得失利弊、胜败输赢、生死存亡、安危祸福等，面对两个方面的针锋相对、水火不容，面对此中的轻重缓急、去就趋避，自然锻造和铸就无数坚毅果敢、从容决绝，留下千古史话与人评说，但生前身后，多少辛酸无奈、凄寂悲凉，又不能不叫人去景仰，去称颂，去回味，去感伤，去叹惋。

又有谁知道，一枚小小的石子投下去，一定会激起怎样的波澜来，而由此生出的涟漪又将浮泛起来、激漾出去多远多久。就像是宇宙诞生之初的伽马射线，经历了一百三十八亿年之久，据说今日仍能检测得到。看似一时的也许是超越的，看似超越的也许是一时的。

这是个认知、选择和决定的过程。如能确定常态先于、优于反常后，则对于常态领域的做和不做，可采取命令方式处理；对于相应的反常领域的做和不做，则采取禁止方式处理。如果反常和常态相比，比较容易确定，或者无法确定先后主从，则不妨采取禁止方式，排除较容易辨别的反常，或者同时采取命令方式，确立较容易辨别的常态。实践操作可以非常灵活，但基本立场要初步明确。

命令禁止不仅是个语言问题，也是个逻辑问题；不仅是个逻辑问题，也是个实践问题，即行动问题。在行动领域，先确定目标问题，即决定正常反常何者为先，也就是决定价值负价值何者为先，这是目标问题，也是首要问题。目标问题确定后，即可确定策略问题，即以命令领衔，还是以禁止领衔，即具体采取怎样的套路，这是策略问题。策略问题确定后，即可确定措施问题，即在相关事项或行为之后附加怎样的制裁和激励机制，这是措施问题。

目标、策略、措施，三者兼备，即成方案，行动不能没有方案。但即便是方案，包括三者之中的任何一者，都需要在实际行动中不断修正，不断调整，不断加以完善，甚至方案本身，也只有在行动之后，才能真正成形定型。每每文章到结尾了，才知道怎样开头，这并不稀奇，这正是实践领域的特点所在。

命令禁止系实践行动方式，它们背后预设了讲话者和听话者的基本关系，这同时是一个基本框架，没有这层关系和这个框架在，命令禁止无论何者，均无从成立。命令禁止并不能穷尽所有这些方式，它们二者相互对举，它们二者又同别的方式相互对举，比如自由。这些问题都需要展开讨论，展开讨论需要合适场合，但应该不是在这里。

(二〇二〇年六月二十六日初稿)
(二〇二〇年六月二十七日二稿)

# 9 论禁止

不知为什么，禁止是个说得不多的话题，说得不多，往往有机会多说一些。类似话题，应该还有不少。

有位古罗马法学家说过："法律的功能在于：命令、禁止、允许和惩罚。"（D.1，3，7）如要加进来一些，限制、许可、豁免、特权、强制，这些都可入闱，甚或不止这些；如要摘出去一些，兴许是别的，肯定不是禁止。

法律离不了禁止，就像法律离不了命令一样，如果把法律比作一个人，它们就是左右腿，离开了双腿，寸步难行。一旦有了双腿的支撑，就足以把双手解放出来，让它们完成更多、更富成效的工作。可称法律左右手的，一只是允许，一只是特权，这里的特权意为免于。

立法中，法条句首使用"禁止"二字。比如，即将生效的《民法典》第一〇二四条共三个条款，连续使用六个"禁止"，涉及"禁止重婚"、"禁止家庭暴力"等。在少数政策性立法中，为表达加重情感起见，改用"严禁"二字。比如，全国人大常委会《关于严禁卖淫嫖娼的决定》（二〇〇九年修正），至今仍旧部分有效。

有时，句中使用"不得"二字，而非"禁止"。比如，现行《宪法》第三十六条第二款规定："任何国家机关、社会团体和个人不得强制公民信仰宗教或者不信仰宗教，不得歧视信仰宗教的公民和不信仰宗教的公民。"有时，使用"不准"、"不许"、"不允许"、"不准许"等字眼。比如，《自然资源部、农业农村部关于农村乱占耕地建房"八不准"的通知》（二〇二〇年七月二十九日）。

更老些的说法，还有。比如，《圣经·出埃及记》第二十章第二至十七节"摩西十诫"第六至八诫说："不可杀人"、"不可奸淫"、"不可偷盗"。《论语·子罕》："子绝四，毋意，毋必，毋固，毋我。"佛家八戒，有戒杀生、戒偷盗、戒淫邪、戒妄语。陈毅元帅有句云："手莫伸，伸手必被捉。""不可"、"毋"、"戒"、"莫"等用语，在清规戒律、箴铭信条中，都表示禁止。时代不同，场合不同，用词不同，将来，还会有新的用词。

本是禁止之义，却要通过"不准"、"不许"、"不可"、"不允许"、"不准许"等方式表示，这表明禁止就是不允许，反之，允许就是不禁止，禁止允许之间存在逻辑矛盾关系。有两句法谚即是明证，一为"法不禁止即自由"，一为"法不授权即禁止"，这里，自由授权可看作允许别名。

使用禁止有多种情形，有时不可不用，有时不可用，有时可用可不用。不可不用是禁止的必用情形，不可用是禁止的勿用情形，可用可不用是禁止的选用情形。禁止的用法包括这三种情形在内。

有些时候，禁止必用，不可不用。在一个社会范围内，总有一些基本方面是不容侵犯的，或者是基本价值，或者是基本制度，或者是基本权利，或者是基本观念，或者是基本道德，或者是基本底线，它们共同维系着整个社会的正常存在和发展，可谓至关重要。如有不法活动直指这些基本方面，社会即出于自卫本能，立即做出反应，通过禁止方式，表明最坚决的谴责态度，并动用最严厉的手段加以惩罚。

有些时候，禁止无用，也不可用。超越人力范围以外的事情，或者不可知，或者不可控，或者不可为，总之是不能，人之不能，禁止无用，当然命令也无用。属于规律范围以内的事情，或者不可免，或者不可逃，或者不可逆，总之是必然，事之必然，禁止无用，当然命令也无用。人之不能，故人之不为，事之必然，故事之必为，在此，禁止不仅无用，而且无功，不仅无功，而且无益，所以毫无意义，毫无必要。

有些时候，禁止可用，也可不用。规律之内自系必然，人力之外也系必然，禁止无关必然，相反，限于自由。在自由领域内，某一情形，可能出现，也可能不出现，而并非不可能出现，也并非不可能不出现。出现不出现各占一定概率，只要不是一者为〇，一者为百时，即在自由领域，否则，便在必然领域。可能出现，也可能不出现，而并非不可能出现，这时，才有机会、有必要加以禁止；同理，可能不出现，也可能出现，而并非不可能不出现，这时，才有机会、有必要加命令。禁止和命令一样，在自由领域有效。

自由领域另一特点，与违反和不法有关。法律之为法律，其特点，就在于有可能违反，而不可能违反的，那不是法律，而是规律。禁止之为禁止，就在于所禁止的不法行为实际可能出现，当然也可能不出现；而命令之成为命令，就在于所命令的合法行为实际可能不出现，当然也可能出现。禁止可能违反，命令也可能违反，而违反即不法，这就是说，某种意义上，不法使禁止和命令成为可能，成为必要。

社会领域是一个自由领域。社会领域是自然领域和精神领域的混合交叉地带，在这里，两个领域的特点同时表现出来，两个领域的规律同时发生作用。能兼顾两个领域，能独立于两个领域，能跨越两个领域，能游走于两个领域之间的，就是这样一个自由领域。

自然领域主要是必然，也不乏偶然；精神领域主要是绝对，也不乏相对。它们都相对单一，而社会领域则有必然，有偶然，有绝对，也有相对，几者相互交织在一起，从而表现出无穷的复杂性和随机性。

自然领域主要是原因，原因带来结果；精神领域主要是目的，目的带来手段。它们都相对单一，而社会领域则有原因，有结果，有目的，也有手段，几者相互交织在一起，从而表现出高度的自主性和能动性。

自然领域主要是自然规律，如物理规律；精神领域主要是精神规律，如道德戒律。它们都相对单一，社会领域则有自然规律，有物理规律，有精神规律，也有道德规律，几者相互交织在一起，从而表现出深刻的政治性和文化性。人类法律体现出这种政治性和文化性，它有时接近自然规律，有时接近精神规律，从而又表现出极大的多样性和包容性。

**表 1　法律的四重模态**

| | 积极性的 | 消极性的 |
|---|---|---|
| 义务性的 | 命令 | 禁止 |
| 权利性的 | 允许 | 特权 |

人类法律有义务性的一面，有权利性的一面，有积极性的一面，又有消极性的一面。法律的义务性方面，体现为命令和禁止，积极性的是命令，消极性的是禁止；法律的权利性方面体现为允许和特权，积极性的是允许，消极性的是特权。法律的积极性方面，体现为命令和允许，义务性的是命令，权利性的是允许；法律的消极性方面，体现为禁止和特权，义务性的是禁止，权利性的是特权。

在这个框架当中，禁止处于一个显著的位置，它是一种消极义务性安排，其功能是设定不作为义务。具体言之，从义务性上看，它是消极性的，与之相对的是命令，命令是积极性的；从消极性上看，它是义务性的，与之相对的是特权，特权是权利性的；与之完全相对的是允许，因为，允许既是权利性的，又是积极性的。而禁止与命令相同，而与其他不同的地方之一，就在于它们与惩罚密切相关，惩罚只配备给它们作为保障机制。

现代法律是一套成熟的、复杂的制度安排，相对前现代社会而言时，相对其他社会控制手段而言时，尤其如此。禁止是一种古老的、朴素的安排，但置身现代法律当中，却随即展现出一种成熟、

9
论
禁
止

一

复杂的姿态。

从这方面看，法律的功能主要有四项：命令、禁止、允许和特权。这里，功能指基本功能，特权意为免于。写至此处，原以为说多了一些，其实，还可多说一些。

(二○二○年六月二十七日初稿)
(二○二○年六月二十八日二稿)

# *10* 论允许

记得引过古罗马一句法谚，即："法律的功能在于：命令、禁止、允许和惩罚。"（D. 1，3，7）凯尔森在《规范通论》（Hans Kelsen：*General Theory of Norms*，trans. Michael Harthey. Oxford：Clarendon Press，1991）中也有过类似"意思表示"，其中第二十五节的标题即："规范的功能在于：命令、允许、授权和废止。"（*Ibid.*，p. 96.）在此，稍作整理如下：

命令（to command）

禁止（to prohibit，to forbid）

允许（to permit）

授权（to empower）

废止（to derogate）

惩罚（to punish）

以上两则引文共涉及六项，它们当然不是全部，也不完全居于同一层面，但它们对于理解和说明规范，理解和说明法律，却有着十分重要的意义，因而不可不认真思考、深入讨论。

凯氏还提到，以"应当"（ought）标记命令，以"能够"（can）标记授权，以"可以"（may）标记允许，以"应当"统摄三者。（*Ibid.*，p. 97.）这里，仅关注允许，别的另见专文。允许意味着可以做，也意味着可以不，其中，"可以不"这层，建议称作"容忍"。这正像命令意味着应当做，也意味着应当不，所谓应当不，就是禁止。于是，命令就是禁止不，禁止就是命令不。同理，允许就是容忍不，容忍就是允许不。可表示如下：

> 命令　应当做
> 禁止　应当不做
> 允许　可以做
> 容忍　可以不做

允许之类，预设着一个场景，其中，有讲话者，有听话者，有话，讲话者在对听话者讲话。他说："你可以做"；又说："你可以不做"。听话者因而知道："我可以做"；又知道了："我可以不做"。"可以做"之类，即是允许；"可以不做"之类，即是容忍。当然，从讲话者角度讲是主动，从听话者角度讲是被动，由此及彼，由彼及此，指向不同，含义不同，指向不明，含义笼统，此中细微差别，有必要仔细品味。

现在淡化背景，仅突出由讲话者讲过而由听话者听到的那两句话："可以做"，"可以不做"。试想，法律规定不就是一些这样的话吗？明明有人讲过，却不提及或不明确提及有人讲过；明明有人听到，却不提及或不明确提及有人听到。法律规定就是这样一些话而已，但是讲话者、听话者和讲话这样的场景不知不觉给隐去了。

继续设想，在前一场景中，参与者之外，另有旁观者，旁观者会作何反应呢？旁观者会如何加以转述呢？

旁观者看到，讲话者对听话者说："你可以做"；又说："你可以不做"。这时，旁观者会说："讲话者允许听话者做某事"；又说："讲话者容忍听话者不做某事"。旁观者看到，听话者知道："我可以做"；又知道了："我可以不做"。这时，旁观者会说："听话者可以做"；又说："听话者可以不做"。

在旁观者看来，由于讲话者允许，所以听话者可以做；由于讲话者容忍，所以听话者可以不做。原来，允许与否，容忍与否，是从讲话者角度讲的，即以讲话者为主语的；而可以做，可以不做，是从听话者角度讲的，即以听话者为主语的。

在讲话者看来，如主语系自己充当，谓语就须用允许，用容忍；如主语系听话者充当，谓语就须用可以，用可以不。听话者似乎也有同感，所不同的，如主语系自己充当，谓语就须使用被动语态，用被允许，用被容忍。

如果讲话者对听话者直接说："我允许你做"；又说："我允许你不做"。听话者因而知道："我可以做"；又知道了："我可以不做"。这时，如旁观者在场，相信仍将以同样方式加以转述。同样地，他也可以站在听话者一边，使用被动语态，用被允许，用被容忍。

可见，同一个事情，讲话者讲话，听话者听话，旁观者传话，只见话而不见人，只见人而不见话，所谓对白，独白，直白，旁白，这些情况各不相同。允许和容忍只是代表讲话者角度，可以和可以不却是代表听话者角度。需要特别突出和强调讲话者听话者之间关系的，用允许和容忍，否则，用可以和可以不。

讲话者允许，听话者即可以做，这对听话者而言，可能意味着许可，意味着授权，意味着权利；讲话者容忍，听话者可以不做，这对听话者而言，可能意味着尊重，意味着特权，意味着自由。讲话者听话者之间存在的这种关系，构成了理解和说明允许、容忍之类事物的一种基本框架。

这个框架对理解和说明法律而言，也具有特别的参考意义。在法律中讲话者是谁？当然是国家，是主权者，是立法者，是法律。听话者是谁？当然是公民，是自然人，是法人，是守法者。表现着法律的那些法条，就是讲话者讲出来而要听话者听进去的那些话。

讲话者大声对听话者说，命令如何如何，禁止如何如何，允许如何如何，容忍如何如何。于是，听话者知道了，应当如何如何，应当不如何如何，可以如何如何，可以不如何如何。于是，大声说道，我有义务如何如何，我有权利如何如何，我有如何如何的权利，我有如何如何的自由。

讲话者讲话，听话者可以不听吗？可以有所选择吗？不可以！讲话者讲话说："你可以做"；又说："你可以不做"。听话者立即意识到这是允许，是容忍，其中有选择余地，可左可右，可进可退。殊不知，讲话者之允许和容忍，讲话者之给予听话者以选择余地，这个情况反倒是没有选择余地的，绝不是可左可右，可进可退。

人们尽可以选择是否行使权利和自由，如何行使，何时行使，但享有权利和自由本身却是不可选择的，特别是那些基本权利和自由。大家没有权利不享有宪法权利，没有自由不享有宪法自由！如果可选择，又恰巧选择了不享有，那么出问题了，因而需要限制剥夺这些权利和自由时，又当"如何如之何"呢？

法律的专横代表国家的专横，国家的专横化为法律的专横。立法这类法律带有强烈的国家意志色彩，说它们带有强烈的专横色彩，无论如何，都不算过分。可是，一旦转到其他法律形态，就不尽然了。即以习惯法为例，法院出于某些考虑，需要引入习惯作为裁判标准，这时，讲话者或许就不那么重要了，重要的是旁观者。这是因为，习惯立法不同，在习惯，讲话者实在不易考订判明，而旁观者则正在当前，所以情况就有了变化。相应地，在具体表述方式上，二者必定有些差异，这自然也在所难免了。

另，凯氏又谈到，允许有两重含义，一者肯定，一者否定。从否定方面来讲，允许相当于自由，即不受义务约束，不受法律调整。从肯定方面来讲，要么是原有禁止义务废止了，要么是原有一般禁止条款受到限制，这时，由于新法对于旧法的废止和限制，使得某些事情成为自由，这便是允许。肯定式允许是原本就是自由的，否定式允许则是后来才成为自由的。( *Ibid.* , pp. 98－99. )

至此，不免发生一个疑问：是借助允许来理解规范呢，还是借用规范来理解允许呢？二者对比，哪一个更为根本一些呢？这类问题既涉及到对规范的理解，也涉及到对法律的理解，当然，更涉及到对二者功能的理解，所以，一定不可忽视。

（二〇二〇年七月二日初稿）

（二〇二〇年七月三日改）

# *11* 论限制

　　驾车行驶在城市道路上，常能看到公交专用车道。通常是最外道或最里道，道路两侧施画黄线，或虚线，或实线，或单线，或双线，在道路中间，以大大的白色黑体字，醒目地标明时间段，如"7：00 - 9：00　16：00 - 19：00"。

　　这是典型的分时间段限制通行道路，它表明：在规定时间段内，只有规定的公交车辆允许通行；其他车辆通行的，要接受违章处罚；在规定时间段外，则不受此限制。

　　这里有三点，值得注意：第一，在规定时间段内，公交车辆允许通行；第二，在同一时间段内，其他车辆禁止通行；第三，这种措施只在规定时间段有效。

　　根据第二点，这种措施意味着对社会车辆的限制，即附时段禁止；而在规定时间段外，则恢复正常。允许通行是常规，禁止通行是例外。限制是允许常规上的禁止例外，这一例外通过附条件体现出来。所谓禁止通行，它针对的是规定时段内的其他车辆，如果该道路原本就禁止这些车辆通行，那就谈不上什么限制了。而原本禁止其他车辆通行，却唯独允许公交车辆通行，这对公交车辆而言，真正是特权了。

　　根据第一点，这种措施意味着对公交车辆的允许，在规定时间段内允许，在规定时间外当然也允许了。在规定时间段内，仅有公交车辆享受通行特权，而相对于其他车辆则是限制，即我能，你不能。谈特权，或许会有些犹疑，因为公交车原有通行权并未受到影响。但在规定时间段内，其他车辆原有通行权均受到限制，公交车辆却没有，从这点来看，也可以是特权吧。

由此看来，限制所表达的主要是一种禁止，可又不是一般意义上的禁止。限制所表达的禁止，是一种同允许之间存在例外和常规关系的禁止，是一种以允许为常规的而自身作为例外的禁止，是一种附加在允许之上的禁止。其中，禁止是例外，允许是常规；禁止是后续，允许是前提。这个道理很简单，禁止一定要假设原先是允许的，如果原先即禁止，现在何来禁止，禁止何益？

假设原先允许，这是说，原先存在某种自由或权利，现在需要针对这种权利或自由，进行限制。任何权利或自由都不是绝对的，都不是无限的，针对权利或自由进行限制，正说明它们是相对的和有限的。限制权利，一定要先有权利；限制自由，一定先有自由。限制任何事物，这个事物必须事先存在。保护和剥夺亦然。

限制所指禁止和所涉允许，可针对同一主体或对象进行，也可针对不同主体或对象进行。北京市实行车辆限行政策，每周每车限行一天，这是针对同一对象。北京实行进京通行证政策，外地车辆进京的，须按规定办理通行证，这是针对不同对象。前例公交车道内其他车辆限时限行的，也是针对不同对象。

限制的范围甚广，可针对不同主体，可针对不同对象，可针对不同行为，可针对不同方式，可针对不同条件，可针对不同时间，可针对不同空间。如上，限制可针对权利，可针对自由。此外，还可针对权力，可针对规则，可针对政策，可针对法律，可针对文件，可针对机构，可针对主权，甚至可针对事件，可针对判断，可针对语句，等等。

针对规则，针对法律，是可以限制的，比如说，明确它们的适用范围即是。针对事件，是可以限制的，比如说，把该事件的影响控制在特定范围之内即是。针对语句，是可以限制的，比如，增加状语或定语作为限定语即是。针对判断，是可以限制的，比如，增加别的判断来限定前一判断即是。

至此，引起一个问题，即限制可否表达命令，而不限于禁止。在规定时间段，其他车辆不得驶入公交车道，"不得"是禁止。相对地，公交车辆在规定时间段内无疑允许驶入公交车道，但在该时间段内，公交车辆必须在公交车道内行驶吗，不得驶入其他车道吗？可否这样理解？假如是必须，这意味这样一项命令，一项以允许为常规、为前提的命令，那么，限制兼指这种情况吗？

假定就有这样一条明确规定：在规定时间段内，公交车辆必须在公交车道内行驶，不得驶入其他道路；在规定时间段外，则不受此限。这是说，允许仍然是常规，这次，例外却是命令，附加在允许之上的命令，是限制吗？或者说，附条件的命令是限制吗？

过去有一项政策叫"双规"，即在规定的时间、规定的地点交代问题。交代问题是命令，规定的时间和规定的地点是条件，是时空条件。按照一般理解，这仍是限制。"双规"政策涉及在特定时空条件下对人身自由的不当限制，正因此，才饱受诟病，后被取消。

命令要求做，是正面要求；禁止要求不做，是反面要求。做而不能不做，是同一件事情的正反两个方面，从正面要求时为命令，从反面要求时为禁止。对原有权利或自由附加上一项义务，或者是命令，或者是禁止，这时就构成限制。所谓特别，即通过所附条件包括所附期限体现出来。原来，限制是附加或附着在一般权利或自由之上的特别义务，可以是命令，可以是禁止。

限制是一项特别义务，它相对于一般权利或自由而言。通常，特别义务和一般权利相反对，义务的行为方式须同权利常规的行为方式相反对。又，特别限制和一般自由相反对，限制的行为方式须同自由常规的行为方式相反对。

比如，信教自由的常规行为方式是信教，但也包括不信教。而如果是命令型限制，则特别要求信仰某种宗教；如果是禁止型限制，则要求不信教，即不得信教。无论是权利，还是自由，都有可能同时涉及两种相反的行为方式，因而，只有提出这样的要求，所谓限制，才是有意义的，才是言之有物的。

再回到公交车道的例子。在规定时间段外，公交车辆可以在公交道内行驶，也可在其他车道行驶。如果规定，在规定时间段内，公交车辆必须在公交车道内行驶，而不得在其他车道行驶，这时，公交车辆的通行权在这一时间段受到了限制，因为，它无权在同一时间段内选择其他道路行驶。可以说，在这一时间段内，公交车辆受到了限制，因而丧失了原先的权利，甚至是特权。

（二〇二〇年六月三十日）

# *12* 论例外

　　我国《宪法》第三十四条规定："中华人民共和国年满十八周岁的公民，不分民族、种族、性别、职业、家庭出身、宗教信仰、教育程度、财产状况、居住期限，都有选举权和被选举权；但是依照法律被剥夺政治权利的人除外。"这个条文使用了典型的"但是……除外"句式，"但是"表明但书条款，"除外"表明设置例外，这条用但书条款方式设置了一个例外。

　　从条文来看，我国公民普遍享有选举权和被选举权，这是常规情形；依法被剥夺政治权利的人没有，这是例外情形。常规情形规定了九种排除性区别对待事由，从而大大强化了这项权利的普遍性；与此同时，规定了一项强制性区别对待事由，从而又明确了这项权利的范围和边界。九项对一项，这说明法条希望把常规情形设置为普遍情形，把例外情形设置成绝少情形，用比重来说，常规情形要占到百分之九十九以上，例外情形要压缩到百分之一不到。

　　既然百分之九十九和百分之一，通常只需排除百分之一即可，这样，可使表达更简洁，同时又不失准确。比如，这条可试改写为："中华人民共和国公民除依照法律被剥夺政治权利的以外普遍享有选举权和被选举权。任何人不得以民族、种族、性别、职业、家庭出身、宗教信仰、教育程度、财产状况、居住期限为由对公民加以歧视。"

　　这样改动之后，排除性区别对待事由靠后了，原先显示出来的反对歧视并追求平等的政治抗争因此淡化了，原先透露出来的同万恶的旧社会旧制度彻底告别、同黑暗的旧历史旧文化彻底告别的政治决心因此弱化了，原先宪法条文的宣告性功能因此退化了。所以，从语用角度讲，原条文要比新改动更可取，诚然，其中不乏不同时代的审美取向差异。

再一层，在新改动中，例外位置靠前了。在汉语表达当中，句中位置十分重要，位置靠前和位置靠后，语效大为不同。位置靠前者，如"公民除某种情况外都享有某项权利。"位置靠后者，如"公民都有某项权利，但是某种情况除外。"二者对照，一者相对偏重某些公民没有这项权利，一者相对偏重某些公民享有这项权利。原条文用意在于强调公民平等地和普遍地享有选举权和被选举权，显然，无论何种改动，都未曾有效传达出这一立意所在。

例外是与常规相互并列的一种情形，并列是前提，但又不是完全并列，其中是有主次之分的。相对于例外而言，常规一定是多数情形，甚至是普遍情形，至少是一般情形，但不能是全部情形，也不能是少数情形。这是因为，如果常规是全部情形，就表明没有例外；如果是少数情形，就表明不是常规。

另一方面，相对于常规而言，例外一定是少数情形，甚至是绝少情形，至多是较少情形，但绝不能是多数情形，也不能是全部情形。这是因为，如果例外是多数情形，那就表明不是例外；如果是全部情形，那就表明没有常规。常规一定是重点，需要作突出强调；例外一定是非重点，只能是辅助陪衬。

在全部情形中有两个部分存在，一是较多情形，一是较少情形，或是矛盾关系，或是相反关系。这时，如果肯定较多情形，而否定较少情形，那么，否定较少情形就是例外；如果否定较多情形，而肯定较少情形，那么，肯定较少情形就是例外。以肯定较多情形为常规，以否定较少情形为例外时，全句采取肯定句形式；以否定较多情况为常规，以肯定较少情况为例外时，全句采取否定句形式。

宪法第一百三十条规定："人民法院审理案件，除法律规定的特别情况外，一律公开进行。"这是肯定句形式，以否定较少情况为例外。第四十条规定："中华人民共和国公民的通信自由和通信秘密受法律的保护。除因国家安全或追查刑事犯罪的需要，由公安机关或者检察机关依照法律规定的程序对通信进行检查外，任何组织或者个人不得以任何理由侵犯公民的通信自由和通信秘密。"这是否定句式，以肯定较少情况为例外。

命令是应当做，是肯定性的；禁止是应当不做，是否定性的；允许是可以做，是肯定性的；容忍是可以不做，是否定性的。如果以命令为常规，以容忍为例外，这就是特免；如果以禁止为常规，以允许为例外，这就是特许。特免和特许都是特权，都是自由，特权是以一般义务为前提的自由。如果以允许为常规，以禁止为例外，这就是限止；如果以容忍为常规，以命令为例外，这就是限定。限止和限定都是限制，都是义务，限制是以一般自由为前提的义务。特权和限制都是以常规情形为前提的例外情形。

此外，有以命令作为常规，以禁止作为例外的情形；有以禁止作为常规，以命令作为例外的情形；有以允许作为常规，以容忍作为例外的情形；有以容忍作为常规，以允许作为例外的情形。在理论上还存在一些情形，但实践中未必多见，如有以命令作为常规，以允许作为例外的情形；有以允许作为常规，以命令作为例外的情形；有以禁止作为常规，以容忍作为例外的情形；有以容忍作为常规，以禁止作为例外的情形。

前引第一百三十条中的"除……外"部分，即给审判公开原则设置了例外。现行刑诉法第一百八十八条规定："人民法院审判第一审案件应当公开进行。但是有关国家秘密或者个人隐私的案件，不公开审理；涉及商业秘密的案件，当事人申请不公开审理的，可以不公开审理。不公开审理的案件，应当当庭宣布不公开审理的理由。"在这一规定中，第二句的前一分句，即为以命令为常规，以禁止为例外的情形；后一分句，则是以命令为常规，以容忍为例外的情形。

前引第四十条第二句中的"除……外"部分，即给通信自由和通信秘密方面的禁止性义务设置了例外。刑诉法第一百四十三条规定："侦查人员认为需要扣押犯罪嫌疑人的邮件、电报的时候，经公安机关或者人民检察院批准，即可通知邮电机关将有关的邮件、电报检交扣押。不需要继续扣押的时候，应即通知邮电机关。"由此看来，宪法这一条文所设例外，实际是对检察机关或者公安机关的一个授权，当然这项授权又受到来自事由和程序的限制。这是以禁止为常规，以授权为例外的情形。

法律为什么要设置常规情形？自然是以一定原则为依据的。法律为什么要设置例外情形？自然也是以一定原则为依据的。以前引宪法第一百三十条规定为例，结合刑诉法第一百八十八条可知，宪法要求司法公开，当然是司法公正原则的要求；设置例外，则与国家安全、个人尊严和商业利益有关，这类宪法法律规定反映出在公正价值同其他价值之间取得的某种平衡。常规和例外恰恰就是这样的平衡方式之一。

应注意，常规和例外有一个数量上的对比关系，而这个对比关系可能发生变化。某种情形系普遍情形、较多情形、多数情形时，并且可能以常规形式出现；而相关情形则是少数情形、较少情形、绝少情形，并且可能以例外形式出现。一旦普遍情形成了绝少情形，多数情形成了少数情形，较多情形成了较少情形，这时，常规即成了例外，而例外则成了常规。但在各自数量对比关系差别不大，因而出现中间情形时，就无所谓常规，无所谓例外了。

法律条文的分立、合并、增加、删除，以及背后法律规则的分立、合并、增加、删除，莫不与这方面情况有关。从法律条文到法律规则都有一个动态变化的过程，应该看到，例外就是这个过程当中的重要一环，常规当然也是。

（二〇二〇年七月十六日）

# *13* 论例外（二）

　　某日，老师在二班课堂上说："这次考试，同学们都及格了。"一会儿，又纠正说："对了，有两位同学没有及格。"后来，有家长求证说："听说除两人外，这次班上都及格了，是么？"最后，疑问得到证实。

　　在上述场景中，老师讲了两句话，家长把它们概括为一句话，办法就是用了"除……外"句式。"除……外"引导介宾短语，它的功能是指明适用于其他同学的及格这个情况，不适用于那两位同学；如果要适用，则要使用介词"包括……在内"。原先是一个句子，由于使用了介词，所以得以压缩成一个介宾短语，并嵌入到老师所讲的第一个句子当中，从而得到一个新句子。这样，两个句子就合并成了一个句子。

　　还有一种讲法："二班同学都及格了，但是两位同学除外。"句中，"但是"是连词，是连接句子的，所以，"但是"之后的"两位同学除外"就只能理解成一个句子，或者是一个句子的省略式。如果理解成句子，便是这样一个被动句："两位同学刨除在外。"如果理解成省略式，那么，完整句便是："两位同学没有及格。"无论哪种情况，由"但是……除外"所连接起来的都只是两个句子，这两个句子构成并列复合句。

　　"除……外"和"……除外"，看来是有些差别的。可以这样说："除两位同学外，全班同学大都及格了。"句中，"除……外"不宜替换为"……除外"。也可以这样说："全班同学都及格了，两位同学除外。"句中，"……除外"也不宜替换为"除……外"。同样是"两位同学"，放在"除"字之前，就容易理解为主语；放在"除"字之后，就容易理解成介宾短语当中的宾语。句中位置不同，理解就会不同，位置影响理解。汉语西语不同，汉语不标词性，没有词尾变化，没有位格性数之类的说道，所以，句中位置就显得十分之重要了。

至此，共涉及五句话：

> 第一句，这次同学们都及格了；
> 第二句，有两位同学没有及格；
> 第三句，除两人外，班上都及格了；
> 第四句，班上都及格了，但是两人除外；
> 第五句，班上都及格了，但是有两人没有及格。

语句一至语句三是简单句，语句四和语句五则系由语句一、二两个简单句合并而来的一个复合句。其中，语句三是简单句；语句四、五是并列句，换言之，只是两个句子写在一个句子当中，中间稍作语法处理而已。从语句一、二，经语句四、五，再到语句三，这中间展示出由两个简单句合并为一个简单句的过程；反过来，则是一个简单句分立为两个简单句的过程。先是独立，然后是并列，最后主从，这是合并；先是主从，然后是并列，最后是独立，这是分立。一而二，二而一。

语句二是对语句一的限定，它们共同构成对二班考试情况的陈述，这就是语句三至五。语句三至五均以语句一所述即班上及格同学为常规情形，以语句二所述未及格同学作为例外情形。常规情形本系多数情形，例外情形只限少数情形，二者归属全体情形。在此，例外首先是对立，其次是限定，其次是补充。有未及格，有及格，所以是对立；有部分，有全体，所以是限定；有少数，有多数，所以是补充。常规不周全，有缺陷，才有例外，例外对举之；全体不明确，有模糊，才有例外，例外框定之；多数不到位，有空白，才有例外，例外补足之。另，例外的出现，也为后续变化提供了契机。

常规例外恰是一对矛盾的两方，有对峙，有消长，有承接，有转化，有生又有灭，有分又有合。此时是常规，彼时是例外；此处是常规，彼处是例外；对此是常规，对彼是例外；如此是常规，如彼是例外；为此是常规，为彼是例外。语句三至五以自己的方式，把常规例外结合在一起，使之统一在一个句子当中。只是在语句三至五中，才有常规例外，因为它们都是一个句子；而在语句一和二中，则无所谓常规例外，因为它们是两个句子。从常规过渡到例外，总要转些弯子，因为有相对相通，有相反相成，所以弯子弧度不一，有明弯，有暗弯，有急弯，有慢弯。也因此，有时，免不了会用到"但是"作连词。

　　落实到纸面上，关于常规例外，有着不同的处理手法。比如，语句三至五，这是用一句话来讲。有的用单句，有的用复句，有的用主从句，有的用并列句。如果强调例外，可取语句三；如果强调常规，可取语句四和五。再比如，语句一和二，这是用两句话来讲。两句话孤立来看，各自独立；结合来看，意义关联。当把二者看作一个整体时，在两句话之间，便生出来常规例外关系。一般地，以语句一为常规，因为它讲的是多数情形；以语句二为例外，因为它讲的是少数情形。

　　由此，推广开来，同样一件事情，可以一句话讲，可以两句讲，可以用简单句讲，可以用复合句讲，甚至可以用句群讲。同样一个故事，可以写诗，可以写词，可以写曲，可以写戏，可以写小说。讲什么，用什么讲，怎么讲，广度会不同，深度会不同，角度会不同，力度也会不同。事情有时很简单，那是讲得很简单；有时又很复杂，那是讲得很复杂。真相是：看似简单的事情，可以讲得很复杂；看似复杂的事情，也可讲得很简单。

　　再有，同样一些事情，可以用一条规定，可以用数条规定，可以用数个章节规定，可以用数个文件规定。同样一些情况，可以用规则规定，可以用原则规定，可以用制度规定，可以用部门规定。规定什么，用什么规定，怎么规定，出发点会不同，落脚点会不同，着眼点会不同，侧重点会不同，考虑会不同，效果也会不同。事情有时是这个样子，那是规定成了这个样子；有时是那个样子，那是规定成了那个样子。真相是：看似这个样子的事情，可以规定成那个样子；看似那个样子的事情，也可以规定成这个样子。

是简单，是复杂，是这个样子，是那个样子，多是刻画的结果，也是安排的结果。当然，能做到照章办事，以理服人，这样最好，人们也愿意这样说。无疑，这其中，多少有些弹性，也有些摇摆，为避免犹疑计，一句话讲不清时，就用两句话，当然，如果能讲清，还是用一句话的好。

（二〇二〇年七月十七日）

# *14* 论祈使句

法条中可见到祈使句，各类社交场合往往用到祈使句，的确，祈使句用途甚广，眼前，身边，手头，耳际，可谓触手可及，俯拾即是。祈使句系一类特殊句式，有着自己独特的语法特征、语义对象和语用功能，这些便利条件给人一种感觉，好像祈使句天生适合表达社会规范似的，又好像祈使句是比照着社会规范而量身订制的似的。

实则，论祈使句使用的广泛程度，在法律领域或许远不及在其他领域；而论在法律领域使用的广泛程度，祈使句或许又远不及情态句。之所以如此，可能同以下因素有关：

祈使句通常不带主语，这是因为听者是谁，说者是谁，常常默定是明白无误的，无须明言。对不特定人讲话是这样，即便是对特定人讲话，因为讲在当面，或者双方心知肚明，所以不必交代主语，时时处处交代主语，反倒显得迂阔机械了。但是，容易发生混淆时，或者特别加以强调时，就需要指出主语，引起听者注意，避免误判歧异，如有旁人，也引起旁人注意。

法律是普遍的，至少是一般的，在绝大多数人眼中，法律绝不能是个别的。但是从全体到个体之间，有无限可能，法律调整范围就像橡皮筋那样，松紧弹性颇大。比如，有的宪法条文涉及人民，十四亿之众，有的规定具体公职方面的条文，在现实中仅对应于一人！主体范围伸缩度大，且种类名目繁多，于是法条离不了祈使句，而祈使句又不是十分地普及。相对来说，在道德规范领域，在宗教教条领域，祈使句使用则要频繁得多。

祈使句谓语使用动词原形。西语多是屈折语，语法复杂，性格数位变化繁多，时态人称不可胜穷，但在祈使句中却鲜有变化。这大概是因为祈使句不同于陈述句，它不参与到外部世界实在的运动变化中去，相反，它着重刻画的是由此而触发的内心世界的波澜起伏。主观相对独立于客观，这借助祈使句式表现出来，也借助动词原形表现出来。在此，祈使句和情态句似有相通之处，情态句同样在刻意营造另外一重空间，并同现实时空尽量隔离开来，使之两相并立共存，互不干扰僭越。

法律自成体系，相对于社会而保持稳定。现代法律以立法为主要形态，立法出自国家，由国家推行立法，法律就像一台超大型机器一样，一旦开机便永不断电，永不关机，永不掉线，为此，国家专设一班人马夜以继日地加以维护和保障。社会对法律的影响，比不上法律对社会的影响那样直接而孔武有力。在法律身后，笼罩着一圈国家光环，因而带有了国家的神圣庄严，国家通过影响法律而影响社会，社会通过影响国家而影响法律。相应地，法律效力也越来越是个政治问题，而不再是单纯的社会问题。应然和实然，国家和社会，包括主观和客观，居然这般奇异地给对接起来了。

祈使句简洁明快，掷地有声，便捷高效，人际交往，不可或缺。在这方面，祈使句和情态句相近，它们都可以表达命令和禁止、请求和要求、警告和劝诫以及提示和建议等。不过，情态句涉及面要更广些，除已提及的外，诸如许可和授权，请求和要求，叮咛和嘱咐，希望和祝愿，能力和倾向，委婉和推测，如此种种，情态句大都可以胜任。这些内容有时侧重意愿方面，有时是情感方面，有时是认知方面，不过，对于祈使句而言，只有命令和要求，也就是侧重意愿方面，这是最基本的，所以称为命令句。

法律技术性强，构造精致，功用多样，多重目标手段复合在一起，这是社会发展进步使然。法律自然包含命令和禁止，但也有许可和授权，有自由和限制，有特权和豁免，有惩罚和强制，有无效和不保护，有行为规范，有能力规范，有效力规范，有标准，有规则，有原则，有政策，而且名称机构冗余，类别层级庞杂，综合性程度不断提高。正因此，祈使句连同情态句在内，它们是不敷使用的，所以要有条件句、主从句等复杂句或复合句加盟其间，有时甚至要用到陈述句，多方分工配合，各施所长，齐心协力，众志成城，只有这样，才能成功满足需要，圆满完成既有功能设定。

主语常省略，动词用原形，命令和请求，对面讲分明，这是祈使句的特点。要么是普遍性规定，要么是个别性要求，或是全称，或是单称，这两种情况下，祈使句用起来最为方便称手。而在特称情况下，因为有必要对主体作出区别，这时，祈使句便有些相形见绌了，相反，情态句则可以一展所长。情态句不仅表现应然，表达意志和决心，表征情感和态度，而且能够连接单句，兼容从句，并由此发展为复句，乃至句群，可以说一身兼具祈使句和陈述句二者所长，拉伸度大，可塑性强，适应性广，值得深加期许。这也许就是在法律领域中祈使句不及情态句普及的原因吧。

祈使句和情态句还有一个共同特点，即场景预设。在发布一个命令背后，在提出一项请求同时，一定有一位说者存在，也有位听者存在，无论哪种句式，无不是说者来说，听者来听，而各方交流交往过程中传递信息的一类句子，如此而已。但就是这样一类句子，它们以特定行为为内容，也以特定事实为内容，同时既以之为对象，又以之为目标，它们系针对特定行为或事实的表态或主张，而我们所熟知的规则，不正是这样一些表态或主张吗？这也许就是祈使句固然适合表述法律，而情态句则更适合表述法律的原因吧。

（二〇二〇年十一月十一日）

# *15* 论法源

法源是个省称，全称是法的渊源，或法律渊源（Sources of law），历来众说纷纭，人们把它搞得极其复杂。

君不见，法源有实质渊源和形式渊源之别，有历史渊源和法定渊源之别，有直接渊源和间接渊源之别，有正式渊源和非正式渊源之别，有效力渊源、内容渊源和形式渊源之别，有思想渊源、观念渊源和社会渊源等之别，可谓"譬如草木，区以别矣"。千般风情，万般面貌，熔于一炉，不一而足。问题是，如何可能呢？

渊源（Source），意为出处，法律渊源就是法律的出处。科研论文要引用和转述他人观点，必须注明出处，即文献来源，这是行业规范要求，是职业道德要求。这时，法律就是那个观点，法律渊源就是那个文献来源。人们依据某个文献说，某个观点如何如何；人们也说，依据某部法律，某个规定如何如何。

美国学者格雷曾指出，不要把法律和法律渊源混为一谈，法令、先例等不过是法律渊源，规则才是法律。这无异于说，法令、先例不过是些文献来源，是需要注明的出处，只有那个观点才是法律，才最重要。法律人须懂得从各类法律文献中提炼出法律观点，用法律评价案件争议，所有能用来支持这个观点的文献来源，都叫作法律渊源。

有观点，必有文献，没有文献，也有辑佚；有文献，必有作者，没有作者，也有佚名。观点出于文献，文献出于作者，所以作者是文献的渊源，文献又是观点的渊源。同理，法律出于立法，立法出于国家，所以，国家是立法的渊源，立法又是法律的渊源。由此，法律渊源表现为立法，也表现为国家。人们可以别名来称呼立法和国家，使用什么样的别名，法律渊源就表现为那些别名，如制定法，如主权者等。

从国家到立法，从立法到法律，这只是个梗概，大量的中间环节、终极观念和背景因素，无可避免地夹杂其中，为法律的最终出场发挥建设性作用。这些事物有主观性的，有客观性的，有近期的，有远期的，有过去的，有未来的，有现实的，也有理念的，它们在各自不同意义上，但归结起来又是在促成法律出场这一意义上，在各自所具有的贡献率这一意义上，可称为法律渊源。反过来，法律渊源又表现为这些事物。

习惯传递法律，所以是渊源；判例蕴含法律，所以是渊源；宗教感召法律，所以是渊源；道德指导法律，所以是渊源；学理催生法律，所以是渊源；政策渗透法律，所以是渊源；立法造就法律，所以是渊源。各种文件承载法律，所以是渊源；各种文本传达法律，所以是渊源；各种公报刊登法律，所以是渊源；各种报告收录法律，所以是渊源。国家制定法律，所以是渊源；社会孕育法律，所以是渊源；历史遗传法律，所以是渊源；理念引领法律，所以是渊源。无论什么样的事物，总是对法律出场是有过帮助的，因此才收入法律渊源范围。

法律无非一件成品，在它的完成出厂过程中，原材料有贡献，设计有贡献，加工制造有贡献，设备有贡献，工人有贡献，管理层有贡献，决策层有贡献，股东有贡献，资金有贡献，能源有贡献，甚至运输仓储、营销广告都有贡献。于是，这样多的性质、类别、功能各不相同的要素混杂一处，收入囊中，不分宾主，不分主次，不分先后，不分大小，统统叫作法律渊源。后来发现太过杂乱了，便有了各种分类，如前，可谓"譬如草木，区以别矣"。法律渊源就是一座仓库，一个云盘，一片心灵，一块土壤，之所以叫作法律渊源，是因为，法律不仅储存在其中，也从中流淌出来。

由此看来，法律渊源相对法律而言，一定是前提性的，至少是背景性的；一定是先在性的，至少是共时性的；一定是归属性的，至少是相关性的；一定是中介性的，至少是沟通性的。法律渊源是座桥梁，它连通法律和社会，连通法律和历史。也正因此，法律渊源具有贮藏和承载功能，即包含法律及其因子在其中；具有创制和发现功能，即使法律创制和发现活动成为可能；具有认知和评价功能，即由此可以认识法律，进而评价社会问题。法律渊源的功能和特征有关，法律功能的特征又与性质有关。

渊源是出处，也是源头。法源（*Fontes iuris*）之源，叫作源头。木有本，才有末，水有源，才有委，末委也作末尾，讲终点，讲归宿，源本也作原本，讲起点，讲初始。把法比作一条河流滔滔而下，一汪清泉汩汩而出，法的起点和初始就是那个泉源，法之所自，法之所出，叫作法源。

这个意思，从字源，看得更清楚。源古作原。《说文》收㶇（㶇）字，在灥（灥）部，许说篆文作原（原），从泉（泉）。《说文·灥部》："㶇，水泉夅也，从灥出厂下。"又，"灥，三泉也，阙"。《说文·泉部》："泉，水原也，象水流出成川形。"金文原字（原、原、原、原），就更形象了。㶇字下大徐注："今别作源，非是。"源是俗字，据《订正六书通》，见原长之印，㶇是异写。泉源处水清且浅，刚刚漂起酒杯来，所以又名滥觞，滥意为浮泛，就是漂起。刚刚漂起酒杯来的那个泉源，有时也是法律，只不过是最上游的法律，可以叫作习惯。

（二〇二〇年六月二十五日初稿）

（二〇二〇年六月二十六日改）

# *16* 论主权

　　主权是一国对内最高的支配权力，对外平等的交往权利。现代国家，即民族国家，因为这方面的特征，所以又叫主权国家。掌握主权的人叫主权者，支撑现代国家最重要的观念叫主权观念。主权国家之间的平等交往，形成了现代国际社会的主流。

　　在国内社会，国家拥有权力，政府拥有权力，机关拥有权力，组织拥有权力，团体拥有权力，学校拥有权力，公司拥有权力，私人拥有权力，这些权力几乎都是有限的，唯有一种权力可称是无限的，是最高的，这一最高支配权力，便是主权。按照启蒙思想，个人权利产生主权，主权产生公共权力。所以主权是一国最高权力，主权在民。

　　在国际社会，国家之间能够平等交往，国家能够平等地参与到国际交往当中，国家能够平等地承担国际法上的权利义务，国家能够作为国际关系主体而存在，这当中最主要的原因，就是因为国家拥有主权。国际组织和其他一些主体，它们因各自的原因成为主体，在各自范围内拥有相应的权利能力和行为能力。国际组织以下都不是主权者。

　　按照启蒙思想，在国内社会，自然人授权，汇成主权，组建国家。主权由自然人交出的那部分权利汇集而成，这是一个由个体发展为部分，最后发展为整体的抽象的过程。自然人权利是主权的来源，但是自然人的权利何尝不是一种主权呢，尽管它不是国家主权意义上的那种主权？自然人拥有这项主权，对内能够支配一己和所有，对外能够平等自由地与他人交往。

　　自然人因道德上的优越地位和哲学上的基础地位而拥有主权，

自然人主权具有基础性。国家因历史上的独特契机和政治上的崇高地位而拥有主权，国家主权具有构成性。处于自然人和国家之间的各种主体，它们都是自然人的不同形式的结社，或者是发展中的自然人，或者是自然人的发展形式。它们并不参与社会契约，按照这种逻辑，是不能拥有主权的。参与社会契约的个人，在公法上是公民，在私法上是自然人，自然人是国内法的基本主体。在私法上，其他主体是法人的，与自然人相并列，不是法人的，按照自然人结社或发展形式来处理。

又，在国际社会，假定国家授权，汇成全球主权，组建全球国家。主权由国家交出来的那部分权利汇集而成，这同样是一个由个体发展为部分，最后发展为整体的抽象过程。国家主权是全球主权的来源，但是国家主权何尝不是一种主权呢，尽管它不是全球主权意义上的那种主权？国家拥有这项主权，对内能够支配一国和全境，对外能够平等自由地与他国交往。

从国际角度看，国家因道德上的平等地位和国际上的基础地位而拥有主权，国家主权具有基础性。全球国家因逻辑观念的合理性和未来社会的必要性而拥有全球主权，全球主权具有构成性。处于国家和全球国家之间的各种主体，它们都是国家的不同形式的结社，或者是发展中的国家，或者是国家的发展形式。它们并不参与全球契约，按照这种逻辑，是不能拥有主权的。参与全球契约的国家，如果有全球公法，那么它们是正式的政治成员；如果有全球私法，那么它们是正式的自然成员，国家是国际法乃至全球法的基本主体。在全球法上，其他主体是法人的，与国家并列，不是法人的，按照国家结社或发展形式来处理。

一人一国，多有相似；国内国外，相去几何？自然人是小写的国家，国家是大写的自然人，它们都具有独立的法律主体地位，拥有参与到法律关系之中去的资格，对内享有至高无上的支配权力，对外享有自由平等的交往权利。出现在将来某一天的全球国家，是升级版的国家和自然人，它具有独立的法律主体地位，拥有参与到法律关系中去的资格，对内享有至高无上的支配权力，对外享有自由平等的交往权利。它们都是主权的拥有者。

国内国际发展，多有不同步，不平衡。国家的存在本身是个标志，它意味着国内社会已然经历了一番数番轮回，才到如今这样的地步。按启蒙思想说，是从自然人到国家这样的次序；按古典观念讲，是从家庭、村落到城邦这样的次序。全球国家的不存在本身也是个标志，意味着国际社会尚未经历类似轮回，只是停留在如今这样的水平上。按理想路线，先是国家化，再是邦联化，再是区域化，再是全球化。国家化以地方化为基础，全球化以区域化为基础。

历史上虽出过若干跨洲帝国，出过"日不落帝国"，一战后有国际联盟，二战后有联合国，二战后出过苏联，发展出欧盟，区域化和全球化一度成为时代潮流，不可阻挡。谁都不会想到，区区一场新冠，会令时代潮流登时受挫！据世卫组织负责人表示，新冠影响或将持续数十年之久。且以今日美国观之，可谓虎踞龙蟠，傲立雄视，睥睨六合，囊括五洲；麾下数十万之众，常驻海外；三百七十四个军事基地，遍布全球一百四十多个国家，最多时曾达到数千个。即便如此，全球一体化水平仍旧停留在较低水平上，其逊色于国内也远矣！！

从自然人开始到国家，再到全球国家，这是个秩序整合过程。从自然人主权到国家主权，再到全球主权，这是个权力集中过程。国内社会秩序整合可以达到一个很高的水平，但由诸多整合达到很高水平的国家整合而成的国际秩序，却难以达到很高的水平。国内社会权力集中可达到一个很高的水平，但是由诸多权力集中达到很高水平的国家集中而成的国际权力，却难以达到很高的水平。这也是必然现象，再多数量的树木集合起来，也不过叫一片树林，而不能叫一棵树木；再多数量的沙粒集中起来，也不过叫一片沙漠，而不能叫一颗沙粒。一成多易，多成一难，如此而已。

从个体开始，由此展开抽象建构，这是"唯名论"的思维，其中也离不了"唯实论"的帮助。一人之为一，而不是多，主权可以是个说法；一国之为一，而不是多，主权可以是个说法；全球国家之为一，而不是多，或许主权也是个说法。自由平等的个体相互结成契约关系，通过契约构造出整体，西人每持契约说。

国人所持则与契约说不同，可以叫礼法说，其中依稀有类似主权的东西，但想来却不合适叫作主权。比如，周时，士之所治，及于一身；卿大夫所治，及于一家；诸侯所治，及于一国；天子所治，及于天下。《诗·小雅·北山之什·北山》："溥天之下，莫非王土；率土之滨，莫非王臣。"何以不适合叫作主权？因为叫作主权，则意味着地缘成分多，而血缘成分少；事实成分多，而价值成分少。大抵如此。

（二〇二〇年八月二日）

# *17* 论立法权

立法出自立法者，立法者手操立法权。因为手操立法权，所以能够立法；因为能够立法，所以是立法者。立法者之为立法者，因为立法，也因为立法权。立法权使立法者成为立法者，使立法成为立法。

神是第一位立法者，也是第一立法者。

神既造物，也为它们立法，这便是自然律；神也造人，并为他们立法，这便是道德律。神负责创造世界，法律负责管理世界，据说，神的立法叫永恒法，通过教义给人的启示叫神法。

自然也"立法"，可算作第二位"立法者"。

自然即本性，事物有事物的本性，即物的自然，简作物性；人有人的本性，即人的自然，简作人性。自然法源自人性，也源自物性，最终源自神性。自然的"立法"叫自然法，有时是自然法则（规律），有时是道德法则（戒律）。

神何以能立法？是因为神是创造者。创造者就能立法吗？是的，创造者就能立法。为什么？因为神就是神。对于神，不再追问从哪里来，因为神就是一切"从哪里来"的那个"哪里"。对于永恒法，不再追问为什么，因为神就是一切"为什么"的那个"什么"。这是神学观点，如果持世俗观点，自然可能优于神，成为第一原因。

自然何以能"立法"？因为它是支配者。支配者就能立法吗？是的，支配者就能立法。为什么？因为自然就是自然。对于自然，不再追问从哪里来，因为自然就是那个"从哪里来"的"哪里"。对于自然法，不再追问为什么，因为自然就是一切"为什么"的那个"什么"。这是自然观点，如果持神学观点，神必定高于自然，成为第一原因。

神和自然关系如何？谁先于谁？谁高于谁？谁优于谁？谁决定谁？神学观点认为神是终极关怀，是超自然，至于神从哪里来，向哪里去，不可问，也不必问。自然观点认为自然独立于神，甚或优越于神，至于自然从哪里来，向哪里去，不可问，也不必问。这两个问题，非要问，只能回答：从来处来，向去处去。

国家是第三位立法者，是现代真正的立法者。

国家是"利维坦"，是"毕希莫斯"，是大写的人，是行进在地上的神。其状若何？曰坐拥主权，操控暴力，外和万邦，内治六合，居高临下，秀外慧中，惩恶扬善，信赏必罚。国家的立法叫制定法，议会立法和行政立法都是典型的制定法。

社会也"立法"，可算作第四位"立法者"。

社会是"名利场"，是"悲惨世界"，是交往关系，是簇集在身边的群。其状若何？曰家庭村落，市场广场，城郊乡野，机关厂矿，士农工商，生老病死，山林土地，村规民约，自生自发，自在自为。社会的"立法"叫社会法，习惯章程和遗嘱契约都是典型的社会法。

国家何以能立法？因为它是主权者。主权者就能立法吗？是的，主权者就能立法。主权是对内最高统治权，是对外平等交往权，包括立法权在内，立法权源于主权。主权从哪里来？向哪里去？有的说君权神授，有的说"以德配天"，有的说主权在民。主权来自谁那里，就要向谁负责。

社会何以能"立法"？因为它是孕育者。孕育者就能立法吗？是的，孕育者就能立法。社会是一片土壤，一方天地，多种事物生发其中，可知又不可知，可控又不可控，可测又不可测，有多元性，又有复杂性，有延续性，又有创新性。社会来自哪里？可能是自然演进，也可能是精神感召，见仁见智。

国家和社会关系如何？谁先于谁？谁高于谁？谁优于谁？谁决

定谁？近代认为，由个人而社会，由社会而国家，国家社会不过是某种契约关系，或是人造物。传统认为，个人是社会动物，是政治动物，社会交往和政治参与是人性要求。在国内社会，个人、社会、国家井然有序。在国际社会，各国往来，有区域化、全球化趋势，但离形成全球国家，尚遥遥无期。国内国外，并不同步。

国家和社会的核心都是人，是人类。现在人类已经足够强大，人文人道，人是中心，经济科技，自信满满，放眼八荒，唯我独尊，自然由是降格为物质，降格为环境，神由此降格为宗教，降格为信仰，"六经注我"，万物皆备于我。

相应地，法律只讲权利义务，人是主体，物是客体，权利至上，义务至上，都是人类中心。法律先是独立于宗教，然后独立于自然，然后独立于政治，然后独立于道德，然后独立于社会，最后自给自足，自治自律，自立自主，自得自洽，成为与世隔绝的封闭空间，成为独立不改的概念体系，就像是蒸馏水，不含任何杂质。

过去，人类还很弱小，处处陷阱，步步惊心，对外界，对未来，看去一片迷茫。所有人类向上求助于神，向外求助于自然，用自然去平静内心，用信仰去慰藉自我。因为无助，所以求助，于是，要么求助于神圣秩序，要么求助于自然秩序，从它们那里为人类，也为社会，也为国家，寻求存在基础和合理根据。

相应地，法律讲责任，讲正义，人要对自然负责，要对神负责，一动一静，皆是天意，一凶一吉，皆是天报。一开始，可能没有人法，没有实证法，可一经出现，或尚未出现，便已经蕴蓄在永恒法之中了，或是浸润在自然法之中了。至于说到原初混沌，法律、宗教、习惯、道德不分，这应该是后起的看法。

将来，人类还要往前走，但终究会往哪里走？人类经济科技继续推进，配套的哲学文艺则更加偏执，于是，环境恶化，资源短缺，生化废料，犯罪战争，心理伦理，不明天体，灾难日深，危机日重，生存惟艰！这些强迫人类重新面对自然，面对神，面对他人，面对自我，不得不重新思考评估，不得不重新联合应对，不得不重新做出选择。

相应地，权利义务机制失灵，自由效率价值受限，民主政体原则松动，法律道德不再分离，法律政治不再分野，法律自然不再分别，法律宗教不再分隔，正义重回法学视野，责任重返法理中心，无过错责任，集体责任等，种群正义观念，代际正义观念等，一一重生。在国际社会，国家逐步走向联合，全球逐步走向一体化。只要危机足够深重，足够紧迫，这一步是迟早的事。

在我们的时代，法就是法律，法律就是立法，立法就是政策。在我们的时代，不理解政策，就不能理解立法；不理解立法，就不能理解法律；不理解法律，就不能理解法。立法首先是人类的，其次是国家的，其次是制定的，其次是外在的，其次是他治的，其次是强制的，总之是人为的，兼有意志性，兼有技术性。政策正好有这些特点。

而立法完全专门化了。立法既是一项专门活动，也是一个专门领域；既是一项专门权力，又是一套专门程序；既是一个专门机关，又是一群专门人士；既是一些专门原则，又是一门专门知识；既是一批专门文件，又是一项专门技术。专业化的立法固然可称，但不免离群众越来越远，离道德越来越远，离人文越来越远，离传统越来越远，这是不能不令人担忧的。

自古而今，立法权先是来自神意，然后来自自然，然后来自道德，然后来自主权，然后来自民主，然后来自利益，然后来自眼前，自尊而卑，自远而近，多少有些"每下愈况"的意思。其实，在立法权背后的，不仅有人类认识方法的变化，更有人类生存状况的变化，而这又是不得不加以留意的。

（二〇一九年十二月十一日）

# *18* 论权威

　　"上学去!"
　　"为什么?"
　　"你父亲说过。"

　　这是母亲和孩子之间的一段对话，母亲提出要求，孩子反问，母亲回答。

　　"上学去!"讲话人是母亲，听话人是孩子，如果没有异议，这话就产生效果。现在有了异议，经过母亲转述，讲话人变了，变成了孩子父亲。原先发生在母亲和孩子之间，现在在父亲和孩子之间，中心是同一句话。

　　异议发生前，是母亲在讲话，孩子在听话；母亲转述后，是父亲在讲话，孩子在听话。开始，母亲是讲话人，似乎是权威，本来，孩子应该听话，但这话受到质疑。这时，母亲搬出父亲，父亲成了讲话人，真正是权威，其潜台词是：孩子应该听父亲的话。

　　第一次，"上学去!"，可看成规则，这次，权威藏在了规则后。第二次，"孩子应该听父亲的话!"，也可看成规则，虽然没有明说出来，这次，权威站在了规则前。可见，权威在讲话者，它同听话人，同规则关系紧密，包括所讲的话，即第一个规则，也包括没讲出来的话，即第二个规则，

　　所谓权威，就是某种能力，也是某个主体，可以这样说，权威就是具有某种能力的某个主体，或是某个主体所具有的某种能力。

　　权威发生在具体的讲话人和听话人之间的关系中。讲话人有权威，话就有说服力，不仅是影响力；既如此，听话人就得听，不能

不听；话有说服力，不在话，全在讲话人有权威。反之，讲话人没有权威，话没有说服力，不排除有影响力；既如此，听话人就未必听，可以不听；话没有说服力，不在话，全在讲话人没有权威。在权威服从关系中，首先是人，其次是话，人比话要紧。

讲话人因人而不是因话，使得听话者听话。在这一关系中，讲话人是权威主体，听话者是服从主体；因人是因能力，即因权威性；服从是权威效果；双方关系，自权威方讲是权威关系，自服从方讲是服从关系。当然，还有两个规则，前一个是受到权威支持的规则，即初级规则；后一个是不仅支持权威而且产生权威的规则，即次级规则。初级规则产生于权威，而次级规则产生权威。

权威不同于资格。权威是能力（ability），但不是一般能力。权威是主体所具有的某种能力，但这种能力指向他人，足以影响他人，包括支配他人在内。如果这种能力不指向他人，而是指向自己，这时，只是一种能力而已，可以叫作资格（competency）。权威与资格都是能力（capacity），权威是指向他人的，资格是指向自己的。

权威不同于权力。权威是能力，权力也是能力，它们都指向他人，对他人产生影响，事实上也力图影响他人。这里的他人，可以是特定人，也可以是不特定人。在法学上，所谓权力，即创设、变更和终止法律关系的能力，从规范层面上说，自然也包括创设、变更和终止法律规则的能力。权威发生在具体关系当中，偏重影响他人；权力还发生在抽象关系当中，偏重影响关系或规则。

有时，权威与权力二者不易区分，甚易混淆。出于某些原因，某些主体在某个领域内，围绕某些事务，或者具有某些出众的能力，或者持有某些独特的身份，或者据有某些优势的地位，或者享有某些崇高的声誉，或者存有某些排他的影响。这些能力、身份、地位、名声、影响，无疑属于权威范畴，当然也可以叫权力。这些力量注定是要涉及他人的，有些，就是因涉及他人而形成的，否则，如何是一种力量呢？正因为要涉及他人，会涉及他人，这点不证而明，不言而喻，已是题中之义，自然而然，不须时时提及，于是就不再提及了。

　　这种关系颇有些类似于作者和读者的关系。作者写，读者读，作者征服了读者，令读者折服。读者为何要读作品，先前不能说与作品无关，但后来主要与作者有关，读者同作者产生信赖甚至是依赖关系，而且很快地摆脱了作品，单独寄托在作者身上。当初，读者因喜爱作品而喜爱作者；如今，读者因喜爱作者而喜爱作品。当初，读者因作品好而认定作者好；如今，读者因作者好而认定作品好。到后来，只要是该作者，就喜爱，就认定好，至于作品，则沦于良莠不分了。对权威的崇拜，多少有些追星的感觉。

　　权威可因多种原因产生，可以是自然形成，也可以是人为树立，法律上的权威多半是人为树立的。李白的诗，张旭的字，裴旻的剑，唐时号为"三绝"。欧褚虞薛，唐楷四家；欧颜柳赵，也称四家。四大才子，八大山人，扬州八怪，说文四家，四大名旦，八大样板。精湛的技艺，深厚的修养，扎实的功底，高妙的境界，各门各派，各行各业，口碑足以传称经典，时间足以造就权威。

　　之所以权威高，是因为从者众；之所以从者众，是因为能力强；之所以能力强，是因为下的功夫大。浪里淘沙，沙里淘金，经得起风雨，看得见天日，千锤百炼，千挑万选，钢铁就是这样炼成的。这是自然权威，法律权威则有所不同。议会何以能立法，政府何以能执法，法院何以能司法，没有法定何能尔？人们何以能签合同，人们何以能立遗嘱，死亡失踪何以能宣告，法不认可何能尔？法律权威是法律规定的，至少是法律认可的，因为规定和认可，所以受到法律保护。

　　法律承认某种地位，赋予某种能力，人们因而成为法律主体，可以参与某些关系；法律设置某种角色，配置某种功能，人们因而成为法律权威，可以履行某些权力。民事主体能够拥有财产，能够订立合同，能够订立遗嘱，能够缔结婚姻，能够组建家庭，能够参加诉讼，能够单独或共同对可预期的未来做出某些安排，这是私法框架内的权力（power），叫权威也好。人大能够立法，政协能够议政，政府能够行政，法院能够审判，检察院能够监督，监察机构能够监察，有关方面能够在特定范围内对某些事项做出安排，这是公法框架内的权力，叫权威也好。享有权力的，自成权威；称为权威的，会有权力。权威和权力是采取进一步行动的制度前提。一个国家，一个社会，总要在某个框架内就权力或权威分配问题，在总体上作出安排，这个框架就是宪法。

是权威，让规则合法，这是一句话；又是规则，让权威合法，这是另一句话。是父亲，让母亲讲出来的话合法，这是一句话；又是母亲没讲出来的话，让父亲合法，这又是一句话。这两句话固然有道理，但不全面。也许，孩子会如此反应：

"可以不听父亲的话么？"
"为什么？"
"上学无用呀！"

（二〇二〇年六月二十八日初稿）
（二〇二〇年六月二十九日二稿）

# *19* 论政体

政体问题是个古老的问题，亚里士多德较早系统讨论过这个问题。那个年代，就好像后来的启蒙时期一样，人们似乎很热衷于讨论这类问题。

亚氏注意到，政体可以"最高治权的执行者"的数目进行区分，人数不同，政体不同。如果统治者是一人，就是君主制和僭主制，这是一人制；如果是少数，就是贵族制和寡头制，这是少数制；如果是多数，就是共和制和平民制，这是多数制。

统治者人数标准体现的是政体的量的一面，而质的一面则是定性问题，这要看统治者是否依据公正原则，是否照顾公共利益。这里，也涉及是否依法统治，因为，亚氏认为，正义有一义便是守法。如果答案是肯定的，就是正宗政体，是正确政体，这是正宗制；如果是否定的，就是变态政体，是错误政体，这是变态制。这样说来，君主制、贵族制和共和制是正宗制，而僭主制、寡头制和平民制是变态制。

这里，须作几点说明：

第一，所谓"最高治权"（*kyrios*，*superanus*），犹之今日所谓"主权"（sovereignty）。君所以治民，父所以治子，主所以治奴，都是因为拥有类似"治权"。

第二，所谓共和制（*politeia*，*republica*），其用语同于政体或宪法，似有"理想国"（*politeia*）或模范政体的意味。

第三，所谓平民制（*demokratia*），犹之今日所谓民主制（democracy）。或许是后人鉴于今古差异，不便直译。

第四，所谓变态制，就是偏离，抑或腐败。果品发霉，食物发馊，饭菜变味，草木枯槁，尸体朽坏，都是腐败。

亚氏说："僭主政体为王制的变态；寡头政体为贵族政体的变态，平民政体为共和政体的变态。僭主政体以一人为治，凡所设施也以他个人的利益为依归；寡头（少数）政体以富户的利益为依归；平民政体以穷人的利益为依归。三者不照顾全体公民的利益。"［亚里士多德：《政治学》，吴寿彭译，商务印书馆，一九六五，第一三四页］

亚氏认为，每种政体都有自己的原则。比如，君主制讲荣誉，贵族制讲美德，共和制讲自由，寡头制讲财富。又，政体之间有一定的转化规律。比如，君主制会滑向僭主制，民主制会滑向寡头制。又，各种政体间有一定优劣等级。比如，民主制并非最好政体，只不过是最不坏的政体罢了，以亚氏的话说，便是"最可容忍的变态政体"。［第一七九页］

亚氏之论，闳阔缜密，具体而微，持论中和，完全符合他的一贯风格；同时，去芜取菁，承上启下，既集大成，又开风气，俨然一派大家风范。后来者尽可以赞成他，尽可以反对他，但都绕不开他，一种思想但凡称得上成熟老到的，大抵都具有这样的共性。

如上，政体从数量方面讲，有一人制、少数制、多数制之分；从实质方面讲，有正宗制和变态制之分。如果以数量方面作为行，以实质方面作为列，那么就会形成一个四行三列、包括六个空格在内的表格，而亚氏所论六种政体恰好逐项填入。

表 2　亚氏政体类型

| 质<br>量 | 正宗制 | 变态制 |
|---|---|---|
| 一人制 | 君主制<br>*monarchia* | 僭主制<br>*tūrannis* |
| 少数制 | 贵族制<br>*aristokratia* | 寡头制<br>*olūgarchia* |

| 量 ＼ 质 | 正宗制 | 变态制 |
|---|---|---|
| 多数制 | 共和制<br>politeia | 平民制<br>dēmokratia |

说明：君主制，或称王制（basileia）。按照这个理论框架，帝制爲王制同类；后世所谓专制、独裁、极权、暴君、"独夫民贼"等，实质系变态一人制。

这就是说，亚氏实际上确立了某种理论框架，借此就任何一种政体实践展开分析，可以实现定位定性。就好像确立了经纬线后，地球表面任何一点便获得唯一确定坐标，任何两点之间的关系也可以精确加以描述，定位定性不再是什么难事。理论框架的功能和经纬坐标的功能，不能不说，颇有几分相似。

假设某团体有一百名成员，所谓一人制，即由一名成员为其他九十九名成员作决定；所谓少数制，即由二至四十九名成员，为其他九十八至五十一名成员作决定；所谓多数制，即由五十一名至九十九名成员，为其他四十九名至一名成员作决定，或者，由一百名成员为自己作决定。

这里有两种特殊情况：

第一，全体制。这是指由一百名成员为自己作决定，换句话说，这一百名成员中有一名提出反对，即无法作出决定。这种情况，从正面讲，即"全数同意"；从反面讲，即"一票否决"。现今联合国安理会常任理事国表决，实行的正是这种办法。

第二，均等制。这是指其中五十名成员和其他五十名成员势均力敌时所出现的情况。五十对五十，如何作出决定？亚氏所论，没有涉及这种情况。在少数制中，假如是两名成员在为其他九十八名成员作决定，而两名成员又意见相左时，就出现这种情况。在多数制中，假如占多数的八十名成员中，四十对四十，便又是这种情况。这种情况要求对立双方或对立各方达成一致时方可作出决定，或者达成妥协时作出决定。

均等制的特点，一是分，即出现对立双方或对立各方；二是等，即对立双方或对立各方人数相等，或力量均衡。在百人团体中，一人制除外，其中二对九十八，四对九十六，中间五十对五十，最后，九十八对二人，一百对〇，从少数制到多数制，再到全体制，都可能面临均等制困境。

其实，所谓均等制，就是共和制。共和，从字面上讲，就是共而和之，前提是分而等之。历史上，周公召公共和，传为美谈。美国讲"分权制"，讲"三权分立制衡"，衡即相等，制是相对，分而等之，共而和之，其实质是共和制。共和制弹性极广，从少数制到多数制，再到全体制，都涉及共和制，有时径直叫作共和制，从而与君主制或专制对举。

这样，政体在数量方面便出现一人、少数、均等、多数、全体等五种情况，而每种情况均有正宗和变态之分。这就是说，原先包括六个空格在内的表格，现在扩大了，包括了十个空格在内。

### 表3　政体类型扩展

| 量 ＼ 质 | 正宗制 | 变态制 |
|---|---|---|
| 一人制 | 君主制 | 僭主制 |
| 少数制 | 贵族制 | 寡头制 |
| 均等制 | 共和制 | （对抗制） |
| 多数制 | 民主制 | （民粹制） |
| 全体制 | （全民制） | （群氓制） |

说明：括号中的名称，并非约定俗成，祇是建议而已。所谓全民制，如过去所讲的绝对民主制；所谓群氓制，如一般所讲的无政府主义。共和制弹性甚大，最狭义时是正宗均等制，最广义时是正宗非一人制。

就共和制而言，最狭义上讲即正宗的均等制，广义上则是正宗的少数制和多数制，甚至是全体制，总之不是一人制，即专制或王制。至于变态的均等制，实践当中不能说没有，但缺乏一个合适的名称。

正宗的多数制，亚氏称为共和制，现在则称为民主制。变态的多数制，亚氏称为平民制，即民主制；后世有称为暴民制的；现在，恐怕所谓民粹主义有这方面的意思。正宗的全体制，现在指一致同意或全票同意，也指一票否决。变态的全体制，按流行的价值序列看来，恐怕要归入名声不太好的民族主义和国家主义之列了。

从一人制到全体制，从正宗制到变态制，以上可归入传统政体理论。一般认为，政体讲的是政府形式（forms of government），与之相对的有国体和国家结构形式。所谓国家结构形式，涉及中央地方关系，实际是整体部分关系。其实，无论政体，还是国家结构形式，包括国体在内，讨论的都是整体部分关系问题，或者说，哪一个部分有权代表整体的问题。

可设想，整个国家好比一块蛋糕，划分就是用刀切蛋糕，可以横着切，也可以纵着切，横着切带来的是纵向关系，纵着切带来的是横向关系，可见纵横实在是不可分离。政体就是纵着切，横向地讨论：是君主，是贵族，还是民众，是谁在当家作主？国家结构形式则是横着切，纵向地讨论：是中央，还是地方，是谁在主导国家？

如果中央完全代表国家，地方完全服从，这是单一制。如果中央政府只能在部分事项上代表国家，而地方享有较大权力的，是联邦制。单一制、联邦制都是"强中央，弱地方"，都是实质中央。不过，单一制是集权制，而联邦制则是一种分权制，它强调中央地方分立，只是在特定事项上，中央才凌驾于地方。

有时，中央可能只是个名义，其实质在于地方力量对比，即"弱中央，强地方"，这是地方制。如果中央取决于或操控于某个或少数地方，这类似于历史上的军阀割据，或地方割据。如果中央取决于或操控于多数甚至是全部地方，这是邦联制，也类似于历史上的封建。从地方制开始，都是自治制，都是地方主导，不过是"五十步，一百步"，程度不同而已。

在中央地方关系上，也存在某种类似政体问题的情况，即一人制、少数制、均等制、多数制和全体制，它们各有正宗和变态之分。不过，由于研究重点和研究传统的关系，不是每种情况下都能找出合适的名称，所以那包括十个空格的表格，常常出现空缺。"名不正，则言不顺"，研究需要命名。

研究某个国家，或者是观察某个规模较大的社会团体，可以采取某些角度进行，比如：第一，所谓政体；第二，所谓国家结构形式；第三，阶级，或职业；第四，党派；第五，中央机关；第六，所谓社会控制手段。前两个角度已经讨论过，下面讨论后四个角度。

首先是阶级角度。

阶级同职业有关，也同在经济社会生活中的分工有关，所谓工农商学兵，所谓士农工商，所谓三教九流，所谓五行八作等，在某种宽泛的意义上，均可称为阶级。柏拉图曾说，贤哲政体以智慧为本，功勋政体以才能为本，财阀政体以财富为本，平民政体以人数为本，专制政体以暴力为本，当然，最令柏氏心仪不已的，还是哲学王政治，即真理加权力！

从阶级角度看，如果政权掌握在圣贤手中，就是所谓贤人政治；如果掌握在军人手中，就是军人政治；如果掌握在精英手中，就是精英政治；如果掌握在寡头手中，就是寡头政治；如果掌握在商人或财阀手中，就是商人政治或财阀政治；如果掌握在全民手中，就是全民政治，或直接民主。不同的人群有不同的职业，有不同的生活，有不同的经历，于是便有不同的特点。不同人群掌握政权后，他们所具有的不同特点，随之成为国家政治生活的主导原则。

正因此，农民掌权，农民的特点便成为国家的原则，包括好的方面，也包括不好的方面。工人掌权，工人的特点便成为国家的原则，包括好的方面，也包括不好的方面。而知识分子掌权，知识分子的特点便成为国家的原则，同样地，包括好的方面，也包括不好的方面。哪个阶级能够胜过其他阶级，从而掌握国家政权，哪个阶级的特点便成为国家的原则，包括好的方面，也包括不好的方面。国家由哪个阶级主导，现在就叫作国体。

其次是政党角度。

政党是因为共同的目标结合在一起的人群，不同政党代表不同利益。政党古已有之，但作为一个独立的政治单位活跃在公共生活中，还是近代的事情，时间不能算很久。孔夫子说："君子周而不比，小人比而不周。"政党逐利，党同伐异，"攻乎异端"，排斥异己。传统上，人们对政党印象不佳，朋党一直背负恶名，即在近代早期，人们评价似乎也不甚高。直到近代，利益主导，政党政治才大行其道。

资产阶级国家多实行两党制或多党制，选举上台，优胜劣汰，轮流坐庄，在不同政治目标和施政纲领之间展开竞争，就像市场竞争那样。社会主义国家一党专政，多党议政，民主协商，同心同德，围绕某一相对稳定的政治目标和施政纲领展开合作，就像生产协作那样。政党也像人一样，有不同的追求，不同的气质，不同的精神风貌，所以，不同政党主政，国家相应呈现出不同的风格特点。

再次是中央机关角度。

国家风格特点不同，有时出于不同的国家机关设置，出于不同的组织体系安排。国家元首地位如何，议会机构地位如何，议会与行政机关关系如何，这些情况足以反映出一国政体特点。传统上，以君主制居多，内阁从属于君主，议会要么阙如，要么从属，要么摆设。资产阶级革命后，民主制大行，君主制衰落，君主要么淡出，要么虚化，要么落伍。君主制国家从此成为批判和改造的对象。

从各国情况来看，英国讲"议会至上"，讲"巴力门主权"，内阁从属于议会，国王虚置，所以叫议会制，也叫内阁制。美国总统、议会、法院并驾齐驱，无分轩轾，但总统兼国家元首、行政首脑和武装部队司令，所以叫总统制。法国总统也拥有实权，但地位略低于美国总统，所以叫半总统制。瑞士最高行政机构是联邦委员会，集体合议，议行合一，所以叫委员会制。德国联邦议会选举内阁总理，总统为国家元首，议会、内阁、法院并立，所以叫议会制共和制。从美国到法国，到瑞士，到德国，再到英国，国家元首由实到虚，议会权力由小到大，行政机构与议会关系由疏到密，大抵如此。

最后是社会控制角度。

国家可以动用多种手段控制社会，反过来，主要社会控制手段也表明国家的特点。这些控制手段大体包括：第一，宗教；第二，道德；第三，法律；第四，政策；第五，武力。庞德举出前三种，这里，增加了后两种。

政教合一，君权神授，宗教要么主导政权，要么影响政权，这是神权国家。道德立国，礼教兴国，德主刑辅，内圣外王，这是礼教国家。法律至上，权利本位，个人自由，民主立法，限制公权，有限政府，这是法治国家。意识形态挂帅，组织动员力量强大，上行下效，内紧外松，全社会服从于统一战略目标，这是政策国家。好勇斗狠，舐血嗜杀，刻苦坚忍，残酷无情，严刑峻法，穷兵黩武，对内镇压，对外扩张，这是武力国家。从神权，到礼教，到法治，到政策，到武力，维护国家和联系社会的纽带一步步世俗化、功利化和外在化。

不难看出，对于同一事物，可从不同角度加以分析；分析角度不同，看法说法便有不同。古诗说："横看成岭侧成峰，远近高低各不同。"其实所谓政体，所谓国家结构形式，所谓国体，以及三者以下的各种角度，大都是对同一事物的不同分析。国家是一个整体，由不同部分组成，国家的属性取决于哪个部分相对于其他部分占据支配地位。同一整体从不同角度可以区分出不同部分，由此国家也就呈现出不同属性。文中那些名目繁多、琳琅满目的称谓，即反映出国家在不同方面的属性。当然，政体也是这众多属性之中的一些，如此而已。

结束前，还有三点补充看法：

第一，政体与团体同在。政体有时只是某种程序性原则，只要是需要最终决定，就存在这类问题。大到一个国家，一个国际组织，小到一个团体，一个家庭，一个班级，一个小组，即便是一个犯罪团伙，这类政体性原则都会存在。

第二，政体因机关性质而不同。即便在一国之内，机关不同，政体原则不同。比如，议会通常实行民主制原则，政府是君主制原则，法院是贵族制原则，在政府从属于议会控制的意义上，国家仍然是民主制国家；反之，如果是议会从属于政府，则有可能是君主制。

第三，政体有名义和实质的差别。一个国家名义上是君主制，实际上是民主制，如英国，所以叫作君主立宪制。还有的国家，名义上是民主制，实质上却是君主制，如纳粹德国。有时，写在宪法文本上的政体，同实际政体并不相符，因此需要仔细分辨。

（二〇一九年十二月二十日）

# *20* 论成文法

成文的意思是写下来，有书面载体在。所以，写下来的书面立法就是成文法，写下来的合同就是书面合同，写下来的遗嘱就是书面遗嘱。书面合同和书面遗嘱都是成文的，书面立法也是成文的。

习惯是做出来的，不是写下来的，没有书面载体在，所以习惯不是成文的，叫作不成文法。但出于某些需要和动机，人们也把习惯整理汇编成册，甚至加以援引适用，习惯因之有了书面载体，但还是不成文的，叫作不成文法。为什么？

判例是传下来的，也许有过口耳相传的时候，但现在所见，均有书面载体在，可仍旧是不成文的，叫作不成文法。英美国家素有判例汇编传统，进入图书馆，满墙成架都是判例汇编，经年累月，连篇累牍，卷帙浩繁，皓首难穷，即使这样，也还是不成文的，叫作不成文法。为什么？

原来，区别成文法和不成文有两个标准，一是文字载体，二是产生方式。历史上，这两种方式大概有个此消彼长、此起彼伏的过程。

没有文字时，肯定没有成文法，一切都是口头的，所以，合同、遗嘱、判决都是口头的，直到今日，还可以是口头的，判决也可当庭口头宣判。有了文字，但通行不广时，可能也是这样；文字通行稍广时，书面口头并列；文字普及时，书面渐夥，颇有取代口头之势。现在是立法时代，所以重要的合同、遗嘱都要求书面形式，判决最终也是书面的，书面真的成了首选。

立法是制定的，而且应该是书面的，立法占据统治地位时，成文法大约等于制定法，相应地，制定法的特征也便成了成文法的特征。制定法有两个特征，一是立法程序，二是文字载体。再后来，这两个特征转为成文法的特征。成文法之为成文法，是否具有文字载体并不重要，重要的倒是立法程序。

正是这个原因，习惯虽然可以写下来，可以有书面载体在，但仍是不成文的，仍叫作不成文法。正是这个原因，判例虽然都是写下来的，有书面载体在，但仍是不成文的，仍叫作不成文法。正是这个原因，合同和遗嘱虽然可以写下来，有书面载体在，但并不能叫作法，更不消说叫作不成文法了。

其中的道理，正是立法的崛起和随之占据的垄断地位。立法崛起之后，习惯退归次要，最终出局了。习惯只是在有助于立法时，为立法所吸纳，通过审查的习惯才能被援引、被适用，称之为习惯法。所谓习惯法就是渗透到立法当中，为立法所兼容的习惯，如此而已。

立法崛起之后，判例也受到挑战。由于西方社会封建传统久远，贵族势力强大，再由于资产阶级革命不彻底，于是由贵族势力所把持的普通法和先由国王势力把持而后来复由贵族势力所把持的衡平法，仍旧是海洋法系的主要法源，当然，也是英美法学院教与学的主要素材。即便如此，英美立法也在膨胀，判例空间越来越紧缩，二者如今并驾齐驱。

立法崛起的背后是现代主权国家的崛起，国内社会在主权国家旗帜下重新整合，国际社会在主权国家基础上逐渐发育。

在此情形下，国内各自然人、家庭、社团、组织、机构等，必须重新定位，摆正位置，出自这些单位的社会规范也必须重新站队和排序。国家通过立法对这些单位进行改造，这些单位也在多重压力之下艰难而顽强地生存下来。所有社会规范在立法面前必须重新接受审查和处理。

在国际社会中，国家以主权者身份参与到国际交往中，不断分化组合，双边性和多边性合同性质的条约，以及那些不成文的习惯仍是主体，国际组织的各种"法典"徒具其表，不有其实，影响有限，联合国和国际法院之类的组织机构表现疲软，国际统一秩序的形成，特别是能够达到国内社会水平的统一秩序的形成，可谓山高路远，遥遥无期。

可以这样概括，在国内社会，由成文法主导；在国际社会，由不成文法主导。在国内社会，主权国家渐趋成熟；在国际社会，自然状态依然如故，充其量，只是政治社会初级阶段。国内社会和国际社会的不同步和不平衡发展，也造就了各自法律形态的不同步不平衡发展。

总体上，法律形态的变迁，背后伴随着社会形态的变迁。同样地，从不成文法到成文法，中间也伴随着从行动到语言再到文字的消长更迭，伴随着从无意识到意识再到意志的消长更迭，伴随着从群体到个体再到整体的消长更迭。

是写下来重要，还是定下来重要？何以定下来比写下来更重要？何以写下来的、有书面载体在的习惯和判例仍是不成文的，只能叫作不成文法？何以书面合同和遗嘱不能叫作法，更不能叫作不成文法？这些问题都必须结合现代主权国家的崛起来理解。

现代国家的崛起对国内、对国外，均有深刻而长远的影响。现代国家未来如何，走向如何，归宿如何，不能不引起人们的再度注意和思考。而各种法律形态的新一轮座次及其进退升降状况，自然不能不受到来自这方面的深刻而长远的影响。

（二〇二〇年六月二十日）

# $\mathcal{21}$ 论成文法（二）

一部法律，如果人们愿意遵守，即便不写成文字，人们也会遵守；反过来，如果人们不愿意遵守，即便写成了文字，人们还是不会遵守。既然这样，法律何以要采取成文形式呢？成文法意义何在呢？书面口头，差别何在呢？

这个问题的前提须加分析。首先，多数情况和少数情况不同。一般而言，在某一固定人群中，不会所有人都愿意遵守法律，当然也不会所有人都不愿遵守法律，更可能的情况是，有的人愿意遵守，而有的人不愿。大多数人则处于愿意和不愿之间，而且态度就像橡皮筋和弹簧一样，是可变的。比如，警察面前就老实一些，警察背后就滑头一些，管得紧时就顺从一些，管得松时就懈怠一些。那种十二分自觉的人，以及那种十二分死硬的人，均是极少数，少之又少。

其次，愿意遵守和实际遵守不同。人们遵守法律的动机十分之复杂，当然，违反法律的动机也十分之复杂，愿意只是动机之一。愿意遵守且实际遵守的固然最好，实践中也有愿意遵守而实际并未遵守的，有不愿遵守而实际遵守了的，还有不愿遵守而实际也未遵守的。违反法律的情形与此类似。主观意愿转化为客观行为，既是一个思想斗争过程，也要依赖外在环境和条件作支持。

还有，写成文字和变成行动不同。有关方面把法案变成法律，把规定变成文字，公布出来。人们有机会、有条件接触文字，接触之后理解文字，认同文字，然后决心落实文字，待到时机和场合齐备了，文字就成了行动。这是标准情形，也是理想情形，而现实生活则多彩多样。人们可能了解文字，也可能一知半解，也可能毫不知情，但却照做了。也可能，或者了然于胸，或者深谙三昧，或者大谈特谈，头头是道，但偏偏不做，甚至"反其道而行之"。这样的情形不止是有的，而且为数也不少。

综上三点，有三种人需要排除，一是桀骜不驯的人，二是顽劣不改的人，三是怙恶不悛的人。桀骜不驯的人仇视法律，顽劣不改的人漠视法律，怙恶不悛的人无视法律，这三种人都是法律的敌人，法律成文与否，同他们无关，因为他们但有条件就不遵守法律，没有条件创造条件也不遵守。

对于那些有意愿遵守的，有条件遵守的，有可能遵守的，在这个范围内，法律才会有所作为。有意愿遵守的无须强制，有条件遵守的无妨强制，有可能遵守的无忘强制，在这个范围内，强制也才有用武之地。法律有所作为、强制有用武之地的地方，法律成文与否才有意义。

习惯是不成文法，它是一种内在的、默默发生作用的力量，对应于人身上不是本能但最接近本能的那个部分。父母四周言传身教，人人从小耳濡目染，很多东西已经随着年龄，带进身体，化入血液，融入骨髓，就连对习惯的遵守也成了习惯。一般地，习惯不用公布，习惯就是公开中的；习惯不用实施，习惯就是施行中的；习惯不用强制，习惯就是强制中的。强制的使用范围极其有限，但可能极为严厉。

立法则全然不同，它是成文法，是一种外来的、刻意追求效果的新鲜事物，对应于人身上渴求成为本能但相距本能最远的那个部分。国家政府三令五申，行政体系监督催促，很多东西仍旧觉得陌生，觉得疏离，觉得无奈，觉得遥远，如非外在助力，要人们自觉遵从，恐怕很有难度。一般地，立法需要公布，对公众要公开出来；立法需要施行，对社会要实施下去；立法需要强制，对不法要动用暴力。强制使用升格为必备条件，但可能比较温和。

习惯和立法处于法律天平的两端，它们有很多特征足以形成对照。比如，习惯是自治，立法是他治；习惯靠自觉，立法靠强制；

习惯系内生，立法系强加；习惯讲行动，立法讲意志；习惯出于交往，立法出于创制；习惯近于文化，立法近于技术；习惯在遵守，立法在推行；习惯重事实，立法重效果；习惯不公布，立法要公布；习惯像自然，立法像命令；习惯像规律，立法像政策，等等。总之，习惯不成文，立法成文，二者原理机制，多有不同，不可不察。

习惯何以不成文？因为人口规模小，生活节奏慢，活动地域窄，产业形态原始，人际交往单纯，感知渠道贫乏，感情世界朴素。对于这类简单社会而言，具体的行动和具象的语言足矣。立法何以要成文？因为人口规模大，生活节奏快，活动地域广，产业形态发达，人际交往敏感，信息来源丰富，感情世界多样。对于这类复杂社会而言，抽象的意志和意象的文字犹嫌不足。

行动意志有所不同。行动的重点是做，是为，意志的重点是想，是要。行动建诸生理机制基础上，意志建诸心理基础上。行动可以体现意志，但不以意志为必要条件，所以相对独立于意志。反过来，意志可以化为行动，但不以行动为必要条件，所以相对独立于行动。行为体现生命力，意志体现创造力；反过来，意志体现决断力，行动体现执行力。

语言文字有所不同。语言主要采取口头形式，以声音为载体；文字主要采取书面形式，以图像为载体。以声音为载体，以相对落后的技术条件，处理起来十分困难；以图像为载体，以相对发达的技术条件，处理起来变得轻松。声音不容易储存，不容易编辑，不容易管理，不容易流传，仅靠口耳相传，心手相应，空间上难以传得远，时间上难以传得久，而且容易扭曲变形。相对来说，图像则容易得多。图像较易储存，较易编辑，较易管理，较易流传，有了骨石介质，有了纸张介质以后，空间上较易传得远，时间上较易传得久，而且相对不易扭曲变形。

这样看来，对于维系简单社会而言，以生理为基础的行动，以声音为载体的语言，有着独特优势。对于维系复杂社会而言，以心理为基础的意志，以图像为载体的文字，有着独特优势。特别是复杂社会相对于简单社会而言，如果存在几何级数意义上的跨越的话，情形尤其如此，寄托于行动及语言之上的不成文的习惯是远远不够的，而必须是寄托于意志和文字之上成文的立法才行。

文字相对于语言有独特优势，意志相对于行动有独特优势，它们的独特优势，累积成为成文法相对于不成文法的独特优势。当然，这并不是说有了文字，就不需要语言；有了意志，就不需要行动；有了成文法，就不需要不成文法了。成文法在复杂社会所体现出来的独特优势，恰如不成文法在简单社会所体现出来的独特优势，它们都是相对优势。没有独特优势，只有相对优势，相对优势就是独特优势！

（二〇二〇年六月二十二日初稿）

# $\mathcal{22}$ 论修正案

近年来，修正案方式似乎越来越受到欢迎，不仅立法过程中在大量频繁使用，而且计入立法工作成果的修正案数目也在不断增加中。我国现有宪法修正案五件，刑法修正案十件，这些都是修宪立法活动的正式成果。据说，刑法修正案（十一），也已提上议事日程。

关于宪法修正案，立法实务中有一种现象，有必要引起注意，提出来加以讨论。

二〇一八年，最新宪法修正案通过，随即由大会主席团公告公布，刊登于当年四月十五日全国人大常委会公报特刊上。公报首先刊登八二宪法原文；然后是五件宪法修正案，按照时间顺序，包括了公告、修正案和审议情况报告；最后是宪法修正文本，即最新版本。刑法修正案公布刊登方式，应该是大同小异。

可见，宪法修正案的公布刊登方式是：首先公布宪法原文，其次公布宪法修正案，最后公布宪法修正文本。问题是：宪法修正文本有无必要加以公布，而且是以极其正式权威的方式公布？需要援引宪法规定时，应该如何操作？是援引宪法修正案呢，还是援引宪法修正文本？

之所以出现这类情况，出现这类问题，与如何理解修正案有关。修正案的出现，大约与美国宪法有关。美国宪法自一七八七年通过，一七八九年生效至今，共产生宪法修正案二十七件。对外公布的是宪法原文和历次修正案，未见公布宪法修正文本的，当然，以非权威方式加工整理的除外。这种做法，在客观上，既完整保存了宪法文本的原貌全貌，又完整保持了修宪文本的连续协调；既再现了修宪活动的历史轨迹，同时又最大限度节约了立法成本，避免了公共资源的浪费。

宪法原文是主件，宪法修正案是附件，二者共同构成完整的宪法文本，即成文宪法。既然是决定采取宪法修正案形式，那就说明，当时并不希望直接在宪法原文上进行改动，从而破坏宪法原貌；而是退而求其次，把改动部分单列出来，制成文件，作为附件，附于宪法正文之后。原文在前，修正案在后；原文为主，修正案为辅。原文和修正案属同一文件，它们是同一个文件的不同部分。援引时只需援引原文和修正案即可。

我国公报特刊刊登宪法修正文本，想来是为了便利使用，方便通行。宪法修正案只列出变动部分，宪法原文又属旧版本，这种情况下，给出一个权威新版本，既可新旧对照，又可兼顾实用，不是很有意义吗，何乐而不为呢？

其实，这种做法，考虑可能不够周全。这样讲，是因为：第一，既然是修正案，就不必改动原文；既然改动原文，就无须修正案形式。第二，原文、修正案和修正文本同时公布，可能造成援引方面的困难和混乱。三个文件哪个是最权威的呢？应该援引哪个呢？还是同时援引？第三，模糊了修正案同其他法律修改方式之间的界限，人为降低了它们之间的区分度和辨识度。

立法实务中，修改法律存在三种常见做法，它们是修正案、修改决定和修订。修正案的特点是原文不动，变动部分单列，原文是主件，修正案是附件，如前所述。修改决定的特点是变动部分单列，改动原文，出修正文本，变动部分是决定主件，修正文本是附件。修订的特点是直接改动原文，出修订文本，修订适合变动内容较多的情形。

比较而言，修正案保留原文，修改决定和修订则不保留原文。修正案和修改决定中变动部分单列，修订则不单列。修正案不改动原文，不出修正文本；修改决定和修订改动原文，出修正修订文本。修正案是原文附件，修改决定以修正文本为附件，修订则不包括附件，它也不作为附件。修正案和修改决定适合小动，修订适合大动。如系小动，单列变动部分，有必要，也有可能。如系大动，单列则不必要，不可能，也不经济，单列不变部分反倒成为可能的了。

可见，三种做法各有利弊，短长互见，不可一概言之。有历史情结的，适宜采用修正案方式，这时，有原文在，有各历史版本在，有始有终，历历在目。有现实关切的，适宜采用修改决定方式或修订方式，有修正修订文本在，使用起来非常便利，切时合用即可，不必再用其他。

变动微小时，适宜采用修正案方式和修改决定方式，把变动部分单列出来，突出出来，使之一目了然，便于把握。变动剧烈时，最好采用修订方式，因为变动部分太多，所以只能直接改动原文，而不宜单列变动部分。如果强行单列，那么可能变动部分的篇幅要远远大过修订文本，有可能喧宾夺主。

修改法律就像是修改文稿，可以保留原稿，也可以提供新稿；可以直接改动原稿，也可单列改动部分；可以作改动说明，也可不作改动说明。需要保存旧貌的，就保留原稿；需要更换新颜的，就提供新稿。改动少时，可单列改动部分，作出改动说明；改动多时，不宜单列改动部分，不作改动说明。是修正案，是修改决定，是修订，究竟采用哪种方式合适，根据情况，慎重选择。

相对来说，修正案方式，因为保留原文，因为保留修正案，所以更好地兼顾到法律的稳定性、连贯性和变动性，缺点是照顾实用性不够。修改决定方式，因为单列变动部分，因为提供修正文本，所以更好兼顾到法律的变动性和实用性，缺点是照顾稳定性和连贯性不够。修订方式，因为提供修正文本，所以实用性最好，变动性显著，而在稳定性和连贯性方面就要逊色很多。

可能因为美国宪法的示范意义，可能因为修正案在国际法上采用较多，可能因为改革开放，虚心向学，所以修正案得以流行开来。可能是考虑到修正案实用性不足，所以以修正文本的方式加以弥补，使之取长补短，为我所用。尤其是宪法和刑法之类的大法，可能在稳定性、连贯性方面考虑会多一些吧。

　　修宪实践中，虽说事出不得已，但提供修正文本的方式，特别是以公报特刊的方式刊登修正文本，似与修正案方式的初衷相左。因为一些原理方面的问题，所以带来了一些操作方面的问题，或许是这样。

　　修正案是现行修宪方式，但未见得是唯一方式，其他法律修改方式未尝不能列为选项。毕竟，历史上，我们曾采取过类似修改决定的方式，当时叫作"修正决议"，或"修改决议"。修正案命运如何，未来的情况如何，谁说得清楚呢，让我们拭目以待。

（二〇二〇年六月二十一日）

# *23* 论修改

　　有个问题需要考虑。我们知道，今天立法文件当中包含有效力条款，这种情形已经十分地普遍了。效力条款涉及三方面内容：一是关于施行时间的规定，这是必选项；二是关于废止文件的规定，这是可选项；三是关于溯及既往的规定，这是可选项。第三方面很是少见，且存而不论。又，立法文件经过修改后会出现若干历史版本，有的是修正版本，有的是修订版本，当然，还有原始版本。这里的问题有二：一是作为可选项的废止规定何时出现，何时必须出现？二是立法文件修改之后，历史版本的效力状况如何？

　　第一个问题实际问及明文废止的适用情形。明文废止相对于自然失效而言，有时分别叫作明示废止与默示废止，两方面一者强调人为方式，一者强调自然方式。新法替代旧法，或者因完全吸收而替代，或者因完全对立而替代，这时，可以明文废止。尤其是因完全吸收而替代时，应当明文废止。如有必要刻意突出新法相对于旧法的革命性和进步性，也就是强调新法和旧法之间的断裂性而非连续性，这时，可以明文废止。如事先经过扎实的摸排调查、研讨定性等清理工作，因而对需要废止的某些"过时的"、"违和的"、"冗余的"、"蹩脚的"的立法文件，已然有了十足的把握，这时，可以专文废止，即特地为此出台一份文件加以明文废止。

　　第二个问题实际问及自然失效的相应后果。制定生效，废止失效，其时效力状况确信无疑，唯独自然失效亦即默示废止的情形，叫人捉摸不定，特别是有自然失效嫌疑而有待明文废止的情形更是如此。所谓自然失效，即以实际不再遵守或不再适用的方式失效，亦即因不用而非宣告而失效。上述专文废止就是针对涉嫌自然失效的情形而发，意在使它们不明确的效力状况明确化。对于此类情形，建议要特别地慎重，除非明显无效，甚至除非直接抵触，否则推定有效。现实中发生重大争议的，可把效力纠纷提交有关机关裁决。这样做，有利于从技术角度自觉维护整个法制的连贯性和协调性，杜绝朝令夕改，朝秦暮楚，从而损伤法所应有的稳定性、统一性乃至权威性、合理性。与此同时，有关机关应当加强立法清理工作，事先避免这样的尴尬局面出现。

正是基于这样的考虑，所以没有立刻明文废止旧法，而是当废则废，当留则留，区别对待，三思而行，慎之又慎。而对于因法律修改活动而出现的各历史版本，也应当坚持同样的处置原则，妥善明确它们的效力状况。如有专条专文明文废止的，自然无效；如未见或缺乏明确规定的，建议推定有效。相对历史版本而言，修正版本是小动，修订版本是大动，无论大动还是小动，都只是动，是改，而不是废，具体针对的只是其中部分条款，而非全部条款。经过修改程序后的现行版本和历史版本之间，是新版和旧版的关系，而不是新法与旧法的关系。新法和旧法之间尚且不宜轻率地相互否定，何况于新版和旧版之间呢？

这就好比一本书有多个版本，有初版，有再版，有修订版，有增订版，甚至有第三版，直至数十版。有了新版，人们自然选择新版，而不去选择旧版，但这是否意味着旧版就作废了，或者说不堪再用了呢？不一定。版本多代表改动勤，有时是改动大，但只要不是完完全全地"脱胎换骨"，不是完完全全地"另起炉灶"，就说明新版旧版之间有共同点存在，那些共同点仍是可用的。为什么不可用呢？再有，即便出了最新版，有时，人们可能更习于或者乐于利用某一"经典"的旧版，这并不罕见。在 Windows 的多个版本中，曾经较新的 Vista 版本就不如较旧的 XP 版本，甚至以后许多很新的版本出现了，不少专业人士仍在使用较旧的 XP 版本。这姑且算作支持旧版的一例吧。

修改就是修改，既不是创制，也不是废止。所谓修改，就是部分变动，只要不是全部变动或者全部不动，就叫部分变动。之所以要部分变动，而不是全部变动，或者全部不动，之所以前者多见，而后者少见，就是为了保持连续性、持续性和延续性，或者叫保守性也可以，总之是连而不断，似断而连。法治必有所守，就这项事业而言，最为可贵的与其说是创新性，毋宁说是保守性，保守贵于创新！

现行版本和历史版本之间有相同，有不同，有相似，有差别，版本之间的传承和递嬗，正是通过相同相似部分展现出来。相应地，不同差别部分展示出来的是革新和进展，法律革新和进展的幅度和频次似应受到适度调控。法律修改，大动如修订，小动如修改决定和修正案，本质上都是修改，修改就是同而不同，不同而同。由此产生的诸多修订修正版本，非经明文废止，不宜动辄否弃之。历史版本就是历史，就是传统，历史不是用来怀疑的，传统不是用来推翻的，法律发展不仅在于创新，也在于继承！而很多修订版本每每重新确定了施行日期，人为地把新版旧版割裂开来，造成以新版替代甚至废止旧版的错觉和假象，这是值得特别深思的。

事实上，宪法方面注意到了这类问题。试问，何以历部宪法不说立宪，而只说修宪呢？八二宪法前有七八宪法，七八宪法前有七五宪法，七五宪法前有五四宪法，五四宪法前有共同纲领，对于历部宪法，现行宪法何以不设专条统统加以废止，或者另文统统加以废止呢？立法文件当中之所以有废止条款出现，有可能是在着意强调新法的优越地位和划时代意义。比如，新近通过的《民法典》第一二六〇条明文废止包括《民法通则》等在内的单行法九件，而且是一废多。又如九七刑法一公布，立即在附件一中一口气废止了十五件单行法，在附件二中又一口气取代了八件单行法中的刑事责任规定。可令人诧异的是，九七刑法并未明确废止七九刑法。那么九七刑法之后，七九刑法效力状况又当如何呢？

另外，还应注意到，新中国法制建设是一项长期性的、累积性的、集体性的超级系统工程，不知有多少批次的会议和人员在其中奉献了自己的智慧，不知有多少批次的文件和活动在其中充当着砖瓦，它们就像是铺垫在铁轨枕木下的碎石，数也数不清，可却实实在在，不可或缺。这样一来，在立法技术上，在立法风格上，在立法体例上，在立法环节上，在立法实际操作上，甚至在立法原则上，在立法指导思想上，出现一些偏离、摇摆、反复、震颤甚至是动荡，都是不难理解的。比如七九刑法的效力条款出现在总则第一章，而九七刑法却规定在了附则。又如，过去年份一律使用汉字，如今则一概改作洋码。不得不说，这是时代使然，历史使然，也是风气使然。有时，这也可以解释新旧立法或新老立法在效力条款上的差异。

印象中有几则拉丁语法谚，或与本文讨论相关，现连带原文一并抄录下来备存，以就教于长者时贤，并为日后教学之助。其中，除了"废止"那则比较生硬，其他三则尚不费解。首则法谚似乎在暗示，今宪优于昨宪。而且，"优于"措辞终归要优于"废止"。这里的"废止"，或系别有深意，也未可知。这些法谚，谨录如下：

后法优于前法。（*Constitutiones tempore posteriores potiores his quae ipsas praecesserunt.*）

后法废止前法。（*Lex posterior derogat priori.*）

后法废止与之相抵触的前法。（*Leges prosteriores priores contrarias abrogant.*）

新法用作现行法。（*Quod populus postremum jussit, id just ratum esto.*）

（二〇二〇年六月二十二日初稿）

（二〇二〇年六月二十三日二稿）

# 24 论拟制

法律规定当中，常出现"视为"、"以……论"之类的字眼，让人感到既熟悉又陌生，乍一看去，很熟悉，细一想来，又很陌生。

比如：我国民法典第二十五条规定："自然人以户籍登记或者其他有效身份登记记载的居所为住所；经常居所与住所不一致的，经常居所视为住所。"

又如，我国刑法典第三百八十二条第二款规定："受国家机关、国有公司、企业、事业单位、人民团体委托管理、经营国有财产的人员，利用职务上的便利，侵吞、窃取、骗取或者其他手段非法占有国有财物的，以贪污论。"

上引民法典条文规定的是住所问题。前半句规定了标准住所的情形，后半句规定了经常居所的情形。经常居所显然不是标准依据，所以才使用"不一致"加以表述，但即便不一致，仍视为住所。后一种情况下，经常居所就是住所。这一规定的特点是：本来不是，就当作是。本来不是，就当作是，这就是拟制。

上引刑法典条文规定的是贪污罪。第三百八十二条含三款，第一款规定了标准贪污，第二款规定类似贪污。类似贪污显然不是标准贪污，因为参照第九十三条规定，主体有别，所以才另款规定。但即便不是，仍"以贪污论"。这一规定的特点是：本来不是，就当作是。本来不是，就当作是，这就是拟制。

"以贪污论"意味着接下来第三百八十三条规定的刑事责任，适用于第三百八十二条第二款的主体。其实，第九十三条本有两款，第二款便使用"以国家工作人员论"表述。使用拟制，有助于使法律条文变得简洁、明快、精审，更符合经济性原则。

拟制一般都有标准情形和相关情形，标准情形牵扯出相关情形，相关情形和标准情形相似，有时也有很大差异。标准情形本来不是相关情形，但通过人为方式，这里是通过法律规定方式，把它当作是，这样，适用于标准情形的法律后果，也适用于相关情形。本来不是，就当作是，这种人为方式，便是拟制。

拟制不同于类推，不同于推定。类推要求有足够的相似性，才能如此这般地处理。推定要求有足够的关联性，才能如此这般地处理。拟制则可以有相似性，也可以没有相似性，相似性可以大，也可以小，因为是人为方式，所以有可能把不太相似甚至完全不同的情形，当作标准情形去处理。当然，毫不相关、截然不同的两种情形，是否可以合并处理，是可以进一步斟酌的。

拟制就是虚构（fiction），就是虚拟，就是把不是当是。本来不是，就当作是，时间久了，不是也就是了，效果就是这样地奇特。我们每天使用 Windows，结果 Windows 真的就成了开在我们面前的一扇扇窗户，没有人觉得奇异。我们到快餐店里买套餐，到手机店里也买套餐，结果手机里的套餐，差不多就成了快餐店的套餐。这不是拟制，是什么？

虚拟也是拟制。虚拟货币是货币，这是因为，货币本来就是虚拟的；虚拟签名是签名，这是因为，签名本来就是虚拟的；虚拟现实是现实，这是因为，现实本来就是虚拟的；虚拟空间是空间，这是因为，空间本来就是虚拟的。拟制也是真实，这是因为，真实本来就是拟制的。有时，虚拟世界比真实世界更加真实，而真实世界倒比虚拟世界更加虚幻。

社会中满是拟制。一张纸，画几个头像，写几串单词，画几幅图案，加几条水印，最后再给几个数字，国家一发行，居然就成为货币，就可买进卖出，就让千万人孜孜以求。同一张纸，同样是那几个头像，那几串单词，那几幅图案，那几条水印，那几个数字，私自一加工，居然就叫作假币，就不能买进卖出，就让千百人锒铛入狱。这不是拟制，是什么？

演艺界多拟制。一出戏，出品才安排某某为导演，导演安排某某为男一号，某某为女一号，某某男女立刻便要如此就范，按剧本写的事去演，按剧本写的话去说，非如此不可。最高的境界是入戏，最好是戏完了还没有出戏，非如此不可。演员不是角色，却生生要把自己当成角色，大家也要求演员把自己当成角色，而且大家偏偏又要求演员忘记把自己当成角色，大家认为无戏才是最高境界。这不是拟制，是什么？

戏剧里更是这样。一张桌子，可以是一座山，是一间房，是一段城墙。以鞭代马，以桨当船，以旗作车，即是真马，真船，真车，从来无人怀疑。所谓"一抬脚跨过几重山，一挥手引来百万兵"，即是真山，即是真兵，从来无人怀疑。一桌二椅，一幕二角，"数尺舞台，气象万千"。看来，不止小说（fiction）是拟制，戏曲更加地是拟制。戏就不是真的，真的就不是戏，本来不真，就当作真，本来不是，就当作是，这不是拟制，是什么？

文学艺术就是拟制。刘伶《酒德赋》中写道："有大人先生，以天地为一朝，万期为须臾，日月为扃牖，八荒为庭衢。行无辙迹，居无地庐，幕天席地，纵意所如。止则操卮执觚，动则挈榼提壶，惟酒是务，焉知其余。"陆机《文赋》中说："寂然凝虑，思接千载；悄焉动容，通视万里。"一朝万期，千载万里，至大至小，至远至近，这样高超的人为方式，若非文学家，如何做得到？若非酒徒文学家，如何做得到？小说家擅长拟制，经常给我们讲述一些不着边际的人物、情节、想象和意境，但听起来，又是那么地合情合理，津津有味。

小孩子最爱拟制。玩"过家家"时，他是父亲，她是母亲，她是孩子，他们是祖父母，这是沙发，那是床，这是房间，那是客厅，刹那间，真的成了一家人，多少爱恨情仇，多少悲欢离合，真的就这样发生了。有时，直到游戏结束了，还是回不过神来。

拟制是如此多样地存在，广泛地存在，生动鲜活地存在。人们认识世界，要借助拟制；把握世界，要借助拟制；改造世界，也借助拟制。拟制是人们同外部世界的沟通联络方式之一。法理当中有所谓"制度事实"，由此反映出来的，怕正是我们身处的法律世界的拟制性特点。

(二〇二〇年七月十五日初稿)

# 𝟤𝟧 论两类人

这世上原有一批人，他们激扬而热烈，沉着而刚毅，刻苦而坚忍，勇敢而无畏，正直而忘我，为了光明的前途，为了伟大的事业，艰苦奋斗，勇于牺牲，敢于胜利，甘愿奉献自己的一切。这批人，他们有一个名字，叫作党员。

这世上另有一批人，他们自由而平等，独立而自主，冷静而理智，勤勉而敬业，热心而友善，为了基本的权利，为了永恒的正义，群起抗争，反对残暴，反抗专制，只为守护自己的尊严。这批人，他们有一个名字，叫作公民。

以党员为代表的那批人，他们专为理想信念而生；他们对人世间的苦难变乱如鲠在喉，感同身受；他们为了国家民族，为了劳苦大众，见大我而不见小我，为大家而不为小家；他们脚下所行即口中所讲，口中所讲即心中所想，凡事敢为天下先。

以公民为代表的那批人，他们专为价值观念而生；他们对社会上的歧视压迫如芒在背，忍无可忍；他们为了财富幸福，为了爱情亲情，重个体而不重整体，求个性而不求共性；他们身外所有即眼前所见，眼前所见即心中所念，凡物不得其平则鸣。

我们身边不能没有党员这样的人，他们生活在理想世界中，他们以党性为人性，他们以义务为权利，他们以责任为自由。他们为社会树立一座标杆，有如乌云罅隙中的一缕阳光，又如喧嚣尘世中的一股清流，让人看到希望，让人活得充实，让生活有方向，有奔头。

我们身边不能没有公民这样的人，他们生活在现实世界中，他们以人道为天道，他们以权利为义务，他们以自由为责任。他们为社会划定一道底线，有如悬崖边缘旁的一围栅栏，又如惊涛骇浪中的一方巨石，让人感到踏实，让人活得自在，让生活有内容，有情趣。

正因为党员遵守的是一种"追求的道德"，是上限，是顶点，所以，对党员才能提出额外的要求。党员讲党性，讲奉献，讲纪律，讲信仰，讲积极性，讲主动性，他们是广大群众当中的先进分子，是用特殊材料制成的特殊的人。

正因为公民遵守的是一种"义务的道德"，是下限，是底线，所以，对公民不宜提出苛刻的要求。公民讲个性，讲义务，讲法律，讲良知，讲多样性，讲创造性，他们是少数党员之外的一般群众，是由普通个体组成的普通的人。

那批名字叫作党员的人，他们组成的团体叫作政党，党员是政党的正式成员。政党追求自己的政治理想，拥有自己的政治纲领，奉行自己的政治主张，为了实现这些理想、纲领和主张，政党建立了自己的政治组织，制定了的自己的政治纪律。政党以政权为目的，党员以组织为依归，党员不能不服务于政党目的，否则便丧失了自身存在的意义。

那批名字叫作公民的人，他们组成的团体叫作国家，公民是国家的正式成员。国家坚持自己的政治原则，拥有自己的政治体制，巩固自己的政治统治，为了维护这些原则、体制和统治，国家建立了自己的政治秩序，确立了自己的政治制度。国家以公益为目的，公民以选票为武器，公民不能不参与到公共生活中，否则便丧失了自身活动的舞台。

党员组成政党，好比细胞组成机体，又好比零件组成机器，发挥最大的效用是基本原则。唯实论哲学讲整体先于个体，在此，政党先于党员，党员不能离开政党而孤立存在。正因此，党员对于政党的义务和责任是第一位的，党员的权利和自由决不能是第一位的，而讲权利，讲自由，恰是公民的特点。政党不是专为党员谋利益的，政党利益超越党员利益。

公民组成国家，好比沙砾组成沙丘，又好比涓滴汇成江海，保持个体的完整是基本原则。唯名论哲学讲个体先于整体，在此，公民先于国家，国家不能离开公民而孤立存在。正因此，公民对于国家的自由和权利是第一位的，公民的义务和责任决不能是第一位的，而讲义务，讲责任，恰是党员的特点。国家必定是为公民谋利益的，国家利益尊重公民利益。

党员和公民是个人融入公共生活的两重身份，一者偏重精神情感，一者偏重世俗功利。政党和国家是团体介入政治社会的两类形态，一者偏重伦理纽带，一者偏重于法律机制。它们代表了现代人社会生活和文化生活的不同方面，自然也体现为不同角色定位，并承载着不同伦理道德要求。

在这方面，政党有些像家庭，是熟人社会，是伦理共同体，遵从属人原则。党员生活其中，以天下为己任，所谓"己欲立而立人，己欲达而达人"，所谓"四海之内皆兄弟也"。而国家则有些像市场，像公司，像企业，是生人社会，是利益共同体，遵从属地原则。公民生活其中，以个体为原子，所谓"己所不欲，勿施于人"，又所谓"人无信而不立"。

政党和党员有自己的规矩，在我国叫作"党内法规"，简作"党规"。国家和公民也有自己的规矩，在我国叫作国家法律，简作国法。党规的任务首先是强化政党领导地位，完成政党所肩负的时代课题和历史使命。国法的任务首先是保护公民合法权益，维护国家所依赖的政治统治和社会秩序。以一台车子作比，党规就相当于加速器，俗称油门，而国法则相当于制动器，俗称刹车。油门刹车，何者重要？回答是缺一不可，二者相须而成。

二者任务内涵有别，特点功能有别，气质禀赋有别，一句话，原理不同。相对于各自的原理而言，文件和纸面规定不过技术细节罢了，不可太过看重。正因此，不宜离开原理去谈论文字，否则就叫作南辕北辙，舍本逐末。也因此，不宜把党规的原理生硬套用到国家上，或者反过来，也不宜把国法的原理生硬套用到党规上，否则就叫作缘木求鱼，胶柱鼓瑟。两种做法都是不可取的，应注意避免。

人群是两类人群，因为道德是两类道德。团体是两类团体，因为原理是两类原理。规矩是两类规矩，是因为团体是两类团体，人群是两类人群，归根结底，是因为道德是两类道德，原理是两类原理。不同人群信守不同规矩，不同规矩分化不同人群。不同人群传承不同规矩，不同规矩成就不同人群。所谓"物以类聚，人以群分"，大约是这个道理。

规矩守得住就会强，守不住就会乱，传得开就会广，传不开就会断，更不必说"萧规曹随"，张冠李戴了。试想党员不守党员的规矩，而止于公民的规矩，反过来，公民不守公民的规矩，而去好奇党员的规矩，会是什么结果呢？结果便是党员不像党员，公民不像公民，是"四不像"。

党员和公民是两类人，或者说，他们所代表的是两类人，他们是两类人，既有正面也有反面的两类人，因而是完全真实的两类人。这两类人自然构不成全部，但要构成全部，全然又少不得这两类人。

（二○二○年元月十五日初稿）
（二○二○年四月十三日二稿）

# $26$ 论政策

政策科学出现较晚，而政策的出现，无疑要早很多。在政策身上，可谓现代范十足；而要追寻现代，品味现代，把目光聚焦于政策上，无疑是个不错的选择。

从现代眼光看，有五个关键词，似乎可用以刻画政策，它们是目标思维、价值考量、权力推动、功利计算和集体取向。换个角度看，它们未尝不是刻画现代性的关键词。

政策要么确立目标，要么实现目标。目是眼睛，标是对象，目标就是眼睛盯着不放的对象。平日讲基本政策，讲根本政策，讲大政方针，讲路线、方针、政策，关联事物很多。基本政策之基本，根本政策之根本，大政方针之大，最重要的，就在于目标，路线通向目标，方针指向目标，政策取向目标。大政策是战略，负责明确目标；中政策是战役，负责贯彻目标；小政策是战斗，负责落实目标。政策可以是纲领，可以是方案，可以是指南，可以是手册，大小繁简，本末体用，可有不同。

政策要么权衡价值，要么取舍价值。价是钱数，值是相当于，价值是与事物相当的钱数，或与钱数相当的事物。价值是可用别的事物衡量的事物，也是用以衡量别的事物的事物。这样的事物有很多，真善美以外，治乱，进退，盈亏，利弊，都是价值。国家政策关心治乱，政党政策关心进退，企业政策关心盈亏，团体政策关心利弊。古语说："两利相权取其重，两害相权取其轻。"每项政策都是一个价值权衡和取舍的结果，在最终意义上，它们都是对权利和义务、权力和责任、利益和负担、机会和风险的分配和处置。

政策要么借助权力，要么指导权力。权是秤砣，力是功能，权力就是衡量评估的功能，也是斟酌掂掇的功能，能衡量评估，就懂得操持把控，能斟酌掂掇，就懂得轻重缓急。权力就是一柄利剑，剑指何方，要问政策；剑归何人，要问政策；如何演练，要问政策；何时出鞘，要问政策。锋刃之利，寒光瑞彩，可以伤人，可以救人，是伤是救，要问政策。政策像是图籍，像是训诫，像是指令，像是宗旨，没有剑器，这些都空谈，有了这些，剑器才能藏能用，威力无穷。

政策要么依赖功利，要么围绕功利。功是效果，利是利益，功利就是要见效果，见利益，功利主义讲效果，讲利益，要旨在于功利计算。人之性，趋利避害，好逸恶劳，功利主义讲，根本在于去苦求乐。边沁讲，"最大多数人的最大快乐"，这是行动的总原理。他说："我说的是无论什么行动，因而不仅是私人的每项行动，而且是政府的每项措施。"［边沁：《道德与立法原理导论》，时殷弘译，商务印书馆，二〇〇〇，第五八页］立法政策讲粗讲细，刑事政策讲宽讲严，货币政策讲松讲紧，外交政策讲攻讲守，功利讲算是最直接的，要见效果，见利益。

政策要么面向集体，要么为了集体。集是群鸟落木，体是全体，集体就是群众组成的全体。个体是一，也是全，整体是全，也是一，集体和群体介乎二者之间，规模可大可小，弹性甚大。群体是多，集体是一，二者不同。德沃金把政策和原则相提并论，他讲："原则的论据意在确立个人权利；政策的论据意在确立集体目标。原则是描述权利的陈述；政策是描述目标的陈述。"［德沃金：《认真对待权利》，信春鹰、吴玉章译，中国大百科全书出版社，一九九八，第一二六页］应该说，政策不以个人为目标，除个人代表集体以外。从政策角度讲，完全有可能因集体利益而牺牲个人利益。政策是集体取向的。

现代社会从传统社会脱胎而来，然后又在诸多方面"反其道而行之"。罗马法复兴促进了世俗化倾向，文艺复兴让人昂起头颅，科学技术让人充满自信，新教主义鼓励人们追求财富，资本主义让西方统治全球。在现代社会，人的心态完全变了，原先是顺从，现在是主宰；原先是谦卑，现在是优越；原先是逃避，现在是征服；原先是发现，现在是创制；原先是理性，现在是意志。政策就是这样应运而生的，它本质上是现代人征服神、征服自然、征服他人的工具。在现代人眼中，神成了宗教，自然成了环境，他人成了社会，而他自己则成了征服者！在这意义上，现代立法也是政策，也是一种工具，现代政党、现代政府等都是。

法律立法化，立法政策化，正是基于这样的思路而来的。首先是政治学同道德分家，这就是马基雅维利；其次是法学同宗教分家，这就是格老秀斯；其次是认识同本体分家，这就是笛卡尔；其次是哲学同宗教分家，这就是斯宾诺莎；其次是应然同实然分家，这就是休谟；其次是法学同道德分家，这就是奥斯丁。到奥斯丁时，自然法不再是法，习惯不再是法，国际法不再是法，只有主权者命令才是法。在法律帝国中，上级就是上级，下级就是下级，命令就是命令，服从就是服从，制裁就是制裁。制裁成为法律的核心要素之一。政策和立法难道不是这样的他治的工具吗？

目前，现代性已经暴露出了足够多的问题，就此而言，后现代也展示得足够多了。政策为主的思路，应该有所调整，这是因为：人类同自然，同精神的关系应该有所调整了；最重要的，人类同自身的关系，该是时候有所调整了。

（二〇二〇年七月十三日）

# *27* 论文件

今有一物，由特定机关出台，依特定权限出台，依特定程序出台，靠特定机制力量保障实施，以指导规范行为为内容，以维护特定秩序和利益为目的，敢问此物何也？这个谜语并不难猜，有人猜是法律，有人猜是政策，有人猜是文件，都没错，因为法律政策都见于文件，它们都是文件。

由法定机关出台，依法定权限出台，依法定程序出台，靠国家强制力保障实施，以规定权利义务为内容，以维护阶级统治秩序和利益为目的，这样的事物，就叫作法律。由既定机关出台，依既定权限出台，依既定程序出台，靠既定机制力量保障实施，以规定行为规范为内容，以维护既定秩序和既定利益为目的，这样的事物，就叫作政策。

法律政策都见于文件，它们都是文件。之所以这样说，是因为它们都是由特定机关出台，都是依特定权限出台，都是依特定程序出台，都是靠特定机制力量保障实施，都是以指导规范行为内容，都是以维护特定秩序和利益为目的，而这些特征，正是文件的特征所在！文件不啻现代公共生活的必需品和日用品。

文件以公共生活为土壤，为舞台；以书面文字为介质，为载体；以某些样式模板为体例，为形制；以某些图案符号为标识，为标记；以某些行文用语为程序，为风格；以某些组织框架为前提，为基础；以某种权威信誉为后盾，为依托；以某些事项领域为内容，为对象；以某些预期效果为目的，为用途。文件有自己专有的生存环境、表现形式、专属特征，语言特点、制度背景、力量保证和专门用途。

文件是公共的，不能是私人的；它是公共的，因而区别于私人性质的文稿文集、信件函件等。文件是正式的，不能是非正式的；它是正式的，因而区别于非正式性质的便条便签，日记传记等。文件是权威的，不能是非权威的；它是权威的，因而区别于非权威性质的备忘纪要、底本稿本。文件是有效的，不能是无效的；它是有效的，因而区别于文献文档、档案资料等。文件具有公共性、正式性、权威性和有效性。

文件可针对特定人，也可针对不特定人；它可针对特定人，因而区别于法律和政策。文件可用于重大事项，也可用于普通事项；它可用于日常事务，因而区别于公文。文件可用于实体方面，也可用于程序方面；它可用于实体方面，因而区别于文书。法律政策表现为文件，公文文书本就是文件。

文件用途广泛。比如，有的是拍板决策，有的是献计建言，有的是广而告之，有的报批传达，有的是交流商洽。再比如，有的是记载对象，有的是确认对象，有的是代表对象，有的是证明对象，有的是标记对象，有的是对象凭证，有的是支配对象，有的是处分对象，有的直接就是对象本身。以公共活动为例，文件有的是它的前提，有的是它的结果，有的是依据，有的是参照，有的是附随物，有的是伴生物。

文件适用范围同样广泛。有的针对某种身份或地位，有的针对某种能力或资质，有的针对某种资格或条件，有的针对某种行为或事实，有的针对某种关系或事态，有的针对某种权利或义务，有的针对某种权力或权限，有的针对某种责任或职责，有的针对某种规则或制度，有的则直接针对一个或多个文件本身。

各类票证单据、券书契照，有着不同用途和效果。车票船票机票表明运输合同，本票汇票支票表明票据权利。学生证表明学生身份，图书证表明借阅权利，搜查证表明搜查授权，准考证表明应试许可。提单运单表明产权流通，收据借据表明收借关系。入场券表明通行权利，国库券表明国家债券。起诉书表明起诉请求，判决书表明案件结果。房契地契表明财产转让，营业执照表明经营许可。

文件的背后是活动，活动的背后是权威，权威的背后又是文件，中间不知经过了多少轮次的循环往复。这样，文件形成体系，活动形成体系，权威形成体系，当事情足够复杂，应对足够成熟，体系化就是必然的。在体系化过程深处，是某些制度安排把各部分、各方面联系起来，把它们凝聚成一个整体。有了这种整体性，文件就是文件；没有这种整体性，文件只是具文而已，废纸一张。

文件就是一枚棋子，只有在棋盘上才有意义，才有用武之地；文件就是一辆车子，只有在道路上才有意义，才能奔驰如飞；文件就是一幢楼房，只有身处其中才有意义，才知道上下左右，房前屋后；文件就是一个万花筒，只有亲手转动，才知道赤橙黄绿，子午卯酉。文件就是江上之船，船上之网，网上之结，江船网结俱在，只有这样，才能派上用场，派上了用场，才能发挥出应有的意义。

文件就是一幅相片，能把过去某个瞬间定格下来；文件就是一本账簿，能把当前某个片段登录进来；文件就是一沓稿纸，能把将来某个时刻勾勒出来。文件使人超越时间限制，使过去的不要流逝，将来的提前到来，从而把它们汇聚在现在；同时，也把现在的延伸至过去和将来。这样人为的操控方式，只有在智力、技术发展到相当程度，并且在物质条件具备的情况下，才能大规模地运用和推广开来。

什么是文件？公文，文书，票证，诸如此类，都是文件。什么不是文件？文献，档案，资料，诸如此类，都不是文件。文件是什么？文件是些书面文字材料，它们终归是政治统治技术，是公共管理手段，是社会交往工具。文件不是什么？文件不是个性化的情感流露，不是主观化的审美取向，不是私底下的默契共识，不是单向度的表态声明，不是公开化的利益攫取，不是赤裸裸的政治压制。

过去讲"马上打天下，马下治天下"，讲"文治武功"，武离不开开疆拓土，文离不开崇德明礼；武离不开缮甲修兵，文离不开著书立说；至少，武离不开杀伐决断，文离不开书策簿记。至于"文治"，是否就是或仅是所谓"数目字管理"，所谓"文件治理"，那就把它当成一个谜题留下猜想好了。

（二〇二〇年七月二十三日）

## $28$ 论习惯

习惯一语，亦作习贯，古已见之。《大戴礼记·保傅》："少若成性，习惯之为常。"《〈风俗通〉序》："至于俗间行语，众所共传，积非习贯，莫能原察。"《孔子家语·七十二弟子解》："然少成则若性也，习惯若自然也。"性犹自然，习惯曰习。今天仍说"习惯成自然"，这种说法，大约来自这里。

所谓习惯成自然，讲的是从习惯到自然，可以转化，并非传说中的如天堑鸿沟般不可逾越。当然，办法是练习，得法加对路，认真加刻苦，勤劳加汗水，持之以恒，假以时日，瓜熟蒂落，水到渠成，自然而然。这是一个很重要的思想，比起只知对举，而不知转变来，又要深入一层。

习惯成自然，那么什么成习惯呢？曰人为成习惯。学习本身就是一种人为的努力，是一种刻意的劳作，是一种后天的拼搏，是一种内化的过程。原先本是完全外在的东西，经过了努力，经过了劳作，经过了拼搏，经过了内化，经过了这些过程，现在成了完全内在的东西。

人们常以消化吸收作比，想来是最恰当不过的了。食物经过收揽采集，经过烹饪加工，经过咀嚼吞咽，经过消化吸收，甚至经过反刍回味，原先的异己之物，现在化入肠胃，化入血脉，化入脏腑，化入骨髓，化为营养，化为精气，为我所用，浑然一体。秽物恶臭、腥臊污浊之类，肯定是免不了的，殊不知，这正是去芜存菁、去伪存真的结果。学习难道不须去芜存菁，去伪存真吗？

从完全外在，到完全内在，第一关便是习惯。先是人为成习惯，再是习惯成自然，先是经过学习，再是经过练习，终于，外在成内在。先是借助学习作为手段，然后借助练习作为手段，习惯形成于人为，发展为自然。从人为到自然，习惯居间，为其中介，同时也是一个混合地带。既然称居间，既然称中介，既然称混合，习惯必是合二为一，兼具两个方面特征。正如起点终点之间有中点，始发终到之间有中转，同理，人工自然之间有习惯。习惯的特征同人工自然之间的交相作用大有关联，同时也同学习练习大有关联。

习惯具有多种特征，概括起来，如实践性、反复性、规律性和长期性。习惯有长期的、反复的和有规律性可循的实践活动，其中既有自然的因素，也有人工的因素，既有学习的因素，也有练习的因素。习惯是一个综合性和复杂性领域。

首先是实践性。实践的核心是做，是行，是行动；理论的核心是想，是知，是认识。习惯离不开实践，行动承载着习惯，相对而言，理论作用则十分有限，不可谓无，不可谓有。有知可行，无知可行，多知可行，少知可行，知固可行，行不必知，行即是行，知不若行。习惯是做出来的，不是想出来的，更不是说出来的。

其次是反复性。行为要形成惯性，行动要形成习惯，一次是不够的，二次是不够的，三次是不够的，次数少了是不够的，次数必须足够多。一次次重复，一次次再现，一次次循环，打磨试错，锤炼筛选，加深巩固，修正调整，都在这一次次中悄悄完成，不声不响，无声无臭，默默无闻，生生不息。就如同刻石，次数少了，痕迹浅，容易销蚀，次数多了够了，才深刻，不易磨灭。

再次是规律性。某些场合出现，某些行动发生；某些条件满足，某些事件出现。每一次类似场合，都伴随类似行动；每一次类似条件，都伴随类似事件。某些场景一次次重演，某些剧情一次次重现，某些细节一次次重播，概率一次次增加，相似度一次次增加，预期一次次增加，信任度一次次增加，直至某一次，终于达到临界值，或者说符合了某些标准，因而呈现出高度规律性。真正的习惯就具备物理世界中牛顿惯性定律一样的地位，全然有资格代表真正的规律。

最后是长期性。习惯的孕育和形成，也包括沿袭和传承，它们既需要经验和阅历，也需要记忆和反思，既需要环境的研磨，也需要岁月的消磨，既需要积聚，也需要积存，既需要积累，也需要积淀。习惯就像是岩层，看似堆叠在一起，由上而下，又像是年轮，看似并列在一起，由内而外，实则它们都是时光的作品，没有风吹雨打，没有斗转星移，是不可能留下印痕的，更不可能镌刻到人类的心灵深处。在这层意义上，习惯也是传统，也是文化。

这样看来，习惯是一番实践，是一截历史。习惯作为实践，有时体现个人情怀，有时体现群体意识，个人不能不带有社会烙印，群体不能不带有个人情愫。习惯作为历史，有时体现短期印象，有时体现长期记忆，短期不能不带有长期思绪，长期不能不带有短期纠葛。

同时，习惯是一种模式，是一段过程。习惯作为模式，有时体现主观选择，有时体现客观要求，主观不能不带有客观限定，客观不能不带有主观调适。习惯作为过程，有时体现支流融汇，有时体现主流突进，支流不能不带有主流归宿，主流不能不带有支流回旋。

当然，习惯无疑具有地方性特征，带有稳定性特征。如果社会的发展和时代的进步大大突破了地域限制，或者打破了旧有平衡格局，那么，习惯势必要走向没落，甚至走向衰亡，同时，取而代之崛起的，是一种超越地方和适应变动的新的力量。然而，死亡也是新生，一旦交往恢复正常，一旦节奏趋向平稳，新的习惯就像雨后春笋般争先恐后地产生出来。可以说，习惯始终会存在，只要社会存在，只要个人存在，只要行动存在，只要生活存在。

古诗说："江山有代谢，往来成古今。"习惯俨然就是一种流动的经验，不知多少代人的辛酸智慧蕴含其中。习惯俨然就是一帧定格的历史画面，不知多少人群的欢欣血泪夹杂其中。社会和历史俨然就是一方取景框，由习惯联系起来的人工和自然的成分，学习和练习的成分，一下子尽收眼底，囊括胸膺，引来无数感叹和唏嘘。这让我们看到，一套好的学习练习机制有多么地重要，它们可以帮助人们放慢脚步，放下包袱，放平心态，放松心情，放开眼界，积极地、从容地并且是优雅地迎接明天的挑战。

（二〇二〇年六月十日初稿）

# *29* 论法律体系

德国学者耶林说过，罗马曾经三次征服世界，第一次是以武力，第二次是以宗教，第三次是以法律。而第三次征服，也许是其中最为平和、最为持久的征服。

罗马的征服是成体系的征服，罗马法的征服也是成体系的征服。罗马法中有人法、物法和诉讼法，有私法和公法，有市民法和万民法，有时还提及自然法。其中，私法是重头戏，是压轴戏，市民法以私法为主，或约等于私法，罗马法以罗马私法为主，或约等于罗马私法。罗马法最初是体系，最后竟成了法系！

中古时，罗马帝国半壁瓦解，罗马教廷致力于接续罗马正统。表现在法律上，罗马方面有个"罗马法大全"，教会方面也来个"教会法大全"，或译"寺院法大全"。罗马教廷真的成为西欧各国的精神纽带。

在法律近代化过程中，罗马法是欧陆"普通法"，习惯法是欧陆地方法，这样看，现代法真正是把罗马法的普遍真理同习惯法的具体实践相结合的产物。于是，法国最早有了民法典，美国最早有了宪法典。

其时，法国颁布五部法典，即民法典、商法典、刑法典、刑事诉讼法典、民事诉讼法典。人们把民法典称作"拿破仑法典"，有时也用以统称五部法典。后来日本学西方，民国学日本，把宪法典加进去，有的说是行政法，增为六部，号称"六法全书。"

从实际发展来看，法典对应于法律的部门化，全书则对应于法律的体系化。没有社会生活层面的制度化和程序化，也就谈不上国家立法层面的部门化和体系化。法律规定的部门化乃至体系化，与之相应的法律文件的法典化乃至全书化，标志着国内法发展的高级阶段，甚至是最高阶段！

社会生活是变动不居的，法律制度自然不能一成不变。新的法律部门会产生，会扩展，旧的法律部门会萎缩，会消失。由此，整体格局时时在变，尽管一时感受不到，就像山川地貌时时在变，而我们一时却感受不到一样。

资本主义由自由竞争阶段转入垄断阶段，法律制度随之也有了明显的变化，这就是经济法和社会法的出现。当然，社会主义革命的胜利又强化了这一变化。随着时代的发展和进步，社会和法律领域的新情况、新问题必将层出不穷。

大体上，民法、商法和刑法，以及诉讼法，属于古代遗产，宪法和行政法属于近代产物，而经济法和社会法则属于现代成果。诸如科技法（如数字立法）、文化法、环境法、军事法、人口法、紧急状态法等新型部门正在发育当中，可以预见，它们都会有一个大的跃进。

私法以民商法为原型，公法以行政法为原型。私法调整水平的平等关系，公法调整垂直的管理关系。私法偏重私人利益，公法偏重公共利益。私法中心是私人权利，公法中心是公共权力。以近代逻辑看，私法是目的，公法是手段。私法确立个人自由，公法保护个人自由，办法是限制行政权力。私法主张公民权利，公法保护公民权利，办法依然是限制国家权力。

近代启蒙思想认定，生命、自由、财产系天赋人权，政府以保障人权为天职。民法就直接确认和保护个人权利；宪法则限定国家和政府，以此保护个人权利，或者径直确认个人权利。宪法确认权利，通过限制国家权力和设定国家责任的方式保护权利；民法确认权利，通过限制他人义务和责任的方式保护权利。在这个意义上，宪法是"大民法"，民法是"小宪法"。

也可以这样讲，宪法和民法都确认自由，都确立自由。宪法意义上的自由是宪法自由，国家不得侵犯。民法意义上的自由是民事自由，他人不得侵犯。宪法和民法都是权利法，是自由法，它们以自己的方式保护自由。

宪法限定国家，行政法限定政府，目的都指向个人权利自由，在这个意义上，它们都是公法。有必要重申一下，近代以来，私法是目的，公法是手段，私法弘扬自由，公法捍卫自由。

在私法鼎盛的时代，刑法和诉讼法都属于私法。刑法是侵权法的自然延伸，犯罪系严重侵权，它们通过排除侵权来保护权利。程序法是保护权利的基本工作流程和操作指南，从性质上讲是派生的，是附属的，程序法一度叫作"附属法"。

在私法不那么发达的地域，刑法和诉讼法则属于公法。犯罪意味着孤立的个人反对整个统治秩序，系个人反对国家，当然应由国家出面对犯罪处以刑罚，所以刑法属于公法。诉讼则更多意味着当事人同法官的关系，也就是同国家的关系，诉讼发生时，其他关系暂时冻结，诉讼关系显然要优先，所以诉讼法属于公法。

传统上，诉讼法是程序法的原型，其他法是实体法的原型。一者是手段，一者是目的；一者是派生，一者是原生；一者是独立，一者是依附；一者是形式，一者是内容。程序法依赖于目的，取决于目的，就像美味依赖于佳肴，取决于佳肴一样。

对此，现代诉讼法界颇有微词，他们认为，诉讼体现程序正义，程序正义是"看得见的正义"；实体体现实质正义，实质正义是"看不见的正义"。一种看得见，一种看不见，孰主孰从，孰先孰后，不是一目了然吗？

理论上，可能有四类诉讼法，可以这样概括：一是民事诉讼法，系民告民；二是刑事诉讼法，系官告民；三是行政诉讼法，系民告官；四是宪法诉讼法，系官告官。诉讼法希望一切争端均提交法院加以解决，也就是运用法律手段加以解决。

公法私法之分，放在自由放任主义阶段，最为妥帖。当社会继续向前发展，于是这一阶段不再时，便出现所谓公法私法化和私法公法化现象，经济法和社会法便相伴而生。自由竞争带来市场失灵，由此要求国家干预，国家主导实施宏观调控，这便是经济法。自由竞争带来贫富分化，由此要求国家干预，国家主导实施社会改良，这便是社会法。干预是自由的对立面，经济法和社会法则意味着国家干预。社会主义国家强调高度计划，强调劳工保护，由此，经济法、社会法变得异常发达。经济法、社会法非公非私，亦公亦私。

新兴部门则走得更远，不过，它们由于面对全新课题，因而可能带来全新理念。比如，环境法提醒人们直面和反思人类和自然的关系；科技法提醒人们直面和反思人类和技术的关系；人口法提醒人们直面和反思人类和自身的关系；文化法提示人们直面和反思人类和先辈、和后人的关系；军事法提示人们直面和反思人类和战争的关系；紧急状态法提示人们直面和反思人类和秩序的关系。全新的课题呼唤全新的理念，全新的理念呼唤全新的原则，有朝一日，所有这些都会成为现实，只要危机足够广泛，足够深重，足够紧迫！

宪法和民法有相同的一面，它们都是权利法，都是自由法。宪法和行政法有相同的一面，它们都是责任法，都是限制公共权力法。可是，宪法同它们又有不同的一面，宪法是根本法，民法和行政法都不是，它们只是"普通法"。

作为根本法，宪法同于"政体"（politeia），它是一种构成或构造（constitution），类似一种框架或架构。国家有国家的构成，社会有社会的构成，群体有群体的构成，这种构成就好比一座建筑的由钢筋混凝土浇铸而成的框架结构，又像是 X 光线照射之下的人体骨骼。试想，哪座建筑没有框架结构？哪个人体没有骨骼？框架结构与事物同在，同理，骨骼与人体同在。这是实质宪法。

宪法何以是公法？何以是母法？何以是大法？何以具有最高效力？其他法律何以不得与之相抵触？这是因为，宪法是承重墙，是高压线。试想，没有承重墙，何谈非承重墙？没有高压线，何谈低压线？装修为何不得随意触及承重墙？为何不能随意触及高压线？一个社会，一个国家必定存在这样的承重墙和高压线，但有触及，即立刻危及系统和整体稳定，所以大家务必"认真对待"。

私法和公法，实体法和程序法，根本法和普通法，高度体系化的国内法必须妥处这几组对子之间的关系，最好能形成若干专门原则或规则适时加以调节。当然，国内法要实现高度体系化水平，要求对法律部门之间关系展开深入研究，求得深刻洞察。当年边沁下那样大精力去研究刑法和民法的关系问题，在他的内心深处，不能说没有体系化思想在驱动着。

在此，需要加以妥处调节的，还有另外一组关系，即国内法和国际法。在国际法上，国家是主体，国际组织是国家结社；在国内法上，自然人法人是主体，公司社团是公民结社。国际法原理近似于私法原理，诸如物权原理、合同原理、侵权原理、继承原理，在国际法中，大都各有妙用。之所以如此，是因为国际法仍旧留在习惯和合同的发展阶段，立法在这一阶段并不发达。

国家类似自然人，国际条约类似合同，国际惯例类似习惯。从自然人角度看国家，从合同角度看条约，从习惯角度看惯例，容易把问题简化。反过来，从国家角度看自然人，从条约角度看合同，从惯例角度看习惯，则更容易让人感受到私法的真正意蕴所在。在国内社会，由于立法过于发达，所谓私法，不过是关于财产、关于合同、关于侵权、关于婚姻、关于继承、关于知识产权的国家立法而已，不过尔尔。尽管国家立法主动示好，主动尊重个人意思表示，主动尊重个人自主选择，而这同私法之间，同纯粹意义的私法之间，究竟不能不存有一层隔膜。

我国政府致力于建设并完善中国特色社会主义法律体系。这样一套法律体系，包括宪法、法律和行政法规等三个层级在内，包括宪法相关法、民商法、行政法、经济法、社会法、刑法、诉讼与非诉讼法等七大部门在内，所谓"门类齐全、结构严谨、内部和谐、体系科学"。我国在二〇一一年时便以"白皮书"方式正式对外宣告，中国特色社会主义法律体系已经建成，下一步任务是完善这个体系。

这样一套法律体系的建设和完善，不单纯是立法文件数量的增加与减少，也不单纯是立法技术构成的简易与繁复，更重要的是相关社会生活领域的培育和定型，是基本原则、基本原理、基本理念的融会贯通和协调统一。在原则、原理和理念层面解决问题异常重要，注意到这层，必将有助于我们在认识上想全想通，想深想透，在行动上做长做久，做强做大，在心态上也才能放平放开，放高放远。一句话，就是要真正把事情办好，办熨帖，既不是守株待兔，又不是削足适履，既不是妄自尊大，又不是妄自菲薄。

（二〇二〇年六月十五日初稿）

29
论法律体系

# *30* 论法律关系

法谚有云："有社会，斯有法律。"（*Ubi societas, ibi jus.*）法律在调整社会，由此形成法律关系；法律关系形成背后，法律在干预社会。法律关系是法律和社会之间的一个交叉地带，是二者之间关系的一个重要缩影。

关于法律关系，有四句话须加注意：第一句，法律关系是法律所保护的社会关系；第二句，法律关系是法律所确立的社会关系；第三句，在法律成其为法律之前，法律所保护的社会关系是曾经的法律；第四句，在法律成其为法律之后，法律所确立的社会关系是现实的法律。对法律关系的思考，同时也是对法律和社会之间关系的思考。

先看第一句。婚姻在先，婚姻法在后，婚姻法保护婚姻关系；家庭在先，家庭法在后，家庭法保护家庭关系；亲属在先，亲属法在后，亲属法保护亲属关系。同时，财产在先，财产法在后，财产法保护财产关系；合同在先，合同法在后，合同法保护合同关系；侵权在先，侵权法在后，侵权法保护权利关系。婚姻，家庭，亲属，财产，合同，侵权，社会关系在先，法律保护在后，受法律保护的社会关系，便是法律关系。

何以有些在先，有些在后？试问，没有婚姻法，就没有婚姻吗？没有家庭法，就没有家庭吗？没有亲属法，就没有亲属吗？又问，没有财产法，就没有财产吗？没有合同法，就没有合同吗？没有侵权法，就没有侵权吗？由上可知，有一些社会关系先于法律而存在，出于各种考虑，法律对它们给予保护，它们也由普通社会关系转为法律关系，由普通社会制度转为法律制度。

再看第二句。通过宪法在先，创建国家在后，宪法确立政治秩序；制定组织法在先，组建国家机关在后，组织法确立公共机构；法律授权在先，行政活动在后，法律授权证成行政活动；行政法在先，政府行为在后，行政法规范政府行为；诉讼法在先，司法活动在后，诉讼法调节司法活动。国家，政府，行政，司法，法律在先，公共关系在后，法律确立公共关系，由法律确立的公共关系，便是法律关系。

何以有些在先，有些在后？试问，有了国家，能没有宪法吗？有了国家机关，能没有组织法吗？又问，有了行政活动，能没有法律授权吗？有了政府行为，能没有行政法吗？有了司法活动，能没有诉讼法吗？由上可知，不能，按照近代宪制法治原则要求，是这样。一旦确立了现代法制原则，就有一些法律先于公共关系而存在，出于法治原则要求，它们得以确立起来，它们也由普通公共关系转为法律关系，由普通政治制度转为法律制度。

再看第三句。前文所说法律，多指国家立法。立法的地位和影响，随着国家的地位和影响而变动，它有一个由弱而强的过程，相信也有一个由盛而衰的过程。在国家力量弱小的时候，有些社会关系因为成为其他社会关系的典型和范例，因而本身便具有法律的意义，或者本身便是法律。这些法律，主要是以习惯和契约为主，它们之所以成为法律，主要不是因为政治性元素，而是因为规范性元素，即它们的典型意义和示范意义。相应地，国家在其中只是提供司法服务，以公共权力保护这些社会关系，维护这些社会制度。即便是现行法律部门，也有很多具有这样的特点。

再看第四句。在前国家阶段，法律之所以成为法律，主要是因为规范性元素，而不是政治性元素；而在国家阶段，情况就变了。这时，法律之所以成为法律，主要是因为政治性元素，而不是规范性元素。法律的政治性，具体体现在以下方面：交由特定国家机关制定，遵照特定权限和程序制定，依靠国家强制力保障实施，维护政治统治和阶级利益。立法随即成为主要形态，即使判例法，也出自国家，称为法官造法，与议会立法对举。所有其他法律形态，如习惯和合同，则必须经过立法的过滤，在不妨害公共秩序的框架内，才有可能进入法律的视野。相应地，社会在其中只是提供一些原材料而已，它们不经过法律的确立，不经过国家的加工和整理，很难具有法律意义，很难成为法律制度。现行法律部门，大都具有这样的特点。

国家强社会弱时，即便是私法，实质上也是公法；国家弱社会强时，即便是公法，实质上也是私法。国家强社会弱时，所谓社会关系本身就是政治关系，是政治关系让它们成为法律关系；国家弱社会强时，所谓政治关系本身就是社会关系，是社会关系让它们成为法律关系。如果国家社会同强同弱呢？回答是要么壁垒森严，要么纠缠不清，出现私法公法化，或公法私法化，或者不公不私，亦公亦私现象。如果联系到国际法方面，则情况更为复杂，在此，不再赘述。

法律关系游走于法律和社会之间，随着法律和社会的关系而进退沉浮。法律关系的性质和地位有时清晰，有时模糊，有时两可，有时不定，这些无不同法律和社会的关系有关，无不同处于法律背后的国家和社会的关系有关。

（二〇二〇年七月十五日）

# *31* 论 人

现代法律以人为主体，以物为客体。物可以搁置一下，请先说人。

在法律上，人首先是自然人，其次是法人。何谓自然人？即自然意义上的人。何谓自然意义上的人？含义有二，一是生物意义上的人，二是道德意义上的人。法律上的自然人，须具有生物和道德双重意义。

从生物意义上讲，人指现实的人，须是已出生的人，或者，须是未死亡的人。以已出生为标准看，胎儿，胚胎，受精卵，活性精子和卵子，都不是现实的人，而只能是潜在的人。胎儿的权益，仅在特定法律关系中受到保护。正在分娩中的、具有医学生命体征的胎儿，视同现实的人。

以未死亡为标准看，人指持续存在的现实的人。瞳孔放大、呼吸停止、心跳停止、脑死亡，均是医学上确认死亡的技术标准，当数种标准出现冲突时，理应尊重医学专业判断，并且不得违背人道主义原则。死者的权益，仅在特定法律关系中受到保护。在分娩过程中丧失医学生命体征的胎儿，视同死者。

已出生是个起点，未死亡是个终点，处于这个期间的人是现实的人。在此期间内，丧失部分肢体器官的人，或者丧失部分或大部生理功能的人，是现实的人。脱离人体的特别是具有活性的、具有医学利用价值的器官、组织、津液等组成部分，视同特殊物，受到法律特别保护。

这是生物意义的人，也包括准生物意义的人，那么何谓道德意义上的人？含义有二，一是理性的人，二是自由的人。法律上的自然人是理性人和自由人。理性和自由代表人格尊严，所以法律上的自然人是具有人格尊严的人。

从理性人标准看，人是具有认知能力、理解能力、判断能力和评价能力的人。人具有认知能力和理解能力，意味着他具有理论理性；人具有判断能力和评价能力，意味着他具有实践理性。具有理论理性的人，有能力排除来自数学和逻辑计算方面的错误；具有实践理性的人，有能力排除来自功利和道德计算方面的错误。

从自由人标准看，人是具有决定能力、控制能力、表达能力和行动能力的人。人具有决定能力和控制能力，意味着他具有意志自由；人具有表达能力和行动能力，意味着他具有行动自由。具有意志自由的人，有能力排除来自自身精神层面的障碍；具有行动自由的人，有能力排除来自外部社会领域的障碍。

完整的道德意义上的人具有上述多种能力，而这些道德能力的发生、发育和成熟，要受到来自自身的和来自外部的多种条件的制约。这些因素一般包括：第一，年龄因素；第二，健康因素；第三，社会条件因素；第四，人为干预因素。信仰、家庭、贫穷、文盲及个人经历会影响和改变部分道德能力发展的轨迹，但它们之间的必然联系，至今尚未得到现代法律的完全认同。

自然人是有生命的人。生命二字应该分开来看，生讲的是生物意义，命讲的是道德意义，两方面结合起来才是完整意义上的自然人。与自然人相对的，是法人。那么，何谓法人？法人具有何种特征，具有何种意义？

所谓法人，即自然人以外的法律上的人。法人在法律上视同自然人，法人是在法律上以个体形式存在的、同自然人一样的人，法人和自然人都是法律上的个人。既然如此，那么，用以分析自然人的方法，也可以用以分析法人，这是情理之中的事。既然自然人具有生物和道德双重意义，那么，法人也理应具有生物和道德双重意义。生物意义这一说法或许有些别扭，那么，完全可改称社会意义，用以指称法人的社会存在层面。

从社会意义上讲，法人也是现实的人，须是已设立的人，或者须是未终止的人。以已设立为标准看，处于设立过程中的法人，就相当于分娩中的胎儿，它是潜在的法人；而未能成功设立的法人，就相当于腹内腹外的死胎，是未能成为现实的法人。以未终止为标准看，处于解散过程中的法人，就相当于濒死的危重病人；而处于清算过程中的法人，就相当于油尽灯枯、行将就木并且已经在筹备后事当中的病人。

已设立是个起点，未终止是个终点，在此期间，处于这个期间的法人是现实的人。在此期间内丧失部分功能，或者部分功能受到限制，或者要求限期整改，只要没有解散或取缔，这时的法人仍然是现实的人。依附于法人的合法物质利益和精神利益，受到法律保护。

从道德意义上讲，含义有二，一是理性的人，二是自由的人。法人同自然人一样，也是理性人和自由人。理性和自由赋予法人以人格，就像它们赋予自然人以人格一样。

从理性人标准看，自然人所具有的认知能力、理解能力、判断能力和评价能力，法人也同样具有。从自由人标准看，自然人所具有的决定能力、控制能力、表达能力和行动能力，法人也同样具有。法律上讲权利能力、行为能力、意思能力和责任能力，虽然在思路上同前八种能力有些小小的不同，但同样地，法人无一不有。

法人是理性人，也是自由人。它知道谁是朋友，它知道谁是敌手；它了解眼前的形势，它明白当下的处境；它清楚要完成的任务，它制定可采取的策略；它憧憬即将到手的效绩，它预测可能存在的风险；它应对已经出现的困局，它接受无法摆脱的宿命！朋友和敌人，形势和任务，目标和策略，机会和挑战，成功和失败，野心和无奈，星汉如流，世事如弈，自然人有的，法人也有。

自然人有的，法人也有；法人有的，自然人也有。比如，自然人有姓名，法人有字号；自然人有财产，法人有资产；自然人有器官，法人有机关；自然人有隐私，法人有秘密；自然人有声誉，法人有信誉；自然人有居所，法人有场所；自然人有朋友，法人有伙伴；自然人有进步，法人有发展；自然人有成就，法人有业绩；自然人有理想，法人有文化；自然人有子女，法人有分支，等等。

有人说，自然人能结婚离婚，法人不能。君不见两家法人，可以合成一家，反过来，一家也可以分成两家。有人说，自然人能生子，有亲情，法人不能。君不见母子公司，兄弟单位，四海之内一家亲。有人说，自然人能继承，能收养，法人不能。君不见法人有分有合，权利义务有继有递，法人不曾收养，但却有过挂靠。有人说，自然人能吵架，能约架，法人不能。君不见商场里腥风血雨，法庭上唇枪舌剑。悲欢离合，爱恨情仇，壮士当年，美人迟暮，风雨萧瑟，无限江山，与时变幻，随波沉浮。

自然人是现实的人，法人也是现实的人。自然人是生物学现实，法人是社会学现实。自然人是自然的产物，法人是人工的产物。自然人是自然优胜劣汰的结果，法人是社会去伪存真的结果。自然人是神的创造，法人是国家的创造。神按照自己的样子创造了人，国家也按照自己的样子创造了法人。因为神的创造，所以人身上有神的影子；因为国家的创造，所以法人身上有国家的影子。

自然是这样一个生发过程，借助因果规律，由内而外，目的在对象身上获得了实现。创造是这样一个渗透过程，借助技术手段，由外而内，目的在对象身上获得了实现。实践是这样一个过程，其中有技术，有规律，有目的，有因果，有时由内而外，有时由外而内，有时可知可控，有时不可知不可控，现实能否实现，无限可能，一切尽在不言中。

由自然而实践，由实践而创造，或者由创造而实践，由实践而自然，这两条相反的线路，在法律领域都存在；显然，自然的因素，实践的因素和创造的因素，在法律领域都存在。实际上，法律就是这三种因素的混合物，也是这两个线路的交叉点。创造这一用语，如果别扭，可以改称人工或者是拟制。

这样，许多事情就不难理解。出生除了生产分娩之外，还要开具出生证明。死亡除了撒手咽气之外，还要开具死亡证明。结婚除了你情我愿之外，还要核发结婚证书。离婚除了恩断义绝之外，还要核发离婚证书。长期隐迹藏形，符合条件的，可以宣告失踪。多年音空信渺，符合条件的，可以宣告死亡。类似地，法律要有主体，而主体有自然人，也有法人。法律要有客体，而客体有自然物，也有拟制物。

自然人的产生和成形，主要是个自然过程，水到渠成之日，在制度上明确其人格。法人的产生和成型，主要是个人工过程，瓜熟蒂落之日，在制度上明确其人格。自然人虽说是自然作品，但其人格确认少不得人工色彩，即外部烙印。法人虽说是人工成果，但其人格确认少不得自然选择，即社会存在。

自然人和法人都是某种制度安排。在制度体系中占住了自己的位置，找准了自己的角色，这个很重要。相对而言，某个位置由谁去占，某个角色由谁去演，反倒是次要的事情了。据说，人（persona）在拉丁文中即面具的意思，戴上面具就是人，脱下面具就不是人，有面具戴就是人，没有面具戴就不是人。

法人有自己的宗旨，有自己的性质，有自己的权能，有自己的机关，有自己的体制，这些事物确保法人从精神层面上独立于自己的设立人或股东社员。法人有自己的财产，有自己的住所，有自己的责任，有自己的交往，这些事物确保法人从物质层面上独立于自己的设立人或股东社员。只有从精神层面独立了，也从物质层面独立了，法人才可能具有真正独立的人格，就像自然人那样。

当然，这种独立性有个量变到质变的过程，从自然人到法人，中间有无数的中间形态和过渡形态。从自然人开始，首先是契约关系；其次是合伙，中间有隐名合伙，有有限合伙；最后到公司，中间有无限公司，有两合公司，有有限公司，有股份公司，有上市公司等。从始至终，人格的独立性在一步步加强，有独立人格的法人正在一步步塑造成形，呼之欲出。

一轮过后，公司出现；公司之间，又有契约关系；契约关系之后，公司之间又有合伙，如某公司集团；合伙之后，另一家具有独立地位的公司，又出现了。于是，另一个新的轮回再次开始……一轮一轮，从地方到全国，从社会到国家，从国内到国际，从国际到全球，在秩序竞争、扩张和升级过程中，总能看到法人的身影，还能看到那样放大了的个体，即自然人的身影。

有人坚持极端唯名论观点，只承认自然人，所以坚决拒绝法人。有人坚持唯实论观点，把法人当成是某种实在，或是有机体，或是组织体。有人主张法人出于某种拟制，是某种技术产物，是某种想象人格。实则，拟制说并未超出唯名论范围，更纯粹的唯实论观点并未见到。纯粹的自然人是个极端，纯粹的法人也是个极端。既然可以从自然人角度理解法人，那么，为什么不能从法人角度理解自然人呢？

我想，法人如果是自然发展出来的，自然一定会照着自己本来的样子去发展。法人如果是国家创造出来的，国家一定会照着自己本来的样子去创造。很多事实表明，法人是一步步朝着有独立人格的自然人的形象去塑造的，去发展的。

方今之际，人工智能方兴未艾，云计算、大数据如火如荼，再联系到过去的克隆技术，联系到试管婴儿技术，联系到遗传基因技术，联系到一系列生物科技进展构想，由此看来，人类早已是雄心勃勃，势不可遏了。已经创造出了制度上的人即法人还不知满足，还要创造机械意义上的人即机器人；已经创造出了机器人还不知满意，还要制造自然意义上的人即自然人。"此孰吉孰凶，何去何从？"也许，这是一条不归路，也未可知。

现代法律的主体是人，客体是物。人已说过，且俟诸物。

（二〇一九年十一月十四日）

论人

# 32 论行为

行为一语有多种用法，最宽泛地说，行为就是某些活动，就是某些运动变化。于是，有动物行为，有组织行为，有细胞行为，有行为主义。所谓行为主义，即重在探讨行为的生理心理机制，为此亟须调动多种手段资源，不免带上强烈的科学主义色彩。

在社科领域，行为多指人的行为。既然如此，便不可限于身体活动，而有必要扩及意志活动；不可限于个人活动，而有必要扩及社会活动。可以这样说，人的行为既包含了意志活动在内的身体活动，同时又是体现在个体活动之上的社会活动。

在最理想意义上，行为须是身心完美结合，心到，意到，眼到，手到，身到，心主身从，无过不及；同时，行为又是人我相互关联，有我，有你，有他，有来有往，有施有受，有问有答。行为兼具意志性和生理性，是意志自由的适切表达；兼具个体性和社会性，是主体地位的适切表达。

关于身心结合，拳诀上最看重这点。比如，"手眼身法步，步眼身法合。"又，"心与意合，意与气合，气与力合，肩与胯合，肘与膝合，手与足合。"又，"内练一口气，外练筋骨皮。"拳脚讲究内外双修，上下相随，心手合一，物我两忘，无招胜有招，其要旨就在于两方面积极主动地配合一致。

关于人我关联，礼法上最看重这点。比如，"礼尚往来。"又，《礼记·曲礼上》："往而不来，非礼也；来而不往，亦非礼也。"又，《论语·为政》："从心所欲不逾矩。"社会就是一张无形之网，个人就是结网之蛛，虚堂空谷，一动一静，形影声响，蛛丝马迹，雪泥鸿爪，要看来龙去脉，看始末缘由。

行为要求身心结合，身心脱节不构成行为，即便构成，也要大打折扣。比如，纯粹的身体活动，如抽搐、痉挛、呕吐等；纯粹的生理活动，如心悸耳鸣，肠胃蠕动等；纯粹的心理活动，如梦、冲动等；纯粹的精神活动，如想念、羡慕、认识、思考、理解、确信、想象、记忆等。这四个纯粹，因为身心两相脱节，一般不构成行为。

行为要求人我关联，彼此无关不构成行为，即便构成，也要大打折扣。比如，纯粹的个人活动，如发呆、憧憬、默坐、信步等；纯粹的社会活动，如骚乱、动荡、改良等；纯粹的私人活动，如读书、写作、赏月、吟诗等；纯粹的习惯活动，如吃喝拉撒睡，行动坐卧走等。这四个纯粹，因为人我两相脱节，一般也不构成行为。

前四个纯粹，或者是无意识的，或者是无行动的；或者是下意识的，或者是纯行动的；或者是意识无法控制的，或者是行动不受控制的，因为不符合要求，所以一般不构成行为。后四类纯粹，或者是与人无碍，或者是心性流露；或者是不能自主，或者是身不由己；或者是心余力绌，或者是志大才疏，因为不符合要求，所以一般不构成行为。

近代以来，以个人为主体，以自由为主旋律，在精神上讲求意志自由，在身体上讲求行动自由。于是，在道德世界，意志成为作为个体的人的存在方式，足以彰显其主体地位；同理，在法律世界，行为则成为作为个体的人的存在方式，足以彰显其主体地位。道德主内，法律主外，这一旦成为常识，行为的重要性便立刻凸显出来，一目了然，不言而喻。

马克思在《评普鲁士最近的书报检查令》一文中指出：

对于法律来说，除了我的行为以外，我是根本不存在的，我根本不是法律的对象。我的行为就是我同法律打交道的唯一领域，因为行为就是我为之要求生存权利、要求现实权利的唯一东西，而且因此我才受到现行法的支配。

马克思主张，法律只能惩罚行为，而不能惩罚思想，他的理论依据则是行为对于自由、对于主体、对于法律的重大价值。这是十分近代化的思想。无论如何，把惩罚同行为联系起来，较之把惩罚同身份、同言论、同思想挂起钩来，总归是一大切实的进步。

对法律自由而言，行为是重要实现途径；对法律事实而言，行为是重要表现方式；对法律责任而言，行为是重要产生前提。具体地说，个人借助实际行为来行使法律权利，履行法律义务；个人通过法律行为设立和变更法律关系；个人由于不法行为而承担法律责任。对自由的关注，对事实的强调，对责任的追究，使得人们聚焦于行为。个人以行为在法律面前亮相！

行为须在能力范围内发生，行为是个人对身心两方面能力的发挥、运用和实现。相关机能的残缺、障碍、偏差和发育程度，都会对行为产生影响。这些情况，从理性方面讲，有不可辨识、不可控制和认知错误等；从意志方面讲，有受胁迫、受欺诈、受教唆、受操控等；从身体方面讲，有受强迫、受强制和不可抗拒等；从精神方面讲，有人格障碍、狂躁抑郁等精神疾病等。年龄和健康状况制约能力，意外事件和不可抗力超越能力，因而影响责任。

行为有其内在机制和外在机制，心理机制是内在机制，生理或社会机制是外在机制。动机和目的，理性和意志，属内在机制。原因和结果，语言和行动，属外在机制。行为是一定原因的结果，也是一定结果的原因，处在这样一个因果链条当中，原因和结果均可能对行为的定性和评价产生影响。把这些因素同行为联系起来，从而形成一个全面认知和评价体系的，是规则，当然，在更深层次上，也包括原则。

法律世界中的行为形态多样，不限于个人行为，也包括团体行为；不限于具体行为，也包括抽象行为；不限于积极（作为）行为，也包括消极（不作为）行为；不限于单方行为，也包括多方行为。然而，由个人实施的单方的、具体的和积极的行为总是一个原型，而所谓团体行为、抽象行为、不作为行为、多方行为无不是这一原型的扩展，因而须借助原型求得理解。

（二〇二〇年九月十日初稿）

（二〇二〇年九月十一日改）

## *33* 论行为（二）

汉译"行为"一语，系合成词，可对应于多个西语术语。最常见的有三个，有的侧重于生物学意义（behavior），有的侧重于社会学意义（conduct），有的侧重于法学意义（act）。相关概念还有一些，如活动（activity）、行动（action）、交易（transaction）等。这只是个梗概，实际情况要错综复杂得多，而在具体运用中则更须仔细辨析，草率不得。

比如，行为主义之行为，多使用第一个；行为规范之行为，多使用第二个；立法行为之行为，多使用第三个。又如，组织行为学之行为，多使用第一个；行为模式之行为，多使用第二个；与不作为对举之作为，多使用第三个。有时，则是另外的情形。比如，与书本上的法对举之行动中的法，有时又译作"诉讼中的法"（law in action）。

同一译名，兼顾不同西语；同一西语，兼顾不同译名。这种现象在法学中十分常见，在诸社科中想必也是比比皆是。比如，同为汉译"自然法"，有时对应的是自然律（*lex naturalis*），有时是自然权利（*jus naturale*），有时是自然法则（*lex naturæ*）。又如，即便法律一语本身，有时译作法，有时是法律，有时是权利，有时是正义，有时是法则，有时是规律，有时是定律，不一而足。

语言的问题本来就棘手，再加上意义问题、用法问题，其中，语义的，语用的，修辞的，历史文化的，个人审美的，诸多因素混杂在一起，叫人不知所云，不知所措。这即便对于原著母语而言，对于西方古人而言，恐怕也不是件易事；而对于非西方世界而言，对于关山远隔的后来者而言，实在是一笔不小的负担，其中的辛酸苦楚，不是过来人，想必很难体悟得真切。当年西行的，东渡的，南下的，北出的，为数不少，耗致甚巨，且其中有成者几何，归来者几何，有成而归来者几何，归来而有成者又几何？

即以法律行为论，这是个民法概念，形成于十八世纪德国，今天当然是十分流行了。在民法上，法律行为（Rechtsgeschäft）或者同于意思表示，或者涵盖意思表示，"所有法律行为在'本质'上是相同的。如上所述，它们都是以形成法律关系为目的而进行的形成行为"。同时，它还是"对法律秩序所认可的各种类型的法律行为的抽象"。[弗卢梅：《法律行为论》，法律出版社，迟颖译，二〇一三，第三九页]

法律行为的直接效果是设立、变更和消灭法律关系，也就是设立、变更和消灭相关权利义务，也就是设立、变更和消灭相关规则，也就是完整真实地表现和再现意思表示，也就是完整真实地表现和再现意思自治，也就是完整真实地表现和再现意志自由！法律行为，包括意思表示和意思自治在内，它们何以重要？答曰：之所以重要，是因为在它身上，在它们身上，体现了民法精义，彰显了私法精髓，弘扬了自由精神！

在这个意义上，法律行为就是"立法行为"。所谓立法行为，它针对的就是规则，就是权利义务，就是法律关系，立法本身就是另一种意义上的意思表示和意思自治，是另一种意义上的意志自由。正因此，法律行为专指合法行为，不能涵盖不法行为。所谓合法非法，实际是围绕法律行为创设的规则而言，而不是就法律行为而言的。合法非法是立法的产物，立法本身无所谓合法非法。

所以，从合同角度看来，履约是合法，违约就是非法，在此，缔约则无所谓合法非法，它既不是履约意义上的合法，也不是违约意义上的非法；从财产角度看来，占有是合法，侵占是非法，在此，取得无所谓合法非法，它既不是占有意义上的合法，也不是侵占意义上的非法。因为法律行为是合法行为，所以非要找出一个非法行为与之相对举，这是不妥当的，因为法律行为带来合法非法，本身其实无所谓合法非法，就像刑法立法带来犯罪非罪，而本身无所谓犯罪非罪一样。

法律行为是形成行为，具有创制性，它是为创设权利义务而生的；就像立法行为那样，立法也是形成行为，也具有创制性，它是为创设权利义务而生的。法律行为创制的规则，在当事人之间执行，必要时，由法院强制执行；立法行为创制的规则，在主权范围内执行，必要时，由法院强制执行。法律行为何以具有创制性？这是因为意思表示具有创制性。意思表示何以具有创制性？这是因为个人是私法主体，有意志自由。

个人何以是私法主体，有意志自由？这是因为在宪法框架内，个人自由，人人平等，私法保障个人不受来自其他个人方面的非法干预，公法保障个人不受来自政府方面的非法干预。宪法小心翼翼地厘定公法私法的边界，不仅通过限制公共权力的办法，为个人在公法上的自由创造条件、营造空间；更通过限制私人权力的办法为个人在私法上的自由创造条件、营造空间。法律行为就是这一意义上的私人权力，既受到限制，当然更受到保护。

也因此，民法学家特别关注法律行为和意思表示，民事立法也特别关注从各个方面、各个细节上维护和保障它们的真实性、完整性、可靠性和有效性，力求告诉人们，法律行为何时是有效的，何时是无效的，何时是可撤销的，何时又是效力待定的。这些规定方便了协作，规范了竞争，回应了需求，稳定了预期，便于人们对眼前的未来的工作生活作出有效合理的安排，避免了时间、精力、金钱和资源方面的无谓消耗和浪费。

比如，我国即将生效的民法典规定了民事法律行为的有效要件、无效情形和可撤销情形。其中，有效要件包括：第一，相应行为能力；第二，意思表示真实；第三，不违背强行法和公序良俗。（第一四三条）无效情形包括：第一，无民事行为能力（第一四四条）；第二，限制行为能力的限制行为（第一四五条）；第三，虚假意思表示（第一四六条）；第四，违背强行法和公序良俗（第一五三条）；第五，恶意串通（第一五四条）。可撤销情形包括：第一，重大误解（第一四七条）；第二，欺诈（第一四八、一四九条）；第三，胁迫（第一五〇条）；第四，显失公平（第一五一条）。

法律行为的上位概念是行为，人的行为；它的下位概念是履约和违约，权能和侵权，也就是常说的合法非法；再往后，便涉及到法律责任，非法带来无效，不法带来制裁。先讨论法律主体，再讨论法律权利，再讨论法律行为，再讨论法律责任；法律主体能力有所不足，故有代理监护所以补足之；法律规定细节有所不明，故有期间期日所以明确之。

以上大抵就是民法视野中的行为世界，这很大程度上影响到了法律视野中的行为世界，但与此同时，这又很大程度上没有影响到法学视野中的行为世界。时至今日，时至今时今世，这，真不知是幸事呢，还是不幸呢？

（二〇二〇年十一月五日初稿并改）

33
论行为（二）

# *34* 论权力

过去有种讲法，说权力仅限于公共权力和政治权力，权力双方是不平等的；平等双方不可能有权力存在，只能够存在权利，权利双方是平等的。人们不厌其烦地强调，权利权力，何时写作"利"，何时写作"力"。这种讲法既是正确的，又是不正确的，前半句是正确的，后半句是不正确的。

之所以正确，是因为公共权力和政治权力当然是权力，权力反映支配关系，当然是不平等的。之所以不正确，是因为平等双方也可能发生权力关系，它们中间不仅可以存在权利，也可以存在权力。

一个最明显的例子就是劳动关系。公司和雇员之间显然存在管理关系，而二者一是法人，一是自然人，从字面上看，总不是不平等的吧？但从本质上看，却是不平等的。公司对雇员的管理，同机关对职员的管理，还有社团对成员的管理，三者一是劳动关系，一是人事关系，一是组织关系，它们无不是权力关系，除了身份差别，没多少不同。

自然人和法人之间如何确立起这种关系？回答是通过契约方式。公司招收雇员，双方签订劳动合同，雇员须做出某些承诺，由此在特定方面确立起这样的不平等关系。机关录用职员，双方签订聘用合同，职员须做出某些承诺，由此在特定方面确立起这样的不平等关系。社团吸收成员，双方履行某些手续，成员同样须做出某些承诺，由此在特定方面确立起这样的不平等关系。

某些承诺把个人变成了员工，变成了职员，变成了成员，相应地，公司、机关和社团成为拥有管理权力的单位，这种管理关系当然是不平等的。现代社会崇尚平等，那么，如何会容忍这种现象呢？这是因为那是一种受控受限的不平等关系。具体表现在：第一，以自愿和交涉为基础设立；第二，局限于特定方面；第三，有时空范围限制；第四，放弃权利以回报为对价；第五，保留退出机制；第六，政策法律保持一定程度的干预和介入；第七，社会提供某些救济渠道。这七个方面保证个人和单位之间维持一种大体均衡的交换正义关系。

其实，不限于此，在号称平等的合同领域，就是完全平等的吗？完全平等做得到吗？且不说实力方面，即从法律角度讲，债权人和债务人就不是平等的，但这种不平等仍然是受控受限的不平等。具体表现在：第一，债的关系自愿设立；第二，限于特殊事务；第三，限于特定时空范围；第四，有对价，有回报；第五，权利义务配置形式上基本均衡；第六，保留变更、解除机制；第七，救济渠道畅通可用。这七个方面保证实力不等的双方在法律上维持一种大体均衡的交换正义关系。

社会交往之前，参与双方实力对比可能不平等；交往当中，权利义务配置可能不平等；交往之后，结果上可能造成双方新的不平等。社会生活中的不平等关系，只要达到了可支配、可主宰的程度，权力关系即告诞生。只要社会交往存在，权力关系就存在；只要社会生活存在，权力关系就存在。家庭，学校，工厂，社区，村落，班组，团队，凡是有人活动的地方，就不难见到权力关系的影子。

而且，这种权力关系，不仅发生在个人之间，也发生在群体之间；不仅发生在单位之间，也发生在机构之间；不仅发生在行业之间，也发生在界别之间；不仅发生在区域之间，也发生在国家之间。在社会交往和社会生活中，不平等决不逊于平等，甚至有过之而无不及。不平等见证某种运动，平等见证某种静止，平等只是"动中之静"，相对而已。人们常讲"人生而平等"，常讲"人人平等"，人们为什么那么讲，为什么时时重复，可能正因为不平等时时可见吧。

不平等造就权力，社会不平等造就社会权力，政治不平等造就政治权力。现代法律追求平等，但并不能消弭不平等，也没有必要消弭不平等。现代法律不消弭权力，也无从消弭权力，反之，它注重的是控制权力，在控制的基础上利用权力。对于政治权力，现代法律高度戒备；对于国家权力，现代法律深度倚重；对于行政权力，现代法律大力防控；对于公共权力，现代法律规范行使。而对于社会权力，现代法律既爱又恨，保持着一种极其复杂而且极度纠结的心态。

对法律秩序而言，社会权力的存在不见得全是好事，也不见得全是坏事，因之，视情况加以区别对待。构成实时危害或威胁的，现代法律打击或取缔之；存在长期危险或隐患的，现代法律警惕或压制之；没有明显不利或缺陷的，现代法律容忍或放任之；带来积极推动作用的，现代法律保护或保障之；带来发展潜力和远期利好的，现在法律鼓励或发扬之。对于广泛存在的社会权力现象，现代法律究竟应当保持怎样的态度，给予怎样的评价，采取怎样的做法，是干预，还是不干预，怎样干预，干预到什么程度，这些终究是个时机和火候问题，是个政策选择问题。

在法学上，权力代表某种能力，有了这种能力，就足以设立和变更法律关系。在政治学上，权力代表某种影响，有了这种影响，就足以实现己方的意志和利益。在社会学上，权力代表某种力量，有了这种力量，就足以克服和支配反对力量。在最终意义上，权力代表对价值排他性的占有和处分，生杀予夺，威逼利诱，予取予求，我行我素，这几个词最能代表权力的分量。权力总是死死盯住生命、自由、财产和资格等这类美好事物不放的，离开了这类事物，就不能理解权力，不能理解何以古往今来人们对它是那么地钟爱，那么地追逐，那么地神往，那么地眷恋，那么地念念不忘。

权力流淌在权利的中心，权利徘徊在权力的边缘。往往，权力是看不见的，却又是异常真切的；权利是看得见的，却又是异常缥缈的。所以，人们愿意把权利安排在中心，把权力安排在边缘；把权利安排在台前，把权力安排在幕后。这样做，还是因为，由于各种原因，人们总是看到中心多，而看到边缘少，看到台前多，而看到幕后少。

（二〇二〇年七月一日）

# *35* 论权力（二）

权力是一种优越的能力，是一种胜出的力量，是一种占据优势的力量对比关系，或是这一关系中展现出来的某种优势。相对于同类而言，权力表现为某种实在的或潜在的影响关系；相对于事物而言，表现为某种实在的或潜在的支配关系。因而，权力无异于一种控制性的综合实力，有了这种实力，即足以影响他人，足以支配事物。

这样看，权力可以是一个比较概念。权力表现为一种比较关系，一方尽力施加影响，一方尽力抵制影响；一方尽力实现支配，一方尽力克服支配。在这种对立关系和竞争关系中，成功一方即握有权力，失败的一方即受到支配，并且不得不接受由此带来的不利影响。

又，权力可以是一个总量概念。权力双方的对立和竞争，是综合实力的对立和竞争，而不局限于一时一事。一个人之所以能够影响另一个人，能够支配某种事物，一定是因为在智力上、体力上、财力上、人力上以及处境上甚至时机上全部叠加起来之后要超过对方，只有这样，才能全面或部分地实现其控制目的。

又，权力可以是一个动态概念。权力所依赖的智力、体力、财力、人力以及处境甚至时机，这一切都是变动不居的，有时变动快，有时慢，有时变动大，有时小。所以，在权力关系中，变动是首要的，稳定是次要的，变动是主动的，稳定是被动的，平衡要从变化那里得到说明。

又，权力可以是一个经验概念。权力终究是某种力，无论能力力量，还是综合实力，终究是某种力。物理力学解释在某些程度上适用于权力，比如事物的运动方向最终由合力决定，再如事物的运动状态由力的对比关系决定，甚至牛顿惯性定律也适用于权力现象。

从质的方面看，权力是一种控制实力。作用力与反作用力是并生的、伴随的，控制如果是一种作用力，那么它必定会遇到来自人的和来自物的反作用力。权力现象如果维持或存续，它要求作用力能够抵消或克服反作用力，至少在两者较量的最终结果上是如此。

从量的方面来看，掌握权力的一方可以是一人或多人，权力对象可以是一人或多人，也可以是一物或多物。双方数量的多少及比例，以实际控制关系的维持和存续为限。理论上，一个人可以对自身实现控制，全体人可以对自身实现控制，这就是自治，或叫自律，或叫自主。

从主体角度来看，权力可以属于一个人，属于若干人，甚至是全部人；可以属于一个人群，一个团体，一个政党，一个组织。权力属于谁，属于什么样的主体，社会现象的样态是不一样的。权力可否由动物掌握，如狮王、蜂王、头狼和头羊等？如果坚持动物行为学观点，则不能排除。权力可否由无生命事物占有，如恒星捕获卫星等？如果坚持力学观点，恐怕也不能排除。

从对象角度来看，权力可以针对人，针对事物，包括一些特殊事物，比如行为、文件、票据、价值、机会、风险、权利、规则甚至其他权力等。在国际社会，权力还可以针对国家、国际组织、资源能源、海洋气候、科学技术、文化文明等。权力现象呈现出极大的复杂性，只要我们坚持以同样复杂的眼光来看待它。

从事由角度来看，一个人针对某个对象拥有某项权力，其原因可以有很多，可以是智力优势，可以是体力优势，可以是财力优势，可以是人力优势，可以是处境和时机优势。权力可以因事实优势确立起来，也可因规范优势确立起来，当然也可因价值优势确立起来。权力主体针对权力对象的不同优势，将计入总体优势当中，为权力现象维持和存续作出贡献。

从内容角度来看，一个人针对某个对象拥有某项权力，这意味着可以某种方式影响对象或支配对象。比如针对法律，立法机关可以制定法律、修改法律、解释法律和废止法律，其中，制定、修改、解释和废止即立法权内容。又如，拥有房屋所有权，即意味着房主可以占有房屋、使用房屋、出租房屋和转让房屋，其中占有、使用、出租和转让即所有权内容。立法权是对法律本身的支配权，房产权是对房屋本身的支配权，权力内容即各项权能。

从模态角度讲，一个人拥有某项权力，即意味针对某个对象可以或必须做出或不做出某些事情，可能或必然做出或不做出某些事情，当然，也可以实际或即将做出或不做出某些事情。比如，一国针对另一国可以实施制裁，也可以不实施制裁，可能实施制裁，也可能不实施制裁。如果一种权力存在，那么，相应的情况即如此这般地发生或不发生，而该情况如果真的发生了，也不过是众多模态当中的其中之一而已。

从领域角度讲，一项权力可以处在事实领域，可以处在规范领域；可以处在合法领域，也可以处在非法领域；可以处在私人领域，也可以处在公共领域；可以处在政治领域，可以处在经济领域，可以处在社会领域，可以处在文化领域，当然，也可以处在法律领域；可以处在国内领域，也可以处在国际领域。权力处在何种领域，往往涉及它的评价和定性问题。

综上，权力可以由多种主体掌握，可以针对多种对象实施，可以因为多种事由发生，可以通过多种方式实现，可以具有多种模态形式，可以具有多种领域属性，可以兼具质的和量的方面。权力是比较优势，是一种综合优势，是一种动态优势，是一种经验优势。易言之，它是某种综合性的能力或力量，是某种综合性的影响力和支配力，是某种综合实力。

一般地，人们对权力的理解比较狭窄，只是局限于政治领域、社会领域、文化领域和法律领域，总之局限在人类社会领域而已。对于人对物的支配现象，动物界的支配现象，物理界的支配现象和抽象意义上的支配现象，多数持一种否定态度。其实这些支配现象，同人类社会的权力现象，多有共性存在，完全可以从某个角度统一起来加以理解和处理。不过，如果坚持否定态度，也无关大体，因为，这类问题尽可通过定义解决，人类有能力对概念的范围作出任何形式的人为规定。

（二〇二〇年七月三十日初稿）

（二〇二〇年七月三十一日改）

# *36* 论诉讼

　　古语单纯词多，合成词少，即使看似合成词，可能的话，也多作单纯词来看待。诉讼一语，权作一例。

　　二字合用的情况有，但不多见。如《后汉书·陈宠传》："西州豪右并兼，吏多奸贪，诉讼日百数。"又如，宋苏舜钦《太子太保韩公行状》："自是他邑诉讼之不决者，必属公平处。"

　　分解来看，诉训作告，告同告。《说文·言部》："诉，告也。"《说文·告部》："告，牛触人，角箸横木，所以告人也。从口从牛。"段注提出异议："牛口为文，未见告义。"按，此义音固。所设横木叫楅衡，设备防顶。一说楅衡不同。郑玄注："楅设于角，衡设于鼻。"《积微居小学述林·释告》讲，告当作牛鸣，《说文》中有唬、吠、鸣诸字，与告同形，训当一律。此说以鸣声见告义，颇是。

　　告是报告。先开始，上对下，下对上，都叫告；后来，有了分别；而有时仿古，又都用告。《广韵》："告，报也。告上曰告，发下曰诰。"报告是陈述情况，进而要求辩冤，要求处理，就叫作控告。《尔雅·释言》："告，请也。"《玉篇·告部》："告，请告也。"由报到请，再到控，意思逐渐递进，告诉于是合流。《玉篇》说："论也，告诉冤枉也。"今天讲原告、被告、上告诸词，均取控告之义。

　　再来看讼，讼训作争。《说文·言部》："讼，争也。从言，公声。"《六书故》："争曲直于官有司也。"《易·讼卦》疏："凡讼者，物有不和情乖，争而致其讼。"注："争辩也。"讼是形声字，还是会意字？抑或兼之？《康熙字典》引毛氏注："《易》注：讼，争也，言之于公也，从言从公，盖会意。且谐公声，是以《诗》协从韵。"可见，讼字可兼会义形声，仿《说文》笔法，可释作"争于公也，从公从言，公亦声"。今日用法，正取此义。

讼狱相对，有时，狱作统称。《诗·召南·行露》有句如"何以速我狱"，如"何以速我讼"。《周礼·地官·大司徒》："凡万民之不服教而有狱讼者，与有地治者，听而断之。"郑注："争罪曰狱，争财曰讼。"疏："狱讼相对，故狱为争罪，讼为争财。若狱讼不相对，则争财亦为狱。"《周礼·秋官·大司寇》："以两造禁民讼"，"以两剂禁民狱"。郑注："讼谓以财货相告者"，"狱谓相告以罪名者"。

诉加讼不等于诉讼，正如审和判不等于审判一样。诉加讼只是诉讼这类事情的部分，而不是全部。古语以部分命名全部，也就是"以偏概全"，或"以小见大"，未尝不是讨巧的办法，的确，倒也便利，生动，亲切。这在过去，很是常见，即便是今天，也不鲜见。

诉是控告，讼是争辩，民事为讼，刑事为狱。法官叫士，叫士师。当事人叫两造，两意为对立，造意为到，诉讼须到庭，所以叫两造。《易·杂卦》："讼不亲也。"讼意为争，在手为争，在言为讼。两造之间，利益对立，言语对立，看法对立，要求对立，因为对立，所以叫两。两造现在叫双方，两造与双方不同，双方不容易表现这种对立。

因为不亲，所以对立，因为对立，所以争辩；因为争辩，所以诉讼。你有一言，我有一语，你有一问，我有一答，你有一告，我有一讼，你有一控，我有一辩，你有一立，我有一破，你有一难，我有一驳。讼犹言法庭辩论。另外，发问叫讯，叫谳，叫鞫；作证叫证，叫验；审理叫听，叫问；判决叫判，叫决，叫断，叫论。诉讼提供一种纠纷解决机制，或案件处理程序，现在叫作程序正义。

诉讼之所以属于法的范畴，诉讼机制之所以叫法律机制，诉讼程序之所以叫法律程序，原因就是正义。所谓诉讼，即依照正义规则，或依照正义原则，实际上也是依法或依照法律来解决纠纷和处理案件。在整个诉讼过程中，正义既是标准，又是宗旨，既是要求，又是原理。在本来意义上，正义就是法，就是法律！至于这项功能是否必须由国家垄断，是否必须由专业人士垄断，则属其次，但目前是这样。

诉讼的原理是正义，正义的原理是平等，平等的原理即相等。如将两造作为两点，连接两点作一线段，法官居于中点，要点是法官同任意一方距离相等，所谓居中裁判是也。如将两造作为两点，法官作为一点，将三点连接起来，形成以法官为顶点的等腰三角形，最好是等边三角形，要点仍是法官同任意一方距离相等。法官居于三角形顶点时，其投影仍在底边中点，法官仍同任意一方距离相等。司法程序的要义在于中点等距。

在两造之间，法官采取中立立场，独立超然，不偏不倚，不即不离，一视同仁，公平公开。前述中立独立是中点位置的要求，前述"四不二公"是相等距离的要求。由于位置要求，由于距离要求，法官其实是个中人，是个媒介。中人既代表两造，又不代表两造。中人的角色就像是商品交易中的货币，又像是商贸往来中的中介，又像是婚姻关系中的媒人，又像是公共生活中的媒体，又像是冲突关系中的斡旋，总之，因为要起到负责联络沟通的桥梁纽带作用，所以基本要求是客观公正，而这正是对法官这类特殊中人的首要要求。俗语说："一手托两家"；又说："一碗水端平"。这是最起码的，必须做到。

诉讼和仲裁，在现代区分好像很严格，一者官方，一者民间，一者正式，一者非正式。其实，二者构造相同，都是中点等距。居中调解也是这样，要求公正独立，否则权威性便会受损，起不到相应的作用，甚至走向事情的反面。即便是劝架也是如此，要求公正独立，否则权威性便会受损，起不到相应的作用，甚至走向事情的反面。以仲裁为代表的非正式机制，同以诉讼为代表的正式机制相比，权威性程度可能有差别，专业化程度可能有差别，制度化程度可能有差别，便利性程度可能有差别，但在基本原理方面，却是出奇地一致。它们的原理都是中点等距，也就是平均正义，或说是交往正义。

诉讼中也适用矫正正义。什么是矫正正义？概括起来说，就是哀多益寡，堕高湮庳，就是挹彼注此，就是损有余而补不足。何以如此？就是要恢复侵害行为发生前的初始状态而已，倒不见得非是绝对平等状态不可。《道德经》第七十七章："天之道，其犹张弓欤？高者仰之，下者举之，有余者损之，不足者补之。天之道，损有余而补不足。人之道则不然，损不足以奉有余。孰能有余以奉天下？唯有道者。"这段引文很形象地说明了什么叫矫正正义，什么叫相应的矫正领域的不正义。

当然，前人对问题有自己独到的理解，我们不必用现代语境去苛求。有人说过，战争目的就是消灭战争，就是非战。把这个原理套用过来，诉讼的目的就是无讼。很多事情的目的恰恰在于自身反面，所谓"物极必反"是也。《论语·颜渊》："听讼吾犹人也，必也使无讼乎。"无讼只是反面，正面讲，就是和。《论语·学而》："礼之用，和为贵，先王之道，斯为美。"《道德经》第四、五十六章："挫其锐，解其纷，和其光，同其尘。"不唯如此，而且还很神秘地称之为"玄同"。

最后，这两句话很值得重提一下，以引起注意。这便是：

战争之义，在于非战，曰以战止战；
诉讼之义，在于无讼，曰以讼止讼。

（二〇二〇年六月十一日初稿）
（二〇二〇年六月十二日改订）

# *37* 论 报

《论语·宪问》："或曰：'以德报怨，何如？'子曰：'何以报德？以直报怨，以德报德。'"可见，夫子并不主张"以德报怨"。

《道德经》第六十三章："大小多少，报怨以德。"第七十九章："和大怨，必有余怨。报怨以德，安可以为善？"可见，老子也不主张"以德报怨"。

可是，国人一直标榜"以德报怨"之说，并且美而德之，似乎是其来有自，行之有年，只是不详就里为何。

倒是西人好像有类似说法，譬如，《圣经·新约·马太福音》第五章："你们听见有话说：'以眼还眼，以牙还牙。'只是我告诉你们：不要与恶人作对。有人打你的右脸，连左脸也转过来由他打；有人想要告你，要拿你的里衣，连外衣也由他拿去；有人强逼你走一里路，你就同他走二里；有求你的，就给他；有向你借贷的，不可推辞。"［第三十八至四十二行］

西人主张感化，主张宽容，主张人道，主张人权，主张程序正义，即便是恶贯满盈、十恶不赦的恶棍，也要尊重，也要保护。这些说法不无道理，但也造成一个问题，即对于守法的乞丐和对于犯法的恶棍，在二者之间，法律应该如何求取平衡，如何做出取舍？如果处理不好，那么美国作家欧·亨利笔下那个必欲入狱而后已、而后快的乞丐形象，以及那些既令人失笑又令人心酸的剧情，嗣后必将在我们身边不断重演，再三而四，屡见不鲜。

至此，不禁让人生疑，这样的故事，我们生活中是否也在发生？比如，服刑罪犯的医疗保险问题是如何解决的？所谓"五险一金"，如何缴付？看病是自费，还是公费，用挂号不，住院找关系吗？是否必须"特殊安排"？假如真是这样，那就令人费解了。众所周知，百姓看病贵，看病难，积怨也久矣，此时，罪犯待遇如果高过百姓，哪怕是高过赤贫人口，都是不妥当的。两相对比，法律的公平性何在？法律的性质如何？

这类事情不是小事，因为，具体怎么做，其实显示价值导向，带有示范效应。诚然，罪犯权益不能忽视，但如矫枉过正，则物极必反，对受害方来说，就不仅是不公了，也不再是漠视了，简直就是赤裸裸的二次伤害！因而，把罪犯待遇控制在一个合理范围之内，至少不得高于社会平均生活水平，从而维护刑罚措施应有的惩罚功能，这本是法律公平性要求所在，并不是小事。对此，有关方面须有独立见解，既不能我行我素，也不能亦步亦趋。

刑法的惩罚功能折射出报应观念，在近代，康德即持报应观念。记得他说过，即便明晨世界毁灭了，罪犯该处决的，头天也要处决完毕，实际上，接受刑罚处罚同时也意味着某种礼遇，意味着对罪犯主体地位的尊重。这是因为，是人才可能接受刑罚处罚，如果是条狗，即使本主强烈要求慷慨赴俎就汤，也断无可能。

历史上，"同态复仇"观念也是这样，而且更为典型，传播地域更广，历史更久。人尽皆知，佛家讲因果，讲业报，讲轮回。《涅槃经》中讲现报，讲速报，讲生报。我国俗语说："善有善报，恶有恶报，不是不报，时辰未到。善恶到头终须报，只争来早与来迟。"朱子也说："以其人之道，还治其人之身。"这些话至今口耳相传，耳熟能详。

同样是《圣经》，这类话也不少见。比如，《旧约·出埃及记》第二十一章："若有别害，就要以命偿命，以眼还眼，以牙还牙，以手还手，以脚还脚，以烙还烙，以伤还伤，以打还打。"［第二十三至二十五行］又，《旧约·利未记》第二十四章："以伤还伤，以眼还眼，以牙还牙。"［第二十行］又，《旧约·申命记》第十九章中也说："你眼不可顾惜，要以命偿命，以眼还眼，以牙还牙，以手还手，以脚还脚。"［第二十一行］。据说，《汉谟拉比法典》

强调："以牙还牙，以血还血。"对比《旧约》和《新约》，大抵时代不一样，观念不一样；篇章不一样，说法也不一样。

报应观念的公式是：以甲报乙，或甲以报乙。俗语说："父母之仇，夺妻之恨，不共戴天。"又，"君子报仇，十年未晚。"又，"有仇报仇，有怨报怨。"又，"锱铢必较，睚眦必报。"复仇问题曾争论千年，仍无定论，对此，人们感叹说："冤冤相报何时了？"这是以恶报恶的情形，还有以善报善的情形。比如，俗语讲："滴水之恩，当涌泉相报。"可以报仇，也可以报恩，当然，报仇以仇，报恩以恩，方式手段自有不同。

中国人讲报仇，也讲报恩，报仇是必报，报恩是厚报。什么是必报？卧薪尝胆，漆身吞炭，便是必报。什么是厚报？滴水涌泉，结草衔环，便是厚报。《战国策·魏策四》载，魏信陵君窃符救赵后，名士唐雎对他有过一段进言："事有不可知者，有不可不知者，有不可忘者，有不可不忘者。"又说："人之憎我也，不可不知也；吾憎人也，不可得而知也。人之有德于我也，不可忘也；吾之有德于人也，不可不忘也。"这段话颇有代表性，国人的处世哲学和自保自全之道，国人对这类问题的独特理解，尽在其中矣。

在上述公式中，甲乙之间关系是个重要问题，这就像一架天平，甲乙分两头，报字立中央。甲乙可同质，也可不同质。所谓"同态复仇"，即要求两方面完全相同，绝对相同，这体现了初民原始朴素的公平观。所谓"质子质物"，便不要求两方面完全相同，但价值要相近，有时还要故意拉开些差距。前文"以德报怨"是不同质，"以怨报德"也是不同质，但"以直报怨"则属同质。

二者数量可相等，也可不相等，可相近，也可不相近。相等相近时，大抵出于公平本身的要求；不相等不相近时，大抵出于公平以外的考虑。"功过相抵"，"罚当其罪"，"罪刑相适应"，这些强调相等相近，中间贯彻公平原则。"大赦特赦"，"厚报重谢"，"严管严打"，"从重从严"，这些则强调不相等不相近，中间贯彻其他原则。当然，如果不是出于其他原则，那么，不相等不相近，便是纯粹意义上的不公平，是不可取的。这当中反映出公平原则同其他原则之间的内在紧张关系，暂不讨论。

究竟是相等相近，还是不相等不相近，某种程度上，是个火候问题，是个决策问题。重赏轻罚，轻赏重罚，只罚不赏，只赏不罚，赏罚并行，不赏不罚，公平性当然是考虑之一，但更多是政策选择，要求审时度势，服务于特定目标。《周礼·秋官·大司寇》作过一番总结："掌建邦之三典，以佐王刑邦国，诘四方，一曰刑新国用轻典，二曰刑平国用中典，三曰刑乱国用重典。"这说明，面对不同的形势和任务，要做出不同的政策选择。

在报应观念中，有如下要点值得注意：第一，对什么报？即公式中的乙，是报应对象，可以叫前因，如功过。第二，用什么报？即公式中的甲，是报应方式，可以叫后果，如赏罚。第三，如何应对？报应是一种应对，后果本身就代表应对。第四，如何报应？可以包括方式，如现报速报等；也可以包括程度，如轻重适应等。以甲报乙，或乙以报甲，甲即前因，乙即后果，甲乙或善或恶，报应或迟或速，或轻或重，方式程度不一。

报应观念所及，有两层事实值得注意：第一，基础关系，或基础行为。如不法侵害，见义勇为等，这是报应发生的起因。第二，次生关系，或次生行为，如褒贬赏罚，赞誉制裁等，这是报应发生的后果。报应即发生在基础关系之后的次生关系，或发生在基础行为之后的次生行为。报应就像是一座桥梁，把基础关系和次生关系联系起来，把基础行为和次生行为联系起来，一句话，就是把基础事实和次生事实联系起来。

由此看来，报应类似某种刺激和反应关系，基础事实的作用是刺激，次生事实的作用是反应。古语说："如响之应声，如影之随形"，大略如此。报应观念和公平观念的交点，在于刺激和反应在性质和数量的相同相近。而报应违反公平观念或有失公平的情形，

有三类情况：第一，有了刺激，没有反应，或没有刺激，有了反

应；第二，刺激过弱，反应过强，或刺激过强，反应过弱；第三，刺激过快，反应过慢，或刺激过慢，反应过快。正如前文所说，违反公平的情形要区别对待，因为，这些情况完全有可能出于公平之外的某些考虑，而不只是些不公平现象。

那么报应公平的性质如何呢？

在《尼各马可伦理学》第五章中，亚里士多德讨论过分配公正，讨论过矫正公正，讨论过回报公正。从宗旨方面看，分配公正讲各得其所，各安其分；矫正公正讲取长补短，哀多益寡；回报公正讲互通有无，损有余而补不足。从领域方面看，分配公正见于公物分配，矫正公正见于不法救济，回报公正见于私人交易。从形式方面看，分配公正系几何比例，矫正公正系算术比例，回报公正系交叉比例。它们之所以称为公正，是因为它们合乎中庸，它们都是居于某种过度和某种不及之间的某种适度。

具体到报应公平，有如下情形值得注意：第一，由于它涉及不法，但不限于不法，这必然涉及矫正公正，比如赔偿等于损害，刑罚等于罪行等。第二，由于它涉及交往，又不限于交往，这必然涉及回报公正。第三，由于它涉及政策，又不限于政策，所以必然涉及分配公正，这是指各种价值包括负价值在内的分配。第二种情形，正如歌中所唱："若是那朋友来了，迎接他的有好酒；若是那豺狼来了，迎接他的有猎枪。"

报很常见，也很复杂，因为常见，所以无心，因为无心，所以复杂。因何而报，也很多样，法律可报，习惯可报，自然可报，神意可报。这样说来，报应是报，回报也是报；报复是报，报答也是报；劳作是报，报酬也是报；报恨是报，报德也是报；阴报是报，福报也是报；早报是报，晚报也是报。复杂多样如此，何可胜穷也哉?!

下面有两则材料，摘自古书，不知当作何报，又因何而报呢？

《诗·大雅·抑》："无仇不言，无德不报。"又，"投我以桃，报之以李。"

《诗·国风·卫风·木瓜》："投我以木瓜，报之以琼琚，匪报也，永以为好也！投我以木桃，报之以琼瑶，匪报也，永以为好也！投我以木李，报之以琼玖，匪报也，永以为好也！"

（二〇一九年十一月二十三日初稿）

（二〇一九年十二月三十日二稿）

# $38$ 论撤销

WPS 和 Word 中设有一个按钮，一弯半弧，自下而上，箭头向左方探去，宛若妙龄长练，翩然起舞，轻盈优雅，动感十足。

这个按钮名叫撤销。说到撤销，可谓十分地常见。可以撤销一项决定，可以撤销一次处分，可以撤销一件判决，撤销一起案件，可以撤销一家机构，一道命令，一番行为，一种局面，均在可撤销之列。

那么，什么不可撤销呢？已经过去的不可撤销，没有发生的不可撤销，不会出现的不可撤销，注定实现的不可撤销，自然存在的不可撤销，真实体验的不可撤销，信仰面对的不可撤销，等等。

不可撤销的和可撤销的相比，可谓一样地多，甚至要更多，多出太多。这是因为，撤销必须是力所能及的，力所不及的不可撤销。自然，历史，未来，神都是力所不及的，心所不知的也是力所不及的，所以，均不可撤销。人世上也有很多是力所不及的，都不可撤销。肯定还有很多是力所不及的，凡是力所不及的都不可撤销。

见于日常，人们可以撤销药店，但不能撤销药品；可以撤销医院，但不能撤销病人；可以撤销处方，但不能撤销疾病。又如，职务可以撤销，德才不能撤销；任务可以撤销，付出不能撤销；称号可以撤销，事迹不能撤销；成绩可以撤销，表现不能撤销；结论可以撤销，真相不能撤销。

有可以撤销的，就有不可以撤销的，反之亦然。即便这样，很多看似力所不及，实则是力所能及的；或者，实际是力所不及，硬是当作力所能及的，所以，原先不可撤销的，现在又可撤销了。

撤销就是某种干预，历史已然，一似铁板钉钉，但又不是不可干预；干预之后呢，好像又有些不可干预。毕竟，事已至此，木已成舟，干预过后，总要留下些什么。人过留名，雁过留声，踏雪无痕，孰人能之？奇妙的是，即便如此，仍可当作复原如初。

想起晚清之季，杨乃武与小白菜，本是一桩冤狱，好在，有太后垂怜，懿旨一到，雨露天恩，于是平反昭雪，各得其所。细究开去，慰藉固是慰藉，伤害终成伤害，如何平复得干净、平复得彻底呢？不过，错判总归是撤销了，而且是干净彻底地撤销了。

这里，既有可撤销处，又有不可撤销处。撤销本就是针对着既定事态的，是一种人为干预，是一种事后干预，通过人为，力争恢复原状，破镜重圆，就像什么事情都没有发生过似的。其中，可干预处就是错判，不可干预处就是残余的蛛丝马迹。

又是透过一种制度的眼光，透过一种仍然是人为的手法，透过一种叫作"拟制"的本质上可归于文学艺术领域的技巧，使力所不及的成为力所能及的。如何成就力所能及的？就是"当作"，"当作"就是"拟制"。这恰是人为的妙用所在。关于这点，已有专论，在此暂不赘述。

撤销是事后的，如果是事前的，则是取消。撤销是否定的，如果是肯定的，则是追认。撤销是人为的，如果是自然的，则是退化。撤销是外加的，如果是自生的，则是返祖。撤销是回溯的，如果是前瞻的，则是放弃。撤销是真实的，如果是虚构的，则是假设。撤销是回归的，如果是单向的，则是免除。

撤销是一面多棱镜，许多事物都是多棱镜，在同一片太阳光下，从不同方向看去，会折射出不同颜色的光芒。我现在在想，撤销自身是可撤销的吗？如果是，叫什么；如果不是，为什么？

（二〇二〇年六月二十三日）

# *39* 论追认

追认一语，在法律界常用，但不限于此，在其他领域也不罕见。

比如，在新近通过的《民法典》中，出现二十二处，主要涉及限制行为能力人、无权代理、委托权限、无因管理、夫妻共同债务等方面，或单用，或跟随同意连用，连用时表述为"同意或者追认"，或"同意、追认"。

其中有些道理，不难理解。同意系事先同意，追认系事后追认，事前事后，前脚后脚。在民法中，追认或同意系补助行为，补助行为的任务是对基本行为进行补正，使它们原先因基本行为而出现的效力不确定状态确定化、明朗化。追认或同意的，就有效，否则归于无效。

追认或同意，一般适用于四种情形：第一，限制能力人的待补助行为；第二，无权代理；第三，无权处分；第四，债务承担。《民法典》规定，大体不出这个范围。法律把追认或同意这类形成权赋予特定方面，第一种情形中是代理人，第二种情形中是被代理人，第三种情形中是权利人，第四种情形中是债权人，他们有权就此给出一个确定结果。

理论上，法律行为以行为能力为前提，代理行为以代理权限为前提，处分行为以财产权利为前提，债务承担以债务人同意为前提，一旦缺乏相应的能力、权限、权利和条件，就使得上述行为与其标准样式产生某种距离，两方面对照，既有相似，又有不同，这就有了所谓"不真正法律行为"。所谓不真正，就是不全然是真正，可又不全然是虚假，恰在似与不似之间，所以叫不真正。

从法律效果上看，法律行为当然有效，不真正法律行为由于法律行为之间貌合神离，名同实异，因此要区分情况，分别对待。不真正法律行为要么无效，要么可撤销，要么不确定。无效是当然无效，自始无效，确定无效；可撤销则是原先有效，一旦撤销即属无效。无效因行为本身属于无效，撤销则是人工使之归于无效。效力不确定的，最终有效与否，一系于追认或同意。追认或同意的，就有效，否则归于无效。

试问，法律何以将某些事情交由某些人来追认或同意呢？因为这些人都是重要的利害关系人，事情结果最终要由他们来承担，而且他们有可能由此遭受直接损失。从身份关系上看最重要，从利害关系上看最直接，所以，交由他们来追认或同意，可谓人得其事，事得其人，人事相宜。

或是无能，或是无权，或是不当，事情本身总是有些瑕疵，有些缺陷，甚至是重大偏颇，那么，法律何不明文规定无效呢？

回答是：民法直面生活，酌情妥处为先为要，切忌机械包办。上述情形介于法律行为和不法行为之间，在似与不似之间，属中间地带，既模糊，又两可，而法律身处事外，越过当事人，径直加以定性，这样做，恐有不妥。这是其一。

其二，各方地位平等，民法提供平等保护。事涉双方，情形复杂，某些情况，自一方看来可能这样，自他方看来则未尽如此。当事人身在其中，首先交由他们自行交涉解决，且某一方身涉危局，首先交由该方追认或者同意，应是明智之选。

其三，民法尊重个人自由选择，尊重当事人决定。涉事方如果出于某些原因，愿意认可并承受这些结果，则从之可也，何必逆势而为呢？而且，事已至此，将来如有反复，就无须从头做起，重新开始；事后如有纠纷，也属于"打者愿打，挨者愿挨"。既能节约成本，又平息争端，如此，何乐而不为呢？

法律从生活中来，又要到生活中去，生活滋养了法律，法律服务于生活。生活的道理成就法律的道理，生活的智慧孕育法律的智慧。民法是最能贴近生活的法律，诸如行商巨贾，走卒贩夫，寒门陋巷，乡野闾里，诸如吃喝拉撒睡，行动坐卧走，男婚女嫁，生养死葬，人无贵贱，事无巨细，民法都在关注。民法最应该汲取来自生活的道理和智慧，为我所用，反过来，又反馈于生活。他人好的方面可以学习，但也是活学活用，消化吸收，如果是反客为主，甚至喧宾夺主，那同大家谈到都会笑话两句的买椟还珠、削足适履者何异？如此，不仅有违初衷，而且有失大体，徒为人所笑，并为人所轻。

其实，众多法律部门，哪一家同生活何尝不是息息相关呢？宪法离不开政治生活，民商法离不开日常生活，行政法离不开公共生活，经济法离不开经济生活，社会法离不开社会生活，刑法离不开牢狱生活，诉讼法离不开办案生活。历史法学曾讲，法律同民族生活休戚与共，它是整个民族的精神气质和文化禀性的体现，它必须反映和折射出它所应有的时代性和独特性。法律如果不能存在于人们的生活中，就不能存在于人们的血脉中；反之，不能存在于人们的血脉中，也就不能存在于人们的生活中。

追认或同意之类，只是某种最终确认或认可，同意在事先，而追认则是事后的最终确认或认可。局面就是那个样子，事情到了那个地步，怎样做最便利，副作用最小，后续影响最小，而相关各方会最满意呢？是推倒重来呢，还是听之任之呢，还是因形就势，因利乘便呢？追认或同意即是因形就势、因利乘便的结果，是来自生活的道理和智慧，是来自自然的倾向和选择。当然，"兵无常势，水无常形"，并不能因此而断然排除别的情况和别的选项。

生活中，英雄人物因为人民利益英勇献身，事迹突出，经本人生前申请和组织批准，被追认为党员。历史上，开国之君建国创业，初临大宝，往往都要追封三代五代；名相贤臣因生前功勋卓著，而身后追赠官爵，也有同时追封祖上的。追表明是事后，认和赠、封，以及册、策、加、命、拜、授、叙、尊、号、赐、锡、录、谥等，古来名目繁多，它们都是一种确认和认可，都是事后的确认和认可。当然，这是政策行为或政治行为，它们的意义绝不止于确认和认可，而更多地是表扬和褒奖了。

（二○二○年七月九日）

# *40* 论评价

司马光在《谏院题名记》一文中谈到，谏官之重，"专利国家而不为身谋"，切不可汲汲于名与利，否则，"后之人将历指其名而议之曰：'某也忠，某也诈，某也直，某也曲。'呜呼，可不惧哉！"

文中所谓议，就是评，今天也说评议。所谓忠诈，所谓曲直，就是价。有评有价，评是活动，价是结果，这其中，少不得对象，更少不得标准。把对象和标准相对照，或者把标准应用于对象，得出一个结果，这种对照活动或应用活动，就是评价。评价包含四个要素，它们是活动、结果、对象、标准。

是标准，就有个结论，如忠诈曲直；是结论，就要有前提，如利国谋身。标准就是某种以前提为条件的结论，可以记作：结论／前提。比如，"助人为乐好"就是标准，"好"就是结论，"助人为乐"就是前提。评价是个比较过程，把对象同标准中的前提作比较，经比较相同，即可把标准中的结论归之于对象，得出对象如何如何的结果。评价也是个应用过程，而应用则是把标准应用于对象的过程，即通过比较得出结果的过程。

对象范围甚广，可以是人事器物，可以是客观主观，可以是现实历史，可以是思想认识，可以是运动变化，甚至是标准本身，抑或评价本身。对标准本身，对评价本身，仍是可以继续评价的。结果形态甚杂，可以是善恶，可以是正邪，可以是美丑，可以是真假，可以是对错；可以是二值，可以是多值；可以分等，可以评级，可以打分。可以说，评价就是赋值，就是定性，就是估量。范围广泛，形态多样，以致令人生出疑问：还有什么东西不可以评价？

社会规范领域也有很多评价现象。以规范为标准，以行为为对象，就有合法、不法或非法，有违法、违规、违章和违纪，有违约、侵权和犯罪，有越轨和失范，有有权和无权，有滥权、失职和渎职，有无能力、限制能力和完全能力。以观念为标准，以规范为对象，则有善法恶法，有正义非正义，有公平不公平，有合理不合理，有合情不合情，有透明不透明，有民主不民主，有人道不人道，有有效无效，有生效失效。社会规范在评价人们，人们也在评价社会规范。

认识带来评价，评价带来态度，态度带来行动。好的对的，就肯定，就坚持，就维护，就捍卫；不好不对的，就否定，就批评，就反对，就抛弃；不好不坏的，就观察，就跟踪，就容忍，就等待。从感性到理性，从思想到言论，从理论到实践，从应然到实然，这中间隐约地有一套行动逻辑在，有一套完整的发生发展机制在，而评价则是其中相当重要的一环。而且，评价是有变量的，有不虞的，它可以是理性的，但也不完全是理性的，有时甚至完全不是理性的。

苏洵《辨奸论》中说："事有必至，理有固然。"又说："月晕而风，础润而雨。"古人讲究见微知著，一叶知秋，察先机于未变，绝后患之将作，他们深知评价的威力，深知这威力的恐怖，所以，他们十分重视"生前身后名"，也就是外在的和后世的评价。司马光是史家，史家犹之判官，是专判人忠诈曲直的，所以，对于其中的厉害，既是洞若观火，又是感同身受。由此，他才发出感叹："呜呼，可不惧哉！"

史家是一个令人敬畏的角色，他们手握如椽巨笔，让人的一生盖棺论定，作出评价是史家本分。史家评判别人，也被人评判。左氏是著名史官，孔子对他赞扬有加。《论语·公冶长》："巧言，令色，足恭，左丘明耻之，丘亦耻之。匿怨而友其人，左丘明耻之，丘亦耻之。"史鱼是著名史家，孔子对他赞扬有加。《论语·卫灵公》："子曰：'直哉史鱼，邦有道如矢，邦无道如矢！'"评价须有识有史，史是观察力、表现力；有史有识，识是判断力、鉴别力。史识不分家！

在史学方面，孔子并不陌生，而且自己就是专家。他曾亲自修订《春秋》，并独创一套"春秋笔法"，所谓述中见评，寓评于述，不评而评，微言大义。《史记·孔子世家》："至于为《春秋》，笔则笔，削则削，子夏之徒不能赞一词。弟子受《春秋》。孔子曰：'后世知丘者以《春秋》，而罪丘者亦以《春秋》。'"孔子在《春秋》一书中寄托了自己的评判，同时，也把后人对他的评判寄托在《春秋》一书上。

古人有姓名字号，皇家更复杂，生前有年号，有尊号，有徽号，死有庙号，有谥号。这些名号多少带有评价性质，生前拟就的，当然希望意味更浓厚些。《谥法》中说："谥者，行之迹；号者，功之表。古者有大功，则赐之善号以为称也。车服者，位之章也。是以大行受大名，细行受细名。名生于人，名谓号谥。"比如文武，都是评价，《谥法》说：

> 经天纬地曰文，道德博闻曰文，学勤好问曰文，慈惠爱民曰文，愍民惠礼曰文，赐民爵位曰文。
> 刚彊直理曰武，威彊敌德曰武，克定祸乱曰武，刑民克服曰武，夸志多穷曰武。

谥号最初用于评价，后来则流于夸饰了。慈禧生前有一帧黑白照，背后端楷横题："大清国当今慈禧端佑康颐昭豫庄诚寿恭钦献崇熙圣母皇太后"，其中"皇太后"三字为尊号，"慈禧"以下十六字为徽号。这十六字，字字评价，或出自我欣赏，或出他人奉承，但世人并不认可。有人撰联讥讽说："垂帘二十年，年年割地；尊号十六字，字字欺天。"

传统社会重道德评价，现在社会重专业评价。一般人都会看重评价，希望显身扬名，光宗耀祖，但世界之大，确有那种完全不管不顾的。据说，某位叫作路易的法王就有句名言，他说："我死之后，哪管身后洪水滔天。"

（二〇二〇年七月十八日）

# *41* 论法和医

法官和医生，一个叫人死，一个叫人生，似乎互不沾边。法官似乎更像教士，因为教士教人不要怕死；医生似乎也像教士，因为教士教人好好地活。

小说《围城》［钱钟书：《围城》，第二版，人民文学出版社，一九九一，第十八页］中有一个情节，似乎与此有关：

> "信基督教的人，怎样做医生？"
>
> "基督教十诫里一条是'别杀人'，可医生除掉职业化的杀人以外，还干什么？"
>
> "胡说！医生是救人生命的。"
>
> "救人生命也不能信教。医学要人活，救人的肉体；宗教救人的灵魂，要人不怕死。所以病人怕死，就得请大夫，吃药；医药无效，逃不了一死，就找牧师和神父来送终。学医而兼信教，那等于说：假如我不能教病人好好的活，至少我还能教他好好的死，反正他请我不会错，这仿佛药房掌柜带开棺材铺子，太便宜了！"
>
> "瞧你一辈子不生病，不要请医生。你只靠一张油嘴，胡说八道。我也是学医的，你凭空为什么损人？"

这是主人公方鸿渐在归国游轮上同鲍小姐的一段口角。鲍小姐的未婚夫李医生是基督徒，方鸿渐觊觎鲍小姐，心里嫉妒，所以把李医生拿来挖苦。试想，不是李医生，而是李法官，我们的主人公又会生出怎样的机智和如簧巧舌呢？或许，他会说：

剥夺生命也不能信教。法律要人死，毁人的肉体；宗教救人的灵魂，要人好好活。所以罪犯求死，可以上法庭，判刑；刑狱无效，大不了一死，就找牧师和神父来开导。学法而兼信教，那等于说：假如我不能教罪犯好好的活，至少我还能教他早早的死，反正他见我不会错，这仿佛药房掌柜带开棺材铺子，太便宜了！

　　法官、医生和教士，都是社会职业，是整个社会分工的一部分。社会把某些事情专门交给某些人群来做，他们必须做好，做得专业，体现出职业道德，只有这样，才能立足，才能垄断独享其中之利。所以，人们的一些想法看法，多与社会分工有关，未必是人心如何如何。《韩非子·备内》中讲："医善吮人之伤，含人之血，非骨肉之亲也，利所加也。故舆人成舆，则欲人之富贵；匠人成棺，则欲人之夭死也。"医生欲人病，舆人欲人富，皮匠欲人死，他们有这样的想法，外人有这样的看法，多与社会分工有关，未必是人心如何如何。

　　但是一旦越过一定的界线，就是人心问题了，人们再有这样的想法看法，就多与人心有关，而不是社会分工如何如何了。前些年，有段子说："大盖帽，两头翘，吃了原告吃被告。"还有段相声台词说："手术刀，手术刀，一刀一个小红包。你要是不给小红包，不打麻药就开刀。"前一段是讥讽法院的，后一段是讥讽医院的，有些年头，确实过头。进得来，出不去，旷日持久，教尔花钱如流水，教尔求生不得，求死不能，它们确曾是这样的教人望而却步的去处。

　　不过，法和医原是有些共性的。他们都有办公场所，一者在法院，一者在医院。他们都有表演舞台，一者在法庭，一者在诊室。他们都有行业行头，一者黑大褂，一者白大褂。他们都有行业道具，一者法槌，一者听诊器。他们都有专业秘笈，一者是法典，一者是医典。他们都不是随便能见的，之前都有一番手续，一者是起诉立案，一者是挂号分诊；之后又有一番手续，一者是宣判闭庭，一者是划价买药。他们都是要收费的，一者是诉讼费，一者是医药费。

又，他们都有某种组织单位，一者是业务庭，一者是科室。他们都有某种分权机制，一者是法官法警，一者是大夫护士。他们都有某种协商机制，一者是合议，一者是会诊。他们都有某种决定模式，一者是判决，一者是诊断。他们都有某种决定文书，一者是裁判，一者是处方。他们都有某种决定程序，一者是调查辩论，一者是观察询问。他们都有某些技术手段，一者是勘查鉴定，一者是检查检验。他们都有某些处理结果，一者是收监服刑，一者是入院治疗。他们都有某些统计归档制度，一者是案例，一者是病例。

又，他们都有自己的收容对象，一者是嫌犯，一者是病患。他们都有自己的收容场所，一者是监所，一者是病房。他们都有自己的场所分区，一者是监区，一者是病区。他们都为对象指定固定位置，一者是号位，一者是床位。他们都为对象定制式服饰，一者是囚服，一者是病服。他们都为外界安排会见渠道，一者是探监，一者是探视。他们都有自己的收容范围，一者是有罪，一者是有病。他们都有自己的鉴别标准，一者是违法犯罪构成，一者是临床病症病兆。他们都有自己的处置方法，一者是刑罚，一者是医药。他们都有自己的工作原则，一者是矫正，一者是治疗。

又，他们都有自己的人才培训机构，一者是法学院，一者是医学院。他们都有自己的从业资格考试，考试之后获得从业资格证书，一者如司法考试和法律职业资格、执业证书，一者如医师资格考试和医师资格、执业证书。他们都有自己的全国社团组织，各自内设学会、研究会无数，一者如中国法学会，一者如中华医学会。我国法学医学属本科教育，美国法学医学则均属研究生教育，他们都有自己的入院考试，一者是法学院入学考试（LSAT），一者是医学院入学测试（MCAT）。

法律是为了正义而存在，医学是为了健康而存在；法律本着善良和正义的原则解决纠纷，医学本着科学和人道的原则解除病痛；法律打击犯罪，制止不法，保护人民生命财产安全，医学救死扶伤，防病治病，全心全意为人民健康服务。法律和医学都满足特定社会需要，立足于职业道德和职业自律要求，利用自己的专业知识和专业技能，提供专业化的社会服务。法律和医学都有行业协会，都有职业共同体，都有固定且稳定的从业人员，都有自己独特的行业利益和职业声誉，都有自己配套的产业利益链条，同样也都面临着经济发展、社会转型带来的机遇和挑战。

某种意义上，法律也是医学。一个人有了病痛，要去看医生，医学解除个人痛苦；一个社会有了病痛，要去找法律，法律解除社会痛苦。为了解除个人痛苦，医学必须常常直面人生的阴暗面；为了解除社会的痛苦，法律必须直面社会的阴暗面。法律人和医药人都是对阴暗面有免疫力的人，抑或本身就构成免疫系统。《荀子·正名》："以仁心说，以学心听，以公心辨。"法律把法典当作医书，把刑罚当作药石，把开庭当作出堂，把问案当作坐诊，把惩罚当作矫治，所谓法者公心，医者仁心，学者辨心，是之谓也。

古语说，"不为良相，便为良医。"韩昌黎《进学解》中说："玉札丹砂，赤箭青芝，牛溲马勃，败鼓之皮，俱收并蓄，待用无遗者，医师之良也；登明选公，杂进巧拙，纤余为妍，卓荦为杰，校短量长，惟器是适者，宰相之方也。"可见，古人早就把医学当成公器一类的东西了。

《黄帝内经》中也说："上医医未病之病，中医医欲病之病，下医医已病之病。"一身也，一国也，一天下也，治病也，治国也，法治也，人治也，如果我们把法律视作社会医学的话，把政治视作国家医学的话，如果我们把更多事物都视作医学的话，这些话，不也很有启发借鉴意义吗？

（二〇二〇年七月十一日）

# *42* 论法律职业

《管子·七臣七主》："法者，所以兴功惧暴也；律者，所以定分止争也；令者，所以令人知事也。"解决纠纷，制止侵权，打击违法犯罪，保护合法权益，现代法律的几项主要功能，大约都在这里了。

围绕这几项功能，在分工体系当中发展出了专门领域，在专门领域当中又发展出了分工体系，它们均以提供法律服务为己任，以实现法律自治为目标，以强化法律壁垒为特征，这便是法律职业。法官、检察官、律师和法学家是其中四种最主要的法律职业，他们是大的分工体系当中的小的分工体系。

法官是正义的化身，是法律的最直接、最具体、最集中的体现。有法谚说："法官是沉默的法律，法律是能言的法官。"法官的任务是就争议事项依法作出裁判，依法之法系正义，包括立法，也包括判例，如果它们能体现正义的话。托马斯说过，法院即实现正义之地，据此，法官即实现正义之人。根据正义原则裁判纠纷，是法院的第一功能，也是法官的本分！法官之法和法院之法就是正义，正如另一句法谚所说："法律是善良和公正的艺术。"

检察官是国家利益的代言人，是刑事犯罪的控告者。检察官的任务是首先代表国家，其次代表受害人一方，向法院控告犯罪，要求法院追究嫌犯的刑事责任，以平冤狱，以正纲纪。刑事犯罪的受害人，从某个角度看，首先是国家，犯罪首先是、最终也是针对着整个政治统治秩序的。这时，必须有人站出来，在刑事诉讼中提起公诉，维护法制尊严。刑诉案件何以只设公诉人，不设原告，被害人何以不以原告面目出现，究其原因，也许正在于此。

律师是当事人权益的代理人，是专业法律服务的提供者，是法律业务方面的行家里手。律师的任务是代表原告或被告同相关方面打交道，利用自己丰富的从业经验和高超的专业技巧，在法庭上为雇主，即为自己所代表的当事人一方争取最大利益，律师的利益在于当事人利益。古籍上说邓析是"操两可之说，设无穷之辞"，律师固然可以代表双方中的任意一方，但是不能同时代表双方，否则便违背了逻辑矛盾律的要求，邓析的特点在这里，他的问题也在这里。

法学家是法理的喉舌，是法律原则的探索者、发现者、加工者和传播者。法学家的任务是密切关注法律实务进展动态，就其中的新热疑难、高大深远问题发表自己的专业见解和评论，随时记录和适时表现法律技艺的高超精妙之美，使之行于当时，传诸后世。法学是实践之学，是化危脱困、释疑解惑之术，任何理论、逻辑、口号、信条、教义和意识形态，经过法学这个大熔炉，都会褪尽繁华，复归于平淡，最终服务于生活本身。

战国时有位解纷专家叫鲁仲连，他说过："所贵于天下之士者，为人排患释难，解纷乱而无所取也。即有所取者，是商贾之人也，仲连不忍为也。"法学家要入世，不能出世，应该成为鲁仲连式的解纷专家和社会活动家，而不能是"青灯古佛，黄书残漏"式的怨世自嗟的高人隐士。法学家是社会公义的担当者，绝不能是特定权力和资本的站台人！

如下表，有两个标准，可用以区别这四类职业，并突出各自特点，这便是：第一，中立性标准；第二，官方性标准。以中立性和非中立性为行，以官方性和非官方性为列，这样制成的表格，会出现四个空格。左上空格应填写法官，右上是法学家，左下是检察官，右下是律师。法官是官方的和中立的，律师是非官方的和非中立的，检察官是官方的和非中立的，法学家是非官方的和中立的。

**表4　四类法律职业**

|  | 官方的 | 非官方的 |
|---|---|---|
| 中立的 | 法官 | 法学家 |
| 非中立的 | 检察官 | 律师 |

由此，也可以看出这四种职业的联系，并便于各方面进行比较。比如，法官和检察官都是官方的，它们的不同在于一者是中立的，一者是非中立的；法官和法学家都是中立的，它们的不同在于一者是官方的，一者是非官方的；法官和律师是完全不同的，法官是官方的和中立的，而律师则是非官方的和非中立的。余者类推。四者之中，法官和法学家不从属于任何人、任何利益，所谓"无所取也"！

所谓中立性标准，涉及是否服务于甚至从属于原被告任何一方；所谓官方性标准，涉及是否服务于甚至从属于国家机关。中立性标准同时意味着公正性和超越性、客观性；官方性标准同时意味着公共性和权威性、倾向性。检察官与原告同属一方，律师可能属于任何一方，法官和法学家则不属于其中任何一方。检察官和律师像原被告那样直接对立，相对而言，法官就要超脱一些，法学家则更为超脱，因为超脱，所以才能公正，而要公正，就必须超脱。

仲裁、调解要求中立地位，大多数以非官方身份出现。公证属社会中介，要求中立性，一般以非官方身份出现。公司法务、法律顾问等多从事非诉业务，包括很多律师，也从事非诉业务，它们以非官方身份出现，是非中立的。党政机关和社会团体法制部门一般要求专业法律教育背景，它们是官方的，或具有浓厚的官方背景，但是非中立的，各自服务于自己的工作单位。军地政法机构工作人员和纪检监察部门工作人员，它们以办案为本职工作，它们都是官方机构，除了裁判人员，大多数是非中立的。

法律职业状况，在不同国家和地区，在不同历史时期，在不同文化传统之下，各有不同，甚至大有不同。西方社会法律行业长期封闭保守，自成一系，其结果，法律界乃至法律本身都成了封闭保守的代名词。法律界有着自己的专业用语，有着自己的专业知识，有着自己的专业训练，有着自己的专业技能，有着自己的专业操守，有着自己的专业追求，所有这些都构成专业壁垒，都伴随着向社会公众提供高效的专业服务，当然，也不排除收取高额的专业回报。法律职业是出自法律专业化的产物，反过来，又成为推进法律专业化的动因。

法律职业是一群以法律为业的人，有朝一日，当他们以行业自治为共同目标，以法治为共同事业时，当他们具有了共同的法律思维、法律意识、法律认知、法律评价时，当他们具有了共同的法律观念和法律理想时，一句话，当他们具有了共同的法律文化和法律传统时，法律职业便成为法律共同体。法律职业不过是利益共同体，法律共同体却是文化共同体！

法律共同体是法治理念的社会寄托，是法治事业的社会基础，是法治之花得以盛开、得以散发浓郁芬芳的一方沃土。可以想见，没有一点一滴的积累和汇聚，没有一朝一夕的培训和养成，就没有社会的成熟；没有社会的成熟，就没有法律共同体的成熟；没有法律共同体的成熟，就没有法治事业的成熟。这是显而易见的，可常常又是视而不见的。

（二〇二〇年十月三十日）

# *43* 论法律保护

保护合法权益，是法律的基本功能之一。当合法权益遭受侵害，财产遭受侵占，自由遭受侵犯，安全遭受侵扰，当这类事态严重到或紧急到一定程度时，当事人会设法寻求法律保护，相关方面会出面提供法律保护；而当该事态有所缓解或归于平复时，相关法律保护会随之降级或解除。

法律规定某些手段或方式，当事人可借此寻求法律保护；法律规定某些工作机制或措施，诸如事后处置、事中应对、事前防卫等，一旦满足法定条件，相关方面可借此提供法律保护。当事人寻求保护离不开法定手段或方式，相关方面提供保护离不开法定工作机制或措施，它们都是法律保护，它们都针对特定不法事态，它们都旨在排除这些不法事态，至少是把事态控制在一定范围内。

所谓法律保护，既指依法寻求保护，也指依法提供保护。创造一个相对安全的氛围，使当事人免受不法事态的不利影响，这就是保护；保护手段或方式，及相关工作机制或措施是法定的，这就是依法。不只是为法律所规定的那些保护形式，也包括为法律所认可的那些保护形式，它们都是法律保护。在现代社会，国家垄断了武力使用和最重要的公共资源，于是，国家成为最主要的法律保护者，不仅如此，国家几乎是唯一的法律保护者。即便如此，当国家力所不及，或力所不至时，仍不应草率否弃当事人合理的自力救济途径。

法律保护形式多样。诸如投诉、报警、起诉等，这是寻求法律保护；诸如罚款、拘留、判刑等，这是提供法律保护。寻求保护主要是请求或告知，提供保护主要是追责或行动。提供保护的情况比较复杂，可以是制止不法，可以是施加惩罚，可以是动用强制，可以是实行隔离，可以是消弭影响，可以是展开调查，可以是作出决定，可以是被动响应，可以是主动作为，可以是惩前毖后，可以是防微杜渐，从惩治到防卫，从实体到程序，不仅类别多，而且层级多，不仅名目多，而且渠道多。

法律保护力度大小可有不同。从不同法律领域角度来看，有根本法（宪法）保护和普通法保护，有私法保护和公法保护，有实体法保护和程序法保护，有国内法保护和国际法保护。从不同法律渊源角度来看，有宪法保护，有法律保护，有法规保护，有规章保护，有政策保护。从不同法律阶段角度来看，有司法保护，有行政保护，有立法保护。从不同立法层级角度来看，有中央保护，有地方保护，有区域保护，有基层保护，还有域外保护。

法律保护范围广狭可有不同。从不同保护对象角度来看，有对个人的保护，有对团体的保护，有对单位的保护，有对群体的保护，有对特殊对象的保护，有对不特定人群的保护，有对社会的保护，有对国家的保护等。从不同保护客体角度来看，有对权利的保护，有对利益的保护，有对自由的保护，有对人身的保护，有对财产的保护，有对人格尊严的保护，有对地位的保护等。

法律保护的形式如何，力度如何，范围如何，这同国家干预程度有关，也同社会自治程度有关，此外，还同个人独立程度有关。个人独立在合作、秩序方面的缺陷，呼唤社会自治；社会自治在效率、安全方面的不足，带来国家干预；国家干预在自由、正义方面的短板，又要求社会自治。法律保护有时采取个人的形式，有时采取社会的形式，有时采取国家的形式，这取决于在处理个人、社会和国家三者之间关系方面的制度安排和程序设计。实则，法律本身也采取这样的形式，法律保护到底采取什么样的形式，同法律采取什么样的形式密切相关！

是谁需要法律保护，向谁寻求法律保护，谁去寻求法律保护？谁来提供法律保护，对谁提供法律保护？寻求和提供什么样的法律保护？不同法律保护深度如何，广度如何，强度如何，难度如何，最后限度如何？所有这些问题都需要认真考虑，明确作答，不过不是现在。在实践中，这些问题的思考和作答，对于形成一套完整合理的法律保护方案，进而形成一套完整合理的行动策略系统，是十分必要的，也是十分有益的。

司法救济是法律保护的原型之一，报警求助也是，司法功能和警察功能可算作国家向社会和个人提供的最传统的法律服务了。尤其是司法，它以一套正当程序来执行既有规则，无论是社会规则也好，国家立法也罢，或者是个人约定，都少不得司法程序所提供的保护功能。司法也通过应用、发现、衡平等多种技术，通过解释、论证、填补、续造等多种方法，来弥补和缓和规则原有的滞后性和僵化性，借以提供更多、更优质的服务，从而更好地履行其法律保护功能。

然而，对于法律保护而言，司法虽称原始典型，但未必是首选，更不是唯一。现今，法院就像医院一样，夜以继日，超负荷运转，而且价格不菲，旷日持久，一场官司就像一场大病一样，叫人身心俱疲，不堪重负。相对而言，在司法之前，有个人层面的投诉、交涉、洽谈、协商，有社会层面的调解、仲裁、斡旋、协调，虽然不如司法那般权威正规，但以其方便快捷、廉价高效见长，堪称优选。在司法之后，另有行政保护和立法保护，比较起来，其成本难度则要大出很多，实现周期也要长出很多，结果不确定性也要多出很多，作为长久之计尚可，作为时宜急务，则实在不是明智之选。

首先是个人保护，社会保护次之，司法保护又次之，行政保护又次之，立法保护最后，这是法律保护的一般次序，为一般生活经验所验证，错不得，乱不得。不知何故，许多专业文章却"反其道而行之"，每到建言献策之际，刻意把立法保护摆在最前，把个人和社会层面的保护摆在最后，或者一就略去不谈，这种做法实在令人困惑，令人百思不得其解。

（二〇二〇年十一月二日）

# 44 论紧急状态

二〇二〇年这次大半年的疫情和蛰居生活，注定要在人们记忆中留下长期的烙印。比起这次疫情来，二〇〇三年那次，真是"小巫见大巫"了。这次事发仓促，波及范围广，强度大，有反复，影响深刻。封城，进出严苛的盘查，行走的口罩，飞掠的凄厉的警笛声，屏幕里跃动着的连体防护服，居家观察，核酸检测，健康宝，境外输入病例，——好在，降级了，情况在一天天好转，日子终于有了盼头。

放眼海外，风云萧索，前景不明，光阴急迫。短时间疫情迅速蔓延，病例数字飙升，排行榜中，有的稳居榜首，有的后来居上，有的不断插队，有的逡巡观望。美国形势尤为严峻，感染死亡逾十五万，确诊逾四百六十万，连续日增在六万以上。更有甚者，显贵政要深陷党争选情，相互倾轧，无心民瘼，一任群体免疫；黑人民运席卷各地，烽烟四起；坐拥虎狼之师，号百万之众，或弹压于内，或骁悍于外，成天价秣马厉兵，颐指气使，甚嚣尘上，其汹汹然也。

米兰·昆德拉说过："人类一思考，上帝就发笑。"这次疫情给我们上了一课，也给世界上了一课，让大家直观地、生动地、真切地感觉到，在大自然面前，人类何其渺小！现代医学，现代科技，资本主义，民主政治，精英阶层，法律制度，所有这一切，在新冠面前是何等地软弱无力！所有社会制度和刻意设计总有力不从心的时候，总有力不能支的时候，这时人们的生活随之滑向一种非常状态，紧急状态就是这样一种非常状态。

紧急状态之所以称为非常状态，是因为从某一时刻起，人们生活节奏完全给打乱，时时处处受限；某些部门人员频频出镜，权力猛然间膨胀很多；各种媒体官宣扑面而来，各种专业信息轮番滚动播放。生活节奏打乱，说明原有权利义务关系受到较大冲击，甚至完全停顿；某些权力膨胀，说明一套新的工作机制迅速启动，代替原有工作机制发挥作用；媒体重点宣传，说明相当一部分社会力量和公共资源被紧急动员起来，集中投入到一个新的领域，共同服务于新的工作重点。

在紧急状态下，法律部分失灵，社会部分瘫痪，之所以失灵瘫痪，是因为某些紧急事由出现，使得人们日常生活不得不按下暂停键。出于某些原因，主要是由于疾病、灾害、动乱之类的天灾人祸，使得法律秩序发生一定动摇，面临一定考验，甚或存在局部或大部解体的危险。但即便是有触动，有风险，即便是问题客观真实存在，相信经人为努力仍有补救或挽回余地，而绝不是那种回天无力、一发而不可收拾的局面，这时，即构成紧急状态。

有问题，而且是不小的问题，问题可以解决，不是不能解决，但需要专门抽出精力和时间加以解决，紧急状态即是法律部分失灵和社会部分瘫痪而又有希望复原的那样一种局面。如果法律完全失灵，社会完全瘫痪，一切归于完全的无政府状态，如此，便无所谓法律秩序了；法律秩序无法自救，无法依靠自身力量复原，也就谈不上紧急状态了。这就好像一名家庭成员突然重病入院，相对于原先的安逸状态，全家立刻濒于停顿状态，直到相应紧急事项解除。而如果整个家庭因此而离散，则无所谓停顿不停顿了。

紧急状态是非常状态，战争状态也是非常状态，在这点上，它们相似，都是相对于法律秩序即正常状态而言。法律秩序是正常状态，紧急状态是非常状态；正常状态是常规状态，非常状态是例外状态。例外状态一定是依附于常规状态的，无常规，无例外；非常状态一定是依附于正常状态的，无正常，无非常；同时，紧急状态一定是依附于法律秩序的，无法律秩序，无紧急状态。紧急状态和战争状态常常伴随着法律秩序受到侵害，至少是受到威胁，正因此，才称为非常状态，称为例外状态，紧急带有例外和非常的意味。

进入紧急状态后，会启动一定范围、一定级别的紧急机制，某些紧急权力会立刻大大地凸显出来，相应地，正常法律秩序下的权利义务关系都会大大地受到限制，甚至是予以冻结封存。类似地，进入战争状态后，会启动一定范围、一定级别的战时机制，某些战时权力会立刻大大地凸显出来，相应地，正常法律秩序下的权利义务关系都会大大地受到限制，甚至是予以冻结封存。紧急状态，连同战争状态在内，均同为应对特定情况而触发的特别应急机制联系在一起，当这些情况消除后，随即回归正常法律秩序。

紧急状态下实行紧急机制，战争状态下实行战时机制，它们都是特别工作机制，同正常工作机制有较大不同。特别工作机制讲命令，讲服从，讲禁止，讲限制，讲要求，讲纪律，讲措施，讲处罚，讲计划，讲方案，讲处置，讲调配，所有这些的核心原则只有一条，即尽快恢复重建正常法律秩序。一切有利于恢复重建正常秩序的手段和办法，均受到鼓励和支持；一切有碍于这个核心原则的手段和办法，均受到调控和抑制。原有正常法律秩序下本该受到大力鼓励和支持的权利义务关系，因恢复重建正常法律秩序需要，反而受到大幅调控和抑制。"皮之不存，毛将焉附？"正常法律秩序受到影响，原有权利义务关系焉能不受影响？

这样看，紧急状态、战争状态之类，相当于正常法律秩序的应急重启机制。PC端出现严重卡慢滞涩情况时，重启一下，就可以解决问题；正常法律秩序出现严重卡慢滞涩时，重启一下，或许也可以解决问题。有时候，重启并不能解决问题，而是需要重装系统；有时候，紧急状态、战争状态并不能成功重启，这样，问题就严重了。正常法律秩序由此崩溃，无政府状态随之出现，从自然状态到国家状态的新一番轮回重新开始，接下来的，自然是无休止的战火和硝烟，以及无止境的血泪、饥荒、苦难和痛苦了。

实证法是一种常规法，国家法是一种和平法，一切权利义务都以可知可控为限度，在不可知不可控的力量降临时，人类便退回到了自然状态，原来由人类法律管辖的东西，便顺理成章地移交自然规律去管辖了。而由自然状态重新转向国家状态的再度过渡过程中间，决计不止于如诗和牧歌般美好的充满光环的社会契约一件，这几乎是肯定无疑的。那么，究竟会发生些什么？《诗·大雅·荡》："殷鉴不远，在夏后之世。"看看我国百年来的屈辱史和抗争史，看看上世纪时隔三十年不到的两次世界大战，看看现在的中东非洲，如叙利亚、伊拉克、阿富汗和利比亚，就什么都清楚了。

（二〇二〇年八月一日）

# *45* 论四类价值

法律有价值，价值有四类。

法律与文化不可割舍，既如此，必出入于价值世界当中。法律或者固有某些价值，或者传承某些价值，或者崇奉某些价值，或者信守某些价值，或者维护某些价值。法律如欲延续活生生的现实，而不是化神奇为腐朽，可怜躯壳一副不保，办法只有一个，那就是尊重某些价值。价值赋予法律以生命，把它们同那些死物、废物和弃物区别开来。

价值有很多，看不透，说不完，想不清；价值又很少，放不下，走不远，离不了。法律身处世间，不能同它们都打交道，也不能不打交道，其间的界限范围不易厘定。而况其中有变化在，又缺不了过程，法律价值不会一蹴而就，不可能一成不变。为今之计，只是些简单罗列和初步概括，只是尽力做到全面而已。为什么是四类？回答是：这只是粗浅整理，会变，不是一锤定音。

第一类是秩序类。秩序是个统称，也是代称，诸如和平和战争、安全和危险、稳定和变动、连续和断裂等，都在此列。秩序的对立面是混乱，有先后，有上下，有主从，有分工，有合作，有协调，排除混乱，才有秩序。立法划定框架，搭建结构，明确关系，规划流程，做到防微杜渐。行政维护治安，解决问题，司法调处纠纷，化解矛盾，中心都是秩序。秩序即治，混乱即乱，二者相对。

和平创造秩序，战争颠覆秩序，和平和战争是最基础条件，离开它，就谈不上法律。努力保持现有格局不变，就是安全；处理违法，防止侵权，打击犯罪，制止骚乱，应对侵略，都是在清除不安定因素，不安定因素少了，安全就多了。立法之道，能修不立，能释不废，朝令夕改，形同于无。法律变化的频度、广度和烈度要有所控制，除非不得已，不作根本变革，避免出现大的断裂。

第二类是正义类。正义是个统称，也是代称，诸如公正、公平、公开、公道、正直、自然公正等，都在此列。正义讲求"各得其所"；讲求"同样情况，同样处理"，"不同情况，不同处理"；讲求守法和平等，包括几何平等和算术平等；讲求一视同仁，不偏不倚；谋求扶危济困，保护弱者。宪法、民法、社会法、刑法和诉讼法从不同角度保障正义。

公正是正义的代名词。公平要求同等对待，要求同等待遇，要求同等机会。公开要求在阳光下操作，接受外界监督。公道也就是衡平，是对正义的补正。正直要求以正义规则为人处事。自然公正要求"兼听则明，偏信则暗"，要求"正当程序"，要求回避，要求举证质证，以理服人，要求充分尊重被告权利。这些或多或少都与平等相关，但平等又与守法相关，虽然难以归结为守法。

第三类是自由类。自由是个统称，也是代称，诸如权利，诸如解放和独立，诸如自主、自治、自律、自决之类，都在此列。自由有积极消极两重含义。消极自由要求不受外界干预，特别是不受政府干预，重点在于"不受"。积极自由要求"自我实现"，它意味着自主选择，意味着排除干扰，意味着达成目标。在这些方面，自由与权利多有重合。宪法和民法就是典型的自由法和权利法，个人自由和权利，堪称现代法制之"重中之重"。

自由本意为挣脱牢笼，摆脱束缚，冲破枷锁，打破奴役，从这层道理上讲，追求解放就是在追求自由，追求独立也是在追求自由。个人追求解放和独立，是在追求自由；同理，民族和地区追求自主，追求自决，追求自治，都是在追求自由。现代法律尊重和保护个人自由和权利，崇尚"个人本位"和"权利本位"，虽几经周折，但基本精神未变。现代法治要求培育法律职业共同体，尽量营造一个相对封闭的、独立自主的、能够隔绝外在干扰的自治空间。

第四类是利益类。利益是个统称，也是代称，诸如财产、财富、功利、效率和幸福，诸如发展、繁荣、富强和强盛之类，都在此列。利益以物质利益、经济利益为原型，讲求收益最大化，成本最小化，或产出最大化，投入最小化，多得胜少得，少得胜不得，不得胜不失，不失胜少失，少失胜多失。传统社会重义轻利，重农抑商，现代社会重工商，重资本，重金融，重利益，这些情况决定了现代法制的实质。

财产和财富是有产者的首要利益，是工商业社会人格的基本保障，现代法制把保护个人私有财产放到了极其重要的位置上。利益是得失之差，效率是得失之比，效率是利益的量度。功利和幸福是利益和效率的伦理化和哲学化，功利主义是现代主流之一。发展、繁荣、富强和强盛之类，是利益和效率的政治化和政策化，现代化首先就是功利化，现代国家无不把功利化作为改革的首要目标。现代法制当然也是以功利目标为转移的。

粗略说来，秩序类价值和正义类价值是传统价值，是形式价值，是工具价值，是普遍价值；自由类价值和利益类价值是现代价值，是实质价值，是目标价值，是特殊价值。虽说如此，但法律一般兼顾这四类价值，不会刻意排斥其中某类价值，而是使之相互协调，相互融洽。不同历史时期，不同地域范围，不同文化群体，不同社会环境，不同政治体制，特定法律可能会有所偏重，有所强调，四类价值之间可能会此消彼长，此起彼伏，但是一旦完全拒斥其中某类价值，随之而来的，必定是暴露出某种痼疾和缺陷，甚至会进一步影响法律本身的存续和发展。

当前社会是金融主导，近代社会是工商业主导，商品产品有价格，价格反映价值，所以现代人最看重价值，也最称道价值。传统社会固然也有自由问题，也有利益问题，但它们不在中心，对此，主流意识形态甚至常常表现出鄙视和敌对态度，也许因此之故，价值一语没有流行起来。同价值一语相近的，可能是"理念"，也可能是"德性"，在形而上学时代，这些观念总是主宰，法律居于这些主宰之下。现代是实证时代，一切讲证据，讲效果，讲证明，法律却同道德分离了，因之，法律价值也就越来越接近商品价值，接近产品价值，接近市场价值。

《离骚》中说："路漫漫其修远兮，吾将上下而求索。"人而不能无求，其所当求即为价值。天地万物，总有个目的，总有个归宿，总之都有个终点，当我们站在终点上投出审视的目光时，事物便有了价值，于是，我们也便发现了价值。

（二○二○年七月三日）

# $\mathit{46}$ 论价值和功能

说起这世上最无奈、最不堪的，一定莫过于母鸡了。曾几何时，一刻不停地产卵，除了正在产卵，便是准备产卵，穷其一生，矢志不渝，岁岁年年，义无反顾。如此勤奋而努力，自以为该是花开遍地、子孙满堂了，孰料所产愈多，所存愈少，到头来不免落个鱼肉刀俎的下场。世情之悲怆凄楚，莫甚于是，叫人叹息。

鸡卵又名鸡子，俗称鸡蛋，鸡生之，可生鸡。母鸡可以生蛋，生蛋简直就是母鸡的天职，是它的宿命，是它的第一功能。鸡蛋可以孵鸡，孵鸡简直就是鸡蛋的天职，是它的宿命，是它的第一功能。母鸡除了第一功能以外，还有第二功能，即作大餐，所以飨口舌，快朵颐也，这决计是始料不及的。同样地，鸡蛋除了第一功能以外，还有第二功能，即作美味，所以盛盘盏，宴宾朋也，这又是始料不及的。

鸡生蛋，蛋生鸡，这是就第一功能而论的，每一事物都有自己的第一功能。这个第一功能，今天叫价值，过去叫美德，叫理念，换个角度讲，就是天职和宿命。这样看来，鸡的价值就在于蛋，蛋的价值就在于鸡，自然，它们的天职和宿命也正在于此。试想，不能生蛋，还要母鸡作什么呢，母鸡还配称之为"母"吗？不能孵鸡，还要鸡蛋作什么呢，鸡蛋还配称之为"蛋"吗？

鸡生蛋之外，可作大餐，蛋生鸡之外，可作美食，这是就第二功能而论的。每一事物多有自己的第二功能，甚至有第三功能、第四功能，这些连同第一功能，都叫作功能。功能发挥在现实当中，对其他事物产生影响，使其他事物发生变化，就叫作作用。这样看来，鸡的功能也在于大餐，蛋的功能也在于美食，在现实中它们之所以能发挥饱腹宴客的作用，就是因为事先它们有这样的功能。

这个道理很简单，就如同一个字会有自己的原始意义，也会有引申意义，甚至还会有假借意义。原始意义是本义，是原义，承载表达本义原义就是这个字的第一功能，即其价值所在。而一个字承载表达引申义和假借义，则是它的第二、第三功能，连同第一功能在内，它们都是这个字的功能。

一般来说，一个字的本义原义，其重要性无疑要过于引申义和假借义，"原"、"本"等用字就说明这点，第一、第二和第三等序词也说明这点。价值是第一功能，其重要性无疑要过于其他功能，其他功能须在价值基础上得到理解和说明。当然，斗转星移，时过境迁，引申义或假借义完全可能喧宾夺主，占据原义本义位置，原义本义则逐渐式微，竟至弃而不用，无人问津了。类似地，其他功能完全可能后来居上，跃居价值位置，原先的价值则退而居其次，甚至是退居幕后、退出舞台了。

第一功能，第二功能，第三功能，这样的排序轻易不会变，但占据那些位置的内容会变。这是就时间的力量，历史是最无情的。母鸡的第一功能是下蛋，第二功能是大餐，鸡蛋的第一功能是孵鸡，第二功能是美食，随着物质财富的增长和生活条件的改善，这些功能都在悄然发生改变，今天，人们似乎更乐于把它们当成大餐美食来享用了。

功能的内容因时代而变，也因场合而变。形势不同了，任务不同了，情况不同了，环境不同了，基本价值会转化为辅助功能，辅助功能也会转化为基本价值。母鸡的第一功能有时是下蛋，有时便成了大餐；鸡蛋的第一功能有时是孵鸡，有时便成了美食。甚至，有些母鸡的第一功能是下蛋，有些则是大餐；有些鸡蛋的第一功能是孵鸡，有些则是美食。价值因时在变，因事而异，功能又何尝不然？

价值指向第一功能，功能涵盖其他价值。万事万物总有自己的第一功能，这是基本定位，也是事物成其为自身的基本根据，据此可以求得对事物的基本理解，舍此则无从求得对事物的基本把握。比如，菜刀总是用来切菜的，即便有时用来杀人，菜刀也还是菜刀。菜刀切菜是价值，菜刀杀人是功能，功能固然属于用法，但用法不能取代功能。

许多事物往往兼有多种功能，一物多用，一专多能，何者为第一功能，何者为第二功能和第三功能，有时容易分辨，有时则不易区别。比如，汽车有的用以载货，有的用以载客，有时用以载货，有时用以载客，情急之下，同时载客载货，客货两用，或者客车载货，货车载客，未为不可。又如水陆两栖坦克，如影视歌三栖明星，如一人兼通六艺，诗书画三绝，如传说中的上知天文、下知地理，经史子集无所不读，诸子百家无所不通的全才，等等。这时，由于第一功能即价值不明，事物的定性定位就会发生一些困难。

可见，事物的价值和功能同事物的定性定位是联系在一起的，在某种意义上，它们就是事物的本质。现代社会重用途，重效用，所以称为功能，称为价值。传统社会重本性，重宿命，所以称为德性，称为理念。无论如何称谓，它们总是一类东西，尽管观察角度和强调重点有所不同。明白这一层，许多方面可由此贯而通之，而不再是"区以别矣"。

鸡生蛋，蛋生鸡，固然系价值所在，寻根问底，总归是命运使然。作大餐，作美食，不失为功能所在，因时论事，也算是机缘使然。既然是命运使然，便是道，落实在鸡与蛋身上便是德，所以说，鸡之德在生蛋，蛋之德在生鸡，这是自然，总没有错。既然是机缘使然，便总有几分必然在里面，也总有几分可能在里面，落实到鸡与蛋上，已实现时便是作用，而未实现时便是功能。

（二〇二〇年元月六日）

46
论价值和功能

# *47* 论尊严

康德在《道德形而上学探本》一书中，提出三条"绝对律令"，第一条是"服从规律"，第二条是"人是目的"，第三条是"道德自律"。[唐钺译，商务印书馆，一九五七，第四五、五〇至五一页]第一条可称作自然律，讲自决；第二条可称作目的律，讲自为；第三条可称作道德律，讲自律。它们三者分别代表意志形式的统一性、意志实质的多数性和意志系统的整个性，康德如是说。[第五一页]

自然律是规律，讲的是必然，是客观普遍，服从规律，而不只是受它的支配，这是意志自决使然，唯有理性者能为之。行为服从规律，意志服从理性。这是自然律。目的是意志自决的根据，目的有相对绝对之分，人有理性，他就是那个绝对目的。因为是人，只因为是人，所以能够服从规律，而且是自觉服从。这是目的律。人有理性，有意志，他能够制定规律，服从规律，就是服从意志，服从意志，就是服从理性，归根结底是服从他自己。这是道德律。

康德是最著名的道德义务论者，他要求人服从规律，不仅服从规律，而且自觉服从规律；不仅自觉服从规律，而且自己制定规律。人是自然人，是社会人，是自由人，更是理性人，能自觉服从规律，也能自己制定规律，理性人只服从自己制定的规律。这样做，不因为别的，只因为他是人，是自然人，是社会人，是自由人，更是理性人。康德讲："只遵循他自己手定的规律的有理性者具有尊严。"[第四九页]他还讲："人的尊严就在于这个能够作普遍律的制定者的资格，不过人自己也得要服从他所定的这种规律罢了。"[第五四页]

康德又讲："因此，只有道德，和能具道德的人格是有尊严的。"［第四九页］有理性者有道德，有道德者有尊严，人就是这样的有道德者和有理性者，所以人有尊严。人有尊严，引申言之，这意味着：人相对于事物而言，他具有独特性；相对于生物而言，他具有优越性；相对同类而言，他具有平等性；相对于神祇而言，具有归属性。人是理性动物，这里的理性，不仅是一种计算推理能力，也是一种选择决定能力，同时还是一种追求向往能力。人凭借理性而享有尊严。

尊严问题牵涉人的性质和地位，牵涉人的由来和过去，牵涉人的命运和未来，牵涉人和宇宙万物之间的关联，牵涉人内部个体、群体和整体之间的协调，牵涉人们对这些问题的基本看法和把握。在不同时代，人要为自己找到一个相对准确的定位，以便使他们认清自身，看清四周，并坚强地走下去，因此之故，才有人性、神性、理性、自然、精神能力、科学、道德、艺术、审美、信仰等名目，诸般纷至沓来，轮番登场。不得不说，尊严的确在其中扮演了重要角色，它使得个人一下子挺直了腰板，站稳了脚跟，在近世数百年历史社会变迁的洪流之中得以屹立不倒。

再回到康德，他设想，人生活在目的国之中。他讲："在目的国内，个个不是有价值，就是有尊严。凡是有价值的，都可以用别的等值的东西代替；反之，任何高于一切价值，因而没有等值的东西，就有尊严。"［第四九页］自然物具有使用价值，人为物具有工具价值，一切都有个价格，价格是两个价值的比值，是相对数。唯独一样东西是不可以用价值的比例关系加以表达的，即使可以表达，也不是相对价值，而是绝对价值，这便是人的尊严。人的尊严是无价的，是绝对的！

人是自然人，是社会人，这奠定了他的法律主体资格。人是自由人，是理性人，这奠定了他的道德主体资格。人有尊严，是目的，这奠定了他的主体资格。人首先是人，这就是说，他首先是道德人，才有可能是法律人。人的尊严体现在自律当中，他有理性，能够服从规律，也能够制定规律，他能够服从的规律是他自己制定的，他能够制定的规律他自己也要服从，这样，他只是在服从他自己，也就是自律。

人的尊严固然体现在被尊重当中，但也体现在尊重当中。别人尊重他，所以他有尊严；但他有尊严，首先是因为他懂得尊重别人，他把人当人。外物尊重他，所以他有尊严；但他有尊严，首先是因为他懂得尊重外物，他把物当物。神祇尊重他，所以他有尊严；但他有尊严，首先是因为他懂得尊重神祇，他把神当神。人有尊严，固然在人面前有地位，在物面前有地位，在神面前有地位，但首先因为人在他面前有地位，物在他面前有地位，神在他面前有地位，这样，他才有尊严。一个不懂得如何恰当对待人、对待物、对待神的人，或者虽然懂得但不能够这样做的人，无论如何，都不能说有尊严。

重申一下，人的尊严固然体现在被尊重当中，但也体现在尊重当中。现实尊重他，所以他有尊严；但他有尊严，首先是因为他懂得尊重现实，他把现实当现实。历史尊重他，所以他有尊严；但他有尊严，首先是因为他懂得尊重历史，他把历史当历史。未来尊重他，所以他有尊严；但他有尊严，首先是因为他懂得尊重未来，他把未来当未来。人有尊严，固然在现实面前有地位，在历史面前有地位，在未来面前有地位；但首先是因为现实在他面前有地位，历史在他面前有地位，未来在他面前有地位，这样，他才有尊严。一个不懂得如何恰当对待现实、对待历史和对待未来的人，或者虽然懂得，但不能够这样做的人，无论如何，都不能说有尊严。

人身处一个"九宫格"当中，上有神，下有物，左有历史，右有未来，中间是人，是现实，这是一个时空交叉的十字路口，充满了无限可能。正是在这充满了无限可能的十字路口，人展示出了自己的道德自律，展示出了自己的理性自由，展示出了自己应有的固有的尊严。他像神一样有创造性，像物一样有被动性，像过去一样有必然性，像未来一样有可能性。人在现实之中，是创造性和被动性的合流，是必然性和可能性的交汇，这就是人的现实性，人的尊严就在人的现实性当中。这不是康德的主张，他主张分，不主张合，主张纯，不主张杂，上面的话，他没有这样说过，或许，他这样想过。

康德讲："但是，那使任何事物能够自身成为目的之惟一条件不特有相对的贵重性，就是有价值，而且有根本的贵重性，就是有尊严。"[第四九页]又，"所以，这种评价指明这么一个性格的贵重性就是尊严，并且认为这种性格比一切价值都高得无数倍；人不能够片刻把它与这些价值互相估论比较而不至侵犯它的神圣性的。"[第四九至五〇页]尊严无价，那是根本的贵重性，人不能把自己等同于物，用物的价值去衡量自己。把人当物，这不是谦卑，而是轻贱，轻贱者毫无尊严可谈。

康德又讲："决定一切贵重性的定律工作，就因为它决定一切贵重性……只有'尊重'这个话才可以表示有理性者对它应有的崇奉。这样说，自律是人以及一切有理性者所以尊严的根据。"[第五〇页]又，"他格准宜为普遍律这件事，就使他有高于一切单纯自然物的尊严（特权）"。[第五二页]尊严有自，人高于自然物，同为有理性者，但这不是说，人把自己等同于神，用神的荣耀装点自己。把人当神，这不是自信，而是迷失，迷失者毫无尊严可谈。

人的尊严在现实中，人的现实是他只是人，既不是物，也不是神。康德的想法是，人同在感觉世界和智性世界当中，同处现象界和物自体当中，理论因素和理念因素相互交织在一起，结论是有所知，有所不知，只能如此。[第六五至七一页]然而，除了有所知，有所不知，还有有所为，有所不为。有所为者，虽斧钺有所不避，这是有追求；有所不为者，虽千金有所不移，这是有底线。现实世界中，做到这两点甚难，唯其甚难，所以可贵；唯其可贵，所以有尊严。尊严总是某种贵重性，大抵，有追求和有底线的人是具有某种贵重性的人，因而也是有尊严的人。

（二〇二〇年十月十二日初稿）

# *48* 论公正

艺术问题可以处理得很学术，学术问题也可以处理得很艺术。亚里士多德的正义论，不啻为一门艺术。

在《尼格马可伦理学》第五章中，亚氏依次讨论了一系列重要问题：第一，整体公正和部分公正；第二，分配公正、矫正公正和回报公正；第三，政治公正、自然公正和约定公正；第四，公正和公道。

亚氏讲，公正有二义，一是守法，二是平等。相应的，不公正，也有二义，一是不守法，二是不平等。守法意义上的公正是整体公正，平等意义上的公正是部分公正。不守法是整体不公正，不平等是部分不公正。部分的公正和不公正，也叫具体的公正和不公正。

其中，守法公正指向人际关系，号称德性之总，德性之首。古希腊有知勇节义四德，知是智慧，勇是勇敢，节是节制，义是公正，柏拉图就把公正看成德性之总，德性之首。柏拉图既讨论个人公正，也讨论城邦公正。

具体公正指平等，平等即相等（ison），包括两类，一是分配公正，二是矫正公正。矫正公正既见于合法交往，也见于不法侵害，见于合法交往时，叫作回报公正。

平等即相等，相等也有两类，一是比例相等，一是数量相等。分配公正讲比例相等，矫正公正讲数量相等。

亚氏讲，分配公正包括四项，即甲乙两人和甲乙两物，甲人乙人之比等于甲物乙物之比，当然甲人甲物之比也等于乙人乙物之比，如果愿意，会有更多变形。

其实，分配公正并非按人头分配，而是按特征分配。亚氏自己说，民主制依据的是自由，寡头制是财富，有时是出身，贵族制是德性。自由，财富，出身，德性，都是些特征。其实人头也不是什么别的，它是所有这些特征的合集。

甲乙两人数量不同，不见得就是不公正，只要甲乙特征之比等于甲乙事物之比，即为公正。所以分配公正的公式是：事物（甲）/特征（甲）＝事物（乙）/特征（乙）。

既然分配公正重比例，那么，不公正即不成比例了。比如，好人多得，坏人少得，大好大得，小好小得，这是成比例。坏人多得，好人少得，大坏小得，小坏大得，这是不成比例。一项总是叫好人吃亏的制度，终归不能叫作什么好的制度；同样的，一项总是叫坏人得利的制度，终归也不能叫作什么好的制度。

矫正公正特指不法救济。不法救济中有侵害，有受害，侵害所得要剥夺，受害所失要归还，有剥夺，有归还，这就叫救济。剥夺的数量同侵害的数量要相等，归还的数量同剥夺数量要相等，也就是说，归还的数量同侵害的数量要相等，这就是矫正公正。矫正公正讲数量相等。

矫正公正情形中，涉及两重关系，一是不法侵害，二是外力救济。不法侵害是基础关系，外力救济是次生关系。不法侵害多得多占，受害方受损少占，造成不公。外力救济的实质就在于剥夺和归还，从而恢复原状。剥夺和归还也是一种侵害，侵害者必将受到侵害，以侵害换来侵害，以侵害对付侵害，不可谓不公正。

就像矫正公正讲数量相等一样，法律上的救济也讲数量相等，如赔偿等于损害，刑罚等于犯罪。民事救济体现矫正公正。刑罚处罚讲"罪刑相适应"，也体现矫正公正。矫正公正追求的就是一种相等。

矫正讲相等。惩罚和矫正不同，如果是惩罚，那么赔偿一定要大于损害，刑罚一定要大于犯罪，一定要让不法人得不偿失，只有这样，才能起到惩罚作用。反过来，如果赔偿小于侵害，刑罚小于犯罪，那么，这既不是救济，也不是惩罚，而是补偿。惩罚和补偿要注意限度，如果运用不当，突破界限，势必违背矫正正义的要求，从而从一种善，摇身一变，反倒成为一种恶了。

回报公正多见于私人贸易往来。用亚氏的例子，泥瓦匠建房子，鞋匠做鞋子，二者交换，泥瓦匠得到鞋子，鞋匠得到房子，要顺利实现这一结果，就必须在房子和鞋子中间找到合适的比例。

房子和鞋子的比就是鞋子的价格，只不过是以房子为基准的鞋子的价格。而鞋子和房子的比就是房子的价格，只不过是以鞋子为基准的房子的价格。在物物交易时代，一物的价格以他物为基准；进入商品交易时代，所有物品的价格均以货币为基准。货币成为媒介，成为桥梁，成为尺度，成为一般等价物，最终成为交换公正的象征。

回报公正意味着由物品交换相同价值的货币，或者由货币换取相同价值的物品。买方的回报是物品，代价是货币；卖方的回报是货币，代价是物品。回报公正讲回报等于代价，如果相等，则为持平，也就是公正；如果小于，则为亏损；如果大于，则为盈余。持平代表回报公正，盈亏代表某种不公正。

分配公正是比例相等。矫正公正和回报公正都是数量相等。矫正公正是归还和侵害的相等，以公式表示便是：归还 = 侵害。回报公正是回报和代价的相等，以公式表示便是：回报 = 代价。

如果用"比例"来表示，即分配公正代表几何比例，而矫正公正代表算术比例，回报公正代表交叉比例。亚氏这样表述。

上述三种公正，问题并未穷尽。比如，平均分配也是一种公正。某些事物在某些成员之间平均分配，各个成员之间份额相等，这是平均公正。平均公正存在于分配领域，但讲的是数量平等。

在分配领域，可按两种办法操作，分配公正原则是一种办法，平均公正原则也是一种办法。分配公正按特征分配，平均公正按人头分配。其实，平均公正只是分配公正的一个特例，因为人人平等，所以份额相同，这也是一种比例。在此，数量相等和比例相等同义。

分配公正强调按特征分配，但可能存在这样的情况，即在不同特征人群间是比例相等，而在同一特征人群内部是数量相等。平均公正则只考虑人头，统一按人员数量进行分配，它讲的是数量相等，即份额相等。

事物和人头之比是份额，份额是事物的人均数量。平均公正讲份额相同，用公式表示即：份额（甲）＝份额（乙）。既然份额相等是公正，那么份额不相等，且不存在比例关系，即为不公正。有的成员多分多得，甚至全占全得；有的成员少分少得，甚至不分不得，都是不公正。

具体公正共有四种，原来的三种之外，新增一种。这四种公正是分配公正、矫正公正，回报公正和平均公正。回报公正，因发生在私人交易领域，也可称为交往公正，或称为交换公正。

每一种具体公正都是平等，每一种具体不公正都是不平等。平等是过多和过少的适度，也就是均值，或称为均衡，总之都是平等，也就是相等。均就是等，等也是均。衡指秤杆，也叫作横，秤砣叫权，以权求平。权重物重，相等则平，不等不平，不平不等，所以叫平等。平等就是相等，相等就是公正。

这种具体公正，试以考试为例，略加说明。在考试中，考分适用分配公正，考试机会适用平均公正。

考分各有不同，但仍存在公平，这是因为考分同答题状况相匹配，答得好，分数高，答得差，分数低。相应的不公正，有两种情况：第一，答得好，考分低；第二，答得差，考分高。第一种情况，叫作命运；第二种情况，叫作幸运。命运也好，幸运也好，都是不公正。

考试机会每人一次，补考机会每人一次，统统按人头分配，这叫平均公正。相应的不公正，有两种情况：第一，有考生，没有机会；第二，有考生，有多次机会。第一种情况，叫作歧视；第二种情况，叫作重视。歧视也好，重视也罢，都是不公正。

至此讨论了整体公正和具体公正，还有一些问题没有讨论。不过，在此有限的篇幅当中，相信足以感受到亚氏其人的艺术气质，以及亚氏思想所散发出来的艺术气息。

亚氏其人，就是这样一位能把学术当艺术来处理的人。

（二〇一九年十一月二十九日）

# *49* 论公正（二）

简单问题复杂化，是一种能力；复杂问题简单化，也是一种能力。在前者，就如同小工笔，动辄洋洋万言，心到笔到，纤毫不爽，令人叹止；在后者，就如同大写意，乃才寥寥数笔，笔到意到，形神毕肖，令人称奇。

亚里士多德兼有这两种能力，或提纲挈领，微言大义，或格物穷理，润物无声，剪裁适当，收放自如。亚氏杂学旁搜，博闻强识，条分缕析，铺陈列举，辩难破立，鞭辟入里，可谓"随心所欲不逾矩"。

表现在公正问题上，由法律而平等，由平等而公道，又，由品质而美德，由美德而行为，数千年难题，仿佛一层窗户纸，一语道破，一针见血，直戳人心。

在《尼各马可伦理学》第五章中，亚氏在讨论完分配公正、矫正公正和回报公正三种部分公正后，继续讨论政治公正、自然公正和约定公正，最后是公正和公道。这条线索一直很明确，很清楚。

政治公正是城邦公正，也是法律公正。城邦由自由人即公民组成，只有公民，才能遵从分配公正，才能遵从矫正公正和回报公正；也只有他们，才能遵从政治公正，在城邦之中享受自足生活。人是城邦的动物，人只有作为公民，只有在城邦中，才能真正地做回自己。

亚氏是主张法治的。他说："我们不允许由一个人来治理，而赞成由法律来治理。"［第一四八页］公正是为着他人的善的，所以它才是德性之总、德性之首。法律公正是整体公正，法律裁判区分公正和不公正。

政治公正包含了统治者和被统治者之间的公正，用亚氏的话说，便是它存在于"有平等的机会去治理或受治理的人们之间的"。[第一四八至一四九页] 家庭公正类似于城邦公正。亚氏说，夫妇之间最接近公正，父子之间次之，主奴之间则又次之。古语说："夫妇以义合"，看来是对的。

柏拉图也讨论城邦公正，并把它同个人公正相对照。柏氏说，如果是哲学王主宰，官僚和百姓都服从哲学王的领导，这便是城邦公正。这个道理就像个人灵魂，如果是理性主宰，激情和欲望都服从理性的领导，这便是个人公正。公正的要义是：各居其位，各司其职，各行其是，各守其道，各安其分，各得其所。相应地，不公正应该包括僭越和渎职。

记得孔老夫子对齐景公时说过："君君，臣臣，父父，子子。"夫子在对鲁定公时也说过："君使臣以礼，臣事君以忠。"《礼记·礼运》中讲，父慈，子孝，兄良，弟恭，夫义，妇听，长惠，幼顺，君仁，臣忠，是谓十义。在儒家思想体系里，是从来不缺乏所谓政治公正基因的。

在现实生活中，政治公正大约体现为士士、农农、工工和商商，士士的内容大约又包括官官、学学和兵兵。试想，如果学者不事学问，成天想着做官；官员不事公益，成天想着经商；商人不事赚钱，成天想着治学，如此下去，这个社会将会如何？怎么得了？还有公正可言吗？

还有，农民不事生产，成天想着演出；学生不事课业，成天想着上街；军人不事兵戈，成天想着歌舞；伶人不事管弦，成天想着离异，如此下去，这个社会将会如何？怎么得了？还有公正可言吗？

亚氏继续说，政治公正有自然公正，也有约定公正。自然公正就像自然规律一样，时时处处都一样，始终如一，很难改变。约定公正就像国家法律一样，各国各地不一样，各朝各代不一样，有始有终，可立可废。这些虽是两种公正的特点，但也是两种法律的特点，西方自然法学说的先河由此开启。

面对自然和约定（*physis v. nomos*）的对立，面对各种社会思潮，如何实现拨乱反正，当时苏格拉底就面临这样的局面，就像当年孔夫子面临礼崩乐坏的局面一样。挑战也是机遇，苏氏正是通过拨乱反正，最终成为西方主流的，就像孔夫子通过践行"克己复礼"，最终成为我国主流一样。

这个问题到今天也未必争论清楚，也未见得越争论越清楚。今天的局面是科学技术一统天下，大行其道，哲学文艺苦撑一隅，勉强糊口，国学旧学则扫地出门，荡涤一空。面对今天的危局，大家仍旧熙熙攘攘，"如享太牢，如春登台"，丝毫看不出有所改观的迹象。

最后是公正和公道。公道（*epieikeia*）是伦理学的译法，法学则译为衡平。类似地，本文所称公正（*dikaion*），也是伦理学的译法，法学则译为正义。英美在普通法之外，通行衡平法。衡平法之步普通法之后，得以通行数百载，原以补救其凝滞僵化的弊端而起。碰巧的是，公道也是为补救公正的弊端而起。这一巧合，难道真是巧合吗？难道只是巧合吗？

公道公正的关系，大体可以这样表述：第一，公道优于公正；第二，公道纠正公正；第三，公道尊重公正。公道公正，"二者同出而异名"，同谓之善，公道则更好些。公正有所不足时，由公道出面补充；有所错误时，由公道出面纠正。公道固然补正公正，但只是在个案中补正，所以，公道非但不否定整体公正，反而是在维护整体公正。

立法以一般面目出现，解决一般性问题。正因如此，才设置司法环节，通过个案解决个别问题。司法尊重立法，维护立法，法官寻求立法者原意，设身处地像立法者那样地补正立法，这就是衡平。衡平是促进法律和社会相协调的重要机制之一。

具体而言，衡平不是立法，不是修改法律，它只是个案处理，不是批量处理。衡平不是解释，它可以突破可能文义范围，在个案中径直改弦更张。衡平不是发现，它的前提是有法律，但法律有缺陷，或者法律有错误，而性质是补正纠错，并不是另起炉灶。衡平更不是应用，应用处于法律之内，而衡平则居于法律之外，对法律进行个别补正。衡平也就是平衡，不平时使复归于平的意思。

即自今日观之，亚氏这样的论述不可谓不透彻，这样的视野不可谓不广博，这样的眼光不可谓不深邃，这样的手法不可谓不高妙，这样的人物不可谓不睿智。不过，以亚氏之德之能，极繁复中见简单，极简单中见繁复，这也是正常而又正常的。

人都说，随着社会发展，认识水平也会提升，思想也遵循进化论。我说，不一定，社会越发展，认识可能越浅薄；生活越富裕，精神可能越贫乏。以正义问题而论，在深度广度上能够超越亚氏的，个人以为，古今并不多见。

（二〇一九年十一月三十日）

# *50* 论正义

正义处处都有，正义感人人都有。正义和正义感有助于持久和谐的社会生活。

社会生活要持久和谐，像安全、利益、自由、机会、职位、资格、荣誉、报酬之类具有正价值的事物，必须按照正义原则和正义感得到妥善处理。

同样的，社会生活要持久和谐，像危险、侵害、损失、责任、风险、挑战、耻辱等具有负价值的事物，必须按照正义原则和正义感得到妥善处理。

现在的法律和公共政策，以实质而论，讲的就是如何在不同群体之间分配利益和机会。有一个片子叫《拯救大兵瑞恩》，讲的就是如何在不同家庭之间分配责任和风险。

显而易见，正义和正义感必须面对价值问题，并予妥善处理，从而实现价值的增值保值，避免价值的贬值负值。不仅价值的分配问题，还有交换问题，包括纠错问题，这类问题的妥善处理，均离不开正义和正义感，否则，社会生活便不可能和谐，即便和谐，也不可能持久。

亚里士多德较早系统地讨论了正义问题。按照亚氏的说法，正义要么是法律意义上的，要么是平等意义上的。二者之间是整体与部分的关系，是一般与特殊的关系。

分配正义、矫正正义和回报正义都是某种平等，是具体正义和部分正义。物法体现分配正义，债法体现回报正义，侵权法和刑法体现矫正正义。基本权利和自由的配置、公共权力和公共资源的配置，遵从分配正义。

矫正正义见于不法救济，其原则是"损有余而补不足"。现代国家通过主动干预，在经济生活和社会生活中实现正义，其原则也是"损有余而补不足"，人们有称为社会正义的。经济法和社会法遵从矫正正义，如矫正正义可以不限于不法救济的话。

矫正正义同样涉及程序正义。诉讼活动维护两造地位平等、权利平等和机会平等，法官居高临下，居间裁判，不偏不倚，不枉不纵。法官和两造形成等边三角形，至少是等腰三角形，法官居顶点，两造居底线，法官两造，距离相等。诉讼法遵循程序正义。

政治正义是城邦正义，是法律正义。城邦和个人的关系，城邦的构成，城邦的性质，这些都是基本结构问题，都要根据城邦正义和法律正义来确定。宪法行政法之类的公法遵从城邦正义和法律正义。

国际社会类似于国内市场，其中，国家类似于自然人和法人，国际条约和国际惯例类似于合同和习惯，国际组织类似国家结社，同时，公法作用有限。国际法就像民法一样遵循分配正义、矫正正义和回报正义。有朝一日，国际社会发展为全球国家，其他正义形式也将得到扩展适用。

还有两类正义，有必要提出来，一是种群正义，二是代际正义。所谓"可持续发展"原则，既体现种群正义，也体现代际正义。

所谓种群正义，即人类同其他生物种群之间的平衡关系。人类同自然的关系必须重新评估，必须认真对待，气候、资源、能源、信息、环境等，需考虑在不同种群之间合理配置。鉴于环境危机日益深重和严峻，环境法不得不考虑遵从种群正义。

所谓代际正义，即当世同前世和后世若干代之间的平衡关系。人类同传统的关系必须重新评估，必须认真对待，当世必须为后世和前世留出合理的贮存传递空间。鉴于文化危机日益深重和严峻，文化法不得不考虑遵从代际正义。

其实，继承法已经体现出某种程度的代际正义，权利义务的继承也体现出某种程度的代际正义，而所谓传统、文化、道德、习俗、宗教也代表不同的代际配置方案。代际正义问题具有相当的代表性。

古人说："物不得其平则鸣。"正义感似乎天生就潜藏在人类的骨子里。正义是一条坚韧的纽带，人类社会繁衍生息和团结合作，有赖于它的黏合和维系。人类自觉主动捍卫正义原则，其实是在主动捍卫自己的社会生活。

正义问题不是小问题，正义感问题也不是小问题。如果不能认真对待和妥善处理，不用说正常的社会生活无法进行，即便是一个最小规模的犯罪团伙，恐怕连一天也难以维持。如果不能认真对待和妥善处理，不用说好事办不好，就是一件坏事，一件稍加注意就能办好的坏事，也很难真正办好。

（二〇一二年十二月二日）

# *51* 论代际正义

我国民法典第二十六条规定："父母对未成年子女负有抚养、教育和保护的义务。成年子女对父母负有赡养、扶助和保护的义务。"据此，抚养和教育是长辈为晚辈应该做的事情，赡养和扶助是晚辈为长辈应该做的事情，保护则是长辈晚辈相互应该做的事情。

在一个社会中，有些事情是长辈应该为晚辈做的，有些则是晚辈应该为长辈做的，诸如此类，这些事情涉及代际正义。当然，有些事情是眼前这辈人应该为后辈人做的，有些则是眼前这辈人应该为前辈人做的，诸如此类，这些事情也涉及代际正义。

代际正义调节不同辈分之间的关系，为某一辈分确定他们相对于其他辈分所应有的权利－义务。只要权利－义务关系可以跨越辈分限度，跨越世代限度，只要观察的目光可以循着这样的路线延伸开去，用正义原则调节代际关系就是必要的，甚或是不可避免的。

从宽泛性角度讲，代际正义并不限于发生在相邻辈分之间，也不限于发生在特定辈分之间。人们对于自己的隔辈或远辈，对于范围不确定的前辈或后辈，完全有可能发生某种道义上的联系，尽管联结起来的纽带有时看来十分地松弛、孱弱和间接。

从多样性角度讲，代际正义并不限于权利义务，不限于利益负担，不限于自由奴役，不限于机会风险，不限于福利苦难，不限于财富亏空。从正义观点看，可以在不同代际之间合理分配分担的东西有很多，有虚有实，有利有害，有远有近，有正有反，形态多样。

从相对性角度讲，代际正义并不限于一时一地，不限于一人一事，甚至不限于一邦一家，不限于一世一纪。对于如何分配分担的问题，不同人群，不同条件，不同背景，不同环境，会有不同方案。而且，这类问题的解决并不都是人为选择，更多是自然过程。

说代际正义是宽泛的，是就主体方面而言的。它表现为人际关系，但又不限于人际关系。说它是多样的，是就客体方面而言的。它表现为权利义务，但又不限于权利义务。说它是相对的，是就形成机制而言的，它表现为人为选择，但不限于人为选择。

代际正义是正义的一种形式，它既是发生在不同辈分之间的正义问题，也是关于这一问题的某种解决方案。或者这样说，有些东西需要在不同辈分之间，甚至在不同代别之间、不同世系之间进行分配分担时，人们把它当作正义问题来观察和理解，最终试图用正义方案加以解决时，代际正义便出现了。

一般地，正义意味着平等，不正义意味着不平等。公正就是正义，它是正义的别译；而公平则不同，它是正义的反向表达。公正就是要平等，不能不平等；公平则是有差别，但差别尽量小。实现公正，就是尽量扩大平等；相应地，实现公平，就是尽量缩小差别。

既然代际问题是个正义问题，这就意味着，有些东西需要在代际之间平等地加以分配分担，这是正义的要求；但同时，为了避免某些问题和尴尬，代际之间的差别又是允许的，但差别应该尽量地小。这样的代际正义是"作为公平的正义"，如罗尔斯所说。

正义代表某种平等，公平代表某种不平等，正义代表某种追求，公平代表某种容忍，因而，"作为公平的正义"便代表某种容忍不平等的平等，其中，不平等是有着特定理由和考虑的。因而，这一意义上代际正义，便代表着容忍代际不平等的代际平等，其中，代际不平等是有着特定理由和考虑的。

这一主张有效避免了两类极端和窘境。第一类是所谓功利主义主张，即要求某一代人承担过度的重负，作出过度的牺牲，只要这样做有助于增进长远的和整体的福利。第二类是所谓时间偏好，即允许某一代人享有过度的自由，追逐过度的利益，甚至不惜损害整体，透支未来。相较而言，代际正义是一种折衷方案，正好处于两者之间。

　　如今都是小家庭，大多三世同堂，上有老，下有小，中间是中年夫妇。不少老人偏重第一类观点，为儿女，为家庭，耗尽一生，任劳任怨。不少小辈则偏重第二种观点，特立独行，颐指气使，我行我素，旁若无人。不过，事情正在起变化，前种观点正在疾速消失，而后种观点却在急速膨胀。

　　第一种观点的要义是爱，爱的要义是奉献付出，奉献付出越大，索取回报越小，爱的价值越大。第二种观点的要义是骄，骄的要义是索取消费，索取回报越大，付出奉献越小，骄的程度越大。爱和骄都是不对等，是不平等，正义则是对等，是平等，可见，爱和骄并不是正义，即便是，也绝非那种对等平等意义上的正义。

　　在老中青三代中，中年夫妇处于中间位置，他们既是上一代的下一代，同时又是下一代的上一代。他们不似老辈那般吃苦耐劳，坚韧不拔，又不似小辈那般娇生惯养，唯我独尊。对于老辈，他们报以必要的关怀；对于小辈，他们给予充分的关爱；对于自身，他们留出适当的关注。可能人性都是这样，爱自己胜过爱他人，爱我生之人胜过生我之人。

　　不知有无代际正义，如果有，它也不是那种对等平等意义上的正义，甚或不是那种"作为公平的正义"。它所注重的，或者说，它的特点，不是回溯，而是某种前瞻；不是对称，而是某种偏私；不是交换，而是某种传递。这就像是一颗坠落的陨石，越往下，力度越大；又像是一部发展中的剧情，越往后，越生动，越细致。毕竟，眼睛总要往前看，路总要往下走。

　　在社会上，在历史上，很多东西都做不到公平公正地加以分派。有些辈分何以命定似的要遭受更多的苦难和不幸？有些辈分何以奇迹般地安享着承平和美好？有些辈分何以终生劳碌，暗无天日？有些辈分何以田园牧歌，静谧闲暇？人们无不期盼先苦后甜，苦尽甘来，路越走越宽，日子越过越好，但事实未必尽如人意。希望固然美好，心力终究有限！

　　每一辈人应该如何生活，应该为前辈后辈做些什么，应该如何去面对前辈后辈？主观努力诚然值得鼓励，客观状况自须坦然面对。

　　很多事情逃不开命运安排，该珍惜的珍惜，该感恩的感恩，该奋斗的奋斗，该接受的接受，如此而已。代际之间如有正义，这个正义必然不是平等，不是对等，而是服从，服从那个冥冥中的命运安排。恰巧，"各得其所"，也是正义的涵义所在！

　　　　　　　　　　　　　（二〇二〇年九月一日初稿）

# *52* 论正义观

　　历史上，有几种典型的正义观，因为它们的特色和影响，有必要引起注意。现简述如次。

　　第一类，正义是和谐，这是柏拉图的看法。柏氏认为，正义是个总称，以智慧（智）为统率，以勇敢（勇）为辅助，以节制（节）为驯服，三位一体，这便是正义。在城邦，哲学家作国王，百官百姓作臣民，这样，城邦便是正义之邦。在个人，理性作国王，激情欲望作臣民，这样，个人便是正义之人。这就好比一首乐曲，乐章不同，声部不同，但高低、长短、快慢、强弱，却相得益彰，恰到好处，给人以强烈的审美享受，所谓"琴瑟和鸣，鸾凤和谐"是也。

　　第二类，正义是平等，这是亚里士多德的看法。亚氏认为，正义就是平等，平等就是相等。分配正义讲求比例相等，也叫几何比例；交往正义讲求数量相等，也叫算术比例。交往正义见于商贸领域时，为交换正义；见于罚错领域时，是矫正正义。或者比例相等，或者数量相等，一者相等，始有正义，无一相等，则无正义。平均正义是个特例，极端强调数量相等，极端忽视比例相等，所以招致很多非议。还有一种正义，姑且叫作丛林正义吧，极端强调比例相等，极端忽视数量相等，同样招致很多非议。正义不在极端，而在中间，它就是那个不多不少，不大不小，不亲不疏，不厚不薄，不偏不倚，不枉不纵，就是那个相等，就是那个平等。

　　第三类，正义是守法，这也是亚里士多德的看法。亚氏认为，守法是公正，违法是不公正，守法是百德之总，违法是百恶之总。[《尼各马可伦理学》，第一二九至一三一页]守法是一种公正，也是一种德性，作为一种相对于他人的品质时是公正，作为一种相对于自己的品质时是德性。［第一三一页］法律由立法者制定，体现公共利益，因此，正义在法律之下，法律代表正义，毋宁说，法律即是正义，这就是法律正义。法律正义是整体正义，诸如守法、司法、审判、法院、法官之类，无不蕴含正义，从语源上看，即是如此。

第四类，正义是某种正当或善，这是后来者的看法。正当（right）是对的，善（good）是好的。二者相互联系，有时，因为是好的，所以是对的；有时，因为是对的，所以是好的。有时，某一事物之所以是正义的，或者因为它是对的，或者因为它是好的。安全是好的，也是对的，所以是正义的；自由是好的，也是对的，所以是正义的；幸福是好的，也是对的，所以是正义的。但是这不能绝对化，有时对的未必是好的，好的未必是对的。比如，过分强调安全，会危及自由；过分强调自由，会危及平等；过分强调平等，又会危及效率；几方面均有悖于正义。

以上四类，以平等说尤其以分配正义最为常见。柏氏和谐观可视作某种分配正义。古罗马有所谓"各得其所"（*Suum cuique*），要求所得须以应得为标准。西方法谚讲："同样情况，同样处理"，由此衍生出"相似情况，相似处理"，"不同情况，不同处理"，"同等情况，同等对待"，"不同情况，不同对待"等诸多表达，它们或者要求处理须以情况为条件，或者要求对待须以情况为条件。社会领域中的按劳分配、同工同酬标准，按需分配、最低保障标准，就含有分配正义原则。程序领域中的"兼听则明，偏信则暗"，以机会平等即平均正义为原理。

分配正义重在比例相等，其公式是：分配对象/分配标准。这涉及几方面内容：第一，分配主体，即谁来分配；第二，分配范围，即分配给谁；第三，分配对象，即分配什么；第四，分配标准，即如何分配；第五，分配结果，即结果如何。分配主体是主导者，分配范围是受众。分配对象可以十分地广泛，如物品和服务、货币和证券、技术和资源，又如权利和义务、权力和责任、机会和风险等，总之，须是稀缺的、有用的，并且是可欲的、可及的。分配标准也有很多，如年龄和性别、身份和地位、资历和等级、阶级和职业、计时和计件、劳动和付出等，总之，是某些目标受众所具有的某些先天或后天的属性或条件，是某些用作设定区别或排除区别的事项。

分配标准可以是单一性的，可以是复合性的，可以是体系性的。比如，以人头为单一标准作平等分配，这是平均正义；而实际收入所依据的，则是复合标准，甚至是一个标准体系。分配标准可以是肯定性的，可以是否定性的。一般而言，都是肯定性事项，但有时也采用否定性标准。比如，"不分……都"、"无论……都"等反歧视条款，都是否定性事项，见于平均正义。肯定性事项设定区别，否定性事项排除区别。设定区别即设定不平等，但同时也不排除某些平等；排除区别即排除不平等，但同时也设定某些不平等。比如，普遍人权假定人人平等，但同时标明主体客体差异。这样看来，平等总是伴随着不平等，相同也总是伴随着不相同，反之亦然。

比较之下，其他正义观念则有些不同，试以著名的"孔融让梨"故事加以说明。《三字经》说"融四岁，能让梨"，古书上说他"与兄食梨，辄引小者"。可见，孔融持有的是某种分配正义观，用他的话说，即"我小儿，法当取小者"。其他人持有的则是别的正义观，比如平均正义，即人手一枚，大小相同；又如公平正义，即年长让年幼。正因为正义观不同，所以才会"问其故"。假设梨子不够分，孔融没有分到，而须用五枚枣子换食一枚梨子，这便是交换正义。又假设有人抢走了孔融的梨子，家长出来主持公道，夺回来还给孔融，或者，最终还给孔融的不是一枚梨子，而是五枚枣子，这便是矫正正义。

比利时学者佩雷尔曼氏（Chaïm Perelman, 1912 - 1984）曾做过一个概括，他列举出六种正义概念。它们是：第一，对每人都一样对待；第二，对每人根据优点的对待；第三，对每人根据劳动的对待；第四，对每人根据需要的对待；第五，对每人根据身份的对待；第六，对每人根据法律权利的对待。[沈宗灵：《现代西方法理学》，北京大学出版社，一九九二，第三九〇至三九二页]

他自己讲，应区分形式正义与特殊正义，区分抽象正义与具体正义，形式正义或抽象正义是各种正义概念的共同理论预设，其公式是"凡属于同一主要范畴的人或事应予一样对待"。[第三九三页]所谓主要范畴，即某种特殊观点，如第二至第六种概念中的优点、劳动、需要、身份和法律权利即是。看样子，中间四种概念都是分配正义的具体应用，第六种也是，但较抽象，而第一种则具有人道主义色彩。的确，人道主义真真切切构成了分配正义的前提和底线。

佩氏所列六种正义概念基本是准确的，只是类型稍嫌单一了些，分析稍嫌简略了些，但无论如何，都是有参考意义的，特别是他关于主要范畴的见解，很是精彩。

（二〇二〇年十一月五日初稿）
（二〇二〇年十一月六日二稿）

# *53* 论自由

"自由"一语，初见汉诗，至李唐时，习见如常，唐宋以下，更是淹漫恣肆，不可穷举。《孔雀东南飞》："吾意久怀忿，汝岂得自由。"柳宗元《酬曹侍御过象县见寄》："欲采萍花不自由。"柳句可称最著，据说严几道在移译西典时，就是由此得到启发，自由之名由此大行，东西传统也由此得以对接。

唐诗喜用"自由"，诸家皆有名句。如卢纶《伦开府席上赋得咏美人名解愁》："不敢苦相留，明知不自由。"又如，刘禹锡《和思黯忆南庄见示》："化成池沼无痕迹，奔走清波不自由。"再如，司空图《南至四首·其四》："一任喧阗绕四邻，闲忙皆是自由身。"宋时，如司马光《和宇文公南涂中见寄》："骢马乌纱游洛尘，未能全得自由身。"

古人使用"自由"一语，意思很直白，就是"由自"，"自"就是"己"，就是自己。古语中，出现"自"，一般要前置，如自视甚高、自遗其咎、自高自大、自吹自擂等。"由"者，从也，因也，自也，经也。所谓自由，就是从己，因己，自己，经己，通俗说来，就是服从自己，服从内心。

由己不由人，即是自由；由心不由物，即是自由。由此不由彼，由内不由外，此乎，彼乎，内乎，外乎，由乎，不由乎，这里头，大有讲究。彼此之间，由不由间，这中间，有一个大大的过渡地带，中间容纳有数目很多、差别很大的自由观。从自然领域到社会领域，再到精神领域，在此，自由多少有些融汇和超越的意蕴。

首先是自然领域。人身为自然一员，时时处处要受到自然规律的支配，要受到生理规律的支配。吃喝拉撒睡，行动坐卧走，生老病死，饮食男女，随时随地，人都要依赖于外物，受制于外物。凡依赖于外物，受制于外物的，都不能叫自由，因为不能"由自"。这时的外物构成障碍，或叫阻碍、限制，障碍、阻碍、限制都是自由的对立面，克服这些对立面，才能进入自由王国。

《荀子·王制》："力不若牛，走不若马。"《荀子·性恶》："饥而欲饱，寒而欲暖，劳而欲息。"人身体上有弱点，生理上有需求，所以不能不是不自由；人智力上有优势，精神上有追求，所以又不能不去要自由。山高千仞，溪深万丈，这都是物理限制；昆池碣石，扶摇羊角，这都是心灵自由。

人受到引力限制，所以渴望能飞；受到形体限制，所以渴望能变；受到生命限制，所以渴望能寿。国人求仙，渴望成仙，仙人能飞，能变，能寿，能克服物理规律限制，在这个意义上，他们都是自由人。孙悟空能七十二变，能翻筋斗云，"一个筋斗云，十万八千里"，能变不必说，能飞则又代表了人类在速度方面的追求。毛主席说："坐地日行八万里，巡天遥看一千河"，可叹迄今为止，光速仍是整个宇宙套在万事万物头上的最坚不可摧、最牢不可破的速度"紧箍咒"。

其次是社会领域。在自然界，人要依赖于外物，受制于外物，所以没有自由；在社会中，人要依赖于外界，受制于外界，所以也没有自由。在自然面前没有自由，所以要发展科技，去争取自由；在社会面前没有自由，所以要制定法律，去保障自由。在法律上，只要外界不构成障碍、阻碍和限制，或者说，一个人不受到来自外界的障碍、阻碍和限制，即享有自由。法律排除这些来自外界的障碍、阻碍和限制，这便是自由。

法律自由是不负有义务，针对个人不负有义务，即针对个人享有自由；针对社会不负有义务，即针对社会享有自由；针对政府不负有义务，即针对政府享有自由。所谓不负有义务，即法律上的障碍、阻碍和限制不存在，如果存在，即不享有或不完全享有自由。个人、社会、政府不能依法施加障碍、阻碍和限制，即表示它们在法律上不存在，在法律上不存在障碍、阻碍和限制，即存在自由。通过法律，可以使一个人由自由状态转变为不自由状态，或者相反，由不自由状态转化为自由状态。

近代法制以自由为基本精神，崇尚"权利本位"。各国宪法一般都规定，法律面前人人平等；公民有言论、出版、集会、结社、游行、示威的自由；公民享有宗教自由，不受非法干涉，不受歧视；公民人身自由不受侵犯，非经法律程序不受逮捕，不受非法剥夺和限制；公民人格尊严不受侵犯；公民住宅自由不受侵犯；公民通信自由和通信秘密不受侵犯；公民享有提出批评和建议的权利，享有申诉、控告和检举的权利。政治自由和公民自由受到宪法法律的承认和保护。

据称，政治自由和公民自由是第一代人权，第二代人权是经社文权利，第三代人权包括生存权、发展权、民族自决权以及对和平、环境的要求权。这样，自由含义也发生拓展，由原先所谓消极自由转向积极自由。原先消极自由对应于外界的不作为义务，积极自由则对应于外界的作为义务。原先消极自由的权利主体主要是个人，积极自由的权利主体则扩大至群体甚至民族。原先消极自由预设国家和个人二元场景，积极自由则预设多主体相互依存的多元场景。原先与消极自由相伴随存在的是权利本位，与积极自由相伴随存在的则是社会本位。所以，情况确实发生了多方面的变化。

最后是精神领域。自然领域主要涉及人和物的关系问题，社会领域主要涉及人和人的关系问题，精神领域主要涉及人和自己的关系问题。人的精神自由要义在于找回和做回真正的自己，这方面最大的障碍、阻碍和限制即人自己，真正克服了这些对立面，即实现了精神自由。在这个领域，要求心灵克服肉体，要求精神克服物质，要求思维克服存在，要求理性克服感性，要求道德克服物欲，要求神性克服兽性，总而言之，要求内在克服外在。

陶渊明《归去来兮辞》："既自以心为形役，奚惆怅而独悲?""心为形役"，讲的就是一种精神不自由状态。我自为之，何悲之有？《道德经》第三十三章："知人者知，自知者明。胜人者有力，自胜者强。知足者富，强行者有志。不失其所者久，死而不亡者寿。"第五十五章："心使气曰强。"以心胜物，以心胜气，讲的就是精神自由状态。既是自由，当然称强，强人就是精神自由人！

《荀子·解蔽》：

> 心者，形之君也，而神明之主也，出令而无所受令。自禁也，自使也；自夺也，自取也；自行也，自止也。故口可劫而使墨云，形可劫而诎申，心不可劫而使易意；是之则受，非之则辞，故曰心容其择也。

人的长处在精神方面，精神的长处在独立自主，心是君，是主，所谓"出令而无所受令"，看似被动，实则主动，唯是非是从，贵在自主选择。精神自由和人格独立是人之为人的根基所在，也是所有教育活动的核心所在！财产可以剥夺，家庭可以离散，身体可以摧残，书籍可以焚毁，事业可以断送，只要不屈服的精神还在，独立见解还在，希望就在！陈寅恪先生在《清华大学王观堂先生纪念碑铭》中讲："惟此独立之精神，自由之思想，历千万祀，与天壤而同久，共三光而永光。"陈先生这样说，大约也有这样的考虑。

自由既是服从，也是不服从！在自然领域，不向艰苦恶劣的环境低头，不向突如其来的灾害服输，不因原因不明的疫情而就范，不因世代相传的贫乏而沉沦，这样就有自由。在社会领域，不随波逐流，不同流合污，不亦步亦趋，不人云亦云，宠辱不惊，祸福不避，"富贵不淫，贫贱不移，威武不屈"，这样才有自由。孟子也说，这样的人才是大丈夫。在精神领域，"不以物喜，不以己悲"，"不怨天，不尤人"，不骄不馁，不屈不挠，不盲目自大，不妄自菲薄，"泰山崩于前而色不改，麋鹿兴于左而目不瞬"，这样才有真自由！

自由既是不服从，也是服从！在自然领域，对资源要节约，对环境要友好，对生态要保护，对排放要减少，对土地要珍惜，对海洋要爱护，对开发要节制，对后代要照顾，对规律要尊重，对自然法则要敬畏，这样才有自由。在社会领域，对他人平等相待，对社会诚信友善，对政府不卑不亢，对家庭任劳任怨，对工作尽职尽责，对单位尽心尽力，遵纪守法，这样才有自由。在精神领域，对情感要控制，对直觉要培养，对理性要珍视，对道德要维护，对审美要严肃，对文化要弘扬，对信念要坚守，对神明要景仰，敬天法地，怀远畏人，这样才有真自由！

自由有时是不服从，有时是服从，有时既有服从，也有不服从。有的偏重不服从，这就是消极自由；有的偏重服从，这就是积极自由。但不服从什么，服从什么？这个问题是一定要认真对待的。服从自己，服从内心，但自己是谁，内心安在？这个问题更要认真对待。找不到真正的自己，做不回真正的自己，就很难理解自由的真谛。

《汉书·刑法志》开篇有段话：

> 夫人宵天地之貌，怀五常之性，聪明精粹，有生之最灵者也。爪牙不足以供耆欲，趋走不足以避利害，无毛羽以御寒暑，必将役物以自养，任智而不恃力，此其所以为贵也。故不仁爱则不能群，不能群则不胜物，不胜物则养不足。群而不足，争心将作，上圣卓然先行敬让博爱之德者，众心说而从之。从之成群，是为君矣；归而王之，是为王矣。

这段话讲的是人，从人的优点讲到人的不足，从个人讲到社会，从社会讲到国家，这种从人性出发去推论国家和法律的必要性，在东方与西方，何其相似乃尔！西方人讲自由，讲权利，讲法律，讲求扩张，讲求利用外物加以满足；东方人讲仁义，讲道德，讲礼制，讲求收敛，讲求约束内心加以平衡。其实，自由就是某种平衡，某种和谐，这种平衡和和谐要从人和自然、人和社会、人和文化的关系中去求取，舍弃了自然和文化，只强调人本身，偏执固执所谓"人类中心主义"，这样下去，是不可持续的，是要出大问题的。

想我华夏之盛，莫出李唐；李唐之盛，莫出诗律。谁能想到在唐诗之中，"自由"一语竟然频频出现，而且，唐诗之用"自由"者，多有名家，每每有案可查，有据可考。据不完全统计，可制成一张"排行榜"，以略窥其梗概，详见篇末所附诗题名录。其中，以白居易为最，有十九首；其次元稹，九首；其次罗隐、释贯休，各六首；其次杜甫、李商隐，各四首；其次韩愈，三首；其次杜牧，二首。如有机缘，可作专文，题目就叫《李唐诸家喜采"自由"之语入诗笺释》，如一日其事有成，想来也可称为机缘吧。

（二〇二〇年七月七日初稿）

**附：李唐诸名家采择"自由"入诗诗题名录。**

（一）白居易，十九首。《苦热》、《闲行》、《勉闲游》、《与诸道者同游二室至九龙潭作》、《对酒劝令公开春游宴》、《感所见》、《题四皓庙》、《宅西有流水墙下构小楼临玩之时颇有幽趣因命歌酒聊以自娱独醉独吟偶题五绝句·其一》、《晚出早归》、《重修香山寺毕题二十二韵以纪之》、《赠吴丹》、《适意二首·其一》、《兰若寓居》、《咏意》、《老热》、《和裴令公一日日一年年杂言见赠》、《风雪中作》、《何处堪避暑》、《相和歌辞·其二》。

（二）元稹，九首。《遣行十首·其八》、《游三寺回呈上府主严司空时因寻寺道出当阳县奉命复视县囚牵于游行不暇详究故以诗自消耳》、《辋川》、《宿醉》、《喜李十一景信到》、《阳城驿》、《寄吴士矩端公五十韵》、《酬刘猛见送》、《崔徽歌》。

（三）罗隐，六首。《商于驿与于蕴玉话别》、《汴河》、《筹笔驿》、《寄张侍郎》、《寄第五尊师》、《感怀》。

（四）释贯休，六首。《休粮僧》、《湖头别墅三首·其一》、《东阳罹乱后怀王慥使君五首·其一》、《献钱尚父》、《东西二寺流水》、《山居诗二十四首·其六》。

（五）李商隐，四首。《和韩录事送宫人入道》、《即目》、《拟意》。

（六）杜甫，四首。《和裴迪登蜀州东亭送客逢早梅想忆见寄》、《西阁二首·其二》、《晦日寻崔戢李封》、《石匮阁》。

（七）韩愈，三首。《驽骥》、《招杨之罘》、《南溪始泛三首·其二》。

（八）杜牧，二首。《早秋客舍》、《登池州九峰楼寄张祜》。

# *54* 论安全

庚子年注定不平常。百年前，中国是这样；百年后，美国也这样。真是没想到！

第一件事是新冠。据新闻报道，美国后来者居上，至今死亡过十万，累计确诊逼近二百万，且日增二万，势头强劲。美国经济因之遭受重挫，股市震荡，全球霸主宝座堪忧。

第二件事是骚乱。另据报道，明州警察跪毙黑人，引发全美抗议，二百八十城，数千万人，打砸抢烧，大有星火燎原，风起云涌之势。目前，官方态度强硬，军警枕戈待旦，只待一声令下，全力弹压。

第三件事是选战。有了前两件事，共和党人特朗普连任前途黯淡，焦躁万状。民主党人拜登相应眼前一亮，不过，此公局面，也不可谓为无忧，虽有前任站台力挺，但失误连连，前景莫测。

美国面临重大安全挑战，即便如此，并不妨碍美国给全球提出重大安全挑战，全球因而面临重大安全挑战。本年度，安全似乎是第一热词。

当今之世，安全问题范围甚广，形态甚多，变异甚快，应对甚难，影响甚大。可以这么说，不同时段，不同场合，不同事项，不同领域，不同程度，不同范围，不同形态，不同方式，不同起因，不同性质，在所有这些不同意义上，不同主体不得不面临不同安全问题的挑战。安全问题有两类，一类是出现了的，另一类是尚未出现的。现代人必须时刻树立安全意识！当前，有必要坚持总体国家安全观。

有个人安全，有群体安全，有特定人群安全，有公司企业安全，有社会团体安全，有机关团体安全，有集体安全，有公共安全，有国家安全，有全社会的安全，有全人类的安全。不同主体可能面临安全问题，也可能引发安全问题。

又，有生命安全，有人身安全，有财产安全，有住宅安全，有通信安全，也有心理安全和精神安全，可以叫人格安全。不同事项可能面临安全问题，也可能引发安全问题。

又，有经济安全，有金融安全，有社会安全，有政治安全，有国防安全。更具体地说，有国土安全，有领海安全，有领空安全，有太空安全，有信息安全，有网络安全，有粮食安全，有资源安全，有能源安全，有物种安全，有生态安全，有环境安全。不同领域可能面临安全问题，也可能引发安全问题。

又，有社会治安，有交通安全，有生活安全，有生产安全，有食品安全，有医药安全，这些涉及社会管理，属于社会安全。在科技、教育、医疗、就业、失业、贫困等，这些安全问题，涉及社会公共事业，也属于社会安全。不同方面可能面临安全问题，也可能引发安全问题。

又，有国内安全，有国际安全，有国家集团安全，有国际组织安全，有地区安全，有区域安全，有全球安全。不同范围和层级可能面临安全问题，也可能引发安全问题。

可能面临安全问题的情况多种多样，可能引发安全问题的原因多种多样，可能由安全问题引发的后果多种多样，相关列举分类多种多样，其情也，可谓风云变幻，花样翻新，层出不穷，变动不居，无穷无尽，无休无止，叫人眼花缭乱，应接不暇。

说是安全问题，其实是不安全问题，是安全上出了问题，是需要去消除不安全的问题，是需要去确保安全的问题，是通过消除不安全的办法去确保安全的问题。

推而广之，整个价值问题都有这个特点，譬如，去伪存真，惩恶扬善，趋利避害，逢凶化吉，大公无私，拨乱反正等。它们的统一公式是"甲并且非'非甲'"，由于非"非甲"即甲，所以，公式可写成"甲并且甲"。注意，这不正是逻辑同一律的应用吗，不是吗？

这里"不安全"就是"非甲"。损害、侵害和伤害是不安全，侵占、霸占和强占是不安全，抢夺、掠夺和劫夺是不安全，阻碍、妨碍和障碍是不安全，干涉、干预和干扰是不安全，破坏、损坏和毁坏是不安全，占用、挪用和盗用是不安全，侵犯、触犯和违犯是不安全。法律上的违法、侵权和犯罪，生活中对规则规范的背离，严格意义上，都是不安全，都是那个"非甲"中的"非"。

相应地，"非甲"中的"甲"就是安全，"非甲"就是不安全，是对安全的偏离和反对，甚至是否定。安全意味着某种现实利益，某种合理行为，某种常规事件，某种正常状态、某种良性趋势，某种发展过程，某种必要环节，某种必要条件，总之，是某种善，某种正当。维持这种善，维持这种正当，使它们不致遭受贬值和降值，或者反过来说，使它们得以保值和增值，对这种善或正当的维持和保持，即是安全。

安全本身就是某种善，某种正当，不安全就是对它们的偏离、反对和否定，由此便带来安全问题。这样，人员财产损失是不安全，环境局势恶化是不安全，内乱战争频仍是不安全，社会历史动荡是不安全。而且，现实的伤害危害是不安全，潜在的危机危险是不安全，实在的把持操控是不安全，口头的威胁胁迫是不安全，有形的伤亡亏损是不安全，无形的惶惑疑虑是不安全。不安全触动和危及安全意义上的那种完满状态和健康进程，在这个意义上，它注定是要再遭偏离、反对和否定的。

安全、不安全相反相对，这在不同侧面可作不同刻画。比如，一者是确定性，一者是不确定性；一者是稳定性，一者是变动性；一者是持续性，一者是突发性；一者是连贯性，一者是断裂性；一者是渐变性，一者是突变性；一者是僵化性，一者是转化性；一者是一致性，一者是模糊性；一者是统一性，一者是矛盾性；一者是必然性，一者是偶然性。再如，一者是可计算性，一者是不可计算性；一者是可预测性，一者是不可预测性；一者是可选择性，一者是不可选择性；一者是可依赖性，一者是不可依赖性；一者是可控制性，一者是不可控制性。

当今世界，民粹主义泛滥，相对主义盛行，虚无主义抬头，无政府主义也不鲜见；信息破碎化，经验片断化、感觉瞬时化，知识主观化，人格分裂化；社会问题让人困惑，现实问题让人迷茫，文化问题让人错愕，历史问题让人彷徨；世俗，功利，偏执，狂信，盲目，浮躁，短视，浅薄，人人是演员，处处是剧场，利益是主导，其他全不讲。人性的恶，在工商、资本、信息和技术大潮中无限放大，极度膨胀。

可能，后现代主义所说的以怀疑、否定、批判、解构为特征的时代，真的要来了。这就是一个无根的时代！在这样一个时代里，不安全同安全比较起来，显得格外真实和迫切；内在的不安全同外在的不安全比起来，显得格外真实和迫切；未来的不安全同当下的不安全比较起来，显得格外真实和迫切！

美国三件事，新冠、骚乱和选战，它们都是最显著的安全事件。从表面上看，只有前两件事是最紧迫的安全事件；实质上，第三件事也是安全事件，不仅是安全事件，而且是最深刻的安全事件。

选战面前，双方担心有三层：共和党人特朗普担心不知能否连任，民主党人拜登担心不知能否当选，这是第一层。共和党人特朗普担心，如不能连任，是否会遭到清算，全家受到牵连；民主党人拜登担心，如无法当选，如何能够终结乱局，免得全党跟着蒙羞，这是第二层。共和党人特朗普担心如何延续伟大梦想，"让美国再次伟大"，让"美国梦"好事成真；民主党人拜登担心如何让人们免于"苛政猛于虎"，如何能够打赢这场"美国价值观"的生死保卫战，这是第三层。

这三层都是不确定的，用美国流行的话讲，就是"唯一确定的就是不确定"。不得不说，在新冠面前消极怠工，疯狂甩锅，在骚乱面前手足无措，倒行逆施，病根就出在选战问题上。由于选战，所以要复工，新冠就顾不得了；由于选战，所以要弹压，骚乱就不顾忌了。一切皆因选战而起，选战即现任共和党人特朗普心中最大的不安全，最大的不安全引发其他的不安全。

上面的意思，概括起来，就是：

没有心中的不安全，就没有眼前的不安全；

没有美国的不安全，就没有盟友的不安全；

没有西方的不安全，就没有世界的不安全；

没有未来的不安全，就没有现在的不安全。

确实，这注定是不平常的一年，对美国是这样，对中国也是这样。

（二〇二〇年六月八日）

## *55* 论秩序

近代起流行一股原子论的思维模式。由原子构成自然世界，假定原子就是那个不可再分的最小粒子；同理，由个人构成人类社会，假定个人就是那个不可再分的最小粒子。自然世界成为人类社会的样板，人类社会则是自然世界的延伸。同理，自然法成为实证法的样板，实证法则是自然法的延伸。一个时期，人们讨论问题，可谓言必称自然。

据启蒙作家讲，人类社会脱胎于自然世界；用他们的语言，就是公民社会脱胎于自然状态。发生这一转变，中介是契约，契约是一种人工方式，是一种理性选择，通过意志因素即同意来完成。契约的前提是平等自由，成果是政治秩序，动因是战争安全，目的是和平秩序，以及进一步的平等自由。多少现代精神孕育其中！

其中契约是关键，通过同意，借助授权，带来一系列变化。原先是人权，其后出现主权；原先是权利，其后出现义务；原先是平等，其后出现权力；原先是自由，其后出现服从。国家政府现身后，原先的旧事物仍是目的，其后的新事物则是手段，这个需要明确。把这些确立下来的契约，就是宪法；而依据宪法，又有了法律。宪法法律成为治国首选。

自然状态和公民社会是两个阶段，而市民社会和政治国家则是两个领域，市民社会即自然状态在公民社会中的投影、在政治国家中的遗迹。市民社会讲自由平等，讲基本权利；政治国家讲民主法治，讲限制权力。市民社会是核心，政治社会是外围；市民社会是原生，政治社会是派生；市民社会是目的，政治社会是手段。马克思讲过，是市民社会产生和决定国家，而不是相反。

在市民社会中，很典型的是自由市场。自由市场是个私人领域，自然人在其中像商人一样精明，能算计，知道如何实现利益最大化，这叫作理性。自然人订立合同，组成合伙，成立公司。合伙和公司都是通过契约方式建立起来的结社，尤其是公司，它因为内部联系紧密，在法律上达到了自然人的程度，所以拥有法人地位。公司的形成是个缩影，从中可以隐约窥见国家的形成过程。

公司和国家都产生于契约，是自然人的某种联合，二者既有类似，又有差别。比如，公司是股东的联合，国家是公民的联合；公司由发起人建立，国家由开国者建立；公司离不开股东投资，国家离不开人民授权；股东组成股东大会，人民组成代表大会；股东大会产生董事会，代表大会产生常委会；股东大会聘任经理班底，代表大会决定政府班底；公司设有监事会，国家设有监察机构、司法机构。

又如，公司代表股东，为股东利益服务，国家代表人民，为人民利益服务；公司讲所有权经营权分离，国家讲主权治权分离；公司有治理结构，国家有政治架构；公司有法人代表，国家有元首；公司有章程，有规章制度，国家有宪法，有法律法规；公司讲治理，国家讲分权；公司对外参与法律关系，国家对外参与国际关系。公司是小国家，国家是大公司，公司叫经理，国家叫总理，公司叫总裁，国家叫总统，连称谓都有些相似！

自然状态这个说法背后，有一些社会实践作为原型，比如上面提到的市民社会、自由市场、私人领域。此外，国际社会也属自然状态。比如，斯宾诺莎即指出，"两个国家相互间的关系就像两个人在自然状态下的相互关系一样。"［斯宾诺莎：《政治论》，冯炳昆译，商务印书馆，一九九九，第三一页］当时东方和殖民地有许多土著部族，代表了人类社会的早期形态，社会生产落后，生活贴近于自然，可作一例。另，直接观察动物世界，似乎也能体察出一些端倪来。

西方设想，自然状态由一个个自然人构成，自然人都是个体，他们就像沙粒米粒、土块石块一样相互独立、个头相仿，称为自由平等。以此为开端，可以积沙成塔，集腋成裘，并由此来观察人类交往方式的更新换代了。比如，个体之间存在契约关系，这就是合同；时间久了，关系紧密了，就是合作框架，这就是合伙；时间久了，关系紧密了，达到了一定的程度，便成为另一个个体，即法人，如公司，如国家。公司是大写的个人，国家是大写的公司。

又如，公司之后有合作伙伴，有商业联盟，有集团公司，时间久了，关系紧密了，达到了一定程度了，会有大写的公司。国家之后有国际交往，有国家联盟，有国际组织，有邦联，有联邦，时间久了，关系紧密了，达到了一定程度，会有大写的国家，即全球国家。秩序也有个生长发育过程，就像一株树木，一丛树林，一处林区；又像一滴水珠，一洼深潭，一条河流，一片汪洋。中间有竞争，有碰撞，有融合，有变迁，有升级，当然，也有分裂，有坍塌，异常地生动鲜活。

由自然状态到公民社会，由市民社会到政治社会，由自由市场到主权国家，由国内秩序到国际关系，由区域组织到全球秩序，由西方文明到非西方文明，结合这个序列看来，西方世界本质上是一种契约关系，是一种对外扩张的文明形态。在这个秩序的对外扩张过程中，东方礼法秩序崩溃了，旧有封建秩序解体了，中东政教秩序面临重大挑战，而其他文明连同整个世界则一道为之支付了极其巨大的代价。历史上，殖民主义，资本主义，帝国主义，霸权主义，代兴迭起，花样翻新，其中的功过是非，臧否褒贬，且留待历史重说重评吧。

方今世界，正面临所谓"五百年未有之大变局"，一切正在急剧地改变着，不知这次西方主导的"原子式的"世界秩序，还会生出怎样的变化，还能保存延续多久？在此大变局面前，诸非西方文明命运又当如何？如今流行一句话："现在唯一确定的就是不确定。"让我们拭目以待。

（二〇二〇年七月二十八日）

# *56* 论诚信

《说文·言部》："诚，信也。"又，"信，诚也。"按许氏"六书"说，诚是形声字，从言成声；信是会意字，从人言。信下段注："序说会意曰：信武是也。人言则无不信者，故从人言。"

谨按，诚信同属言部，二字互训，互为转注。《说文·序》："五曰转注，转注者，建类一首，同意相授，考老是也。"《说文·老部》："老，考也。"又，"考，老也。"老字从人毛匕，是会意；考字从老省丂声，是形声。这是单独言之，相对言之，则为转注，诚信二字即是如此。

在六书中，一字似可二属。指事、象形等四类，讲的是一字构成；转注、假借等二类，讲的是二字联系。所以诚信转注，并不奇怪。既可转注，二字之间必有异同似别，异别使之成为二字，同似使之互通一义，按今天的说法，就是既有区别，又有联系。

诚之于信，信之于诚，二者必有交集，没有交集是不可思议的，这就是"说一不二"。心口如一为诚，言行不二为信；言发心声为诚，人以言立为信。《礼记·乐记》："著诚去伪"，这讲的是诚。《论语·子路》："言必信，行必果"，这讲的是信。嘴里讲的，就是心里想的，这就是诚；嘴里讲的，就是手头做的，这就是信。

再进一步讲，言语反映思想，印证思想，而思想发为语言，证成语言，二者统一，这就是诚，反之便是伪；行动反映语言，印证语言，语言化为行动，证成行动，二者统一，这就是信，反之便是疑。语言表达思想，思想证实言语，这就是信，否则便是伪；语言依赖行动，行动证实言语，这便是信，否则便是疑。这个道理就像是命题符合事实，事实证实命题，这就是真，否则便是假；又像是现象反映本质，本质决定现象，这便是实，否则便是虚。

思想是想，语言是说，文字是写，行动是做，诸如想做说写之类，诚信提醒我们关注和思考它们之间的关系。想是内在的做，做是外在的想，说是无形的写，写是有形的说，想和做是直接的说和写，说和写是间接的想和做。想和做是两个端点，说和写是两个中介。人们之间的想和做，通过说和写达成沟通，不通过说和写即可达成沟通，那是上乘境界。

想做说写之外，尚有看听感知，不一而足；看听感知之外，尚有觉悟信念，不一而足。这是一个切近而遥远的领域，是一个熟悉而神秘的世界，这中间，不知隔绝着多少荒漠飞地，戈壁禁区，看去满是荆棘和荒芜，既让人神往，又让人恐惧。不过，相信眼前是一个统一的过程，也相信背后有一套实在的逻辑，但愿能有一股神奇的力量，把实践和交往连接起来，从而打通心理和社会，并由此开辟出一片更广阔的天地来。

大致说来，眼看耳听，心知肚明，这是输入环节；有知有觉，有认有识，有记有忆，有思有想，有好有恶，有情有意，有神有志，这是处理环节；口说手写，身体力行，这是输出环节。这些环节缺一不可，否则影响交流，有少数个体天生不幸，如聋哑盲吃、愚鲁迟钝等，他们因为某些功能障碍缺失，不得不身处和面对窘境。

一台 PC 机终端，有键盘，有处理器，有存储器，有屏幕，有打印机；无数终端联成网络，内网，外网，因特网，物联网……每个个体也是这样一个 PC 机终端，内存外设，芯片元件，一应俱全，而且能够持续、稳定、正常地运行。个体和个体又联成网络，内网，外网，因特网，物联网……然后，什么云计算，海储存，风传递，光速度，人工智能，量子计算机，应有尽有，一派奇观。

要保证信息交换持续、稳定、正常，各环节之间的交流和传递，就必须做到真实、完全、通畅、有效，不能出错，这是基本条件。诚信就是这样一些基本条件。什么是诚？即从意志到表达，全程自由理性，比如意思表示准确、真实和完整，无诈欺，无胁迫，无乘被，无错误。什么是信？从表达到行为，全程充分必要，比如要约可承诺，承诺须履行，履行须及时，无迟延，无瑕疵，无违约，无损害。诚要求想好说准，无懈可击；信有要求说到做到，保质保量。

有诚信，就有信赖；有依赖，就有好的风尚；有好的风尚，就有良性循环；有良性循环，交往成本就会大大降低。其实，诚信并不限于个人自立、人际交往、商贸往来和社会交际，即使在公共领域，在国际社会，诚信也是无可替代的。《论语·颜渊》："自古皆有死，民无信不立。"这完全是政治见解！商鞅变法，第一件事就是"立木赏金"，取信于民。无论在国内，还是在国外，诚信不啻某些催化剂和润滑剂，有了它们，不知要减少多少不必要的焦虑和不安。

孔夫子很重视信。《论语·为政》："子曰：'人而无信，不知其可也。大车无輗，小车无軏，其何以行之哉?'"仅开篇数章，就在不断重复"与朋友交而不信乎"，"敬事而信"，"谨而信"，"与朋友交，言而有信"，"主忠信"，"信近于义"。据《论语译注》一书统计，书中"诚"字出现二次，"信"字三十八次。信字用作"诚实不欺"义项时二十四次，用作"相信，认为可靠"义项时十一次，用作"使相信，使信任"义项时一次，用作"真，诚"义项时二次。［第二五四、二九二页］

相比之下，子思则更注重诚。遍观《中庸》，自第二十章以下，诚字可谓俯拾皆是。比如，第二十章："诚者，天之道也；诚之者，人之道也。"第二十一章："自诚明，谓之性；自明诚，谓之教。诚则明矣，明则诚矣。"第二十二章："唯天下至诚，为能尽其性。"第二十三章："诚则明。"第二十四章："至诚之道，可以前知……故至诚如神。"第二十五章："诚者自成也。诚者物之始终，不诚无物。是故君子诚之为贵。"第二十六章："故至诚无息。"第三十二章："唯天下至诚，为能经纶天下之大经，立天下之大本，知天地之化育。"

厥孙重诚，厥祖重信，厥祖开宗，厥孙立派。世传子思学于曾子，曾子学于孔子，孔子之后，"儒为分八"，孟子学于子思，称为思孟学派。仁义道德之说，性命中庸之学，"子思唱之，孟轲和之"，后世赓续之。论诚论信，犹之论礼论乐，论政论刑，既是儒家特点，也是公共舆论，最终汇入传统，流传下来，有待后来者去重新审视、开掘，不断阐发其中新的时代内涵。

（二〇二〇年七月二十一日初稿）
（二〇二〇年七月二十一日改）

# *57* 论法治

或问：有两句法谚，一是"法不禁止即自由"，二是"法不授权即禁止"，这两种说法好像有些矛盾，是这样的吗？

答曰：两种相反甚至矛盾的说法同时流行，并不鲜见。比如，有时说"宪法是公法"，有时又说"宪法是母法"，请问宪法究竟是公法，还是母法呢？上面两句法谚是否构成矛盾，要看它们是否聚焦在同一人、同一事、同一时、同一地上，只有同时聚焦于同一点，才是矛盾，否则便会留有许多商榷余地。

又问：什么商榷余地？比如……

答曰：比如，前一句法谚讲的是个人方面，后一句讲的是政府方面。对个人而言，自由是常态，禁止是例外，自由多多益善；对政府而言，禁止是常态，授权是例外，义务多多益善。保护个人自由，限制政府权力，前者是目的，后者是手段。这样一来，矛盾不就消解了吗？不仅消解了，而且还配合默契。可知近代法制正是按着这样的思路设计的，而且，这也是法治的基本原理。

又问：也就是说，它们一者适用于私法，一者适用于公法，可以这样理解么？为什么说近代法制和近代法治都以此为基本原理？

答曰：大体不错。私法旨在营造自由空间，公法旨在创造外围条件，二者相得益彰，殊途同归，搭配得很齐整。个人自由是个核心，围绕这个核心，用私法去保护自由，用公法去限制权力，宪法则既保护自由，又限制权力。私法保护个人的自由不受到来自其他个人的非法侵害，公法则保护个人的自由不受到来自政府方面的非法侵害。个人自由是近代法制根基所在，这个观念固然在变，但从未根本改变。

又问：看来，个人自由是中心，个人和政府是基本框架，离开了这个中心和框架，很多问题都无法求得根本理解。但是，近代法治又是如何同个人自由走到一起的？

答曰：个人和政府是对矛盾，也是某种理论抽象，甚至是某种文学象征，个人的原型是贵族和资本家，政府的原型是国王。国王用主权和人治作武器展开斗争，贵族和资本家就用人权和法治作武器进行反抗。等革命胜利了，人权和法治就确立下来，国王及其主导下的政府便成了重点防控对象。国家、国王、政府、权力这类公共事物，一转身成为恶，人称"必要的恶"。

又问：人们都说："绝对权力导致绝对腐败。"政府有权力，会腐败，所以要限制。法院有权力，会不会腐败，需不需要限制呢？近代法治要求限制政府权力，却不要求限制法院权力，不独不限制，反而要大力保障司法独立，这是什么道理？难道司法没有腐败吗？司法腐败不应该防治吗？

答曰：美国人讲分权，说三权中法院最弱，所以要加强，不能削弱，唯其如此，才能达成制衡。这一说法也许有道理，但是回归历史角度，似乎更有启发。近代革命中，贵族和资产阶级联合起来推倒国王，属于革命胜利一方；而法院由贵族把持，也属胜利一方。谁都知道，近代史是胜利者写的，启蒙思想是胜利者发出的声音，当然要站在胜利者一边；国王和政府则属于失败者一方，当然要面临尴尬和窘境。国王是罪魁祸首，下场最惨，要么虚化，要么废黜，要么送上断头台。

又问：革命胜利后，人民即资产阶级控制议会，贵族控制法院，有国王的国王控制内阁，但国王虚化，内阁在议会之下，国家是议会主权，好像是这种印象。但这里只讲到法治针对政府权力，并没有讲到个人自由问题，能否进一步解释一下？

答曰：好的，其实刚才是讲到了的。个人自由本是贵族和资产阶级面对国王时的要求，政府权力本是国王面对贵族和资产阶级时的工具，既然这样，就不能不厚此薄彼，而且，不厚此薄彼也是不对的。其实，个人自由的苗头在近代以前就出现了。

又问：怎么说？

答曰：中世纪是封建制度，也是神权政治，贵族相对于国王的独立性是天生的，也是利益所在；教会为了对抗国王，有时也支持这种看法。后来的罗马法复兴推广世俗原则；自然科学发现了自然；文艺复兴发现了人，并歌颂人；人文主义不讲神性，专讲人的自然即人性；宗教改革绕开教廷，鼓励个人信仰，让个人直面上帝，同时鼓励个人发财致富，成为"上帝选民"。这么多因素先是推动人性独立于神性，又推动个人独立于权威，再推动意志独立于理性，仿佛之间，个人自由呼之欲出了。

又问：是的，经过历次十字军东征，很多人也热衷于冒险幻想，不少农奴也从原先的依附身份中解放出来了。但这些问题在观念层面上如何看待呢？

答曰：近代以来，唯名论思潮大盛，旧有社会契约论也借机萌发了，并长成参天大树。社会契约论断定，个体是绝对的，群体是相对的，社会乃至国家均为个体的自愿结合，均从个体同意那里获得合法性基础。个体平等、独立、自由，就像是哲学上的"单子"，又像是科学上的"原子"，在当时，它们都是原始的、不可分的，万事万物都由它们构成。个体既是起点，又是终点，国家社会以个人为宗旨和皈依。在逻辑上，个体不仅先于国家，也优于国家。这些观念框定了人们的思想，规定了大家对很多事物的理解，包括法治在内。

又问：近代化是个人主义的胜利，是自由主义的胜利，但也是民主主义的胜利，后来也蜕变为民族主义和国家主义的胜利。如何评价这些思潮对法治思想的影响？

答曰：近代法治不仅是个人主义，是自由主义，其实也是保守主义。在这些方面，法治同民主有着不小的区别。比如，民主规定，只要有五十一个人，达到多数，即可强制四十九个人服从；但法治则要求，即便是九十九个人，也不能强制一个人服从。而民族主义和国家主义则完全走向了这类事情的反面。它们固然扩充了法治内涵，但并非万事大吉，各种不同的法治观并未因此自然而然地、轻而易举地协调融合在一起。最后须注意，对法治求取相对完整的理解，还有赖于对整个西方求取相对完整的理解，这点，不可不察。

又问：关于开始的两则法谚，还有什么可以补充的吗？

答曰：印象中当年博士入学考试时考过这个题目，后来又拿这个题目去考别人。至于当时自己答了些什么，而后来别人又答了些什么，则完全记不起来了。

（二〇二〇年七月十九日）

# *58* 论法治（二）

在西方，法治是一种观念，一种传统，一种价值，一种原则，也是一种制度安排。法治的核心要求，或者在于保护个人自由，或者在于限制行政权力，或者在于通过限制行政权力而保护个人自由。从制度安排角度看，西方法治一般包括如下制度要素。

第一个要素是司法独立。司法的任务是应用法律去解决纠纷。这里的法主要指正义，包括由正义观念衍生出来的各种规则原则，如英国普通法；在议会政治兴起后，也包括了立法意义上的法律。司法就是执掌正义（administration of justice），司就是执掌，法就是正义，这是法院（court of justice）的首要任务。执行议会立法是法律适用，法律适用就是法律应用，这是次一级的任务。

司法独立主要是独立于行政机关和行政长官，这样可使法院免于成为政府方面的附庸。在美国这类国家，司法也独立于议会，虽然也受制于议会。司法独立有利于法院按照业界的关于法律的专业见解，使法律规则在案件审判过程中真正起到支配性作用，做到"法律的统治"（rule of law），也就是法治。在美国，法院是三权中的一权，在总统和议会之间发挥平衡作用，往往，许多政治问题也愿意用法律手段加以解决。

第二个要素是民主立法。议会是后起的机构，原先只是些议事机构和咨询机构，从属于并服务于国王。后来发生了革命，国王旁落，议会成为权力机关，原先对国王负责的内阁现在对议会负责，号称巴力门主权。在美国，议会是立法机关，与总统和法院相互并立，相互制衡。议会是民意民选机构，通过法律也遵循多数规则，这就是民主立法。

议会或者领导内阁，或者牵制内阁，总之是使行政权力受到限制。议会通过法律，内阁执行法律；议会议诀事项，内阁执行决议。内阁向议会负责或者报告工作，向议会提出议案并获得优先审议。民主立法体现了"主权在民"原则，带有专制性质的政府一定要处于带有民主性质的议会的控制之下，或者受到议会的牵制，从而使内阁在法律范围内活动，这就是法治。

第三个要素是有限政府。内阁是王权政治的遗存，是法治重点防控治理的对象。步入近代，政府职能不再包含政治决策功能，而只保留执行法律决议功能，以及日常行政管理功能。在英国，内阁从属于议会，二者必须保持一致，如果议会投出"不信任案"，就预示着政治危机，就要通过内阁辞职或重选议会的办法解决。在美国，总统和议会均由选民普选，对选民负责，总统不对议会负责，二者互相牵制。

政府是把"双刃剑"，可以护人，也可以伤人，所以一定要有所节制。它就像一头猛兽，可以护人，也可以伤人，所以一定要用"铁链"拴起来，或者"把权力关进制度的笼子里"。但何以需要政府？这是因为除了日常事务外，还有许多急难险重事务须加应对，而这是民主体制所无力承担的。这些制度设计的用意，在于确立一种有限政府，甚至责任政府，把政府关在笼中。不过，自十九世纪末开始，议会政治衰落，行政权力扩大，表现之一就是授权立法大量出现。

第四个要素是宪政体制。美国产生人类第一部成文宪法，后来者纷纷仿效，当今世界，大多数国家都有一部现行成文宪法。英国则没有成文宪法，相反是不成文宪法，也叫实质宪法。宪法无论成文不成文，文字背后的体制是最重要的，这是实质，所以叫实质宪法。有这层实质在，即便没有宪法，也有宪制；没有这层实质在，即便有了宪法，也没有宪制。实质宪法是宪制的实质。

宪制要求实质宪法，实质宪法则要求行政权力受到切实限制，乃至国家权力受到切实限制。实质宪法主要解决国家和公民的关系问题，主要精神是限制国家，保护公民权利，前者是手段，后者是目的。当然，这不是说成文宪法不重要。在宪法学者眼中，美国宪法系"高级法"，系实证化的自然法，系法律之法律，即使说是美国政治文明的显著代表，看来也不为过。美国宪法附有《权利法案》，英国也通过《权利法案》，各国宪法也开列有"权利清单"，看来，这是重要的权利保护机制。

第五个元素是司法审查。美国政治文明的另一成果是司法审查，即法院有权针对议会立法进行合宪性审查。历史上，"马伯里诉麦迪逊"案造就了这一制度，后来逐步扩及州一级。司法审查体现了对议会立法权的法律控制，开辟宪法审查制度先河，在原先限制政府基础上，又为提高保护公民权利的力度广度增加了一道保险；同时，也切实提高了法院地位，使三权体制真正趋于平衡。后来，德国出现宪法法院，法国出现宪法委员会，使得宪法审查制度日趋丰富多样。

司法审查同时与行政诉讼有关。行政诉讼把司法机关作为权威，把行政机关作为被告，把行政行为作为审查对象，把合法或合理作为审查内容，体现出司法权对行政权的有效制约。这样，在原先议会控制之外，又多了一层司法控制，行政权力进一步受到限制，距保护公民权利的目标又向前迈进了一步。此外，宪法诉讼、正当程序、平等保护等也应引起足够重视。

在西方看来，法治从理念走向现实，制度安排很重要，而一个较为完全的宪政框架则更加重要。法治旨在使法律走入社会生活和个人生活，宪制旨在使法律走入政治生活和公共生活。法官是法律界的精英，诉讼是法律手段的代名词，在这一意义上，法院具有怎样的地位，发挥怎样的作用，可视作评判法治发展水平最重要的标志之一。

（二〇二〇年七月二十六日）

# *59* 论套餐

去年某日课上，忽然得了两个词，似乎能说明不少问题，觉得特别有意思。这两个词，一是"套餐"，一是"包装"，包装先不说了，主要说说套餐。

套餐是什么？套餐就是数种产品或服务的捆绑销售，吃过麦当劳、肯德基的，用过移动、联通的，都能知道。产品或服务相对独立，但搭配起来就能满足特定需要，再配上个时髦混搭的名头，响亮醒目的包装，数种便成了一套，多于是成了一。套餐内的产品服务，必须类型化，必须能够标准化制作，这是个前提条件，只有这样，套餐才能成套，才能配套，才能具有便利性。套餐还有目的性，这目的便是满足特定需要，或是价格低廉，或是取用便利，或是追求时尚，等等，不一而足。

有了目的性，便有了针对性，也就有了特殊性，也就特定化了。要素类型化，目的特殊化，价格低廉化，品味大众化，生产标准化，加工流程化，营销程序化，消费快捷化，等等，这些无不是套餐的特点，当然也有快餐的特点。在快餐文化大行其道的今天，不了解套餐的特点，可以说，就不能完全了解现代市场营销的特点，甚至不能完全了解现代社会的特点。这样说，多少让人有小题大做的感觉，但这无关大体。

再转到法学。印象中，有个法学派，叫作"价值相对主义"，也叫"价值不可知论"，或叫"价值怀疑论"，都可以。德国学者拉德布鲁赫是其主要代表人物，由于拉氏本人二战后思想倒向自然法，所以真正代表价值相对主义的是他前期的思想。所谓价值相对主义，就是在价值问题上持相对主义观点。所谓相对主义，就是什么都是相对于特定条件或情况而言的，没有绝对性可言，理性只能在相关条件或情况下发挥作用，而不能超越既定条件或情况而发挥作用。

拉氏以为，法律价值有三个，一是正义，二是功利，三是安定性。正义即平等，具体说，交换正义是绝对平等，分配正义是相对平等；交换正义仅两人即可，分配正义则需要三人；交换正义是私法正义，分配正义是公法正义。功利即合目的性，具体说，包括三个，即个人价值、集体价值和创造价值；与之相对应的是三种观点，即个人主义观点、超个人主义观点和超人格观点；与之相对应的是三个口号，即自由、国家和文化。安定性，即合法律性，亦即实在性，具体说，法律争论必须正确地结束，正确如能顺利产生，自然好，如不能，就规定下来，由特定机构贯彻执行。法律的第一位任务是和平和秩序，第二位任务才是正义和功利。

拉氏学说展示出了法律价值的内在矛盾。正义带来平等，功利带来不平等，这是第一重矛盾。安定性要求稳定性，正义和功利则要求变动性，这是第二重矛盾。以平等、自由和安全的关系来看，也是如此。穷人要求平等，富人要求自由；弱者要求平等，强者要求自由；正义要求平等，效率要求自由；左派要求平等，右派要求自由；社会主义要求平等，资本主义要求自由；改革开放前要求平等，改革开放后要求自由；如此下去，平等带来不自由，自由带来不平等。平等和自由走向极端，都会危及安全；反过来，安全走向极端，也会危及平等和自由。有时，这种矛盾冲突会集中激烈地爆发出来，让人应接不暇，不知所措。

法律价值方面的争论，就像法律观点方面的争论一样，各有长短，优劣互见。从长远来看，从根本来看，不可完全夸大其中任何一者，也不可完全抹杀其中任何一者，道理很简单，即极端不能排除，中间更为常见。最明智的也是最便捷的办法，便是按照不同比例，形成不同方案，实现共存共赢。类似比例和方案是无穷无限的，就像处在一和百之间的数，不止一百，而是无数。《孙子兵法·势篇》：

"声不过五，五声之变，不可胜听也；色不过五，五色之变，不可胜观也；味不过五，五味之变，不可胜尝也；战势不过奇正，奇正之变，不可胜穷也。"同样的，正义、功利和安定性，或者，平等、自由和安全，价值不过数者，比例方案之变，不可胜言也。

在诸多价值之间，有无绝对的优先性次序？在诸多观点之间，有无绝对的优先性次序？在诸多方案之间，有无绝对的优先性次序？相对主义回答很明确，没有！理性不可能给出这样一个次序。理性所能做的，只是在相关目标和条件确定的情况下，确定这一事物优于另一事物，这一组合优于另一组合；而离开这些目标和条件，是没有确定答案的。事情的进展和终结，有时是个真理问题，有时是个决定问题。就像司法审判那样，全胜全败，这中间，不能说都是真理，也不能说都没有真理，但终究是个决定问题。

这样看来，法律价值之间的组合，法律观点之间的组合，甚至法律方案之间的组合，全然具有了套餐的特点。先自由，次平等，后安全，或者其他次序；自由四分，平等三分，安全三分，或者其他比例；自由主要，平等次要，安全辅助，或者其他组合。这样的政策选择形式多种多样，其中有些比较常见，比较典型，就像以主食、副食、甜点等组合为套餐，形式多种多样，其中有些比较常见，比较典型一样。这中间，没有最对，只有更对；没有最好，只有更好；没有对，没有好，只有适合。适合与否，程度如何，范围如何，都只是相对而言，很难给出一份完整统一的标准答案。

在社会实践领域，很多事情都具有这样的特点；在思想理论领域，很多事情也有这样的特点。它们都是包含若干有限要素在内的组合方案之一，出于特定背景，具有特定内容，蕴含特定意义，针对特定问题，用于特定用途，总之都是特定化产物。其组合方案本身远非唯一，但我们容易把它当成唯一；远非普适，但我们容易把它当成普适。要知道，尽管我们容易把它们当成是唯一的、普适的，但它们却远非唯一的、普适的。实际上，从本质上说，它们不过是一些套餐而已，不过是一些营销手段而已，在某些"障眼法"

的背后，原是我们不容易看清的因之更有必要看清的利益和企图，如此而已！

习惯了套餐，就习惯了观念；反过来，习惯了观念，就更离不开某些套餐了。接受了知识，就接受了意识形态；反过来，接受了意识形态，就更离不开某些知识了。一切都在默默中发生，在不知不觉中传播，你来我往，你情我愿，无人生疑，也没有时间生疑，没有能力生疑。更何况，包裹在外面的，还有那些五光十色、令人眼花缭乱的"包装"呢。

（二○二○年十一月十三日）

# *60* 论自然法

时下不怎么谈论自然法了，但有段时间，甚至很长时间，是言必称自然法的，就像"言必称希腊罗马"一样。白云苍狗，沧海桑田，"逝者如斯"，世道人心，谁人能勘得破呢？难怪人们感慨说："曾日月之几何，而江山不可复识矣。"

《千字文》开篇几句说：

> 天地玄黄，宇宙洪荒。日月盈昃，辰宿列张。寒来暑往，秋收冬藏。闰余成岁，律吕调阳。云腾致雨，露结为霜。金生丽水，玉出昆冈。剑号巨阙，珠称夜光。果珍李柰，菜重芥姜。海咸河淡，鳞潜羽翔。龙师火帝，鸟官人皇。

读着这些文字，就像是展开了一幅画卷，层次感十足，立体感十足；又像是流淌出一曲乐章，节奏感十足，跳动感十足。自然法就是这样一些来自宇宙深处的层次和节奏，它寓于自然秩序之中，有了它们的节制和关照，万物从此井井有条，生生不息。《论语·阳货》："天何言哉？四时行焉，百物生焉，天何言哉！"

自然法是自然界的法，是出自自然的法，是自然的"立法"。自然是实然，是本然，是固然，是必然，是天然，在这个意义上，自然法是自然规律，是物理规律，旧译自然法则，颇有几分道理。真正的自然规律具有普遍性和永恒性，而由人所发现的自然规律则具有相对性和暂时性。

自然法也指精神界的法，指出自精神的法，指精神的"立法"。精神是应然，是当然，是超然，是使然，是定然。在这个意义上，自然法是精神规律，是道德戒律，旧译道德法则，或道德律，也有几分道理。真正的道德戒律具有普遍性和永恒性，而由人所发现的道德戒律则具有阶级性和时代性。

可见，自然法具有两重含义，一是物理规律，二是道德戒律。近世竭尽全力把二者区别开来，比如，一是是，一是应当；一是实然，一是应然；一是事实，一是价值；一是经验，一是观念；一是存在，一是本质；一是现象，一是本体，等等。古时可能认为二者一体，可能认为无须区分，可能对此毫无意识，所以不作区分。

不过，二者在许多方面也有惊人一致，或说雷同。比如，它们都讲某种普遍性，至少是广泛性；都讲某种永恒性，至少是长期性；都讲某种绝对性，至少是相对性；都讲某种无限性，至少是有限性；都讲某种超越性，至少是优越性；都讲某种终极性，至少是极端性；都讲某种神秘性，至少是权威性。

尤其是把它们同人、同人类社会加以对照时，这些一致或雷同显得更为突出，更为不平凡。在拿来对照时，自然法的两重意义合并了，可能是本来同一，可能是无须区分，可能是毫无意识，总之是不作区分了。自然法兼具两方面，统一具有那些重要属性，而人、人类社会及人类法则站到了对立面，具有相应的次要属性。

在汉语中，"天"是一个极具迷惑性的字眼，它有时与地并立，称天地；有时与地和人并列，称天地人。天在与地对立时，不包含地；在与人对立时，则包含地。天地人，称为三才，也称三材，天地对人而言是两个相反的极端，性质相反，其为极端也相同。与人对立时，天地合一，不仅天地合一，而且天人合一。简单说，天有时专指天，有时兼指地。天兼指天地，就像自然法可兼指物理规律和道德戒律一样。

天人比较，天是独立的，人是依赖的；天是原生的，人是次生的；天是高级的，人是低级的；天是崇高的，人是卑微的；天是悠久的，人是短暂的；天是全面的，人是片面的；天是完美的，人是缺憾的；天是美好的，人是丑陋的。天人的性质和地位，决定了自然法和实证法的性质和地位；天人的区别和联系，也决定了自然法和实证法的区别和联系。

天道和人事，是我们永恒的话题。天道是人事的模板，人事是天道的摹本；天道是人事的光源，人事是天道的投影。既然是摹本，便不免颠倒错乱，一旦颠倒错乱，有天道在，便足以拨乱反正。既然是投影，便不免扭曲变形，一旦扭曲变形，有天道在，便足以正本清源。天道为人事提供意义，可能，人事也在为天道提供意义。

天道人事有这样的关系，因此，自然法和实证法也有这样的关系。自然法是个渊源，实证法从此产生出来；自然法是个目的，实证法为此实行开来；自然法是个根据，实证法因此有效无效；自然法是个标准，实证法据此有善有恶；自然法是个边界，实证法由此受到控制；自然法是个原则，实证法自此得到说明。自然法是实证法的原理，是它的原因和原则。

自然法学是一种法的形而上学，是一种法的本体论，是一种法哲学。它以自然法为法的本体和本质，以自然法为不变的法和静止的法，它以自然法为理性法，为真正的法。同时，它以实证法为法的现象，以实证法为变动的法和动态的法，它以实证法为意志法，为人类的法。自然法学用自然法原则去认识实证法，去论证实证法，去评价实证法，去批判实证法，去建构实证法。历史上，自然法学有时表现出进步性，有时表现出保守性。

另一方面，这套学说也存在某些局限，或者说，自然法本身存在某些局限。比如：第一，关于权威问题，即虽说恶法非法，但由谁来认定恶法；第二，关于标准问题，即根据何种可操作的标准来认定恶法；第三，关于程序问题，即遵循何种可操作的程序来认定恶法；第四，关于责任问题，即认定违法后，如何追究责任，追究什么样的责任，由谁来承担责任。目前，这方面研究仍嫌薄弱，看来，一切都交由自然处理好了。

《荀子·天论》：

天行有常，不为尧存，不为桀亡。应之以治则吉，应之以乱则凶。强本而节用，则天不能贫；养备而动时，则天不能病；修道而不贰，则天不能祸。

这段话讲到了天的公正性和独立性，也讲到了人的主观性和能动性。荀子以一代大儒身份，教出了韩非和李斯两位法家学生，不知这是否预示着实证法将代自然法而起，而法律将代道德而起呢？西方的历史是众所周知了，但从我们的历史看来，不是这样。

（二〇二〇年七月二十日）

60
论自然法

# *61* 论近代化

西语中，近代即现代，汉语似有区别。近代要早于现代，早于当代，同时，晚于中古，晚于古代。近代化是一个进程，从中可看到，中古怎样转到近代，跨度更大些，古代怎样转到现代。化表示发展进程，亏得前贤有智慧，杜撰出了化、性、度之类，否则，西语中一些后缀词，还真不好对译。

西罗马帝国灭亡是个节点，自此，西欧步入封建社会。封建意为封邦建国，在我国以西周为典型，可人们却将它同专制并称，甚至是混为一谈，很是遗憾。旧的不去，新的不来，北方蛮族随之蜂拥而入，采行分封制，在原西罗马境内形成诸多封建国家。封建本为寀地、寀邑，寀亦作采，读去声，都是异写，现在统统简作采。

分封制有些像多层逐级承包。一片土地，君主分封手下，形成若干贵族；贵族分封手下，形成若干领主，领主继续分封，直到无法再分为止。上层分封下层，下层效忠上层，向上进贡；无事各安其处，有事共同解决，下层负责出钱出人，出枪出力。上层要办事，须找下层商量，甚至须征得同意。原来，这就是契约论活脱脱的生活原型。

这样，很容易形成弱主强臣、地方割据、大国兼并、天下大乱的局面。所谓贵族之仆，非君主之仆是也，至于贵族之仆，亦君主之仆，那是后来的事。我国西周从春秋到战国，就是这样的情形。《过秦论》说："周室卑微"，"令不行于天下"，"是以诸侯力政，强凌弱，众暴寡，兵革不休，士民疲敝"，用以形容西欧，应该也生动形象。

罗马教会有幸从这场变乱中分得一杯羹，很快融入封建制度，成为其后把西欧各国联系起来的文化纽带和精神象征。与教会并列的，有一个名义上的神圣罗马帝国，理论上，它伙同教会分享西罗马帝国法统。神圣罗马虚化，由罗马教会和世俗国家分庭抗礼，罗马教皇和世俗君主争斗不断，此起彼伏，互有胜败。

西欧封建社会有两条主线，一是君臣之争，二是政教之争。君主势力想要翻身，就必须两面作战，既要打压国内贵族势力，又要反击罗马教皇势力。当然，还有一面，君主必须面对其他君主，以及那些君主手下大小贵族。所以封建社会转向现代社会，一开始就有两重任务，一是反封建，二是反教会。君主顺应历史大势，自动承担起这两重任务。

诺曼征服后，开始有了英国史。英国法律史从始至终贯彻着这样一条线索，那便是国王和贵族的斗争，普通法取代习惯法，衡平法对抗普通法，各种法院眼花缭乱，莫不与此相关。在斗争中，国王真的崛起了。《大宪章》即国王妥协的产物，但很快国王就撕毁协议，开始了新的斗争。

反贵族的结果是平等化，平等化是多个方面齐头并进、共同发力的结果。对抗贵族特权的，是君权，后来是民权；对抗等级的，是平等；对抗割据的，是统一；对抗习惯法的，是法律编纂运动；对抗精英化的，是平民化；对抗贸易壁垒的，是统一市场；对抗封建国家的，是主权国家；对抗法律多元的，是普遍划一的自然法。

通过对内战争，如玫瑰战争，通过对外战争，如英法百年战争，国王有了自己的常备军，成了一支强大的力量。过去要爱国，不知该爱谁，现在爱国，就是忠君，爱国主义有了明确指向。英法国王最先崛起，差不多成为本国唯一合法代表。其时，主权论大行，倡导君权神授，讲主权在君，不讲主权在民，主权论为新兴君主服务。

事后看，君主居然是一股正义力量，它最先承担起反封建、反教会的政治任务。"水满则溢，月盈则亏"，物极必反，后来君主做大，转向专制独裁，不仅伤害到了贵族利益，也伤害到了人民利益，尤其是新兴资产阶级的利益。在共同威胁面前，两方面终于联合起来，共同反对君主。在此，便又出现了封建社会的第三重任务，即反国王。

关于君主的作用，要分作两期来看：在前期，系进步力量，既反封建，又反教会；在后期，系反动力量，既反贵族，又反人民。西欧各国多有一种三级会议架构，以国王为一极，以贵族教会为一级，以人民主要是资产阶级为一级。国王在这样一个三级架构中两线作战，实在算不得明智，结果使自己走向历史的反面。

反君主的结果是民主化，民主化是多个方面齐头并进、共同发力的结果。对抗主权在君的，是主权在民；对抗君主主权的，是人民主权；对抗君主制的，是民主制；对抗实君制的，是虚君制；对抗司法干预的，是司法独立；对抗专制独裁的，是自由、民主和宪制；对抗人治的，是法治；对抗等级制的，是人人平等；对抗集权的，是分权；对抗中央集体的，是地方自治。现代宪制和法治的精髓就在于限制君权，以及由君权转化而来的行政权力，从而保障民权，保障人权。

罗马教会原是罗马国教，西罗马帝国覆亡后，它纵横捭阖，游走于各国各派之间，可谓如鱼得水，如龙归海。罗马教会实行教阶制改革后，推出一套类似世俗国家的官僚体制，强化了对精神世界和部分世俗社会的管辖权。有正统，有纲领，有官僚，有领域，罗马教会俨然一个特殊国家，或许，它就是天国在人间的投影吧。

罗马教廷大权在握，它掌管意识形态，征收什一税，主持宗教法庭，而且出台《宗教法大全》，刻意与旧有《罗马法大全》一较高下。有权力，就不能没腐败，这是铁律。果然，罗马教廷自觉应验了，它对外敛财禁言，对内争权夺利，政治腐朽，道德败坏，这些倒行逆施不能不激起宗教改革。新教则另起炉灶，迅速有了自己的地盘，英国清教、法国休格诺派等，都是新教分支。天主教内部也在试图改良调整，有名的西班牙学派耶稣会士，旋即成为坚定的反宗教改革的卫道士。

新教主张"因信称义"，主张政教分离，主张勤劳致富，这削弱了天主教会原有的组织动员能力，动摇了传统重义轻利教义的道德根基，更为重要的是，巩固和强化了唯名论式的崭新的个人主义形象。世俗观念加上功利观念，再加个人观念，恰好迎合了资产阶级的利益诉求。可以说，主权论为君主服务，新教则为资产阶级服务。有学者总结过，资本主义之所以首先出现在西欧，其最主要的精神动因便是新教。这话有一定道理。

反教会的结果是世俗化，世俗化是多个方面齐头并进、共同发力的结果。对抗教会法的，是罗马法复兴；对抗神本主义的，是人本主义；对抗经院哲学的，先有唯名论哲学，后有自然哲学；对抗基督教神学的，是科学；对抗神权的，是国家主权；对抗君权神授的，是主权在民和社会契约论。自然科学发现了自然，文艺复兴发现了人，人们从人的观点观察问题，从自然观点观察问题，人们从人的自然即人性观点观察问题，终于，神旁落了，天主教旁落了。世俗化掀开了近代化的第一页。

各国情况不同，近代化方式也有所不同。从政治近代化角度看，在英国是内战和政变，在法国是革命，在美国是独立，在德国和意大利是统一，在俄罗斯是改革。从此，各国资产阶级走上政治舞台，推动了不同程度的政治改革、社会改革和法制改革，自由市场基本形成，工业革命推动了生产力发展，科学技术不断进步，自由、民主、平等和人权成为普遍价值。

从法律近代化角度看，法律首先同宗教分离，这就是近代自然法；其次同道德分离，这就是法实证主义；其次同国家分离，这就是历史法学和法社会学；其次同历史和社会分离，这就是纯粹法学。纯粹法学追求六根清净，就像在温室里培养花朵一样，竭力把法律培养成一套逻辑技术，把法学培养成一套纯粹科学。这已经是极致的极致了。

与此同时，世界霸权不停易手，世界体系不停变换。每一次易手借助的，都是战争和罪恶；每一次变换留下的，也都是战争和罪恶。以霸权论，最早的是西班牙和葡萄牙，其次是荷兰，其次是英国，其次是美国。以体系论，先是威斯特伐利亚体系，其次是维也纳体系，其次是巴黎和约，其次是雅尔塔体系。世界霸权和国际政治体系，简直像走马灯一般变动不居，风云莫测。《红楼梦》里说："乱烘烘你方唱罢我登场，反认他乡是故乡。甚荒唐，到头来都是为他人作嫁衣裳！"就是这样。

实则，很早时候，由宗教、政治和利益等因素介入，即导致战争频仍，战争经年累月，跨州连郡，给西欧社会造成巨大破坏。鉴于这一原因，早期启蒙作家无不把尽快结束战争、恢复和平和秩序作为首要课题，他们希望实行开明君主制以达成目标。按一种说法，近代法制在早期主要强调安全，后来情况变了，转而强调自由和平等。再后来视野变了，这些很快全都变味变质了。

早年的大航海和地理大发现，为西欧打开了通向世界的一扇大门，其后各文明国家又以坚船利炮为凭借，纷纷造访各"野蛮国家"，然后表示：既然他们不愿意自由，那就强迫他们自由。从此，殖民主义和帝国主义走向全球，战争和罪恶走向世界。摆在西方列强面前的，是亚非拉无以计数的黄金财富、资源能源、土地海洋，是森林矿藏、原材料和廉价劳力；反过来，西方列强又轻易地把大批大批高附加值商品成品推销回去，从而赚取高额利润。这种建立在暴力和罪恶基础上的不公平的世界秩序，从建立之时至今，没有根本改观。

综上，近代化从反教会、反封建、反君主的"三反"任务开始，各国纷纷建立现代政治和现代法制，推行以科学和民主为代表的现代观念。当资本主义走出一国，走出一洲，走向全球时，在给全人类带来文明和进步的同时，也带来了无休止的战争和罪恶。

记得有句话说，文明在于扩张人的力量，也在于约束人的内心。西方从个人走向国家，从欧洲走向世界，从地球走月亮，从太阳系走向宇宙深处，本质上，西方文明是一种扩张文明，并不懂得约束内心，一切悲剧皆源于此。人类向外探索已有几十亿光年，而向地下探索不过十余公里，这不能不说是西方文明的某种象征。

（二○二○年六月二十九日）

# *62* 论法律演进

一条河，有源有流，中间有上游，有中游，有下游，最后汇入大海。一座山，有起有止，中间有山麓，有山腰，有山巅，最后接入天际。

一个人，有生有死，中间有幼年，有壮年，有老年，最后散为烟尘。一个国家，有兴有亡，中间有初创，有中兴，有没落，最后化为腐朽。

科学家教导我们说，地球有历史，星系有历史，宇宙也有历史。宇宙从奇点开始，经历了大爆炸，正处于膨胀期，将来是坍缩期，最终复归奇点。

宇宙尚且如此，地球尚且如此，何况法律？法律和诸多事物一样，注定逃不脱历史圈子的宿命！法人类学家讨论史前的法，法史学家讨论过去的法，法社会学家讨论活着的法，人们讨论过法的起源，讨论过法的发展，以前讨论过法的消亡，不知何故，现在不讨论了。

人们就此形成许多意见，有过很多争论，这里，也试着提出一些设想，当然，未必会引起关注，更不必说争论了。本来，学术就是一种认识，发扬学术就是提高认识，争论只是在这个意义上才有意义。

粗略说来，法律的发展经历了三个阶段，一是习惯阶段，二是合同阶段，三是立法阶段。由此看来，国内法和国际法发展并不同步，并不平衡，它们处在不同的发展阶段上。

习惯是法律发展的初级阶段。习惯是社会领域的惯性定律，一旦开启，即自动运行，自行传袭，要克服习惯带来的惰性，非得付出十倍百倍的努力不可，即便如此，但有机会，还是会反弹。习惯不知出于何时，不知出于何人，也许确出某时某人，但年代久了，湮没了，无法考订。习惯贴近自然，融于生活，无须执行，无须监督，无须专人看护，一切自觉自愿。必要的社会监督和舆论压力，或许是要的，就是这些压力，本身也是习惯的一部分。习惯可改变，也在改变，但何时改变，如何改变，总是像夜里绽放的花朵，散发的芬芳一样，叫人难以察觉，没有太多人工痕迹可寻。

在习惯为主导的社会中，群体是基本单位，身份是基本纽带，凶险是基本现实，弱小是基本前提，生存是基本主题。当其时也，尚处蒙昧期，个人主体地位无从谈起，就连群体定位也十分尴尬。群体地位低下，心态谦卑，群体要么生活在自然的阴影之下，要么生活在神祇的光环之下，要么生活在祖先的荫蔽之下，要么生活在崇拜的麻痹之下，只有大家团结起来，众志成城，才有可能看到明天崭新的太阳。

合同是法律发展的中级阶段。合同是和平交往的代表形式，一旦成形，暴力威胁即随之排除在外了。独立人群之间往来，离不了合同；当个人独立出来了，也离不了合同；独立社会之间，甚至独立国家之间，也离不了合同，只不过，不一定称合同而已。有了合同，各方的共同关切就有了着落；有了合同，后面的权利义务就有了安排；有了合同，相应的违约损失就有了补救；有了合同，可能的纠纷解决就有了思路；有了合同，有限的执行机制就有了用场。合同的订立，合同的履行，合同的变更，合同的解除，合同的终止，均由双方自主商定，谈判解决，也因此，这些环节也是合同的一部分。

在合同为主导的社会中，个体是基本单位，利益是基本纽带，宽松是基本现实，自主是基本前提，发展是基本主题。当其时也，已在开化期，个体主体地位十分明确，因之群体定位即有所旁落，自然和宗教也不在必选范围，甚至退归幕后。社会相对富足，家有余口，人有余财，个体需要和个性追求凸显出来，因而，个体同其他个体结合起来，同其他群体结合起来，或者同其他整体结合起来，通过各种渠道、各种策略，尽其所能实现自己的目标。

立法是法律发展的高级阶段。立法是公共生活的重要框架，一旦出台，各个阶层、各个方面均须一体遵行，各类事项、各大领域均须一体照办。立法出自国家，至少是一个强者，它们所占据的优越地位确保立法生效，它们所拥有的丰富资源确保立法实施，它们所掌握的武力垄断确保立法推广开来。立法配备有专门人员，配备有专门机构，配备有专门机制，配备有专门程序，配备有专门措施，配备有专门经费，因而形成一支专门力量，就专门领域进行专门管理。立法由国家制定，由国家修改，由国家解释，由国家废止，一切来自国家，一切属于国家，一切系于国家，它们都是立法的一部分。

在立法为主导的社会，成员是基本单位，地域是基本纽带，稳定是基本现实，守法是基本前提，繁荣是基本主题。当其时也，已在成熟期，整体主体地位十分巩固，因之个体、群体的地位相应受到一些限制。同时，因为某些缘故，须重新面对自然和宗教，重新思考自身的生存状况。虽说力量相对强大，但内部问题依然存在，而外部危机则愈加严峻。或者是来自生存环境的危机，或者是来自其他种群的危机，或者是来自其他文明的危机，它们共同迫使已有力量、已有资源分化重组，握成更加强有力的拳头，更加有力地管控和应对来自未来的挑战。

习惯、合同和立法是三个法律阶段，蒙昧、开化和成熟是三个社会时期，三个阶段和三个时期可大体对应起来。

在蒙昧社会时期，人类太孱弱，生存太艰难，人们以类的面目去面对自然，面对神，从他们那里求得慰藉，求得安定，树立信心，团结一致，渡过难关。这时，主要社会规范是习惯。

在开化社会时期，自我觉醒了，财货充裕了，但仍旧稀缺，所以要用到商品机制，用到市场机制；人们崇尚权利，辅之以义务，借助权利义务调整人际关系，透过人际关系看待外部世界，于是自然叫作物质，神叫作宗教，由此统统沦为背景和环境。这时，主要社会规范是合同。

在成熟社会时期，整体异军突起，狂飙突进，群体内部的习惯关系，群体之间的合同关系，至此归于"大一统"之下。整体重新调整同群体、同个体的关系，把各方力量整合起来，集中一处，重塑自我，再树信心，再次直面和回应来自自然和神的关切。这时，主要社会规范是立法。

习惯是做出来的法律，合同是谈出来的法律，立法是写出来的法律。习惯是沿袭下来的法律，合同是承诺下来的法律，立法是公布下来的法律。习惯是流淌于意识深层的法律，合同是徘徊于意向表层的法律，立法是倾泻于意志上层的法律。习惯是群体记忆中的法律，合同是个体觉醒中的法律，立法是整体展望中的法律。习惯是合唱式的法律，合同是对唱式的法律，立法是独唱式的法律。习惯是最贴合自然的法律，合同是最代表社会的法律，立法是最接近神祇的法律。

由习惯而合同，由合同而立法，法律的发展经历了由不成文而成文的过程。习惯是不成文法，但人们也把它们汇编成文。合同本身就有口头合同和书面合同之分，口头同意是必需，重要合同多采书面形式。立法都是成文的，没有不成文的立法，更没有不成文的的法典。立法有单行法规和法典之分，单行法律是单项性的，法典则是综合性的、体系性的，甚至是百科全书式的，不达到"大全"和"大成"的水平，不配称之为法典。法典代表法律发展的最高水平。

习惯代表一种地方秩序的自给自足，合同代表地方秩序的沟通融合，立法代表地方秩序的全面整合，所以法律的发展，也是秩序产生、秩序竞争、秩序冲突、秩序选择、秩序整合的过程。由部落到部落联盟，再到城邦，是如此。由诸侯割据到诸侯兼并，再到大一统，是如此。由封建贵族到封建王国，再到民族国家、主权国家，是如此。由主权国家到区域化、全球化，再到全球国家，也是如此。

由大历史角度看来，法律形态的更迭，社会时期的交替，不知经历了几多轮回。从近代史角度看来，国内社会的发展走在了国际社会的前头。而今，国内社会已经整合为整体水平，而国际社会尚停留在群体、个体水平，尚停留在无政府状态，可谓混乱而嘈杂，松散而无力。以霍布斯的话讲，就是"自然状态"，再进一步，则是"动物世界"，自然选择、物竞天择仍是第一原则，"丛林规则"仍是第一规则。

相应地，国内法已经过习惯、合同阶段，达到了立法阶段，而国际法则尚停留在习惯和合同阶段，并没有达到立法阶段，不过，国际法上叫国际条约和国际惯例。国内法不仅进至立法水平，而且达到法典水平，而国际法则无从谈立法和法典，只能在习惯汇编和合同汇编的意义上，借助修辞手法来谈立法和法典。难怪奥斯丁当年不把国际法叫作法律，而是叫作"实在道德"，现在看来，这种叫法不无道理。

法律有未来吗？马克思主义讲，法律必定要消亡的，因为国家和私有制要消亡。原始社会没有法律，私有制社会有法律，共产主义社会没有法律，这是一度轮回。从习惯开始，经过合同，再到立法，目前，法律正在经历这一番轮回。国内法已到第三阶段，已至顶点，只能进入下一轮回，即从国际惯例和国际条约开始，最后走向国际立法，甚至国际法典。国际法典之后呢？可能是星际惯例和星际条约，甚至星际法典。之后呢？天知道！

宇宙有终点吗？不知道，目前是一百三十八亿年。地球有终点吗？不知道，目前是四十六亿年。国家有终点吗？不知道，因为没有濒临灭亡。人命有终点吗？不知道，因为没有濒临死亡。山有终点吗？不知道，因为没有濒临塌陷。河有终点吗？不知道，因为没有濒临枯竭。

"世道有轮回，苍天饶过谁？"身处现代洪流中，裹挟向前，浮沉出没，身不由己，很难停下来看看，坐下来想想。然而，有两段话教导我们停下来会看到什么，坐下来又会想到什么。第一段话来自《庄子·逍遥游》，这是真正的大历史，大视野。这段话说：

> 小知不及大知，小年不及大年，奚以知其然也？朝菌不知晦朔，蟪蛄不知春秋，此小年也。楚之南有冥灵者，以五百岁为春，五百岁为秋；上古有大椿者，以八千岁为春，八千岁为秋。而彭祖乃今以久特闻，众人匹之，不亦悲乎！

第二段话来自《道德经》第三十九章，一派末日景象，看着惊心动魄，毛骨悚然，忧惧之余，发人深思，催人警省。这段话说：

> 昔之得一者：天得一以清，地得一以宁，神得一以灵，谷得一以盈，万物得一以生，侯王得一以为天下贞。其致之也，谓天无以清，将恐裂；地无以宁，将恐废；神无以灵，将恐歇；谷无以盈，将恐竭；万物无以生，将恐灭；侯王无以贞，将恐蹶。

（二〇二〇年六月十三日）

# 三 法的基础和根据

# *63* 论信仰

　　有良心，有良知，就会有信仰；有了信仰，就更容易直面良知，直面良心。

　　良心即本心，良知即真知，就如除尘开镜，拨云见日，日之光，镜之明，就是本心，就是真知。何谓信仰？信仰即由信而生的爱，它也是由爱而生的信，因信而爱，因爱而信。因为热爱，所以崇敬；因为崇敬，所以依赖；因为依赖，所以追求；因为追求，所以崇拜；因为崇拜，所以感激。因为信奉，所以顶礼；因为顶礼，所以执着；因为执着，所以持守；因为持守，所以维护；因为维护，所以传播。人们借助于宗教，借助于观念，借助于国家，借助于主义，借助于图案，借助于山川草木，甚至借助于科学技术，总之借助于其中多种或一种，把它们当作中介，更把它们当作目的，通过它们来观照自己的内心，观照外部的世界，观照遥远的过去和不确定的未来，总之是观照自身，而观照自身就是观照外在。能观照，就能把握；能把握，就能理解；能理解，就能预见；能预见，就能安定；能安定，就能平静。低头看路，抬头看天，扭头看人，回头看车，只有这样，才能走得平稳，走得久远。

　　人们之所以有信仰，之所以要信仰，或许是因为有必要缓解压力，克服焦虑，批判现状，消除不确定，找回确定。反过来讲，因为动荡，所以要安定；因为破碎，所以要完满；因为黑暗，所以要光明；因为丑恶，所以美好；因为矛盾，所以要统一；因为局限，所以要普遍；因为暂时，所以要永恒。毕竟，总要有一些事物或形象成为全面性、集中性、统一性、普遍性、永恒性、绝对性和无限性的总代表的，实在找不到，那就把不全面、不集中、不统一、不确定、不普遍、不永恒、相对性和有限性当作总代表吧，把它们当作极致来宣扬和散布开去。人们内心企求这个，不是吗？在追寻总代表问题上，早年所谓后现代和它们所激烈批判的现代、前现代，本质上都是一样的。这个总代表，在古代是神、君主和圣贤，在现代是贵族和精英，在当下是高官、巨富和明星，至于是不是包括了金钱、资本、市场、民主、政党和科学呢，又或是也包括了各种专家、各种会议、各种组织和各种"主义"呢，我不敢确定。

再重复一下，无论从消极方面讲，还是从积极方面讲，人们总是要找到一些东西，或者找到一些不是东西的东西，把自己的全部的希望一股脑地全部寄托在它们上面，让它们排解自己的全部的失望情绪，甚至是化解自己全部的绝望处境。"人同此心，心同此理"，这就像是赌博，因为利太大了，本也太大了，不由得心怦怦直跳，面部红润，呼吸急促，一番暗自祷告之后，一狠心，宝便全部押了上去。追星也是崇拜。先让偶像集中所有优点，丢掉所有缺点，然后再把自己想象成偶像，一时间身临其境，自己仿佛也成了真善美的总代表似的。不难理解，有个高大上、白富美的偶像，究竟不是什么坏事吧。只是，这层想象太过虚幻迷离，太过虚无缥缈了，就像是薄薄一层白纸，一捅就破，又像是肥皂泡，美丽但是易碎。

这样看来，宗教信仰首先是人们理解和把握自身和外在的一种方式，哲学、科学、文学、艺术和数学、逻辑，在这层意义上，它们都是。而要真正地、彻底地理解它们，直至把握它们，还是老办法，回归良心，回归良知！

（二〇一九年十月十五日）

# *64* 论　道

人说，"说不清，道不明。"为什么说不清？是因为"道"不明。因为"道"不明，所以道不明；因为道不明，所以说不清。试想想，是这样不？

道在何处？有句歌词唱得好："敢问路在何方？路在脚下。"确实，道就在脚下。在我们脚下的路就是道，道就在我们脚下。我们每天走道，却不知走的是道。古往今来，有人的地方就有道，没有人不走道，但有几人知道走的是道？古人说："道不远人，人自外道。"试想想，是这样不？

道在脚下，道也在嘴边。我们每天都说话，却不知我们的"说"也是道。说道，说道，说就是道，道就是说。只是，很可惜，我们每天都在说道，可是就是"说不清，道不明"。古往今来，有人的地方就有说话，没有人不说话，但有几人知道说就是道。试想想，是这样不？

"有几人知道"，请看，我们每天所知也是道。我们成天说知道，可是就是不知道，是不是很滑稽？各行各业，各色人等，遇上个事情，你在叮嘱事情时，他都会来上一句："我知道啦！"请问，您知道了吗？真知道了吗？既然真知道了，为什么又不知是道？过去，道是个神圣的字眼，只有奏折批复中才用"知道了"。道又是极普通的字眼，您看旧的章回小说中，满纸不都是道吗？试想想，是这样不？

走道，说道，知道，都是道。走是实践，说是语言，知是认识，一道贯三界，三界同一道。孔夫子说："吾道一以贯之。"在古希腊，有个词叫"逻格斯"（*Logos*），最好也翻译为道，举凡语言、道路、规律、思维等都叫"逻格斯"，也就是道。东西有别，古今有别，道自无别，有别非道。试想想，是这样不？

道很远，也很近；道很近，又很远。有些事物，我们太熟悉了，正因为太熟悉，所以又太不熟悉了。我们天天看，其实什么也看不到，看就是不看。我们天天听，其实什么也听不到，听就是不听。我们天天想，其实什么也想不到，想就是不想。那个我们看不到、听不到又想不到的东西，用柏拉图的术语，就是"理念"（*idea*，*eidos*）。看不到，听不到，想不到，又是到，道通到，没道能到吗？能得到"理念"吗？得到，得道，得于道，就是德，德者，得也。试想想，是这样不？

西谚说，"条条道路通罗马"。是的，道无定法，但其中最重要的，莫过于四个字，即切磋琢磨。四个字是一个意思，刀用切，石用磋，玉用琢，骨用磨。你切磋了，琢磨了，道就很近；你不切磋，不琢磨，道就很远。过去，子贡引了这句话，夫子立即大加赞赏，为什么？夫子重道，他老人家常说："朝闻道，夕死可也。"又说："志于道。"这就是道，很近，也很远，很远，也很近。试想想，是这样不？

（二〇一九年十月二十八日）

# *65* 论 善

善就是好，好就是善。善是事物的原因和目的，事物的原因和目的离不了善。说清了事物的原因和目的，就说清了事物；如果说不清原因和目的，也就说不清事物。所以，要研究事物，就有必要研究事物的善。

人们常说，研究自然讲求真，研究社会讲求善，研究精神讲求美。真是善，美也是善，反之亦然。康德特意区别先验世界、经验世界和超验世界，为此特意写了三大批判，特意讨论真善美问题，其实也是在讨论善的问题。这些概括非常干净，但可以再加上一些，希望仍然能够非常干净。

可以续貂的东西有不少，比如，经济的善是利益，社会的善是自由，政治的善是秩序，文化的善是尊严，法律的善是正义。利益要求效率，自由要求责任，秩序要求安全，尊严要求仁爱，正义要求平等。经济是法律的物质层面，社会是法律的生理层面，政治是法律的心理层面，文化是法律的精神层面。一个人既有物质层面，也有精神层面，既有生理层面，又有心理层面，法律也一样。

所以，经济的原理是法律的原理，即利益和效率；社会的原理是法律的原理，即自由和责任；政治的原理是法律的原理，即秩序和安全；文化的原理也是法律的原理，即自尊和仁爱。如此看来，法律的层面有多少，法律的原理就有多少；反过来，法律的原理有多少，法律的层面也有多少。

这些原理解释着不同的法律形态。经济的原理，即利益和效率，解释着物权和契约；社会的原理，即自由和责任，解释着习惯和判例；政治的原理，即秩序和安全，解释着立法和政策；文化的原理，即尊严和仁爱，解释着学理和原则。这些都是实证法，再往开去，自然的原理，即原因和结果，即必然，解释着自然法；精神的原理，即目的和结果，即应然，解释着永恒法。自然法是物法，讲求规律，遵循因果律；实证法是人法，讲求法律，遵循自由律；永恒法是神法，讲求定律，遵循目的律。自由律是因果律的交叉地带，所以既讲因果因素，又讲目的因素。正像社会是自然与精神的交叉地带一样，实践是它的原理，在实践当中，既有因果因素，又有目的因素，两方面混杂一起，难以分离分辨。不同的法律形态需要不同的原理，而法律的形态和原理就包括这些。

法律有多种价值，有多种善，从某种观点看，尊严和仁爱是最高的善，是至善。法律一定要让人生活得有尊严，有仁爱。孔老夫子说："仁者爱人"。又，"仁者寿。"又，"一日克己利礼，天下归仁焉。"爱人，爱物，爱神，都是爱。现在是新时代，我们需要的是那种知识多、修养好、道理明、是非清、能沟通、肯干事、讲原则、出成绩的新人。这样的人是有尊严、有仁爱的人，这样的同事是有尊严、有仁爱的同事，这样的领导是有尊严、有仁爱的领导。

如何才能有尊严呢？就是要有仁爱。如何才能有仁爱呢？就是要有尊严。这就需要道德、艺术、哲学和宗教。道德的善在于自制，艺术的善在于自爱，哲学的善在于自知，宗教的善在于自尊。自主，自觉，自反，自信，都是爱。自主就是德，就是爱他人；自觉就是美，就是爱自己；自反就是知，就是爱智慧；自信就是信，就是爱上帝。

爱他人，首先就要爱自己；爱自己，首先就要超越自己。爱自己，首先要爱自然；爱自然，首先要超越自然；爱智慧，首先就要爱理性；爱理性，首先就要超越理性。爱上帝，首先就要爱人类；爱人类，首先就要超越人类。爱就是要超越，超越也是回归。所以，爱既是最高尚的人类感情，也是最原始的人类冲动。爱是本质，无爱无他！

有了爱，就有了家，没有爱，就只有房，现代人有房没家的有的是，有家没房的更有的是。同理，有了爱，就有生活，就有了真正的生活；不懂爱的人，不能说他懂得生活。有了爱，就有了人，就有真正的人，所谓"仁者爱人"。有人解释说，二人为仁，不对，仁字右侧是上字，意为上人，上通尚，即高尚的人。仁就是爱，爱就是仁，仁通人，所以人就是爱，爱就是人。仁爱是人类世界最为高尚、最为圣洁的思想情操，所谓历万世而不朽，历万劫而不磨者也。换成学术点的话，仁爱就是善，就是至善！

其他一些事物，也各有其善。比如，科学的善是真理，技术的善是实效。要讲真理，就要爱自然；要讲实效，就要爱制作。真理讲因果，实效讲目的，原因和目的都是引起和规定事物的东西，所以都是善。从某种意义上讲，它们都是法律的原理。

记得孟德斯鸠说过，法律的精神是什么，就是事物之间的一切必然关系。这里再补充一句，法律的精神就是对这些必然关系的热爱！有了热爱，法律就会好，就会善；没有就会走向它的反面，继续向前，就可能逾越并最终丧失法律之为法律的基本品格。这点是肯定的。

（二〇一九年十月二十八日）

# 66 论有无之际

古希腊哲学最反对无中生有，而我国先贤却力主无中生有。比如，《道德经》第四十章："天下万物生于有，有生于无。"《易·系辞》："是故《易》有太极，是生两仪，两仪生四象，四象生八卦。"

按这个次序，万物之前是有，有之前是无；仪象卦都是有，太极生两仪，看样子，太极应该是无了。孔疏引《正义》："太极谓天地未分之前，元气混而为一，即是太初、太一也。"天地未分，元气混一，又叫混沌。两仪时，阴阳既分，既分是有；太极时，阴阳未分，未分是无。

不过，周濂溪《太极图说》中说："无极而太极。太极动而生阳，动极而静，静而生阴，静极复动。"王宗岳《太极拳论》中说："太极者，无极而生，阴阳之母也。动之则分，静之则合，无过不及，随曲就伸。"这样，太极当是有，而无极当是无了。太极的性质，以两仪看，是无；以无极看，是有。太极应当是个过渡状态。

那么，从无到有，是如何过渡的呢？《列子·天瑞》中有一段话，可供参考：

> 子列子曰："昔者圣人因阴阳以统天地。夫有形者生于无形，则天地安从生？故曰：有太易，有太初，有太始，有太素。太易者，未见气也；太初者，气之始也；太始者，形之始也；太素者，质之始也。气形质具而未相离，故曰浑沦。浑沦者，言万物相浑沦而未相离也。视之不见，听之不闻，循之不得，故曰易也。易无形埒，易变而为一，一变而为七，七变而为九。九变者，究也，乃复变而为一。一者，形变之始也。清

轻者上为天，重浊者下为地，冲和气者为人；故天地含精，万物化生。"

列子也坚持无形生有形。他把这个从无至有的过程分作四个阶段，一是太易，二是太初，三是太始，四是太素。到太初时，气出现了；到太始时，形出现了；到太素时，质出现了；而气未出现时，是太易。可见，四个阶段中，太易最早，太素最晚。先有了气，然后是形，然后是质，三者俱备，不相分离，为浑沦，即混沌。原文说："浑沦者，言万物相浑沦而未相离也。"

浑沦即混沌，即气形质三者混杂不分，它的特点只是未分，而不是无，事实上，三者俱备了，当然不能谓之无云。逆推来看，太素时，三者俱备，属三有；太始时，气形俱备而质从缺，二有而一无；太初时，气备而形质从缺，一有而二无；只是在太易时，三者俱缺，属三无。三无，可谓真正的无了！这个过程，就像是月相，由满月而下弦月，而残月，而全亏，这是从有至无；而另一半过程，则是从无至有。

太易最早，要早于混沦，看不到，听不清，做不来，所以叫易。易最基本，"易无形埒"，易变一，一变七，七变九，九反一，太易无形，至一时方有形变，至于天地人，则是形变以后的事了。《道德经》第四十二章："道生一，一生二，二生三，三生万物。万物负阴而抱阳，冲气以为和。"列子老子之言，何其相似乃尔！

据说，易有三义，一曰容易，二曰变易，三曰不易。《易》分明最难，难而不易，却叫作易；分明论道，道而不易，却叫作易。这实在是意味无穷的事！西方正统强调不易，形而上学即不易之学，事实上也最难！相对而言，强调变易的，是旁门左道，至少不是名门正派，同样的，这派也很难。

而国学则大有不同，力求兼此三易，而且，本来就不易，又在变易，所以最好能做到容易。从变易中看到不易，同从不易中看到变易，是同样地不易；而把容易看得不易，把不易讲得容易，更是十分地不易。又，易有平义，与险相对。《易·系辞》："辞有险易。"
《尔雅·释诂》："平、均、夷、弟，易也。"这牵涉一个十分严肃的
问题：道从易处求，还是从险处求？从远处求，还是从迩处求？曰道
在险亦在易，在远亦在迩，只有中国传统，愿意从易处求，从迩处求
道，西人今世则反是。

《庄子·知北游》有段话最能说明问题：

> 东郭子问于庄子曰："所谓道，恶乎在？"庄子曰："无所不
> 在。"东郭子曰："期而后可。"庄子曰："在蝼蚁。"曰："何其下
> 邪？"曰："在稊稗。"曰："何其愈下邪？"曰："在瓦甓。"曰：
> "何其愈甚邪？"曰："在屎溺。"东郭子不应。

在蝼蚁，在稊稗，在瓦甓，在屎溺，道之所在，真叫作"无所
不在"了，难怪"东郭子不应"呢，估计是噎得够呛！相对道家，
儒家则没有那样极端，但却是同样的决绝。《中庸》："道也者，不
可须臾离也，可离非道也。"又，"子曰：'道不远人，人之为道而
远人，不可以为道。'"又，"君子之道，譬如行远必自迩，譬如登
高必自卑。"慧能禅师《六祖坛经》："佛法在世间，不离世间觉。
离世觅菩提，恰如求兔角。"禅宗是有中国特色的佛教派别，所以
能得出这样的见解。

在《列子》开篇，有段列子转述壶丘子林关于生化的议论：

> 其言曰：有生不生，有化不化。不生者能生生，不化者能
> 化化。生者不能不生，化者不能不化，故常生常化。常生常化
> 者，无时不生，无时不化。阴阳尔，四时尔，不生者疑独，不
> 化者往复。往复，其际不可终；疑独，其道不可穷。……故生
> 物者不生，化物者不化。自生自化，自形自色，自智自力，自
> 消自息。谓之生化、形色、智力、消息者，非也。

稍后，又有一段列子本人的议论：

故有生者，有生生者；有形者，有形形者；有声者，有声声者；有色者，有色色者；有味者，有味味者。生之所生者死矣，而生生者未尝终；形之所形者实矣，而形形者未尝有；声之所声者闻矣，而声声者未尝发；色之所色者彰矣，而色色者未尝显；味之所味者尝矣，而味味者未尝呈：皆无为之识也。能阴能阳，能柔能刚，能短能长，能员能方，能生能死，有暑能凉，能浮能沈，能宫能商，能出能没，能玄能黄，能甘能苦，能羶能香。无知也，无能也，而无不知也，而无不能也。

两段议论有些共同之处。似乎有一个主动者，有一个被动者；有一个施动者，有一个受动者。似乎，有两个方面存在，一个基本面，一个受制面；有两条线索存在，一条主线，一条旁线。以上两个系列总给人造成一种印象，即一为无，一为有，从无到有，无中生有，原来是这样子的！而且，后段引文用一段韵文描述其中某个系列的奇特之处，前段引文则提醒说两个系列不能张冠李戴，这样的安排更加强了这种印象。

《易·系辞》："生生之谓易也。"化化也是在谈易。在生生和化化的两头，一头连着有，一头连着无，一头连着彼，一头连着此。西人讲彼此之变，从变易到不易，最后找到类似神的事物作源头。先贤讲有无之变，从无到有是变，从有到无也是变，易而不易，不易而易，除非坚持无限论，否则作为变化总源头的无，和作为大轮廓的易，总是个问题。在这方面，列子之见不失为一家之言，更难得的是，其中有名目，有细节，有意味，有文采。

（二〇二〇年八月九日）

# *67* 论世界和灵魂

或许，存在两个世界，一个是外在世界，一个是内在世界。或许存在两类活动，一类是实践活动，叫做；一类是思想活动，叫想，或说认识活动，叫知。实践活动存在于外部世界中，思想或认识活动存在于内部世界中。

柏拉图《理想国》（郭斌和、张竹明译，商务印书馆，一九八六）第六、七卷，亚里士多德《尼各马可伦理学》（廖申白译注，商务印书馆，二〇〇三）第六卷，就此作过整理，后人也有整理，现就整理再作整理。首先是柏氏哲学，谨列表如下。

**表5　柏拉图的理论框架**

| 世界 | 理念 | 方法 | 认识 |
|------|------|------|------|
| 可知世界 | 善 | 辩证法 | 知识 |
| | 数 | 理智 | |
| 可见世界 | 实物 | 信念 | 意见 |
| | 虚空 | 想象 | |

《理想国》代表前期柏氏哲学，这就是理念论。柏氏前期的理解，是极为结构化的。他十分注意区分事物和事物本身，或现象和现象本身，比如，美的东西和美本身，善的东西和善本身，等等。后类处于可知（不可见）世界，也作理念世界；前类处于可见世界，也作摹本世界。

理念世界包括两类，即善和数两类理念；摹本世界也包括两类，即实物和虚空。它们的关系是：第一，一和多；第二，静止和变动；第三，单数和复数……。只有理念（*eidos，idea*），才是真实的，是原型，万物不过是摹本，只有在模仿或分享它的时候，才是有意义的。

相应地，认识成果也分作两类：第一类，叫作"知识"（*epistē-mē*）；第二类，叫作"意见"（*doxa*）。知识继续分作两类，第一类，叫作"辩证法"（*dialegoumai*），负责把握善；第二类，叫作"理智"（*dianoia*），负责把握数。意见继续分作两类：第一类，叫作"信念"（*pistis*），负责把握实物；第二类，叫作"想象"（*eikasia*），负责把握虚空。

在这样的理论体系中，善是最重要的，数次之；在这样的方法论体系中，辩证法是最重要的，理智次之。至于实物和虚空，至于信念和想象，自然是分属于它们的了。

为了说明善的至上地位，其实是理念的至上地位，他举例说，太阳、视觉和可见事物的关系，正如同善本身、理智和可感知事物的关系一样。他著名的"洞穴"比喻，讲的就是这些道理。

亚氏的思想体系，和他的老师大有不同，不过，可能不会像我们想象的那样大，他们中间，传承的因素也不少。比如，对灵魂问题，对理性问题，对世界问题进行研究，探讨它们之间的对应关系。

他在《尼克马可伦理学》中，先谈道德德性，后谈理智德性，其间，多次穿插谈到了灵魂各部分的分工和功能问题。

他认为，灵魂由两部分构成：第一部分，有逻格斯（*logos*）的部分，第二部分，没有逻格斯的部分。而有逻格斯的部分，又由两部分构成：一部分为知识部分（*epistēmonikon*），专门负责处理不变的事物；另一部分为推理部分（*logistikon*）或考虑部分（*bouleuesthai*），专门负责处理可变事物。

理性（*nous*），同感觉和欲求一起，主宰着实践和真。人的实践活动，离不开实践理智（*praktikēs*），它指导欲求，作出选择。而思辨理智（*theōrētikēs*），则并不参与其中。求真是这两个部分的品质。

至于具体方式，亚氏开列出五种。

第一，科学（*epistēmē*）。科学处理不变事物，变动的事物不在科学范围之内。科学必然而永恒，可以传授，可以习得，可用作证明。因此，科学从已知开始，通过演绎和归纳方法进行。演绎方法从普遍到特殊，归纳方法从特殊到普遍，一个推理，由演绎获得结论，由归纳获得前提，科学既要求了解结论，又要求了解结论据以推导出来的前提。

第二，技术（*technē*）。自然（*phusis*）、实践（*praxis*）、制作（*poiēsis*）三者，各不相同。技术与制作关系紧密，它使物生成，其有效原因存在于制作者，而不是作品本身，某种意义上，却与运气同类。

第三，明智（*phronēsis*）。明智是一种德性，趋向于有利或有益，强调在总体上尽力把握可变事物。明智不仅仅是一种合乎逻格斯的品质，因为，纯粹合乎逻格斯的品质会被遗忘，而明智不会。须注意，明智不同于科学，具体表现在：明智处理变动题材，科学处理不变题材；明智不包含证明，而科学包含证明。

又，明智不同于技术，具体表现在：它属于实践领域，其始因在于自身，即实践目的；明智包含德性，技艺不包含德性；在明智上，自愿犯错非常糟糕，在技术上，自愿犯错总比被动犯错要好。明智是一种同善恶相关、合乎逻格斯的、求真的实践品质。明智是一种德性而不是技术。

第四，理性（*nous*）。理性有别于科学和智慧，因为，前者不要求证明，而后两者则依赖于证明。理性有别于技术和明智，因为，前者处理不变事物，而后两者处理可变事物。理性同科学、明智、智慧都不会受到欺骗，它们都在可变甚至不变的事物中获得真，但是，能够把握始点问题的，仅有理性而已。

第五，智慧（*sophia*）。智慧可指技术德性，也指某些人在总体上有德性。智慧是理性与科学的结合，是关于最高等题材的、居首位的科学，是"科学之科学"。明智的人知道由始点推导出结论，而且真切地知道始点。

而政治和明智则绝不是这样的科学，因为人不是最高等存在物。智慧不同于政治学，这是因为，它是唯一的。智慧不同于明智，这是因为：

其一，智慧总是指代同样的事情，明智则不是。

其二，智慧的人处理罕见的、重大的、困难的和超乎寻常的而又没有实际用处的事情，他们并不追求个人事务，并且会考虑实现人力范围内最大的善。但明智则同个人事务相关，他们确实善于考虑，但不会考虑不变的事物，不会考虑与实现目的无关的手段方面的事物，也不会考虑与无法实现的善的目的有关的手段方面的事物。

其三，明智不限于普遍的事物，它同实践相关，需要涉及和处理具体事实，所以，有时还会比了解普遍的知识的人做得更好。

其四，明智的人需要掌握普遍和具体两套知识，但是具体的知识需要普遍的知识来指导，而这只能由智慧的人完成。

一般来说，方法就是如何，就是如何想，如何做，方法论则是关于方法的知识体系。方法或方法论涉及两个方面：其一，外在世界和内在世界；其二，外在活动和内在活动。

能否设法把内在和外在联系起来，能否把世界和活动联系起来，使之两两相对应？能否在方法论部分解决这个问题？更具体地，能否把外在世界的不同部分，同人的灵魂的不同部分联系起来，特别是同承担思想和认识功能的部分联系起来，使之两两相对应？再进一步，人们的理性由哪些不同部分组成，特点如何？能否也像前面那样，同外在世界各部分对应起来？换句话说，理性具有哪些形式呢？

在此，柏氏亚氏师徒提供了完美范本，他们长期启发和鞭策人们把这类极具挑战性的问题一直思考下去，永不厌倦，永不停息。

（二〇一〇年三月二十五日初稿）

（二〇二〇年六月十四日改订）

# *68* 论自然和社会

康德说过，世上有两样东西足以震撼心灵，一是心中崇高的道德，二是头顶璀璨的星空。这句话见于《实践理性批判》。其中，前半句讲的是道德，后半句讲的是自然。"星空"一语，典出古希腊哲学家泰勒斯，据说，泰勒斯就喜欢夜望星空。

自然、道德并举对举，二者确有类似，又有不同。自然幽微深邃，一视同仁；道德庄严肃穆，普照四方。自然处理必然领域，道德处理自由领域。自然契合理性秩序，道德契合意志自由。荀子说："天行有常，不为尧存，不为桀亡。"这讲的是自然。《国语·晋语六》："天道无亲，唯德是授。"这讲的是道德。

何谓自然（*physis*, *natura*）？这一领域有什么特点呢？曰似乎可以这样表述：理论上，只能是这样，而不可能是那样，或者只能是那样，而不可能是这样。要么是这样，要么是那样，二者必选其一。而一旦是这样，则不能是那样，或者一旦是那样，则不能是这样。在这之后，再由这样转变成那样，或由那样转变为这样，不能说完全不可能，也是基本不可能的。这一领域便是自然。

同自然相对的，古时叫约定（*nomos*），大约相当于今天所谓社会。道德的情况，且容稍后再讲。那么，何谓社会？这一领域又有什么特点呢？

曰似乎可以这样表述：理论上，可以是这样，也可以是那样。然而一旦开始，就只能是这样，而不能是那样，或者只能是那样，而不能是这样了。如果由这样转变为那样，或由那样转变为这样，这是完全可能的，或者说并不是不可能的。但要真正实现这种转变，非经付出极大努力不可，且非经过长期坚持不可，虽说如此，但一有机会，一切又会恢复原样。重要的是，这种转变终究是可能的。

这些话念起来饶舌，听起来乱耳，有些像绕口令，又有些像说唱歌（rap），叫人不知所以，更忘乎所以。可以举例说明。

先说社会领域，比如左右方向盘，驾驶员方向盘在车内前排左侧的叫左方向盘，在右侧的叫右方向盘。我国是左方向盘，美国也是左方向盘，那么，能不能是右方向盘呢？当然可以，英国以及英联邦成员大多是右方向盘，我国香港地区也是右方向盘。这就是说，可能是左方向盘，也可能是右方向盘，不必一定是左侧或右侧。但稍有类似经验的人都知道，习惯了左方向盘，再去适应右方向盘，是非常别扭的。但这却不是不可能的，只要经过了努力，是完全可以的。道路左侧右侧通行的例子，也是这样。

再比如左右手写字。现在绝大多数人是右手写字，从小老师家长都这样教导，那么，能不能是左手写字呢？太能了。现在国外不少人用左手写字，其中不乏名人；而国内对此也开放多了，左手写字的人也多了起来，生活中总能见到。这说明，无论左手写字，还是右手写字，甚至用脚写字，用嘴写字，理论上都是可能的。但是左手变右手，或者右手变左手，或者左右开弓，能够运用自如，达到实用程度，稍有过类似经验的人都知道，这是极其困难的。但这却不是不可能的，不仅可能，而且可以做得非常出色，好像原本就是那样似的。

理论上多，实践中一，转变困难，但经努力，可以转变，这几项便是社会领域的特点。相对而言，理论上一，实践中一，难以转变，即经努力，也难实现，这几项便是自然领域的特点。

现就自然领域，举例说明。我们都知道，自然科学大体相同，而法律制度却因国而异，因时而异，虽说不断有人谈论自然法，而如今却近于销声匿迹了。那么，究竟有没有一种东西，"放之四海而皆准"，古往今来总一般呢？有的，虽不多，但一定是有的，这便是死亡。

过去太史公引过一句话，叫作："人固有一死，或重于泰山，或轻于鸿毛。"毛选曾引用过这句话，因而广为流传，妇孺皆知。这话中有一个字特别传神，即"固"字。"固"字，以现代名词来讲，即"本质上"（in nature）、"按照自然法则要求"（by nature）、"从自然意义上讲"（naturally）。人必有死，不能不死，理论上不能，现实中也不能，不可选的是死，可选的是如何死。死亡对人而言，是一种自然，是必然，人不能不死，不死不叫人。夫子说过："老而不死，是为贼！"

又，《千字文》上说："寒来暑往，秋收冬藏。日月盈昃，辰宿列张。"春夏秋冬，日月星辰，日升日落，月满月亏，都是自然。这种情况现在这样，相信开始也是这样，将来也是这样。虽说不是绝对不变，但相对于人类十分有限的时空体验来说，却是绝对不变的。即便人类科技再发展，理论再先进，要做到改变日月星辰的运行节奏，改变寒暑时令的更替规律，尚属天方夜谭。正因此，所以叫作自然。

由于自然领域从一而终的特点，所以，汉译又作"本性"、"性质"、"性"等。由于社会领域可变难变的特点，所以，汉译又作"习惯"、"约定"，有时径作"法律"。日本明治年间有过一个名词——"性法"，实际是今日所谓"自然法"。我们今天说的人性（human nature）一语，即人的自然，过去叫男人的自然（nature of man）；而事物本质（nature of thing，Natur der Ding）一语，即事物的自然。《三字经》上说："人之初，性本善。"这个话，就好像亚里士多德所说"人天生是城邦的动物"一样，都是关于人性的判断，直指人的自然。

不仅如此，人们很早就注意到了自然领域和社会领域的分别和转化。比如，《三字经》上接着讲："性相近，习相远。"语出《论语·阳货》，子曰："性相近也，习相远也。"性即本性，即自然，习即习惯，即社会，性是先天，习是后天，这里强调的是分别。又，俗语说："习以为常"；又，"习惯成自然"。常就是恒，就是法，就是自然。这里讲的是转化。亚里士多德又讲："艺术模仿自然"。这里讲的也是不同于自然的又一领域同自然领域的联系。

其实，从深层次讲，自然领域并非万古不移，倒是时常变动的；也不是整齐划一，倒是充满多样性和或然性的。有人曾整理了一部自然史出来，有人也曾讲到"测不准"，这就是明证。反观社会，其实也并非完全因人而异，因事而异，也有一定之规存在，也有不刊之论存在。必然中有偶然，相对中有绝对，二者的差别有程度的一面。在自然领域，必然性多些，偶然性少些；绝对性多些，相对性少些。在社会领域，偶然性多些，必然性少些；相对性多些，绝对性少些。由于不存在完全的隔阂，不存在不可逾越的鸿沟，所以处在两个领域的事物，在相互对立之余，也不时相互转化。

有了自然和社会的分立之后，也就是古时所说自然和约定的分立之后，讨论道德问题，便有了一个理论框架。人们可以问：道德是属于自然领域呢，还是属于社会领域，抑或兼而有之呢？再具体到正义或公正问题，人们可以问：正义是属于自然领域呢，还是属于社会领域，抑或兼而有之呢？再具体到法或法律问题，人们可以问：法是属于自然领域呢，还是属于社会领域，抑或兼而有之呢？属于自然领域，这就是自然法；属于社会领域，这就是实证法，或人法，或人为法，或人定法；兼而有之，便出现了自然法和实证法的关系问题。试想，这一理论框架，对后世法学理论乃至实践哲学的推进和展开，有着何等重大的意义？而如果没有这一框架，情形又将如何呢？

现在人类经济科技发达，社会文化繁荣，踌躇自得之余，不禁狂妄自大，所谓"万物皆备于我"，至于进退失据，毫无谦恭敬畏之心。早期人类社会则不然，当时力量还很弱小，生产力低下，生存环境恶劣，危机感十足，所以时时处处，小心翼翼，遇事不敢自专自立。先民是最初从神圣秩序当中，然后从自然秩序当中，去寻求安身立命之本，修齐治平之道，以便应付外来日益严峻的挑战，更是要克服内心深处无法抑制的恐惧和忧虑。

可以说，只要人类开始长大，开始自立，从那天起，自然和社会的关系，就是他们思考的重大理论课题之一，这也是每一历史阶段不能不严肃面对和认真对待的时代主题。身处今时今日，我们涌现出了那么多问题，遭遇到了那么多危难，看来，又到了再次思考和应对这一理论课题和时代主题的时候了。

现在流行一句话，叫作："这个世界不仅有眼前的苟且，还有诗和远方。"联系至康德的星空和道德，其中是不是存在剽窃嫌疑，我不知道。

（二〇一九年十一月十二日）

# 69 论人性

　　财富彰显人性，企业家如是说。资产代表身价，由此看来，奢华和排场是免不了的，缺了少了便够不上品味和格调。

　　权力彰显人性，政治家如是说。官衔代表地位，由此看来，场面和声势是免不了的，缺了少了便够不上尊贵和威严。

　　情爱彰显人性，文艺家如是说。开放代表时尚，由此看来，铺陈和暗示是免不了的，缺了少了便够不上前卫和新潮。

　　真理彰显人性，学问家如是说。艰深代表专业，由此看来，专注和执着是免不了的，缺了少了便够不上精粹和晦涩。

　　财富带来满足，权力带来快感，情爱带来刺激，真理带来享受，它们中间每一样都带来成功，兼而有之则是更大的成功。试想，财厚权高如川普，情真理达如罗素，何其难哉？倘得专其权钱文学四者于一事而擅之，兼彼川普罗素二氏于一身而有之，又何其难哉？！

　　它们都意味着成功，人性当中的某些部分由此发挥到了极致；似乎，又不能叫成功，人性当中的其他部分由此压抑到了极致。某些部分极度扩张直至爆裂，某些部分极度收缩直至枯萎，似乎，都不符合人性要求，都不能叫作成功。

　　比如说，为了财富而牺牲情爱的，就像琵琶女所说的"商人重利轻别离"一样；为了权力而牺牲情爱的，就像闺中妇所说的"悔教夫婿觅封侯"一样；为了真理而牺牲情爱的，就像婵媛女嫛所说的"夫何茕独而不予听"一样。君不见"洒向人间都是怨"，之所以生怨，皆因处理不当，有失偏颇。

　　其实，财富、权力、情爱和真理，所有这些方面都是人性中的某些分工，就像企业家、政治家、文艺家和学问家是社会中的某些分工一样。人性分工中的某些部分流露出来，就发展为社会分工的某些部分；反过来，社会分工中的某些部分巩固下来，又强化了人性分工中的某些部分。就是这样。

柏拉图研究过这类问题，他在《理想国》中把城邦结构和灵魂结构拿来作对比，给人留下深刻印象。他说，城邦有哲人，有士人，有庶人，一个城邦之为理想国，就是让哲人为君，士人为臣，庶人为民。灵魂也是这样，有智慧，有激情，有欲望，人之为正人君子，就是让智慧为君，激情为臣，欲望为民。君讲智慧，臣讲勇敢，民讲节制，三者和谐，即称正义，知也，勇也，节也，义也，号为"四德"。正义即和谐，音乐亦和谐，在城邦如此，在个人亦如此。

结构有差等，关键在和谐，一国犹一人，政体如人性，一人犹一国，人性犹政体。政体讲阶级构成，人性讲个体构成。整体包括哪些部分，部分怎样构成整体？就此而言，勾勒一张人性地图，一定大有裨益；勾勒一张世界地图，一定更有帮助。从中，可以见到国家的位置，可以见到社会的位置，可以见到家庭的位置，可以说，它们都在不同程度上表达着人性。

有人说，人，一半是天使，一半是野兽。有人说，人是由兽而神的空中索道。人既有兽性，又有神性，人性是二者的结合，缺一不可。又据说，人有灵魂，有肉体，或说有心灵，有身体，或说有心理，有生理，或说有精神，有物质，灵与肉，身与心，神与物，阴与阳，两方面合则生，离则死，顺则正，逆则邪。这类意见流传很久，很广，很有代表性。

分辨整理之，可开列出四层：第一是物质层面，如四肢七窍、五脏六腑之类；第二是生理层面，如呼吸繁殖、消化免疫等；第三是心理层面，如七情六欲、三魂七魄等；第四是精神层面，如理性意志、理想信仰等。记得有学者列出过无机、有机、心灵、精神四层的，并有配套范畴和法则附后，不过，那是针对实在世界的。这里记作物质世界、生物世界、动物世界和精神世界，并设法同人性问题彼此联系起来，相互参照说明。

人的物质层面同属物质世界，人的生理层面同属生物世界，人的心理层面同属动物世界，人的精神层面同属精神世界。人不能不是物质，所以第一层面必须存在；人不能不是生物，所以第二层面必须存在；人不能不是动物，所以第三层面必须存在；人不能不是主体，所以第四层面必须存在。人的生存和进化颇像通关游戏，也像是攀岩运动，由始而终，由下而高，由简而繁，想要投机取巧，偷奸耍滑，很难。

因为有第一层面，所以有物质性；因为有第二层面，所以有生物性；因为有第三层面，所以有动物性；因为有第四层面，所以有精神性。因为有物质性，或曰物性，所以自然规律起作用；因为有精神性，或曰神性，道德规律起作用。所以说，人是复杂存在，是复合存在，是高级存在，"攻其一点，不及其余"，固不足取也。

《荀子·王制》中说："水火有气而无生，草木有生而无知，禽兽有知而无义，人有气有生有知且有义，故最为天下贵也。"荀子说，在人身上，有物质性，有生物性，有动物性，还有道德性，唯其有道德性，或曰德性，所以"最为天下贵"。既见其专长，又见其全面，专长是全面，全面是专长。

亚里士多德也说，存在三级灵魂，唯人能兼而有之。具体说，首先是植物灵魂，比如营养和消化等；其次是动物灵魂，比如感觉、本能和欲望等；最后是理性灵魂，比如理解、思考和认识等。人有理性灵魂，并不妨碍他兼具植物灵魂和动物灵魂。后来讲理性认识和感性认识，讲由感性上升至理性，或许与此相关吧。

《荀子·王制》随之又说："力不若牛，走不若马，而牛马为用，何也？曰：人能群，彼不能群也。"又，"故人生而不能无群"。文中说，如果不群，后果很多，很严重，恐怕要影响到人之为人。中心意思就一个，"团结就是力量"。

同样，亚氏也说："人类自然是趋向于城邦的动物（人类在本性上，也正是一个政治动物）。"做人，就要做个好人，要做个好公民，伦理学教人做个好人，政治学教人做个好公民。人，既要过社会生活，又要过政治生活，"到群众中去"，本性使然，自然而然。

荀子讲，人是德性动物；亚氏讲，人是理性动物。又，荀子讲，人是社会动物；亚氏讲，人是政治动物。从质的角度讲，或从内涵角度讲，人的独特性乃至优越性，在于德性，在于理性，更进一步，在于神性。从量的角度讲，或从外延角度讲，人的独特性乃至优越性，在于社会性，在于政治性，更进一步，在于整体性。

理性使人独立，把个人变成主体；德性使人成熟，把小人变成君子；神性使人谦卑，把兽性变成人性。由个体性到社会性，由社会性到政治性，再到整体性，把人们变成我们，把小我变成大我，这是一个一步步锻炼和回归的过程，也是一个变异和生发的过程，既像是回炉，又像是反刍，既像是发酵，又像是淬火，让人从中找到归属感，做回自我。

理性是山涧一股溪流，德性把它澄清，神性使它流动起来，活跃起来，滋润沿途一带草木，哪怕只有一块鹅卵石而已。理性是心头一盏灯火，德性把它点亮，神性使它闪耀起来，跳动起来，照亮周边一片地方，哪怕只有斗方之地而已。有位网红大咖讲过，人性是物性的绽放。其实，这只是前半句，后半句是：人性是神性的浸染。

自此，山谷不再寂寞，大海不再寂寞，由涓滴而细流，由细流而大河，由大河而汪洋，惊涛骇浪，洪波狂澜。同样地，长夜不再黢黑，太空不再黢黑，由灯光而星光，由星光而月光，由月光而日光，珠玑灼耀，河汉灿烂。日月盈昃，星斗转移，时光荏苒，世道沧桑，回看尘埃如粒，萤火如豆，总会令人感喟万千！

人类中心，似不鲜见，见于古今，行于中外。《尚书·周书·泰誓上》："惟天地万物父母，惟人万物之灵。"《孝经》："天地之性人为贵。"《说文·人部》："人，天地之性最贵者也。"莎翁也说："人者，宇宙之菁华，万物之灵长。"尊贵，灵长，出自比较，没有比较，就没有伤害。同理化动植比较，人的特色是理性，是德性，是神性，能讲话，有文字，能劳动，能制造和使用工具，等等。

同其他事物比，可以说尊贵，说灵长，如果同"四大"、"三才"比，就不能说优越，而只能是并列了。《三字经》："三才者，天地人。"《春秋繁露·元神》："天地人，万物之本也。天生之，地养之，人成之。"古籍中反复说，"参天地"，与"与天地参"，都是并列。《道德经》第二十五章："故道大，天大，地大，人亦大。域中有四大，而人居其一焉。人法地，地法天，天法道，道法自然。"

而很多时候，则把天、地甚至道，合而为一，与人并称，这就是"天人合一"，汉儒最讲"天人合一"。天人之所以合一，或以天人相通，或以天人相类。人因为有理性，有道德，有信仰，所以与天相通，而别于物，尊于物。人因为与天相类，或形象相近，或禀赋相似，或气息相投，所以与天接近，而别于物，尊于物。据《圣经》说，上帝照着自己的样子创造了人，所以人最尊贵，自然带着神性出现。

在古语中，"天"一语，含义模糊，变动不居。有时相当于神，古语叫"帝"、"后"；有时相当于自然，今天叫作"自然界"、"物质"；有时相当于"道"，今天叫作"规律"、"法则"、"定理"；有时相当于太空，如苍天、昊天、九天等。有学者不惮其烦，概括为"五天"。古人讲"人定胜天"，实际讲的是自然，是客观条件，是物质条件。不过，能讲"人定胜天"，一定是人类发展到了一定阶段，至少是思想观念发展到了一定阶段，可以开始讲人的独立性了，可以开始讲社会的独特性了，可以开始讲不同了。

人法天，人胜天，人齐天，人的定位何其不同，人的估价何其不同！《庄子·外篇》："吾在天地之间，犹小石小木之在大山也。"又，"号物之数谓之万，人处一焉。"《南华》倍言宇宙之浩瀚，倍言我人之渺小，中观、宏观、微观、三维、四维、十一维，听了现代科学所讲的童话故事后，不由得你不信！

　　譬如，人无不鄙弃细菌，鄙弃微生物，人又离不了细菌，离不了微生物，人体内就有无以计数的细菌和微生物。可是，焉知人不是细菌，不是微生物呢？焉知人不在巨人体内，不是巨人所鄙弃的细菌和微生物呢？又，焉知细菌和微生物不是人呢？焉知它们体内没有鄙弃细菌和微生物的人呢？试看，人，巨人，细菌和微生物，巨人外的巨人，细菌和微生物内的细菌和微生物，层层递进，环环相扣，就像是画中画、楼中楼那样，又像是山外山、人外人那样，身处其中，当作何感想呢？是崇高呢，还是卑贱呢？是欢喜呢，还是忧伤呢？是麻木呢，还是震撼呢？

　　人性问题很简单，也很复杂。说它简单，我们只需问问："我是谁？""从何处来？""我向何处去？"如此即可。说它复杂，是因为它和诸多更复杂的问题关联在一起。

　　理清人性问题，实际上是在比较，在平衡，在妥协，在取舍，在排序，在兼顾，在斟酌。具体说，首先是理性、德性乃至神性的关系，明确人的本质问题；其次是精神层面、心理层面、生理层面、物质层面的关系，明确人的结构问题；其次是个人同社会、同国家的关系，明确人的范围问题；其次是人同世界、同宇宙的关系，明确人的地位问题；其次是当下同过去，同未来的关系，明确人的过程问题。上述本质问题，结构问题，范围问题，地位问题，过程问题，可以看成一幅图景，一条线索，至少是一种参照吧。

　　所有这些方面的看法，都会影响到人性问题上的判断，实际上影响到对人的理解。当然，古往今来，在所有这些方面，也都存在着巨大的分歧和争论。比如，有主张性善的，就有主张性恶的；有主张既善且恶的，就有主张无善无恶的；有主张进化的，就有主张堕落的，还有主张循环的。每个地域、每个时代都处在持续永恒的探索之中，而且大概不会有一个确定无疑、完美无缺的答案。

　　《红楼梦》里有两副对联：一是"世事洞明皆学问，人情练达即文章"；二是"假作真时真亦假，无为有处有还无"。可谓最得其中三昧，尤其后联！还有一首《好了歌》，讲权力，讲财富，讲家庭，讲亲情，既顺带回应前文困惑，又最能契合国人心态，而且完全是过来人的口吻，十分难得，值得深味。现抄录下来，谨作全文结尾：

> 世人都晓神仙好，唯有功名忘不了。
> 古来将相在何方，荒冢一堆草没了。
> 世人都晓神仙好，唯有金银忘不了。
> 终朝只恨聚无多，及到多时眼闭了。
> 世人都晓神仙好，唯有娇妻忘不了。
> 君生日日说恩情，君死又随人去了。
> 世人都晓神仙好，唯有儿孙忘不了。
> 痴心父母古来多，孝顺子女谁见了？

（二〇二〇年六月四日）

# *70* 论性三品

> 性也者，与生俱生者也；情也者，接于物而生者也。性之
> 品有三，而其所以为性者五；情之品有三，而其所以为情者
> 七。曰何也？曰：性之品有上中下三，上焉者，善焉而已矣；
> 中焉者，可导而上下也；下焉者，恶焉而已矣。其所以为性者
> 五：曰仁，曰礼，曰信，曰义，曰智。上焉者之于五也，主于
> 一而行于四。中焉者之于五也，一不少有焉，则少反焉，其于
> 四也混。下焉者之于五也，反于一而悖于四。性之于情，视其
> 品。情之品有上中下三，其所以为情者七：曰喜，曰怒，曰
> 哀，曰惧，曰爱，曰恶，曰欲。上焉者之于七也，动而处其中。
> 中焉者之于七也，有所甚，有所亡，然而求合其中者也。下焉者
> 之于七也，亡与甚，直情而行者也。情之于性，视其品。

此处所引为韩昌黎《原性》中的一段话，讲的是性有上中下三
品，其具体内容为五常，情有上中下三品，其具体内容为七情；品
级不同，对于这些内容的态度和做法也不同。性有上中下三品，有
时也叫善恶中三品，这就叫性三品。韩子似乎把问题复杂化了，比
如，性有三有五，情有三有七，性上品与情下品，可得而兼之吗？
性三品与七情关系如何，如何搭配，有无限制呢？

接着，韩子又对人性论作了述评，他写道："孟子之言性，曰
人之性善；荀子之言性，曰人之性恶；扬子之言性，曰人之性善恶
混。夫始善而进恶，与始恶而进善，与始也混而今也善恶，皆举其
中而遗其上下者也，得其一而失其二者也。"又，"故曰三子之言性

也，举其中而遗其上下者也，得其一而失其二者也。"性善说，性恶说，性混说，韩子说它们是以偏概全，知其一而不知其二。既然混善恶说是这样，至于其他的无善恶说、超善恶说，恐怕更是这样了。

以上诸说都是对人性的定性研究，即就人性问题在抽象人类的角度上作出普遍判断，而不在具体人群中作出区分，从而得出特别判断。人性的定性研究而外，还有人性的定量研究，即具体区分和特别判断。如韩子的性三品说即是，再如韩子之前董仲舒、扬雄、王充、荀悦诸家即是。董子分作上中下三等，扬子分为禽人圣三门，王充分作极善、极恶和不善不恶三种，荀悦亦分作上中下三品。不过，明确了是定量研究即可，至于分作两品，分作九品，道理都是一样的。

定性之后，还有个移性的问题，即教化刑罚的功能和限度问题。韩子接着写道："曰然则性之上下者，其终不移乎？曰上之性就学而愈明，下之性畏威而寡罪，是故上者可教而下者可制也，其品则孔子谓不移也。"《论语·阳货》："子曰：'唯上知与下愚不移。'"邵康节诗《感事吟》中也说："君子小人正相反，上知下愚诚不移。"这就是所谓"孔子谓不移也。"上知和下愚是天成，非人力可为也，所以教化刑罚至此止步。大概是这个意思。

这些问题，似乎也可以这样理解。设想黑白两种颜料混合一起，各占一定比重，从而构成新的颜色。白色为百分之百，黑色为百分之〇时，为白色；反之，白色为百分之〇，黑色为百分之百时，为黑色；其余，在百分之〇至百分之百之间，即灰色，灰色有无穷种变化，淡灰、浅灰、深灰、黑灰……同理，善恶也是两种颜料，混合而成的新的颜色，即人性的具体情形。这中间有多少种变化？回答是：无穷。从一到百，有无穷个数，所以有无穷种变化。

善恶构成颇像分数构成。百分和〇分是两个极端，数量往往是很少的，大量的集中在中间某个区域，这个区域有时向上靠近百分，有时向下靠近〇分。至善至恶，本是两极，数量极少；大善大恶，靠近极端，数量也少；善多恶少、善少恶多者，居于中间；在最中间的，即或善或恶，时善时恶，亦善亦恶，不善不恶，这几种情况为数最众。

此时，在百分、八十分、二十分和〇分位置画出四条虚线，百分线和〇分线代表至善至恶区域，百分线和八十分线之间为大善区域，二十分线和〇分线之间为大恶区域，八十分线和二十分线之间为中间区域。这样，善恶构成分布将主要在八十分线和二十分线这个区域来回移动，跨越八十分线和二十分线的不多，达到百分和〇分的就更少了。这就说明，至善至恶，世间罕有；大善大恶，世间少有；所谓或善或恶，时善时恶，亦善亦恶，不善不恶者，世间常有。

在这几条虚线当中，八十分线是高标准，二十分线是低标准，未划出的六十分线、四十分线甚至五十分线为中等标准。孟子人性论采用低标准，所以人性善；荀子采取高标准，所以人性恶；扬子采取中间标准，所以人性混。至于超善恶论、无善恶论，总是采取这些虚线当中某些虚线作为标准。就移性问题而言，到达百分线和〇分线的，即至善至恶者，非神即兽，固不可为；大善大恶者，非不可为，实难为也；非至善至恶者，非大善大恶者，才属于所谓"导之而可上下者也"，才是教化刑罚发挥作用的范围，此外即其限度所在。

篆文性字（🔤），从心生声。《说文·心部》："人之阳气性善者也。"另有篆文情字（🔤），从心青声，排在性字之前。《说文·心部》："人之阴气有欲者。"古人性情对称，性为阳，主要指道德性；情为阴，主要指生物性。许说韩说即是。有时又说，性为静，情为动，并以水设譬，水静时清，这是性，动时浊，这是情。有时，性情与命、欲等连用排比。《荀子·正名》："性者，天之就也；情者，性之质也；欲者，情之应也。"《汉书·董仲舒传》："臣闻命者天之令也，性者生之质也，情者人之欲也。"看来，人性有时是性情，有时则是一个更为复杂的系统。

《说文·心部》性字释文偏重道德性，所以视作形声字，所以是"从心，生声。"如果道德性和生物性并重，也就是把性同时解作会意字，则可改作"从心，从生，生亦声。"心讲道德性，生讲生物性，前者阳，后者阴，阴阳交感而生，与天地参。人须有生命，生讲的是生物性，甚至是自然性，命讲的就是道德性，甚至是精神性。自然规律讲必然，道德戒律讲必须，必然、必须内在有着惊人的一致性，于是，古人把它们笼统地都叫作"天"。这就是人们常常用天、用自然去解释道德的原因吧。

（二〇二〇年七月十三日初稿）

（二〇二〇年七月十四日改）

# *71* 论性情

　　古时，性情常作对语，而且性情反映人性。古人讨论人性，有时讲性如何，有时讲性情如何，有时讲性情欲如何，或者讲命性情如何，有时讲及更多方面。唐李翱作过《复性书》，分上中下三篇，其中有不少内容，就性情作出分辨，加以界定，展开阐述，值得一读。

　　《复性书上》开篇即讲："人之所以为圣人者，性也；人之所以惑其性者，情也。喜怒哀惧爱恶欲，七者皆情所为也。情既昏，性斯匿矣，非性之过也。七者循环而交来，故性不能充也。水之浑也，其流不清；火之烟也，其光不明。非水火光明之过。沙不浑，流斯清矣；烟不郁，光斯明矣；情不作，性斯充矣。性与情，不相充也。虽然，无性则情无所生矣，是情由性而生。情不自情，因性而情；性不自性，由情以明。"

　　这段话讲到性情的关系。性情的分别，也是圣人凡人的分别。圣人主性，凡人主情，可见分别性情，意义重大。性是正面的，情是负面的；性是积极的，情是消极的。情对性的作用，几乎完全是负面的、消极的。情惑性，情匿性，七情来，性不充，情不作，性斯充。情遮蔽性，就像沙搅浑水，烟阻挡光一样；没有了情的遮蔽，性就复原如初了，就像水一样清澈，光一样明亮。

　　性情相比，性是第一位的，情是第二位；性是本，情是末；性是体，情是用；性是原，情是委。情由性生，无性无情。"情不自情，因性而情；性不自性，由情以明。"情之清，也由于性；性之明，也由于情。看来，情在负面的、消极的作用之外，也有几分正面的、积极的意义。

情的内容是相对固定的，即所谓七情。《礼记·礼运》："何谓人情？喜、怒、哀、惧、爱、恶、欲，七者弗学而能。"《三字经》："曰喜怒，曰哀惧，爱恶欲，七情具。"又有六欲，可资对比。《吕氏春秋·贵生》："所谓全生者，六欲各得其宜者。"高注："六欲，生、死、耳、目、口、鼻也。"

又，"性者天之命也，圣人得之而不惑者也；情者，性之动也；百姓溺之而不能知其本者也。圣人者岂其无情耶？圣人者寂然不动，不往而到，不言而神，不耀而光，制作参乎天地，变化合乎阴阳，虽有情也，未尝有情也。然则百姓者岂其无性耶？百姓之性，与圣人之性弗差也，虽然，情之所昏，交相攻伐，未始有穷，故虽终身而不得自亲其性焉。"又，"情之动静弗息，则弗能复其性，而烛天地为不极之明。"

"性者天之命也"，"情者性之动也"，这是个有代表性的表达。《中庸》："天命之谓性。"性是与生俱来的，是固有的。但为什么，根据何在？因为天命。命是注入，是赋予，在天而言是这样；在人而言，则是秉承，是接受。天又是什么？有时是自然，有时是精神，二者虽异，但同样是不可违逆的，是不可抗拒的。人性也是天性，是本性，但有时是因为自然，有时是因为精神，从而成为天性，成为本性。天兼二义，有时兼指，有时专指。

性是本质，情是现象。情是性的反映，是表现，有时也是折射，是扭曲。圣人主性，但不可谓无情，但圣人之情，处处见性，很难分别，圣人之情，近乎圣人之性。凡人主情，但不可谓无性，但凡人之性，处处同情，很难分别，凡人之性，近乎凡人之情。这很像一面镜子，在圣人那里，光洁如新，在凡人那里，污浊不堪。圣之为圣，凡之为凡，区别就在这里。

又，《复性书中》："曰情者性之邪也，知其为邪，邪本无有，其心寂然不动，邪思自息。惟性明照，邪何所生？"又，"敢问何谓天命之谓性？曰人生而静，天之性也。性者，天之命也。问曰凡人之性，犹圣人之性与？曰桀纣之性，犹尧舜之性也。其所以不睹其性者，嗜欲好恶之所昏也，非性之罪也。曰为不善者非性邪？曰非也，乃情所为也。情有善有不善，性无不善焉。孟子曰人无有不善，水无有不下。夫水，搏而跃之，可使过颡；激而行之，可使在山。是岂水之性哉？其所以导引之者然也。人之性皆善，其不善亦犹是也。问曰尧舜岂不有情邪？曰圣人至诚而已矣。"

性为善，情为恶，性善情恶，李氏坚定地持这种主张。今天，情是感情、情感、情绪，古今不同，古时情是人欲。《汉书·董仲舒传》："情者人之欲也。"性代表道德，情代表欲望，用道德去压制欲望，传统社会都有这个特征。今古不同，今天是市场社会，需求是动力，重视法律，轻视道德。

古人主张性善，力求某种独特性，欲望是动物性，所以不可取。西人也是这样，他们找到了理性，找到了神性，找到了语言，找到了劳动，找到了制造和使用工具，总之是某种独特性。人性即某种独特性，它把人和动物区分开来；但同时也是某种共通性，它把各色人等统合起来。

性主静，情主动，静是天性，性是天命。"圣人之性，犹凡人之性"，"桀纣之性，犹尧舜之性也"，在两方面，人性是一样的，或者说近似的，或者说差别不大，问题就在于情。性只是善，不能不善；情可以善，也可不善。性指正常情况，出现反常情况，一定是情在背后作祟，它就是那个"所以导引之者"。所以前文说："情之动静弗息，则弗能复其性，而烛天地为不极之明。"

又，"曰情之所昏，性即灭矣。何以谓之犹圣人之性也？曰水之性清，激而浑之者泥沙也。方其浑也，性岂遂无有邪？久而不动，泥沙自沈，清明之性，鉴于天地，非自外来也。故其浑也，性本弗失；及其复也，性亦不生。人之性，亦犹水也。"又，"问曰人之性本皆善，而邪情昏焉，敢问圣人之性，将复为嗜欲所浑乎？曰不复浑矣。情本邪也，妄也。邪妄无因，人不能复；圣人既复其性矣，知情之为邪，邪既为明所觉矣，觉则无邪？邪由何生也？"

性为情蔽，只是蔽耳，不是消灭。水本清明，泥沙搅动，不再清明，清明仍在。等到平静下来，泥沙自沉，复归清明。水浑浊时，本性并未消失；水清明时，本性也未再生。就像表演开始了，主持退归幕后；表演结束后，主持复归台前。人不见了，但不是走开，而是隐去。退而复出，浊而复清，昏而复明，就是复性。本性没有消失，没有再生，只是再现，如此而已。

圣人不可谓无情，既有情，会不会因情而惑，遮蔽本性呢？回答是不会。为什么？因为他是圣人。情是邪是妄，而邪妄无因，凡人未觉，是不能复性的。圣人能复性，有觉悟，是先觉，非后觉，既有觉悟，则无所谓邪，无所谓妄，所谓邪妄，也无从产生。

过去把人分作若干等，最高的是圣，其次是贤，其次是智，其次是能，其次是凡人。圣与凡相对，贤与不肖相对，智和愚相对，另有君子和小人相对。君意为大，子意为人，君子就是大人，与小人相对。圣、贤、智和君子，相对凡、不肖、愚和小人，有先天的道德优势和政治优势。《鬼谷子·捭阖》："夫贤不肖、知愚、勇怯有差，乃可捭，也可阖。"

李氏在《复性书》中多引《易》、《中庸》、《孟子》，显然思孟学派的影响，在李氏身上是巨大的。李氏自述其学说："子思，仲尼之孙，得其祖之道，述中庸四十七篇，以传于孟轲。孟轲曰：我四十年不动心。轲之门人，达者公孙丑、万章之徒，盖传之矣。遭秦焚书，中庸之弗焚者一篇存焉，于是此道废阙。"又，"性命之书虽存，学者莫能明，是故皆入于庄列老释，不知者谓夫子之徒，不足以穷性命之道，信之者皆是也。有问于我，我以吾之所知传焉。"

李氏其人，名翱，字习之，陇西狄道人。生唐代宗大历七年，卒唐武宗会昌元年，享年七十。《旧唐书》中说："翱幼勤于儒学，博雅好古，为文尚气质。"又，"翱性刚急，论议无所避。执政虽重其学，而恶其激讦，故久次不迁。"《新唐书》中说："翱始从昌黎韩愈为文章，辞致浑厚，见推当时，故有司亦谥曰文。"这里有两个细节：一是李氏学于昌黎，所以勇于以卫道士自任，也就不足为怪了。二是为人正直，遇事敢发表意见，敢说真话。这却是十分难得的，他做了一名卫道士应该做的，看来也是个性情中人。

（二〇二〇年七月十五日）

# 72 论性与生

孟子讲性善，荀子讲性恶，扬子讲混性善恶，告子讲性无善无恶，世子讲性有善有恶，王充讲性三品，理学讲性二元论，心学讲性一元论，古人讨论人性，质疑问难，辩驳折衷，于传承递嬗外，每有激烈的思想交锋。《孟子·告子》开篇四章即为示例。

> 告子曰："性，犹杞柳也；义，犹杯棬也。以人性为仁义，犹以杞柳为杯棬。"孟子曰："子能顺杞柳之性而以为杯棬乎？将戕贼杞柳而以为杯棬也？如将戕贼杞柳而以为杯棬，则亦将戕贼人以为仁义与？率天下之人而祸仁义者，必子之言夫！"

告子一心要把人性说成杞柳一类的材质，把仁义说成杯棬一类的器具，由材质到器具要经过加工雕琢，而经过加工雕琢的器具就不再是人性本身了。孟子承认杞柳是材质，杯棬是器具，但是仁义毕竟不同于杯棬，不能这样推理。所以孟子反问道，您是否打算要把人来加工雕琢一番，最后打造出像杯棬那样的仁义来呢？

孟子讲，人性本善，人性就是仁义礼知。仁义是人的道德特质，是与生俱来的，不是后天造就的。所以，仁义与其说是杯棬一类的器具，毋宁说是杞柳一类的材质。材质是待加工的，器具是加工好了的，材质是手段，器具是目的。在这层意义上，仁义不好说是材质，虽然它们是先天的，但它们不是手段，而是目的。它们是人性本身，如果说是经过了加工，工匠也只能是上天！

> 告子曰："性犹湍水也。决诸东方则东流，决诸西方则西

流，人性之无分善不善也，犹水之无分东西也。"孟子曰："水信无分东西，无分上下乎？人性之善也，犹水之就下也。人无有不善，水无有不下。今夫水，搏而跃之，可使过颡；激而行之，可使在山，是岂水之性哉？其势则然也。人之可使为不善，其性亦犹是也。"

告子愿意在自然界为人性寻求类比，这次找到了水。他把水看成客观的、中性的、随机的，但却忽视了立体不同于平面，在平面可东可西，在立体则只上不下。孟子立刻抓住了这一纰漏予以反击："无分上下乎？"接着立刻跟进，人之性善就像水之下流，人性莫不善，水莫不下流！即使发生上行上扬的情况，那也是外力使然，而非本性使然。

《易·干》文言："水流湿，火就燥，云从龙，风从虎。"水有规律，火有规律，自然事物讲规律，讲必然；同样地，为人有道德，处事有道德，伦理现象讲道德，讲应然。自然规律是必然，道德规律是应然，它们都不属于自由领域，都带有某种单向性、强行性。正因此，从自然角度去论证道德，往往是件再自然不过的事。所谓人性，即人的自然。

告子曰："生之谓性。"孟子曰："生之谓性也，犹白之谓白与？"曰："然。""白羽之白也，犹白雪之白；白雪之白，犹白玉之白与？"曰："然。""然则犬之性，犹牛之性；牛之性，犹人之性与？"

告子强调人性的自然一面，所以他说："生之谓性。"既然人性重生物性，那么犬之性、牛之性、人之性，所有生物性，都应该相同的了。这就像白羽之白、白雪之白、白玉之白，所有白都应该是相同的。但人和犬、牛不同类，不同类即不同性，所以人之性不是犬、牛之性；而羽、雪、玉三者都是物，物性可以相同。这两方面不能类比。

看来，人性不是人同所有禽兽、所有无生物的共同之处，相反，倒是它们的不同之处，即人自身的独特之处。告子强调生，只有共性，体现不出特性；而孟子强调仁义，强调道德性，能够把人和异类区别开来。人而为人，兼具生物性和道德性。它以生物性别于神灵，同于禽兽；以道德性别于禽兽，同于神灵。人既不是禽兽，也不是神灵，所以必须兼而有之，兼而有之，方为其人。

> 告子曰："食色性也。仁，内也，非外也；义，外也，非内也。"孟子曰："何以谓仁内义外也？"曰："彼长而我长之，非有长于我也；犹彼白而我白之，从其白于外也。故谓之外也。"曰："异于白马之白也，无以异于白人之白也。不识长马之长也，无以异于长人之长与？且谓长者义乎，长之者义乎？"曰："吾弟则爱之，秦人之弟则不爱也，是以我为悦者也，故谓之内。长楚人之长，亦长吾之长，是以长为悦者也，故谓之外也。"曰："耆秦人之炙，无以异于耆吾之炙，夫物则亦有然者也，然则耆炙，就有外乎？"

告子讲食色性也，等于讲生之谓性。他接着说，我如何看待年长和色白，这取决于年长和色白，而不取决于我，所以是外。我如何看待我弟和人弟，则取决于我，而不取决于我弟和人弟，所以是内。仁取决于我，所以是内；义取决于物，所以是外。告子主张仁内义外，孟子反对这种意见。孟子讲，年长色白不可同日而语，年长不是义，敬老才是义；嗜炙物燃不可同日而语，物燃不是内，嗜炙不是外。可见，仁义俱系发于中而形于外，并非所谓一内一外。

在孟子看来，物性人性都讲性，但有所不同。物性是属性，人性是特性。对于物性，我处于被动从属地位；对于人性，我处于主动主导地位。我如何对待物性，取决于物性；我如何对待人性，则取决于人性。物性是自然性，人性是道德性。自然性使人和万物、和禽兽混同；道德性把人和万物、和禽兽区分开来。人的优越性取决于人性，取决于道德性，取决于四心，取决于仁义礼知。

《孟子·告子》引告子之语："生谓之性。"又，"食色性也。"《荀子·正名》："生之所以然者谓之性。"《春秋繁露·深察名号》："如其生之自然之实，谓之性。"《白虎通·性情》："性者，生也。"《论衡·初禀》："性，生而然者也。"可见，以"心"解性，并不乏人。人的自然性和生物性一面，确系实在一面，不可忽视，但如果只看到这一面，显然是有失偏颇的。

与人的自然性和生物性一面相对的，是人的道德性和精神性的一面。以阴阳属性看，前者属阴，后者属阳。《说文·心部》："情，人之阴气有欲者。从心青声。"又，"性，人之阳气性善者也。从心生声。"大致说，情属阴，性属阳，情与生相连，性与命相连，在生情性命中理解人性，总是要更全面一些，更周到一些吧。

但是要做到完整理解人性，何其困难！现在看来，在以上诸项而外，至少还有人的历史性和传统性的一面在，以及人的未来性和理想性的一面在。请注意，是至少！难怪千百年来，人们要在人性论外发展出宇宙论，反过来再用宇宙论阐发人性论。

（二〇二〇年七月二十七日）

# *73* 论德性

德性是亚里士多德《尼各马可伦理学》（廖译本）讨论的重大主题之一。书中的核心主张是幸福是至善，思辨是至福。［廖申白译注，商务印书馆，二〇〇三，第一卷第七章、第十卷第七章］而讲到幸福和善，德性总是绕不开的，这便是所谓"合德性的实现活动"。关于德性和幸福，比如，亚氏讲过："幸福不在于这类消遣，而如已说过的，在于合德性的实现活动。"［第三〇五页］关于德性和善，比如，他讲过："人的善就是灵魂的合德性的实现活动，如果不止有一种德性，就是合乎那种最好的、最完善的德性的实现活动。"［第二十页］德性的重大意义，由此可见一斑。

书中第一卷由目的讲到善，由善讲到幸福，由幸福讲到荣誉，由荣誉讲到德性，这是最早讲到德性，德性也便如此这般地引入进来。［第一卷第五章］随后，屡屡讲到德性，比如，在讲到人的善时，在讲到灵魂的善时，在讲到幸福的意义时，在讲到称赞时，都是这样。此外，卷末留出一章，专讲德性引论，而且结合对灵魂的分析，提出德性的分类。亚氏讲："德性分为两种：理智德性和道德德性。"［第三五页］又，"智慧、理解、明智是理智德性，慷慨与节制是道德德性。"［第三四页］

亚氏德性分类对应于灵魂分析。亚氏讲，灵魂有个有逻格斯的部分，也有个无逻格斯的部分，还有个中间部分，即没有逻格斯但又分有逻格斯。［第一卷第七、十三节，第六卷第一节］这三个部分大约相当于理智、欲望和营养生长，第一部分人所独有，第二部分动物分有，第三部分植物分有。理智德性对应于灵魂的理智部分，道德德性对应于灵魂的欲望部分。书中第二至五卷讨论道德德性，第六卷讨论理智德性，有总论，有分论，有专论，先总论，后分论，再专论。第七卷讨论自制，第八、九卷讨论友爱，第十卷讨论幸福，大约算作专论。

第二卷讲道德德性，讲到德性是什么，不是什么，同什么相接近，同什么有分别。德性与其说是某种自然，与其说是某种技艺，毋宁说是某种实践。关于德性和自然，亚氏讲："德性在我们身上的养成，既不是出于自然，也不是反乎于自然。"［第三六页］关于德性和实践，他讲："道德德性与快乐和痛苦相关。"［第三九页］又，"德性是与快乐和痛苦相关的、产生最好活动的品质，恶是与此相反的品质。"［第四十页］关于德性和技艺，他讲，技艺的目的在作品，德性的目的在活动；技艺重在知，德性重在选择和品质。［第四二页］

这样看，"德性与恶不是感情"，"德性也不是能力"，"既然德性既不是感情也不是能力，那么它必定是品质。"［第四四、四五页］既然德性是品质，则必定见于人，也见于事，人因此成为好人，事因此成为好事。亚氏讲："人的德性就是既使得一个人好又使得他出色地完成他的活动的品质。"［第四五页］德性作为品质是潜能，作为活动是现实，德性脱离实现活动，就不能叫作圆满。人的德性，则更是这样。

从实践的逻格斯角度讲，"德性是一种适度，因为它以选取中间为目的。"［第四七页］又，"过度与不及是恶的特点，而适度则德性的特点"。［同前］又，"德性是一种选择的品质，存在于相对于我们的适度之中。"［第四七至四八页］又，"德性是两种恶即过度与不及的中间。"［第四八页］又，"从最高善的角度来说，它是一个极端。"［同前］善是一，而恶是多，为恶易，而为善难。譬如射击，要么偏上偏下，要么偏左偏右，要一箭封喉，一语中的，可谓难之又难，难上加难。要做到适度有三条，这便是两恶取轻，矫枉过正和戒骄戒躁。［第五六页］

第六卷讲理智德性。智慧、理解和明智是理智德性。在别处，亚氏开列出六种，即理智与努斯、科学与技艺、明智与智慧六种，在此只包括五种，不包括理智。[第一六九页及注一] 亚氏讲："我们假定灵魂肯定和否定真的方式在数目上是五种，即技艺、科学、明智、智慧和努斯。"[第一六九页]

科学针对不变的、永恒的和必然的事物；科学可教学传习；科学要求证明，要求确信；科学要求始点，科学的始点不属于科学。[第六卷第三章] 技艺针对可变事物，存在物、必然物、自然物无所谓技艺；技艺同实践不同，同制作相关；技艺使事物产生；技艺的始因在制作者，目的在产品。[第四章] 努斯可在不变甚至可变事物中求真，可以获得科学所不及的真。[第六章] 智慧是最为完善者；智慧等于努斯加科学；智慧总是指同样的事情。[第七章]

明智者善于考虑和认识自身。明智不同于科学，它同可变事物相关；明智不含证明。[第五章] 明智关乎终点，同具体相关，它是努斯的相反者。[第八章] 明智不同于技艺，其目的在于活动本身；明智不含德性；在明智中出于意愿的错误更坏。[第五章] 明智不同于智慧，它与人的事务有关；明智者善于考虑，但不考虑不变的事，不考虑非目的的事，不考虑不可实现的目的的事；明智同普遍相关，也考虑具体事实。[第七章] 明智包括个人生活的明智，也包括公共生活的明智。[第八章]

技艺、明智和智慧都是些可贵的品质，它们有的是实践的品质，有的不是。亚氏讲："技艺是一种与真实的制作相关的、合乎逻格斯的品质。"[第一七二页] 又，"明智是一种同善恶相关的、合乎逻格斯的、求真的实践品质。"[第一七三页] 又，"明智是一种同人的善相关的、合乎逻格斯的、求真的实践品质。"[同前] 又，"智慧显然是各种科学中的最为完善者。"[第一七五页] 又，"智慧必定是努斯与科学的结合，必定是关于最高等的题材的、居首位的科学。" 又，"智慧是科学和努斯的结合，并且与最高等的事物相关。"[第一七六页]

明智者善于考虑，这具体体现在好的考虑、理解和体谅等方面的品质上。[第一七二页注二]考虑是研究的一种，意味着研究与推理。[第一八〇页]考虑不是科学，不考虑已知事物；考虑不是判断，可能用时可长可短，可久可暂；不是意见，考虑可正可误，好的考虑是正确，是理智的正确，不是某种不确定。[第九章]亚氏说："如果考虑得好是一个明智的人的特点，好的考虑就是对于达到一个目的的手段的正确的考虑，这就是明智的观念之所在。"[第一八二页]

理解不同于科学，它不针对永恒不变的事物，也不是所有生成物，而是引起怀疑与考虑的事物。[第一八三页]理解不同于明智，理解只作出判断，不发出命令。[同前]理解科学和理解意见都是理解，学习也是理解。[第一八三至一八四页]体谅也针对具体终极的事情，能从起点和终极上把握这些事情的是努斯，而不是逻格斯；体谅理解生而有之，智慧却并非生而有之。[第一八五页]智慧和明智自身值得欲求，它们带来幸福。明智又与道德德性完善着活动，亚氏讲："德性使得我们的目的正确，明智则使我们采取实现那个目的的正确手段。"[第一八七页]

德性是个古老话题，古今中外，颇有不同。亚氏似乎在自然和习惯这样的框架下说明问题，也在实践和制作这样的框架下说明问题，也在潜能和现实这样的框架下说明问题。这样，德性与其说是知，不如说是行；与其说是外，不如说是内；与其说是动，不如说是静；与其说在人，不如说在己。在这方面，伦理学教导如何成为一个好人，政治学教导如何成为一个好公民。亚氏自己就说："真正的政治家，都要专门地研究德性，因为他的目的是使公民有德性和服从法律。如果对德性的研究属于政治学，它显然符合我们最初的目的。"[第三二页]

（二〇二〇年十月十六日）

# $74$ 论大度

> 唐雎谓信陵君曰:"臣闻之曰:事有不可知者,有不可不知者;有不可忘者,有不可不忘者。"信陵君曰:"何谓也?"对曰:"人之憎我也,不可不知也;吾憎人也,不可得而知也。人之有德于我也,不可忘也;吾有德于人也,不可不忘也。"

这段劝谏文字,出自《唐雎说信陵君》,很有名,概括得也好,很符合国人千百年来的固有观念。谁恨我,不可不知,这叫明哲保身;我恨谁,不可以知,这叫宽以待人;谁对我好,不可以忘,这叫受恩不忘报;我对谁好,不可不忘,这叫施恩不图报。能做到这四点的人是宽厚的人,也是大度的人,大度的人是宽厚的人,宽厚的人也是大度的人。

亚里士多德《尼各马可伦理学》(廖译本)第四卷第三章专门讨论大度问题。他讲到,大度的人乐善好施,不求回报。他写道:"他乐于给人以好处,而羞于受人好处。"[廖申白译注,商务印书馆,二〇〇三,第一一〇页]又,"大度的人始终记得他人的好处,不记得他受于人的好处。"[同前]又,"他喜欢听有人提起他给予别人好处,不喜欢有人提起别人给予他的好处。"[同前]又,"因为大度的人不会记得那么多过去的事情,尤其是别人对他所做的不公正的事情,而宁愿忘了它们。"[第一一一页]在人情债方面,大度的人愿意作债权人,而不作债务人,他有时善于牢记,有时则善于忘记。

不过,这里面的理由却有些奇怪,比如,亚氏讲这是因为某种心理上的、道德上的优越感,大度之人何以积累和保持这种优越感，这就叫人有些费解。《聊斋》卷一《考城隍》："有心为善，虽善不赏；无心为恶，虽恶不罚。"有心，还是无心，看来，既是人我，必定有同，有不同，不可强求。

亚氏还讲到大度的人有许多其他特点。比如，大度的人平时不拘小节，不以身犯险，遇事当仁不让，见义勇为。他讲："但是他可以面对重大的危险。当他面对这种危险时，他会不惜生命。因为他认为，不能为活着而什么都牺牲掉。"〔第一一○页〕记得抗战时流行一句话，其中后半句是"牺牲未到最后关头，决不轻言牺牲"。大度的人不在应该苟活时牺牲，不在应该牺牲时苟活，不作无谓的牺牲。

又如，大度的人求己不求人，傲上而和下，不惹事，不怕事。他讲："他无求于人或很少求于外人，而愿意提供帮助。他对有地位的、有财富的人高傲，对中等阶级的人随和。"〔第一一一页〕又，"对于避免不掉的小麻烦，他从不叫喊或乞求别人帮助。"〔第一一一至一一二页〕大度的人助人而不求人，处世而不阿世，自尊自立，自新自强。

又如，大度的人明大体，识大局，懂得轻重缓急，懂得抓大放小，不会细大不捐。他讲："大度的人也不争那些普通的荣誉，不去在别人领先的地方与人争个高低。他并不急切地行动，除非关涉到重大的荣誉。他不会忙于琐事，而只是做重大而引人注目的事情。"〔第一一一页〕大度的人不争人所争，争人所不争，在争处争，在不争处不争。

又如，大度的人光明磊落，爱憎分明，不谄不渎，不骄不馁，不阿不媚，不矜不伐。他讲："他不会讨好另一个人，除非那是一个朋友。"〔第一一一页〕又，"他也不会崇拜什么。"〔同前〕又，"他也不会议论别人什么，既不谈论别人，也不谈论自己。因为他既不想听别人赞美，也不希望有人受谴责（他也不爱去赞美别人）。所以，他不讲别人的坏话，甚至对其敌人，除非是出于明白的目的而羞辱他们。"〔同前〕大度的人严己宽人，远离是非，守口如瓶，沉默是金。

又如，大度的人"行动迟缓，语调深沉，言谈稳重"，而"语调尖厉、行动慌张都是受刺激的反应"。[第一一二页]《论语·学而》："敏于事而慎于言"。《论语·里仁》："子曰：'君子欲讷于言而敏于行。'"《论语·子路》："子曰：'刚毅木讷，近仁。'"大度的人进退得法，张弛有度，他不是把言语当行动，而是把行动当言语。

既然大度的人具有这样多的特点，那么，他究竟是怎样的人呢？

首先，大度的人是能够正确对待荣辱的人。他讲："所以，同大度的人特别相关的重大事物主要是荣誉和耻辱。"[第一〇九页]又，"他对于由好人授予的重大荣誉会感到不大不小的喜悦。"[同前]又，"不过他将接受好人所授予的荣誉"。[同前]又，"但对于普通人微不足道的荣誉，他会不屑一顾。"[同前]又，"对于耻辱，他同样不屑一顾"。[同前]大度的人不是没有荣辱心，相反，他有荣辱心；他不是主宰于荣辱心，相反，他主宰着荣辱心。

其次，大度的人是能够正确对待财富、权力和命运的人。他讲："他既不会因好命运而过度高兴，也不会因坏命运而过度痛苦。"[第一〇九页]又，"所以大度的人往往被认为是目空一切。"[同前]又，"无德性而徒有财富的人既不自视重要，也不配称作大度。"[第一一〇页]大度的人是好人，有德性，这样，他可以驾驭财富和权力，而不是财富和权力在驾驭他。《论语·宪问》："子曰：'不怨天，不尤人，下学而上达。知我者其天乎！'"大度的人"不戚戚于贫贱，不汲汲于富贵"，乐天知命，安常顺生。

再次，大度的人是好人。他讲："所以，真正大度的人必定是好人。而且，一个大度的人对每种德性都拥有的最多。"[第一〇八页]又，"荣誉是对德性的奖赏，我们只把它授予好人。所以大度似乎是德性之冠：它使它们变得更伟大，而且又不能离开它们而存在。所以做一个真正大度的人很难，因为没有崇高就不可能大度。"

[第一〇八至一〇九页]又，"只有好人才配得荣誉，尽管我们认为一个既有德性又幸运的人更配得荣誉。"[第一一〇页]大度的人心怀崇高伟大，向往光明，追求进步，但首先他一定是个好人，一个好人就能把很多德性囊括在内。

在亚氏伦理学体系中，大度是在重大荣辱方面的适度，相应地，虚荣是过度，谦卑是不及；而在小的荣辱方面，爱荣誉者过度，不爱荣誉者不及，适度之名从无。其中，虚荣的人自视甚高，而配得甚低；谦卑的人自视甚低，而配得甚高；只有大度的人能在二者之间求得适度。他讲："所以，大度的人就是对于荣誉和耻辱抱有正确的态度的人。毋庸证明，大度的人所关切的是荣誉。因为伟人们据以判断自己和所配得的东西的主要就是荣誉。"[第一〇八页]

看得出，亚氏在大度的人上面留下了很多的笔墨，注入了很多的心血，寄托了很多的期许，令人印象深刻。人言，亚氏所谓大度的人是比照着亚历山大大帝为原型的，似不能排除。《中庸》第十七章："故大德必得其位，必得其禄，必得其名，必得其寿。"大德的人必是大度之人，这是确定无疑的，只是不知，大度之人是不是大德之人？

《五柳先生传》："闲静少言，不慕荣利"，"忘怀得失，以此自终"。大度的人固然如此，但决不能没有大抱负，不能没有进取心。《岳阳楼记》："不以物喜，不以己悲。居庙堂之高，则忧其民；处江湖之远，则忧其君。是进亦忧，退亦忧，然则何时而乐耶？其必曰先天下之忧而忧，后天下之乐而乐欤？"大度的人是这样的有大抱负、有进取心而又能够正确对待进退乐忧的人。

（二〇二〇年十一月十二日初稿并改）

（二〇二〇年十一月十三日再改）

# *75* 论代价

西方有句谚语，叫作"没有免费的午餐"，这话极对。吃饭当然是要钱的，钱就是饭的代价。和平时代没有霸王餐，于是，棒揍就是蛮横的代价。即便施舍，也要说上句"谢谢"，谢谢就是施舍的代价。

吃饭要付钱，理发也要付钱。饭菜里有手艺，发型里也有手艺。看来，饭钱里除了饭菜外，还包括了厨艺的代价。同理，理发钱里除了发型外，还包括了修剪的代价。看来，花出去的钱究竟是哪部分事物的代价，细节如何，还要详加辨析。

吃饭需要门面，理发也需要门面。开个门面需要下本，舍得下本才可能获利，看来，本是利的代价。就像是赌博，必须舍得下注，舍得下注才能中彩，看来，注是彩的代价。又像是俗语所说"舍不得孩子，套不着狼"，孩子就是狼的代价。

门面需要租用，租用需要租金，租金就是门面的代价。门面需要技艺，技艺需要薪酬，薪酬就是技艺的代价。门面需要经营，经营才能有收益，经营就是收益的代价。门面需要经营，经营才能出效益，经营就是效益的代价。

在各个产业中，有土地的获得地租，土地就是地租的代价，当然，在对方看来，地租也是土地的代价。有资本的获得红利，资本就是红利的代价，当然，红利也是资本的代价。有才具的获得利润，才具就是利润的代价，当然，利润也是才具的代价。有劳动的获得工资，劳动就是工资的代价，当然，工资也是劳动的代价。

消费要最小化，效用要最大化，消费就是效用的代价。投入要最小化，产出要最大化，投入就是产出的代价。成本要最小化，收益要最大化，成本就是收益的代价。付出要最小化，回报要最大化，付出就是回报的代价。

这些都是效率原则的基本要求，可是效率原则也是要有代价的，这就是环境污染、社会失范、道德滑坡和文化沉沦。效率原则的实现，要以牺牲正义原则、安全原则为代价。

说乙是甲的代价，这完全是站在一方的角度上说的；换成另一方的角度，则甲是乙的代价。以买卖关系为例，从买方角度看，金钱是货物的代价，而从卖方角度看，货物则是金钱的代价。买卖关系中综合了买卖双方的角度，此时，金钱货物互为代价。

商人处在两组买卖关系当中。在一组买卖关系中，商人是买方，以金钱为代价换取货物。在另一组买卖关系当中，商人是卖方，以货物为代价换取金钱，他先是以钱换货，再以货换钱。

现在，还是这样两组买卖关系，商人还是原来的商人，原先两组关系中与之相对的买卖角色互换，货物则由一种货物变成了另一种货物。在前后两组关系中，货物金钱流向正好相反。商人作用相同，依然是先充当买方，再充当卖方，先以钱换货，再以货换钱。

无论在前后哪两组买卖关系中，商人充当的总是一个中介角色，既有催化剂功能，又有润滑剂功能，两种货物通过他实现了交换，两笔资金通过他实现了流动。

商人身兼二职，从实时意义看，既是买方又是卖方，而从最终意义看，则既非买方又非卖方。就像是一条线段的中点，所谓中点，从实时意义看，既是起点又是终点，而从最终意义看，则既非起点又非终点。

在商人身上，代价首先是钱，因为要用它去换货；紧接着，货又成了代价，因为要用它去换钱。在这个过程中，货成了中介物，连通本钱和利钱，它先充当利钱，后充当本钱。谁说货不是钱？谁又说货是钱？曰实时意义上，既是又非；最终意义上，既非又是。

商人重利，在他眼中，从本钱到利钱，货物只是一个中介。而在货物交换过程中，金钱则成了中介，它既是此货物又是彼货物，既非此货物又非彼货物。谁说钱不是货？谁又说钱是货？曰实时意义上，既是又非；最终意义上，既非又是。

在买卖关系中，商人是个中介。在货物交易中，货币是个中介。在货币流通中，票据是个中介。在资本运作中，证券是个中介。为了便利交易，服务市场，中介成了一个行业，也成了一项业务。

中介就是中点，如前，在一条线段中，它一头连着起点，一头连着终点。如以终点为目的，则中点就是代价，起点也是代价。起点相对中点是代价，相对于终点也是代价。

代价只是手段，其目的是价值。之所以要付出某种代价，就是为了实现某种价值，而为了实现某种价值，就必须付出某种代价。如果是在一个目的律占支配地位的领域，则必定是这样。目的律就像是因果律，手段和目的之间的联系，具有某种必然性。实现价值，必须付出代价，或者是这方面的代价，或者是那方面的代价。

我们的社会是一个混合地带，是一个中间地带，在其中，因果律和目的律同时发挥作用。而两种规律相互间的关系，以及各自的范围和界限却不十分明确，或者本来十分明确，但我们却难以清楚辨识。二者有时紧密，有时疏离，有时竞争，有时冲突，有时明晰，有时含混，有时稳定，有时变动，时时处处呈现出相当的复杂性和偶然性，叫人难以琢磨，十分地无奈。

代价就是在这样一个领域发生的。在经济领域讲代价，因为要实现某种价值；在政治领域讲代价，因为要实现某种价值；在文化领域讲代价，因为要实现某种价值。代价就是实现这些价值目标的手段，代价和目标有时直接发生联系，有时通过中介间接发生联系。这个原理在许多领域都是一样的。

代价与价值须成比例。二者如成正比，则体现正义或公平原则；如成反比，则体现效率或效益原则。正义原则要求代价与价值成正比，最好数量相同或接近。效率原则则不然，它要求二者成反比，价值越大越好，代价越小越好，这叫正效率，反之为负效率。从正义原则观点看，正效率现象就是幸运，是投机；而负效率现象就是命运，是惩罚。这恰好反映了正义原则和效率原则之间的内在紧张关系。

在政治领域，也有代价问题，如我们获得了公共产品，享受了安全和秩序，获得了由此带来的利益保值增值，但必须付出代价，这就是税费。在文化领域，也有代价问题，如我们的内心回归平静，心灵得到洗涤，信念更加笃定，情操更加高尚，思想更加通达，这些都要付出代价，其中有坚守，有修持，有追求，有奋斗，更有舍弃，有退让，有忍耐，有煎熬。

在法律领域，同样有代价问题。如对价是承诺的代价，赔偿是损害的代价，刑罚是犯罪的代价，制裁是不法的代价。在各项法律价值当中，除了几者的协调一致外，自由以安全为代价，安全也以自由为代价；安全以正义为代价，正义也以安全为代价；正义以自由为代价，自由也以正义为代价，诸如此类，不一而足。

"没有免费的午餐"，这话之所以对，是因为目的律在发挥作用，或者是因果律在发生作用。而在两种规律发生空白、交叉、模糊、重叠、两可、分歧、冲突时，情况就不好说了，这正是社会的复杂性和偶然性使然。

（二〇一九年十一月十一日）

# *76* 论泰勒制

记得初中社会发展史课上提到过泰勒制，后来一直没有弄明白，不过，最近好像是突然明白了点什么。

这中间有段因缘，不得不说。前些天，有一份特聘岗位方面的文件征求意见。又前些天，有一份职称考核方面的文件征求意见。两份文件一前一后，一唱一和，仿佛商量好了一起来似的。

这两份文件差别甚大，令人咋舌不已，但也不是没有共同之处。说起共同之处，比如，神化荣誉奖项，美化论文项目，淡化课堂教学，弱化人才培养，虚化师风师德，边缘化公共责任，等等。

此外，共同之处还有一处，需要重点讨论，即它们均严重违背了社会科学自身规律和特点，均属蛮横的、粗暴的、无节制的来自外部的人为干扰。

社会科学面向的是实践，面向的是社会，面向的是人。实践就是做，就是为，就是行为，就是活动，就是选择。其中，目的的因素和手段的因素，动机的因素和效果的因素，意志的因素和行动的因素，因果律的因素和目的律的因素，可知的因素和不可知的因素，可控的因素和不可控的因素，统统纠葛其中，多数时候，无法分离辨识。

同时，它们又是一个复合领域，一个胶合地带，一个混合状态。说它们复合，是因为自然的因素和人工的因素纠葛其中，多无法分离辨识。说它们胶合，是因为事实的因素和价值的因素纠葛其中，多无法分离辨识。说它们混合，是因为历史的因素和理想的因素纠葛在一起，多无法分离辨识。

孙子说："声不过五，五声之变，不可胜听也；色不过五，五色之变，不可胜观也；味不过五，五味之变，不可胜尝也。"这仅是少数一些要素，它们一旦混杂一处，其形态就变化万端，不可胜穷。而在社会，在人，要素恐怕还要多些，其复杂性程度可想而知。有人说，复杂性理论适合这一领域，有人说是测不准原理，有人说是博弈论，这类说法都有些道理。

不需要多种因素，不需要五种因素，仅是两因素，其复杂性便相当可观。试想一杯糖水，一边是糖，一边是水，二者掺和的比例有多少种？一百种吗？一千种吗？回答是无穷种，因为在一和一百之间的数字，有无穷多个。

这就是社会科学所面临的境况，对象是变的，条件是变的，背景是变的，意义是变的，语境是变的，方法是变的，逻辑也是变的，立场是变的，信念是变的，直感是变的，所有一切都是变的，只有变才是不变的。

这种状况决定了大规模的、集约化的、全民动员式的、运动式的、物质刺激式的、威胁恐吓式的管理方式不适合社会科学，强行推开，不仅无益，而且有害。这种管理方式在有些领域或许可行，但在社会科学领域断不可行！

社会领域没有那么单纯，至少同科学和艺术领域相比是这样。人为干预有时有用，有时没用；自然规律有时有用，有时没用。二者有时同时存在，有时同时消失，有时相互平衡，有时相对失衡，有时一者主导，有时此消彼长。边界在哪里，范围在哪里，并不十分清楚，也不时时清楚。说社会领域没有规律不对，说都有规律也不对，因为总有些事情说不清楚。多说乱说肯定不对，好像，只有少说不说才对。

这些情况归纳起来，社会科学面对的是一个自由领域，它的关键词是可能和可以。正因为多元并存，多头独立，这才有自由；反之，如果一家独大，一方独尊，反倒没有自由了。面对岔路时，面对十字路口时，面对星字路口时，面对米字路口时，无疑地，会有多种选择，分歧越多，自由越大。反之，如果只有一条道路，只有一个方向，只有一条规律，那么，能有自由吗？自由可能吗？

自由的领域呼唤自由的研究，社会科学本质上是自由的研究。社会科学研究以个体研究为主，团队合作为辅；以作坊式精加工为主，以集约化大生产为辅；以长期坚守为主，以一时好恶为辅；以技术含量为主，以包装推销为辅；以自主自治为主，以干预调控为辅。

其中的道理很简单，在其他领域，一加一等于二；在社会科学领域，一加一未必等于二，可能大于二，也可能小于二。多少年来，实践经验已经充分证明：一般地，单人独著质量最好，合作教材效果最差；干预最少时情况最好，干扰太多时情况最差。

长期的、无休止的、浪潮式的、政绩导向的、崇尚虚荣的各种改革措施，已经大大伤害了中国社会科学的发展，不说动摇根本，也时日不远了。拔苗助长的道理，不说，大家都懂；小马过河的道理，不说，大家都懂；刻舟求剑的道理，不说，大家都懂。大家都懂的道理，为什么就行不通呢？我生性愚钝，中人之质，苦思不能明白。

我常想，也在课堂上讲，现在的学校已经完完全全成了工厂，学生就是原料，课堂就是厂房，课程就是车间，教师就是车工，考试就是质检，培养过程就是一条生产流水线。一门课完事了，就好比一个车间完事了，盖个蓝戳，合格，然后进入下一车间。全部车间完事了，盖个总戳，贴上商标，标明出产地和生产日期，头头脑脑签署，然后出厂，这便是学位证和毕业证。大家想想，可是这回事吗？

呜呼，"法之不行，自上乱之"，每个人都应该深刻反思，从自身做起！回首往事，一声叹息；展望未来，一片迷茫！知我者，谓我心忧；不知我者，谓我何求？就是这样。

现在学校正在修整围墙，一块块砖，一道道漆，事情做得特别地认真。眼前的围墙是砌起来了，但愿心中的围墙不要倒下。就是这样。

不禁又想起了泰勒制。原先懵懵懂懂，好像明白点，现在忽然又不明白了。

（二〇一九年十一月八日）

# *77* 论强大

据一份资料，二〇一八年美国 GDP 预计在二十一万亿美元左右，而中国 GDP 则预计在十四万亿美元左右，中国 GDP 占到美国的三分之二。

另有权威人士估计，中国 GDP 将在二〇三〇年至二〇三五年与美国持平，甚或实现反超。

不论有关预测是否准确，不论具体数值多少，不论其中是否存在捧杀或棒杀的成分，不论其中善意多还是恶意多，有一个事实是不争的，即中国一天天在走向强大。

如今的中国高铁，风驰电掣；如今的中国电子支付，日新月异；如今的中国制造，异军突起；如今的中国基建，狂飙突进；如今的中国城镇化运动，雨后春笋。在新材料、新能源、新技术、新领域等决胜未来的诸多前沿方面，中国积极筹措，长远布局，表现出新的强劲的发展潜力。

毛主席诗词中说："可上九天揽月，可下五洋捉鳖。"又说："坐地日行八万里，巡天遥看一千河。"又说："更立西江石壁，截断巫山云雨，高峡出平湖。"在那段如梦般的峥嵘岁月中生出的那段如歌般的美好憧憬，在如今的中国，大多变成了现实。

三十年前，那时讲"请进来"，讲"学习外国"，讲"韬光养晦"；而三十年后，这时讲"走出去"，讲"一带一路"，讲"人类命运共同体"。国际大变局依然变幻莫测，旧的世界格局正在松动，中西力量对比发生较大变化，中国正在以自己的方式，迎接这个"百年未有之大变局"，抑或是"数百年未有之大变局"。

中国的确强大了，现在时机最为有利。中国处于一八四〇年以来的一百八十年来最好的发展时期，几代人的梦想正在一天天实现，正像文件中指出的："我们距离民族复兴的目标从来没有今天这样接近。"

中国的确强大了，现在考验最为严峻。人常说，中国以三十年时间走完了西方三百年走完的道路。在这样一个对内对外都极其有限的时空范围内，现代因素、后现代因素和前现代因素叠加错置一起，矛盾可谓空前集中，空前突出；反之，不空前集中，不空前突出，可能吗？

做事一定要有代价，不能没有代价，不得不付出时，就要付出。可以说，中国不付出某些代价，就没有机会开始走向强大。代价可以付出，一旦有条件补偿了，就一定要补偿。可以说，如果中国没有对某些代价做出深刻反思，没有对这些代价做出合理补偿，就没有机会真正走向强大。

什么叫强大？什么叫真正的强大？一般来说，一个国家的强大分作几个步骤：第一，经济的强大，也包括科技的强大；第二，政治的强大，也包括社会的强大；第三，道德的强大，也包括法律的强大；第四，文化的强大，也包括哲学、科学和文艺的强大。

美国在一八八〇年代实现了经济超越，通过各类国际组织和相关国际货币体系，主导全球金融命脉；二战后期尤其冷战后，通过操控联合国等国际组织，通过自身强大的政治军事实力，主导全球政治格局；通过网罗德国和接收各国科技精英和科技资产，又主导了全球科技；通过成文宪法和三权分立，确立全球政治治理样板；通过好莱坞和"快餐文化"，向全球持续输出价值观和道德审美标准；通过"常春藤"等世界名校和大批研究机构，长期占据全球文化塔尖。美国的强大是真正的强大，虽然其中不无道德瑕疵。

英国的强大也是真正的强大，虽然其中同样存在道德瑕疵。英国光荣革命后，建立议会政治，为各国所热衷和仿效。英国号称"日不落帝国"，两次工业革命均首先发生在英国，经济军事的强大姑且不论，仅在学术研究和文艺创作方面就积累和保持着长期的相对优势。

看来，新教文化不仅对英国的强大，也对接下来的美国的强大有重要贡献，相对而言，传统天主教文化就要逊色一些。

美国继英国之后，荣登"世界老大"宝座，转眼已有百年。它的成功之处，有一点便是成功化解和消弭来自德国、前苏联、日本等"世界老二"的觊觎和威胁。这些"世界老二"在经济方面，在科技方面，在法律方面，在道德方面，在文艺方面，一度走在世界前列，然而始终无法迈出决定性一步，实现突破，功败垂成，令人唏嘘。其中的缘由曲折，值得深思。

对此，一种解释是现代制造业。现代制造业是克敌制胜的法宝，谁掌握现代制造业，谁就能够呼风唤雨，无往而不胜。英国的衰落，据说就同脱离现代制造业，转向金融业有关，目前美国也有这样的趋势。而美国之所以能够成功防变，其他"老二"们之所以没能成功上位，都同没有在现代制造业上实现超越有关。

而相比之下，中国的后发优势恰在于此。新中国奠定了中国的工业基础，中国拥有当今世界上最为齐备的工业门类和最为完整的工业体系。这为中国经济做大做强，最终实现赶超美国，奠定了坚实而有力的物质基础和技术支持。

中国经济和技术的强大是可见的，在不远的将来，我们将有幸亲身见证这一光辉的历史时刻。借用七届二中全会的话，"这只是万里长征走完了第一步。如果这一步也值得骄傲的话，那是比较渺小的，更值得骄傲的还在后头。"以后中美之间将在更多领域，长期进行竞争和角逐，"以后的路更长，工作更伟大，更艰苦。"而且，"我们能够学会我们原来不懂的东西。我们不但善于破坏一个旧世界，我们还将善于建设一个新世界。"

具体操作过程，可概括为"四步走"方案：第一步，经济建设，实现经济和技术的强大；第二步，社会建设，实现政治和社会的强大；第三步，制度建设，实现道德和法律的强大；第四步，文化建设，实现学术和文艺的强大。经济建设和社会建设，强调的是外在的强大；制度建设和文化建设，强调的是内在的强大。只有在这些方面，特别是后两个方面，为全人类扎扎实实做出贡献，这才是真正的强大。

这个道理不言自明。就好比一个人，身体的强大固然是强大，但骨骼的强大才是真强大；骨骼的强大固然是强大，但心理的强大才是真强大；心理的强大固然是强大，但精神的强大才是真强大。经济和技术的强大只是身体的强大，政治和社会的强大只是骨骼的强大，道德和法律的强大只是心理的强大，三层强大固然都是强大，但在最终意义上，学术和文艺的强大才是精神的强大，才是真正的强大！

历史经验证明，一个国家必须在制度建设和文化建设方面有所建树，才能称得起真正的强大。经唐代为例，以《永徽律》为代表的"唐律"，为其后历朝历代和外围国家地区树立了标杆，成为我皇皇中华法系的坚强内核。同期，以律诗和绝句为代表的"唐诗"，成为唐代最富特色的文化名片。同期，以楷书和大草为代表的唐朝书法，成为中国艺术史上的又一座高峰。书法史上说，"唐人尚法，宋人尚意"，唐楷，唐草，唐诗，唐律，联系起来看，唐朝的强大，还真不是偶然的。

唐之前有隋，隋之前南北朝，大乱数百年，隋代一统但短命，终于成就有唐盛世。汉之前有秦，秦之前春秋战国，大乱数百年，秦代一统但短命，终于成就有汉盛世。新中国之前民国，民国之前晚清，民国晚清期间有割据，有内忧，有外侮，大乱数十年，民国一统但短命，但能否因此而成就新中国新的盛世，继而一举实现民族复兴的伟大梦想，这中间因为变量很多，所以尚待观察。

社会上流传一种说法：因为有了毛泽东同志那一代人，中国站起来了；因为有了邓小平同志那一代人，中国富起来了；因为有了现在这一代人，中国强起来了。我们已经看到，中国开始强大起来了；我们更希望看到，中国能够早日真正地强大起来。

（二〇一九年十一月二十五日）

# *78* 论政教

《大学》经文说：

> 大学之道，在明明德，在亲民，在止于至善。知止而后有定，定而后能静，静而后能安，安而后能虑，虑而后能得。物有本末，事有终始，知所先后，则近道矣。古之欲明明德于天下者，先治其国；欲治其国者，先齐其家；欲齐其家者，先修其身；欲修其身，先正其心；欲正其心者，先诚其意；欲诚其意者，先致其知；致知在格物。物格而后知至，知至而后意诚，意诚而后心正，心正而后身修，身修而后家齐，家齐而后国治，国治而后天下平。自天子以至于庶人，壹是皆以修身为本。其本乱而末治者，否矣；其所厚者薄，而其所薄者厚，未之有也。

《三字经》："作《大学》，乃曾子。自修齐，至平治。"按着学统道统，《大学》之篇，载于《礼记》，出于曾子，传于孟子，接于程子，续于朱子。篇中有经文一章，凡二百〇五言；传文十章，凡一千五百四十六言。所谓"右经一章，盖孔子之言，而曾子述之；其传十章，则曾子之意，而门人记之。"

经文可分作四部分："大学"以下，为第一部分，讲目的；"知止"以下，为第二部分，讲意义；"古之欲明明德"以下，为第三部分，讲步骤；"自天子"以下，为第四部分，讲关键。

传文有十章：第一章释明明德，第二章释新民，第三章释止于至善，第四章释本末，第五章释格物致知，第六章释诚意，第七章释正心修身，第八章释修身齐家，第九章释齐家治国，第十章释治国平天下。其中传文第五章佚失，由程子补足。

目的有三重，即三个在字，在明明德，在亲民，在止于至善。朱子说："此三者，《大学》之纲领也。"步骤有八个字，即修齐治平，格致诚正。修齐治平四字，修是修身，齐是齐家，治是治国，平是平天下。格致诚正四字，格是格物，致是致知，诚是诚意，正是正心。朱子说："此八者，《大学》之条目也。"关键有两个字，即修身，上承格物致知，下达治国平天下。

大学焉者，学之大者也，亦大之学者也。所谓大学之大云者，在于道理，也就是道；在于贯通，也就是通。通而至道，道而能通，这就是大。所谓大学之学云者，在于探索，也就是求；在于研究，也就是治。求而治之，治而求之，这就是学。大就是融会贯通，学就是切磋琢磨，大学是大学问，是求道，是经世致用，所以要以修身为本。

大学是高级阶段，学的是根本道理，不是林林总总，不是枝枝节节。经文说："物有本末，事有终始，知所先后，则近道矣。"本就是根本，末就是枝节；终就是目的，始就是起点。目的就是三个在字，起点就是修齐八字，关键就是修身二字。知道了孰先孰后，距离真理就不远了。

方法是融会贯通。《论语·里仁》："子曰：'参乎！吾道一以贯之。'"学问是个代称，有学有问，有知有虑，有思有辨，有觉有悟，不一而足。就像经文所说："知止而后有定，定而后能静，静而后能安，安而后能虑，虑而后能得。"那么多心理环节，要融会贯通，要一以贯之。

再有，修齐治平、格致诚正八字，内涵丰富，有物有知，有意有心，有身有家，有国有天下；有理论，有实践，有应用；有科学，有道德，有政治；有个人，有家庭，有社会，有国家，有人类，有宇宙万物。那么多领域，那么多方面，那么多层次，那么多阶段，那么多学科，要融会贯通，要一以贯之。

要点还有四个字，可以道出学问真谛，即切磋琢磨。《诗·卫风·淇奥》："有匪君子，如切如磋，如琢如磨。"朱注："治骨角者，既切以刀斧，而复磋以炉锡；治玉石者，既琢以槌凿，而复磨以沙石。言其德之修饰，有进而无已也。"传文第三章："如切如磋者，道学也；如琢如磨者，自修也。"治学如治骨角，如治玉石，道学自修，矻矻以穷，孜孜以求，缺一不可。

北宋程朱理学十分推崇《大学》，把它置于"四书"之首。朱序中说："《大学》之书，古之大学所以教人之法也。"周制八岁入学，学习礼节六艺；十五岁入大学，学习修齐治平。朱子引程子之言说："《大学》，孔氏之遗书，而初学入德之门也。于今可见古人为学次第者，独赖此篇之存，而《论》、《孟》次之。"是"初学入德之门"，可见"为学次第"，所以列在首位。

《礼记·学记》讲得更仔细些：

> 古之教者，家有塾，党有庠，术有序，国有学。比年入学，中年考校。一年视离经辨志，三年视敬业乐群，五年视博习亲师，七年视论学取友，谓之小成。九年知类通达，强立而不反，谓之大成。夫然后足以化民易俗，近者说服，而远者怀之，此大学之道也。

古制二十五家为闾，五百家为党，一万二千五百家为州，诸侯所治为国，天子所居也称国。在闾为塾，在党为庠，在州为序，在国为学，今北京国子监即国学。每年入学，隔年考核，七年小成，九年大成。入学考校，要看句读能否断开，主旨能否明辨，课业是否勤奋，同学是否融洽，涉猎是否广泛，对师长是否尊敬，对问题是否有见地，对交友是否有选择，把这些做好了，才是小成。九年考校，要考察能否触类旁通，把道理悟透，能否机断专行，把事情办好，把这些做好了，就是大成。大学之道，讲育人化民，移风易俗，使国内外在政治上保持安宁。

古时，政教一体，君师并称。教化不只是讲授而已，更是为了实践和应用，教化的终极目的是政治；反过来，政治也不只是统治而已，更是为了改造人，影响风俗，教化是政治的高级境界。不只学在教，官也在教，不只师在教，君也在教。教是入门，政是升华。而且，不仅是政教一体，礼乐政刑都是一体的。《礼记·乐记》："礼以道其志，乐以和其声，政以一其行，刑以防其奸，礼乐政刑，其极一也，所以同民心而出治道也。"礼乐政刑，都是教化，当然也都是政治，说它们联系密切，总不为过。

反观而今，旨趣大异。西学大行其道，文科理科，专科本科，硕士博士，学科学术，学院学部，高校部委，壁垒等级森严，俨然"官大一级压死人"。教育是教育，学术是学术，社会是社会，政治是政治，要么完全对立，彼此割裂，是"两张皮"；要么完全融合，彼此混同，是"一码事"。现在，社会上对高等教育有这样那样的看法说法，对教育也有看法说法，究其原因，同不能认真对待和妥善处理政教问题，也许不无关系吧。

（二○二○年七月三十日）

# *79* 论传统

人的一生，免不了生活在四重力量之下，第一重是上升力，来自精神；第二重是下坠力，来自物质；第三种是前进力，来自未来；第四重是后退力，来自过去。每个人情况不同，有的上升，有的下降，有的前进，有的后退。

一个人群既面临上升力，也面临下降力，既面临前进力，也面临后退力，精神的，物质的，未来的，过去的，由此形成的合力决定了最终的变化方向。每个人群情况不同，有的奋发图强，有的消沉颓废，有的朝气蓬勃，有的暮气横秋。

总体上，传统是一种来自过去的羁绊，因此，在缥缈的未来幻想面前，在痛苦的精神煎熬面前，在无处不在的物质诱惑面前，不得不时时遭受巨大的挑战，可谓进退维谷，生存维艰。因此，不仅人们在传统面前是个问题，而且传统在人们面前也是个问题。

如果是死守，结果就像是一片高楼大厦之中给工地和机械围起来的"孤岛"，即便鱼死网破，最终也是守不住的。如果是放弃，结果就像是断缆的舢板随着狂风暴雨一头扎向翻滚着的深黑色大海深处，凶吉未卜。

或许，结果没有那样地悲观。就以死守的那片"孤岛"来看，不知哪天，人们突然地良心发现，善心大发，因形就势地围起个博物馆，或是保护区，以便供其休闲赏玩，那也说不准。更说不准，人们会复建拆迁了的那片"孤岛"，吸引游客参观，售票创收。

再以放弃了的那只舢板看，即便放弃了，也不见得会沉没。或者经过了数不清的俯仰摇曳，呻吟颤抖，后来竟然看见了阳光。而且就是那一抹晨曦，比先前要更加地柔美和温情。或者莫名其妙地，鬼使神差地，竟然溜进了"风暴眼"当中，任凭周遭风云跌宕，雷电交加，我自独享一份片刻的宁静。

传统是一定要衰败的，一时的倔强顽固，终究敌不过现代性浪潮的冲击。传统是一定要消亡的，一时的苟延残喘，终究敌不过人为肆意破坏和种种无妄之灾。亚马逊的雨林是一定要枯竭的，传统亦然；中东的石油是一定要耗尽的，传统亦然。人类的良知固然可以延缓这一过程，但不能阻遏这一趋势。

死守传统，这是和潮流在抗争；放弃传统，这是和命运在游戏。这就像是攀岩，每一秒钟的坚持，都要有惊人的付出，又像是逆水行舟，二里的划进要以一里的后退为代价。几个钟头的坚持，十几里的划进，只要一松劲，不消片刻，就又回到了原地。

大地之下有一股重力，一股引力，它们来自自然，约束着高山，约束着河流。它为人为努力设置了障碍，一分的成就，必须有十分的努力，而且，即便做到了，也未必能得到。传统是社会领域中最接近自然的一面，技术是借助自然而后又帮助人们反抗自然的一面。在人类十分弱小时，传统十分强大，势不可当；今天，人类有了自信，有了技术，它变得十分弱小，力不能支。此一时也，彼一时也！

传统就像是家庭中的父母。在过去，父母是天，地位巩固，牢不可破；现在，变天了，子女是天，开销巨大，冥顽不化，父母则大大边缘化了。父母一天天变老，传统一天天变衰。父母像传统一样，一天天远去；传统像父母一样，一天天老去。有人说，旧传统没了，新传统会有，"旧的不去，新的不来"。是的，生身父母没了，可以找一些来认，以现代技术条件和制度条件，也属便利。

在家中，父母代表过去，孩子代表未来，自己则代表现在。每个人都是自己，都曾同时生活在过去、现在和未来之中。每个人都有未来，但终究会过去；每个人都会过去，不过是还未来而已。现在的自己，不过是过去和未来的叠合和交错而已，别看还未来，瞬息就会过去的。可叹人们宁愿为了未来，而忘了过去，更有甚者，既不要未来，也不要过去，只要现在，实在令人嗟叹不已。

是现在的，都会过去；是过去的，都曾是现在。是未来的，也都要过去；是过去的，也都曾有未来。这种在现在还留着的过去，就是传统；现在有希望一直延续下去直到未来的那种过去，就是传统。当然，那种只要将来，不要过去的，就没有传统；而那种只要现在，不要过去，连将来也不要的，就更没有传统。

钱钟书先生《中国诗与中国画》[钱钟书：《钱钟书散文》，浙江文艺出版社，一九九七] 一文开篇便从传统谈起。他写道：

> 一时期的风气经过长时期而能持续，没有根本的变动，那就是传统。传统有惰性，不肯变，而事物的演化又迫使它以变应变，于是产生了一个相反相成的现象。传统不肯变，因此惰性形成习惯，习惯升为规律，把常然作为当然和必然。传统不得不变，因此规律、习惯不断地相机破例，实际上作出各种妥协，来迁就演变的事物。[第一八八页]

> 传统愈悠久，妥协愈多，愈不肯变，变的需要愈迫切；于是不再能委曲求全，旧传统和新风气破裂而被破坏。新风气的代兴也常有一个相反相成的表现。它一方面强调自己是崭新的东西，和不兼容的原有传统立异；而另一方面更要表示自己大有来头，非同小可，向古代也找一个传统作为渊源所自。[第一八九页]

> 一个旧传统破坏了，新风气成为新传统。[第一九〇页]
> 除旧布新也促进了人类的集体健忘，千头万绪转化为二三大事，留存在记忆里，节省了不少心力。[同上]

在这篇文章中，钱先生讲到，画分南北，诗分南北，学分南北，禅也分南北，画中奉为高品正宗的，在诗中未必是高品正宗，书画不必一律。［第二〇七、二一三、二二一页］钱先生谈传统，本来是开场白的，但即使是开场白，也有许多点题式的妙想。他让我们注意到，传统不肯变，又不得不变；旧传统要变，就不断地破例，不断地妥协，不断地造就；新风气代兴，既要和旧传统决裂，又要另立山头，成为新传统；新陈代谢使人健忘，传统弱化虚化，给文艺批评带去影响。原来，破旧立新是通过旧传统的例外和新风气的扶正去实现的。

未来是新的，过去是旧的，新传统是新的，旧传统是旧的，现代人都向前看，以为新的一定胜过旧的，这是一种进化史观。像古人那样，言必称古人，事必尊三代，所谓现在和未来，不过是过去的某种余绪流响，动辄"世风日下，人心不古"，这是一种退化史观。"天下大势，分久必合，合久必分"，新的也会旧，旧的也曾新，新旧交替，生生不已，这是一种循环史观。

如何去理解传统，如何去评价传统，先要问问史观如何。我们常常想到，传统是与动力共生的阻力，是一种尘封的记忆，是一种挥之不去的牵挂，是一种历史遗存，是一种远期记忆，是一种文化基因，是一种情感印记，是一种如陈酿般的醇厚，是一种如年轮般的久远。我们忽然记起，应该问问，这是一种什么样的史观呢？

（二〇二〇年七月二十六日）

# $80$ 论围墙

囗（○）是个字，看着像口（凵），不过不是口。囗字大而口字
小。口字篆文两个上角出头，好似嘴角上扬，面带笑意，而囗字则
四角不出头，方方正正，齐齐整整。

这样两个字，今天叫偏旁，过去叫部首。部首都是单独汉字，
因位于一部之首，所以叫部首。囗部之下，有围字，有国字，有圈
圆团园回诸字。人们解释道，囗就是围字，就是国字。《玉篇》：
"古文围字。"《字汇》："古文国字。"

还有一种说法，囗字训回，意为封闭曲线。《说文·囗部》："回
也，象回帀之形。"篆文倒之（屮）为帀（帀），《说文·帀部》："周
也。从反之而帀也。"据段注，周应作匊。《说文·勹部》："帀徧
也。"又，《字汇》："周，回也。"《广韵》："周，遍也。"

从起点绕行一周，至终点时，也到了起点，起点终点，合二为
一，所以叫回。帀字同匝，就是圈，一圈一定要走到，不能有遗
漏，所以叫徧，徧同遍。帀字下段注："凡物顺屰往复则周徧矣。"
屰，古同逆。

这样来讲，囗就是圆，因为圆是封闭曲线。所以囗部下有圈圆
团园诸字，圈也是圆。同时，囗又是方，因为方也是封闭曲线。
《字汇》："古作方圆之方。"但按语却说："按此说无考证，《正字
通》驳之，是。"《说文·匚部》段注："方，本无正字，故自古叚
方为之。依字，匚有榘形，固可叚作方也。"好像，匚（匸）是方
的正字，匚就读方。

明明圆义，不作圆形，方义从疑，却作方形。既然义圆而形
方，何不义方而形圆？现在，别有○字，意为零余，应该是后起

字，惜之形备义残，不堪为用。《淮南子·天文训》："天道曰圆，地道曰方。方者主幽，圆者主明。"天地之道，方圆之义，最为玄奥，也最让人神往。

凿方枘圆，方枘圆凿，枘凿方圆，方圆枘凿，是所为难，能把二者完美结合起来的，可举出两件事：一是古钱，口内〇外，外圆内方；二是天坛，口外〇内，外方内圆。口之与〇，优点都是如封似闭，浑然一体，了无痕迹。

还有一事，可以兼通方圆，这就是围墙。其形也，可方可圆，非方非圆，上方下圆，下方上圆，如果是两重，则内方外圆，外方内圆，方圆之变，不可胜穷。

国人酷爱围墙，一墙之隔，别有天地。东坡词《蝶恋花》说："墙内秋千墙外道，墙外行人，墙里佳人笑。"春意油然，情趣盎然。

进了围墙，就是一片小天地，出了围墙，就是一片大天地。守着小天地，向往大天地，驰骋大天地，不忘小天地，何为而不乐，何乐而不为呢？难怪《围城》里说："城里的人想出去，城外的人想进来。"很有想法！

一国不能没有围墙。过去的国，规模不大，大约如今县市大小，但是城必有墙，墙必围城，诸侯居之，号为一国。《孟子·万章下》："大国地方百里"，"次国地方七十里"，"小国地方五十里"。后来国土面积大了，索性建长城圈起来。长城，国外叫"伟大的墙"。

一城不能没有围墙，而且，在京城，还不止一重呢。明清北京城墙呈凸字形，周长四十八里，分作外城、内城、皇城和宫城四重。宫城即紫禁城，即故宫，皇城宫城合称皇宫。按城门数量说，旧传"外七内九皇城四"。内墙为城，外墙为郭，城外有郭，城外有池，在城门外，还要再套上瓮城。

一家不能没有围墙。帝王将相自不必说，即使民居，也要建起围墙，坐北朝南，正厢耳房，庭院门户，三进五进，自成院落，叫作四合院。外地省市开发有不少坞堡式大院，南方各地也有不少村寨碉楼，方圆精粗，各美其美，但有一点，无不是，严严实实把自己包裹起来。

一室不能没有围墙。富贵之家，雕梁画栋，张灯结彩；贫苦之家，绳床瓦灶，筚门圭窦。无论贫富，庭院总是要的；没有庭院，厅堂总是要的；没有厅堂，斗室总是要的。可以四壁徒然，四壁总是要的；可以"环堵萧然"，环堵总是要的。穴居野处，风餐露宿，总是不得已而为之的，在今人或许是刺激。

一身不能没有围墙。上衣下裳，加冠及笄，缠袜束履，冬棉夏单，贫则蓝缕，富则貂裘。《论语·乡党》："当暑，袗绤绤，必表而出之。缁衣羔裘，素衣麑裘，黄衣狐裘。亵裘长，短右袂。必有寝衣，长一身有半。"过去，恨不得活成"装在套子里的人"，现在不同了，穿着讲究开放并暴露着。还有，疫情期间，须戴口罩，最好也戴上手套。

一己不能没有围墙。毛须发就是皮肤的围墙，皮肤就是肌肉的围墙，肌肉就是骨骼的围墙，骨骼就是脏腑的围墙，身体就是血气的围墙。生有室，死有穴。尸身外罩着寿衣，寿衣上加盖衾褥，衾褥外套上棺椁，最后是填埋封树。材木两重，棺内椁外，就像是城垣两重，城内郭外。现在简单，几度春秋，一把炉火，云散天开，灰飞烟灭，终归还要收在匣中。

一己以一身为围墙，一身以一家为围墙，一家以一城为围墙，一城以一国为围墙，一国以天下为围墙。过去，周天子有天下，诸侯有国，卿大夫有家，士有身，所谓分邦建国，以树屏藩。《诗·大雅·板》："价人维藩，大师维垣，大邦维屏，大宗维翰。"屏为屏风，藩为藩篱，垣为围墙，屏藩同于围墙。

天下有国，国有都有邑，邑外各有名目。《左传·庄二十八》："凡邑有宗庙先君之主曰都，无曰邑，邑曰筑，都曰城。"《尔雅·释地》、《说文·门部》："邑外谓之郊，郊外谓之牧，牧外谓之野，野外谓之林，林外谓之坰。"《说文》，坰作冋。这就像是同心圆，由中心到边缘，一层一层，一圈一圈，紧紧地围绕在中央周围。

按照现代观念讲，坻外有海，海外有洋，洋外有洲。海洋是大洲的天然屏障，就像大山是大国的天然屏障一样。屏藩同于围墙。

按照现代观念讲，地壳也是围墙，围墙之内是地核。空气也是围墙，围墙之内是地球。卫星也是围墙，围墙之内是行星。行星也是围墙，围墙之内是恒星。星辰也是围墙，围墙之内是河汉。虚空也是围墙，围墙之内是实在。黑暗也是围墙，围墙之内是光明。

围墙就是圈子，有围墙就有墙内墙外，有圈子就有圈内圈外。它们的用途是隔离，隔离的用途是安全。

旧式动物园把老虎关在笼子里，把游客挡在笼子外，有了笼子，就有了几分隔离，有了隔离，就有了几分安全。新式动物园把游客关在笼子里，把老虎挡在笼子外，有了笼子，就有了几分隔离，有了隔离，就有了几分安全。围墙就是笼子，笼子也是围墙。

为了对付腐败，不能没有隔离，隔离的办法是双规，双规不能没有围墙。为了对付犯罪，不能没有隔离，隔离的办法是监狱，监狱不能没有围墙。为了对付疫情，不能没有隔离，隔离的办法是封闭，封闭不能没有围墙。为了对付外患，不能没有隔离，隔离的办法是抵御，抵御不能没有围墙。

围墙就是圈子，有围墙就有墙内墙外，有圈子就有圈内圈外。它们的代价是隔阂，隔阂的代价是公平。

改革开放前把市民送到乡下，号召市民做农民，做了农民，便少了几分隔阂，有了隔阂，便少了几分公平。改革开放后把农民招进城里来，号召农民做市民，做了市民，便少了几分隔阂，有了隔阂，便少了几分公平。围墙就是身份，身份也是围墙。

因为发展经济，贫富会有隔阂，消除的办法是调节，拆除对立这道围墙。因为文化差异，民族会有隔阂，消除的办法是交往，拆除猜忌这道围墙。因为道路不同，中西会有差异，消除的办法是谅解，拆除敌视这道围墙。因为传统断裂，古今会有隔阂，消除的办法是尊重，拆除传统这道围墙。

围墙是复杂多样的，有眼前的，有心中的，有可见的，有不可见的，有有形的，有无形的，有正面的，有负面的。它把甲乙两类事物区别开，无论叫隔离，还是叫隔阂，都是区分。甲乙两类一善一恶，一正一邪，一黑一白，不可调和时，安全理由就成立；对比不那么强烈时，就有争议；双方亦此亦彼，可此可彼时，争议就更大，公平异议就成立。

为了安全，有必要建起围墙，如此，可以保护一方既有特权和利益，防止他方侵害发生。为了公平，有必要捣毁围墙，如此，可以协调既有的权利和自由，防止受到歧视对待。围墙之建起与捣毁，取决于在安全和公平之间如何取舍，如何平衡。

五十多年前，我们拆除了北京城墙，这是一个象征，象征着同万恶的、人剥削人的旧制度彻底决裂，象征着"砸碎一个旧世界，建设一个新世界"。五十年后，许多地方又在复建城墙，这一次，倒不是为了安全，而是为了利益，因为安全已是既得利益。看来，围墙不仅带来安全，也带来利益。

在大洋彼岸，以自由著称并"引以为豪壮"的国度，对着蜂拥而至的难民，发誓要在边境建起一座围墙，发誓要"御敌于国门之外"，并且，为此不惜挪用军费，动用军队。这一次，不是为了自由，而是为了安全，为了自身的特权和利益。看来，围墙不仅带来利益，更带来安全！

除了安全，除了利益，除了特权，有时，围墙带来的尽是愤怒和呐喊，当然，更是对自由的渴望，对不公正的声讨。当洞开的门洞就像不公正的围墙一般面目可憎，剩下的，只有把它砸碎和焚毁。崇高的革命情操，必胜的革命信念，顽强的革命意志，昂扬的革命斗争精神，在此表达得淋漓尽致。《囚歌》写道：

> 为人进出的门紧锁着，
> 为狗爬出的洞敞开着，
> 一个声音高叫着：

爬出来吧，给你自由！
我渴望着自由，
但也深知道——
人的躯体哪能由狗的洞子爬出！
我只能期待着，
那一天——
地下的烈火冲腾，
把这活棺材和我一齐烧掉，
我应该在烈火和热血中得到永生。

又，有时，围墙带来的只是无尽的幽思和淡淡的哀伤。这头那头，外头里头，咫尺天涯，这就是隔阂。邮票，船票，坟墓，海峡，一如围墙般阻隔封锁，难以逾越，一时感触，齐集心头。所谓"人生不相见，动如参与商"，大约就是这样的心境吧。诗歌《乡愁》写道：

小时候，乡愁是一枚小小的邮票，
我在这头，母亲在那头。
长大后，乡愁是一张窄窄的船票，
我在这头，新娘在那头。
后来啊，乡愁是一方矮矮的坟墓，
我在外头，母亲在里头。
而现在，乡愁是一湾浅浅的海峡，
我在这头，大陆在那头。

（二〇二〇年六月十七日初稿）
（二〇二〇年六月十八日二稿）

## $81$ 论孤独

现代人都孤独。现代人孤独，是因为发现了自己。有人说，还有人并不孤独。我说，那是因为背叛了自己。

有人说，孤独是因为没有朋友。可是，有了朋友，就不孤独吗？有了朋友也孤独，因为朋友就在身边，却很遥远。

有人说，孤独是因为没有爱情。可是有了爱情，就不孤独吗？有了爱情也孤独，因为爱情虽然美好，却很短暂。

有人说，孤独是因为没有地位。可是有了地位，就不孤独吗？有了地位也孤独，因为地位虽然诱人，却不牢固；终于牢固了，却不心安。

有人说，孤独是因为没有财富。可是有了财富，就不孤独吗？有了财富也孤独，因为有财富虽然享受，却不长久；终于长久了，却不充实。

现代人发现了自己，所以感到孤独。为了摆脱孤独，拼命地奔波游走，可是夜深人静之时，却发现自己更孤独。为了摆脱孤独，拼命地实现自己，可是有朝一日真的实现了自己，却发现自己更孤独。

发现了自己孤独，没有发现自己不孤独。没有发现自己不孤独，没有发现真正的自己孤独。没有发现真正的自己孤独，发现了真正的自己不孤独。

有人说，孤独是因为社会，动物并不孤独，植物也不孤独。又，孤独是因为发展，农民并不孤独，初民也不孤独。接下来，网络社会更孤独，因为沟通便利了，隔阂却更深了。将来实现了 5G，则更为可怕，因为……没有因为。

看来孤独是文明的产物，因为文明背离了自然；孤独又是制度的产物，因为制度违背了本性。所以，物质越丰富，生活水平越提高，精神文明越繁荣，人类就越堕落，而且这种堕落命定是不可逆的。就像是从悬崖之上坠落的岩石，您能让它停得住吗？能让它回得去吗？

这叫退化论，也叫悲观主义。卢梭持退化论，老子也持退化论，据说凡是有点思想的人，都持退化论，都悲观。悲观主义的主张很简单，就是叫人停下来，退回去。

悲观主义有悲观主义的道理，退化论有退化论的道理，细琢磨，确实很深刻。其中道理就在于不能违背自然，要顺应自然，逆势而为没有好下场。他们就是钱塘江上的喊潮人，看着一线浪潮由远而近，心急如焚，于是冲着堤下不知深浅的看客，不停歇地、竭尽全力地喊道："回来——，退回去——！"

这样看来，人注定孤独，因为社会终归要发展，经济终归要增长，这是社会发展规律所决定了的，还是一个叫作什么代偿规律所决定了的？有规律在，不孤独，行吗？

行吗？我说行，关键不在于发现自己，而在于发现真正的自己。真正的自己不只于一己，也指向大家；不只于自身，也指向心灵；不只于理性，也指向情操；不只于小家，也指向大家；不只于当下，也指向历史；不只于过去，也指向将来。这可以叫乐观论，也可叫进步论，叫什么都成。

当然，乐观论不见得正确，但相比于悲观论时正确；不见得可取，但相比于悲观论时可取；不见得现实，但相比于悲观论时现实；不见得进步，但相比于悲观论时进步。

大家也许会发现，所谓发现自己，发现真正的自己，就是发现人性，就是发现人性面前的本能驱动，就是发现人性背后的灵光闪现，就是它们指导我们找到自己，找到真正的自己。

孤独是彷徨，是困惑，是迷离，是苦楚，但也是一份清静，一份安宁，一份闲暇，一份思考，它会提醒我们找回自己，更会给我们以激励。在回归自我意义上，它们都是一样的。

我是谁？从哪里来？到哪里去？这是永恒的问题。意识到了这些问题就孤独，追问答案就更孤独，找到了就少孤独，做到了就不孤独，没意识就没孤独。

人是社会的存在。既是社会的存在，那就是自然的存在，也是文化的存在，因为社会是自然和文化的混血儿。人是当下的存在。既是当下的存在，那就是过去的存在，也是将来的存在，因为当下就是过去和将来的交汇点。人就是站在了那个交汇点上的混血儿，一个人，孤零零的。

既是社会的存在，就有爱情，有友情，有亲情，更有报国之情。既是自然的存在，就有七情六欲，饮食男女。既是文化的存在，就有情感，有兴趣，有爱好，有信念，有理想。既是当下的存在，就有好奇，有贪念，有瘾癖，有奢望，有痴狂，有躁动。既是过去的存在，就有回忆，有记忆，有遗忘，有残损。既是将来的存在，就有期许，有憧憬，有展望，有盼头，有念想。社会以及自然和文化，是空间线；当下以及过去和将来，是时间线。集两条线于一身，活在时空原点，无限可能，又一无所能，这就是人。

人是一个复杂的存在，正因为太复杂，所以常常找不到自己。没有什么比自己离得更近，但没有什么比自己离得更远。人性就是个多面体，是个多棱镜，经常折射出奇异的光芒；有时也是哈哈镜，扭曲变形，颠倒错乱。迷失和幻象都不是真实，但真实存在于迷失和幻象之中。镜子里看不到自己孤独，因为只有镜子外的自己；镜子里看到自己也孤独，因为站在镜子外的只有自己。镜子里的是自己，也不是自己，觉得是自己，可实际上不是自己的时候最孤独。

那么什么时候最不孤独？其实也很简单，曰：看清自己，懂得自己，做回自己。天在上，地在下，我守其中；古在先，来在后，我守其中；物在外，心在内，我守其中；知在远，行在迩，我守其中。守中则知己，知己则与人，与人则群，群则不独，不独则不孤。这就是我们传统的中庸之道！庸是什么？庸就是常，就是恒，就是法。参悟中庸的人最不孤独。

他没有朋友，可是没有朋友，就孤独吗？没有朋友，也不孤独，因为，他以书本为朋友，并且私淑圣贤。

他没有爱情，可是没有爱情，就孤独吗？没有爱情，也不孤独，因为，他以知己为爱情，并且倾心相向。

他没有地位，可是没有地位，就孤独吗？没有地位，也不孤独，因为，他以平等为地位，并且尊重他人。

他没有财富，可是没有财富，就孤独吗？没有财富，也不孤独，因为，他以亲人为财富，并且不愿割舍。

他是现代人，但他不孤独，因为他发现了自己。他所以发现了自己，是因为他窥见了中庸。并且，他很幸运，因为他有个国家，恰巧叫作中国。既然找到了国家，也就找到了自己，并且，那是真正的自己。

守中的人不孤独，但有时也孤独。

（二〇一九年十一月二日）

# 四　法的知识和方法

# $\mathscr{82}$ 论哲学和哲学家

哲学叫作爱智慧，本来是关于爱的智慧，可是人们却理解成对于智慧的爱；本来是既爱智又爱慧，可是人们却理解成只爱智而不爱慧。日本学者西周很聪明，汉语翻译很到位，有爱，有智，有慧，才有哲。

只有智，没有慧，更没有爱，哲学把自己蜕变成了科学，科学把自己蜕变成了技术，技术把自己蜕变成了行业，分科越来越细，门户越来越紧，行情越来越深，小国寡民，老死不相往来。看来，行业应该回归技术，技术应该回归科学，科学应该回归哲学。

只有智，没有慧，更没有爱，哲人把自己蜕变成了学者，学者把自己蜕变成了技师，技师把自己蜕变成了工匠，工匠把自己蜕变成了商人，商人把自己蜕变成了街妇，文化越来越浅，修养越来越差，情趣越来越少，眼界越来越窄，敝帚自珍，整天争吵不休。看来，街妇应该回归商人，商人应该回归工匠，工匠应该回归技师，技师应该回归学者，学者应该回归哲人。

我们把哲学叫学，强调学就是在强调知，强调知就要强调理由，强调理由就是强调证明，强调证明就是强调推理。论讲推理和证明，谁也厉害不过数学家和逻辑学家，当然最厉害的还数既是数学家又是逻辑学家的人，比如罗素和逻辑经验主义，君不见罗素一氏中，见数（素）又见逻（罗）！这样，哲学便成了数学家和逻辑学家的天下。

哲学既然成了数学家和逻辑学家的天下，于是便成了谁都看不懂的符号和字眼；既然谁都看不懂，于是便成了壁垒森严的专门技术和行当；既然成了专门技术和行当，于是离公众越来越远；既然离公众越来越远，于是看的人越来越少，于是也就没人看了。所以没人看的学问便是哲学，哲学也就是没人看的东西。

我们把哲学家叫家，强调家就是强调理，强调理就是强调理论，强调理论就是强调创新，强调创新就是强调新奇，强调新奇就是强调怪异，强调怪异就是强调偏执，强调偏执就是强调癫狂。论偏执和癫狂，谁也厉害不过艺术家和神学家。所以不少哲学家精神不甚正常，人们也说哲学家都是疯子，这多少有些道理，因为他们确实最像艺术家和神学家，又因为没有点癫狂，真不能称之为艺术家；而没有点偏执，则不能称之为神学家。

哲学家既然成了艺术家和神学家，于是便成了谁都看不清的形象和图腾；既然谁都看不清，于是便成了特立独行的特别群体和圈子；既然成了特别群体和圈子，于是离公众越来越远；既然离公众越来越远，于是理的人越来越少，甚至也就没人理了。哲学家就是不理人的人，因而也是没人理的人。理实际就是不理，既然你不理，那谁理你?! 没人看，没人理，这既是哲学家的悲剧，也是哲学的悲剧，本质上更是西人的悲剧！

只知智，而不知慧，也不知爱，或者三缺一，或者三缺二，又或者三缺三，因此，便只知分而不知合，只知静而不知动，只知专而不知兼，只知别而不知通，只知行而不知达，只知有而不知无。既然不知合，不知动，不知兼，不知通，不知达，不知无，所以，学问越来越专，课题越来越小，思路越来越偏，境界越来越低，当然吵闹声也就越来越大。这是自然的，不这样倒不自然了。

今天的大学已经成了小学，今天的小学反而成了大学。大学讲究通，讲究合，大学之大（Universal）就是通和合的意思。通才能达，合才能同，同才能通，合才能和，和才能达，达才能大，于是才能有大学。把大学办成了小学，把小学办成大学，公允地说，哲学和哲学家们要负一定的责任，真诚地希望他们能负起一定的责任来。

（二〇一九年十月二十八日）

# *83* 论辩证法

　　有人说，辩证法是一种低端思维，只代表人类思维发展的初级阶段。有人说，辩证法是世界运动发展的根本规律，奇妙无比，高深莫测。我说，辩证法，既高端，又低端，既指导思维，也支配世界。说低端，是因为凡人都在用；说高端，是因为用的人并不知道在用什么；说思维，是因为它是方法论；说世界，因为它是本体论。知道了不用，算不得高深；用了却不知道，也不算低俗。既高又低，既道又术，这本身就符合辩证法。

　　那么，辩证法是怎么一回事呢？具体细节如何？接下来，我们就先把它当方法论，然后再把它当本体论。

　　其实，这就像是一道证明题，告诉了题目，要求证明。题目就是某种假设，或说假说，因为未经论证。就此假设而言，我们的思路如下：如果假设成立，那是因为什么，所以假设成立；如果假设不成立，则如何如何；综上，结论真的成立，此证。在这套思路中，题目就是那个概念，结论就是那个理念。"如果假设成立"部分，就是正题；"如果假设不成立"部分，就是反题；"综上"部分，就是合题。正题部分从积极方面找根据，以此证明假设成立；反题部分从消极方面找悖论，以此反证假设成立；合题部分综合两个方面，以此引出结论。所谓综合两个方面，就是对正题反题所涉及的理由、推论进行权衡比较，以便最后得出结论。这个过程，如果再进一步简化，便是：某一事物是这样，因何是这样，不能不是这样，所以只能是这样。或者，再简化一些，某一事物是它，不能不是它，所以只能是它。这就是辩证法。

　　仍以经典三段论为例，求证：苏格拉底会死。证明：假设苏格拉底会死，那么，苏格拉底是动物，因为动物都会死。假设苏格拉底不会死，那么，苏格拉底就是神祇，因为神祇不会死。在此要问，苏格拉底是动物呢，还是神祇呢？都是，都不是，苏格拉底是人。人是理性的动物，虽具有理性，但毕竟是动物，动物都会死，所以苏格拉底会死。人是理性的动物，虽具有理性，但毕竟是动物，是动物便不是神，不是神就不会不死，所以苏格不会不死。综上，苏格拉底会死，而不会不死，那么，苏格拉底终究要死。也就是说，苏格拉底会死。此证。

这个证明过程，可进一步简化如下：苏格拉底会死，为什么？证明：从正面说，苏格拉底是人，是人就是动物，是动物就会死，所以苏格拉底会死。从反面说，苏格拉底是人，是人就不是神，不是神就不会不死，所以苏格拉底不会不死。既然苏格拉底会死，而又不会不死，所以苏格拉底会死。此证。再简化一些：苏格拉底会死，为什么？证明：从正面说，苏格拉底是人，所以苏格拉底会死。从反面说，苏格拉底不能不是人，所以苏格拉底不会不死。综上，苏格拉底会死。此证。

简化是十分必要的，简化是为了让人看得更清楚，而不是更糊涂。理论的任务就是简化，而不是把问题搞得很繁复，高度概括，言简意赅，反映在文章篇幅上，就一字：短。繁复是思维的特征，而不是表达的特征，思维可以繁复，但表达务求简练，直截了当！简是目的，繁是手段，是繁为了简，而不是简为了繁，如此而已。思维就如同草稿，可以十分凌乱；而表达就如同正稿，必须十分干净。理论不是思维，而是思维的产物，是思维的表达，所以必须十分简洁。这是些题外话，虽有些离题，但感慨于时势，不得不讲。

再回到以上证明过程中，"从正面说"部分，就是正题；"从反面说"部分，就是反题。正题反题都涉及到人，我们找到了人这个中项，使得起点得以顺利走向终点。如何理解人？实际上也是在两个对立的事物之间展开推论的，它们就是神祇和动物。人是神祇，因为他不只是动物；人是动物，因为他不只是神祇。同时，人又不是神祇，因为他还是动物；人又不是动物，因为他还是神祇。这就是人，一个介于神祇与动物之间的中介物，人是神与物之间的中介。但中介又不是平分，平分是偶然的，不平分是必然的，所以两方面总存在一个比较。说人是理性的动物，便是存在一个比较的，其中：从实际存在来看，动物性要大于神性，所以人是动物；从发展倾向上来看，神性要大于物性，所以人是神祇。从动物方面讲，人一定会死，不死就不是人了，这是人性固有的局限性。从神祇方面讲，人也不能不死，死是往生，是新生，这要脱离动物性才能实现，这注定了人不能不死。神祇和动物在对立中得到了统一，这就是人，即理性的动物。苏格拉底是这样的动物，所以他会死，而且，不会不死。

辩证法是两个矛盾之间的推论，从矛到盾，或从盾到矛，从这个意义上讲，它是方法论。在题目中，苏格拉底要死，其实是从生到死的推论，也是从有到无的推论。我们知道，矛盾之间尖锐对立，非此即彼，非彼即此，二者必一，不可得兼。非此即彼和非彼即此，即矛盾律（非矛盾律）；二者必一，不可得兼，即排中律。还有同一律，即是此非彼，是彼非此。同一律、矛盾律和排中律构成逻辑三大定律，可能还有充分理由律，它们共同产生出形式逻辑。辩证逻辑是矛盾推理，直接违反矛盾律，既如此，它如何能够成立呢？如何看待辩证逻辑和形式逻辑之间的矛盾呢？

解决这个问题，关键是找到一个中介，有了中介，就能协调二者之间的矛盾，反之则不能。需要找到这样一个中介，它既是矛，又是盾，既不是矛，又不是盾。怎么可能呢？这不又直接违反矛盾律和排中律了吗？不急，试看题中，人就是个中介，人就是介乎神祇和动物之间的一个中介。他的特征是什么？回答题，他既是动物，又是神祇，既不是动物，又不是神祇。说他是动物，因为他不止是神祇；说他是神祇，是因为他不止是动物；说他不是动物，是因为他还是神祇；说他不是神祇，是因为他还是动物。人就是神祇和动物的混合物、中间物因而也是中介物，他同时兼有神性和物性，这使得上面的情况出现，即既是，又是，既不是，又不是。在人身上，在人这个中介身上，体现出或可分辨出一些别样的特点，至少包括：第一，亦此亦彼，亦彼亦此，可称联系律；第二，非此非彼，非彼非此，可称区别律。此外，还有：第三，由彼及此，由此及彼，可称转化律；第四，至此返彼，至彼返此，可称回归律；第五，有此有彼，有彼有此，可称辅成律；第六，无此无彼，无彼无此，可称制约律。

如果人还不够典型，试想数轴，试想笛卡尔坐标系。数轴和坐标系上有两个现象非常独特，对，即是〇和所在坐标轴。〇这个点，既不属于正轴，也不属于负轴，但在数轴上。而坐标轴呢，既不属于正象限，也不属于负象限，但在坐标系上。这些都是人为规定，就像〇既不属于正数，又不属于负数一样。既是规定，既能这样规定，能不能那样规定呢？既不正，又不负，是不是违反矛盾律呢？如果既正又负呢？是不是违反排中律呢？数学以自然数为出发点，把它们设想成一个个可分离、可辨别、可标定的点，相互平等独立，就像是完全民主的社会，也像是充分竞争的市场，几方面说不清谁影响了谁，谁启发了谁。这种办法已经导致数学的一些理论问题，比如说无理数如何在数轴和坐标系上反映出来，等等。可是如果我们规定既是正又是负，又怎么样呢？说不定会有些意想不到的效果哩。

矛盾双方既互相区别，又互相联系；既互为制约，又互相转化；既互为条件，又相辅相成……这些语言，我们熟悉了，熟悉得都开始陌生了，就像是提笔忘字，每天都写的字，突然怎么看都不对劲。可是，如果结合上文谈过的一些初步的想法，是不是会有些别的感觉呢？矛盾推理的关键在于找中点，而形式逻辑的关键则在于排除中点，排中律嘛。矛盾推理要求，首先是找到中点，把它作为中介；又找到两个对立的极端，即矛盾；然后在矛盾的对立当中界定中点，即用矛盾界定中介，这是个大体思路。这样中点其实也由矛盾组成，于是便有三种情况：第一，矛等于〇，或盾等于〇，这时是纯粹的矛或者盾；第二，矛等于或接近于盾，这时是理想中点；第三，矛不等于盾，要么矛大于盾，要么小于盾。第一种情况是理论原点，也是理论中点，是极端，现实中虽不能完全排除，但绝少存在。第二种情况是理想中点，也是理论中点，其实也是个极端，理论上可以有，但现实中两方相当的情况也不多见。要注意的是第三种情况。

在第三种情况中，要么矛大于盾，要么盾大于矛，由于中介由矛盾组成，所以矛盾的数量对比关系决定中介的基本性质。一条线段包括三个极端点，中介可在这条线段的任意位置出现，所以有无穷种可能。但由于线段是有穷的，它的数量又是有穷的，是有一个范围的，那便是不能超出两个极端，即单一的纯粹的矛和盾。组成中介的矛盾有个数量对比关系，可称内部矛盾；组成线段的中介之外的矛盾也有个数量对比关系，可称外部矛盾；外部矛盾之后又有个数量对比关系，可称总体矛盾。内部矛盾决定中介的性质，外部矛盾影响中介的性质，总体矛盾决定中介的运动变化。总体矛盾反映的是中介这个个体同由极端构成的整体之间的关系，换言之，个体和整体的关系，通过中介和极端的关系反映出来。

中介内部矛盾同中介外部矛盾相互联系，互相之间有个数量对比关系，这便是总体矛盾。总体矛盾即总体趋势，它规定运动变化的方向和程度。这大约就是本体论上的辩证法。这个道理就像是拔河，两方无不竭尽全力，都想把绳索中心标记拉向自己一方，中心标记如何运动，取决于双方力量对比。因为双方在同一直线上同时用力，所以中心标记沿直线方向运动。如果双方不是在同一直线上同时用力，那么中心标记将按照力学上"平行四边形"规则所确定的矢量箭头指向运动。这个事例非常典型地、集中地反映了中介在线段上的运动变化规律，也非常深刻地、直观地反映了事物在宇宙中运动变化的规律，值得大家仔细玩味。

辩证法不是"变戏法"，不是诡辩论，不是文字游戏，不是修辞手法。首先，辩证法有结构性，内部矛盾决定事物的基本性质。

其次，辩证法有变动性，外部矛盾决定事物的变动性。再次，辩证法有方向性，整体矛盾决定了事物运动变化的方向性。最后，辩证法有"创新性"。传统哲学主张分立，辩证法主张统一；传统哲学主张静止，辩证法主张运动；传统哲学主张孤立，辩证法主张联系；传统哲学主张理论，辩证法主张实践；传统哲学主张知行分离，辩证法主张知行合一；传统哲学主张极端，辩证法主张中庸……

辩证法出自西贤心法，原义就是对话，您一言，我一语，您一问，我一答，您一疑，我一辩，您一破，我一立，就在这一来一往、一顾一盼的循环往复过程中，双方不断逼近真理。此法古希腊用之，古罗马用之，中世纪用之，近代康德、黑格尔、马克思诸贤，得以集其大成，至今则日见陵替，乃至于此！又，记得有句心诀，极其古老神秘，即"天道惟危，人心惟微；惟精惟一，允执厥中。"尧以是授舜，舜以是授禹，禹汤以下文武周公，文武周公以下孔子孟子，孔孟以下董子，周子，张子，二程，朱子，王阳明诸贤，相与承递，克绍箕裘，至今则奄奄一息，余脉微弱，乃至于此！

试想，如果以西贤所创辩证法，来对照悟解古贤所传心诀奥义，来上个以西鉴东，以今喻古，其结果又当如何？来者如有意兴，如有闲暇，如有机缘，其不妨一试，以观其究竟，察其原委，或有一得焉。这样做，不知是否也符合辩证法呢？但愿！

（二〇一九年十月二十三日初稿）

（二〇一九年十月三十一日二稿）

# $84$ 论因果

有种说法认为，原因就是中项。怎么理解？比如在一个经典三段论中，大前提是"是人都会死"，小前提是"苏格拉底是人"，结论是"苏格拉底会死"，由普遍到特殊，这是典型的演绎推理。在结论命题中，"苏格拉底"是主项，"会死"是谓项，小前提包括了主项，大前提包括了谓项，其中"人"出现两次，连接贯通大小前提，所以人是中项，中项是原因，所以人是原因，小前提作为命题，是对这一原因的完整阐述。这就是说，苏格拉底为什么会死？对这个问题，回答是：因为苏格拉底是人。那么，大前提不是原因吗？也是，也不是。说是，它同小前提共同导出结论；说不是，它其实是规律，是根据，而不是原因。这个原因因发生在论辩过程当中，叫理由似乎更为合适；但就其陈述事实意义上讲，它是原因。近代人看重原因，看重因果律，人们概括说，近代用机械因果律取代了传统目的律。

英国学者小密尔，旧译穆勒，他在《逻辑学体系》（一八四三年）一书中提出，有五种办法可以帮助确定因果联系，称为"穆勒五法"。它们包括契合法、差异法、契合差异并用法（后称契差法）、共变法、剩余法。契合法的核心是：有甲有乙，则甲是乙的原因。差异法的核心是：无甲无乙，则甲是乙的原因。契差法的核心是：有甲有乙，无甲无乙，则甲是乙的原因。共变法的核心是：甲增加，乙增加，则甲是乙的原因。剩余法的核心是：甲丙是乙丁的原因，同时丙是丁的原因，则甲是乙的原因。契合法是异中求同，差异法是同中求异，契差法是兼而备之，共变法是正比关系，剩余法是排除异己。这几种办法都有或然性，但结合起来，可靠性就大大增强。

设有甲丙和乙丁两组情况，如果有甲有乙，无甲无乙，甲多乙多，甲少乙少，又如果丙是丁的原因，而不是乙的原因，则甲是乙的原因。有甲有乙，无甲无乙，说明原因与结果同有同无，即二者同在，这是质的规定。甲多乙多，甲少乙少，说明原因与结果同消同涨，二者成正比，而不是反比，即二者同变，这是量的规定。是甲引起乙，而不是丙即非甲引起乙，即确定性和排他性，这是性的规定。由此看来，因果关系有质的规定，有量的规定，有性的规定，二者同在，同变，确定，排他。既然是同在同变，那就是确定，即确定甲是乙的原因；既然同时又排他，那就排除了非甲是乙的原因，或者说确定了非甲不是乙的原因。既然只有甲是乙的原因，同时非甲又不是乙的原因，或者说排除了非甲是乙原因的情况，那么，其于质，其于量，其于性，甲乙之间存在因果关系，这是必然的。因果关系追求必然性！

原因有多种名目，有偶因和必因，有主因和次因，有外因有内因，有近因和远因，有单因和多因，有本因和物因，有动因和极因，不一而足。偶因是偶然原因，必因是必然原因，主因是主要原因，次因是次要原因，外因是外部原因，内因是内部原因，单因是单一原因，多因是多种原因。原因引起结果发生，结果由原因引起，照这个说法，所有在从原因到结果这个发生过程中有过贡献率的因素和因子，都应该算作原因。特别是缺少它们，结果将不复出现的那些因素或因子，更有理由称为原因。如果这种说法成立，那么原因便是些条件，其中也包括了机缘、运气、时机、使命之类，总之是促使结果发生的一切条件。

原因是条件总和，问题是我们对这些条件总和如何加以分析。从时空方面看，这些条件有外有内，有远有近；从质的方面看，这些条件有正有反，有虚有实；从性的方面看，这些条件有必有偶，有主有次；从量的方面看，这些条件有单有多，有简有繁。内外、远近，正反，虚实，必偶，主次，单多，简繁，这些都是分析，既是分析，便不可胜穷。原因的存在是一回事，我们的分析又是一回事。我们的分析是一个学术事件，或是生活事件，既是这样，便会有多种因素考虑，从多种背景出发，受多种情境纠结，因此不见得会把这些原因都包括进来，而只是选取其中一些当作重点，然后反复加以申述。有取就会有舍，有舍才能有得，无论理论还是现实，都是某种裁剪修刈，既像是裁衣，又像是插花，还像是培土。

本因，物因，动因，极因，又叫作式因，底因，效因，善因，今译形式因，质料因，动力因，目的因，是古希腊学者亚里士多德提出来的，称为"四因说"。四因说是用来解释事物运动和变化的，特别是动力因和目的因。动力因讲的是个起点，目的因讲的是个终点，就像跑步和旅行，不能没有终点，也不能没有起点，终点是个原因，起点也是个原因。同样地，事物不能没有个起始，不能没有个终极；万物不能没有个起始，不能没有个终极。事物的起始是始因，万物的起因是第一原因，世上总有一个推动万物运动的总根据，亚氏认为是理性，是神，理性和神自身是不动的。

亚氏动力因和目的因，非常接近于他说的"潜能和现实"。动力和目的，潜能和现实，正是他解释运动变化原理的精彩精要之处。之所以有鸡，是因为有蛋，之所以有蛋，也因为有鸡，蛋是潜能，鸡是现实。若无外力打断，若条件具备，蛋能孵鸡，而且是在成鸡之前，就能够，换言之，蛋孵鸡，最终长成鸡，这是事先规定好了的，这就是潜能。为什么是蛋？是因为会成鸡，而且注定要成鸡，除非外力粗暴干涉，强制打断自然进程，所以，鸡就是蛋最后的现实。蛋是潜在的鸡，是潜能；鸡是现实的蛋，是现实。从潜能到现实，这个过程叫实现。所谓实现，就是事物的形式通过质料，或说在质料身上，完整地、圆满地呈现出来的过程。这一完整状态、圆满状态即是现实，即是目的。

亚氏所持是"目的论"，直接脱胎于其师柏拉图的"理念论"，是整个古希腊哲学的集大成者。柏氏理念，即亚氏形式，目的即形式质料的完满统一，也就是形式本身。目的即形式，形式即目的。

在黑格尔哲学中，潜能阶段的形式叫概念，目的阶段的形式叫理念，整个实现过程叫辩证法，即矛盾统一。黑氏有句名言："凡是合理的就是现实的，凡是现实的就是合理的。"如果能结合亚氏理论加以对照，这句话应该就不难理解了。这是因为，凡是蛋都能孵鸡，凡是鸡都能下蛋，从实现过程讲，从辩证法角度讲，从生活常识讲，请问这话对么？其实，黑氏理论很像亚氏理论。大概可以这样说，奥古斯丁和托马斯即中世纪的柏拉图和亚里士多德，康德和黑格尔即启蒙时代的柏拉图和亚里士多德。

到了近代，风气变了。近代之所以称为近代，主要特点之一便是反亚里士多德，在物理领域，在政治领域，在哲学领域……近代人讲因果，而且更加看重因果，但是只讲机械论上的因果，把原因归于必然，把自然归于物质，必然之外无原因，物质之外无自然。这以下，有人致力于推广自然科学，先是推广到社会科学，再推广到哲学，整个知识领域全部科学化，科学成了知识的代名词。今天碰到事情，人们不问对不对，却问"科学不科学？"，这就是明证。还有一种倾向，即让因果限于自然科学，用真善美价值标准把自然科学、社会科学和精神科学严格分割开来，使其互不干扰浸染，确保各自纯洁无瑕。现代还有一种反向趋势，似乎是把精神科学的方法扩展至自然科学，因此对因果律也产生严重怀疑，更有甚者，把因果律解释为统计概然性。风云际会，变幻莫测，大势所趋，尚待观察，虽然如此，但因果思维应该暂时还是离不了的，所以应该把这种探讨继续推向深入。我想是这样。

（二〇一九年十一月三十日）

# *85* 论实证

哲学上的实证主义，创自法人孔德。孔氏说过，人类思想认识经历三个发展阶段：最先是神学阶段，接着是形而上学阶段，到他本人，则是实证阶段。忽然记起一本书，题曰《历史的终结》，实证主义总给人以这样的印象，那神情，那口吻，俨然是历史的终结。孔氏在《实证哲学教程》（一八三〇年）一书中，便提出这样一种终结历史的"三段论"。

他又讲："神学阶段，又名虚构阶段；形而上学阶段，又名抽象阶段；科学阶段，又名实证阶段。"［《西方现代资产阶级哲学论著选辑》（后作《选辑》），第二五至二六页］从神学到哲学，再到科学，它们既是三个阶段，又是三种方法，还是三类哲学。神学和实证互为对立面，一者是出发点，一者是落脚点；在它们中间，形而上学不过是个过渡，是中间地带而已。似乎，人类无论如何也跳不出这样一出"三幕剧"。

在以上"三幕剧"式宏大构思中，科学堪称高潮，是巅峰，是重头戏，是压轴戏，实证主义恰是科学精神的系统化和哲学化，尤其是以数学和物理学为典型的自然科学精神。它要把这种精神引入人的研究方面，引入社会科学当中，使得道德、历史、审美等领域从此不再是化外之地，不再无人问津。孔氏坚信，实证主义有能力化解时代危机，并足以胜任知识重建重任。

这些思想，也反映在孔氏所著《论实证精神》（一八四四年）（后作《精神》）一书中。在书中，孔德还说，实证有六重含义，具体说，它代表真实，而非虚幻；代表有用，而非无用；代表确信，而非犹疑；代表精确，而非模糊；代表肯定，而非否定；代表相对，而非绝对。[第二九至三一页] 这六重含义分明是六个特征，六大特色，六种取向，直截了当，简明扼要，提纲挈领，画龙点睛，深得此中三昧。

孔氏身后，实证主义大倡，在相当范围内几成共识，其影响不可谓不深不巨。如前，实证同神学截然对立，势同水火。比如，神学追问目的来源，实证则限于因果关联；神学追问绝对终极，实证则限于相对切近；神学推重信仰崇拜，实证则推重理性观察；神学推重神祇恩典，实证则推重自然社会；神学推重神迹启示，实证则推重材料证据。如此种种，不一而足。

又如前，形而上学是中介和过渡，实证的特征它有，神学的特征它也有。比如，实证讲理性，形上也讲理性；神学讲思辨，形上也讲思辨；实证讲论证，形上也讲论证；神学讲洞察，形上也讲洞察；实证讲人和社会，形上也讲人和社会；神学讲神和彼岸，形上也讲神和彼岸。形上同实证的相同处，就是它同神学的不同处；同时，形上同神学的相同处，就是它同实证的不同处。

形而上学研究变动事物中的不变部分，研究运动事物中的静止部分，研究相互关联中的事物本身。所谓恒先于变，重于变，所谓静先于动，重于动，所谓内先于外，重于外，自古希腊巴门尼德以来，这个调子就定下来了，经历代大家引申发挥，沿袭至今。形上是哲学主流，是典型，甚至是原型，另一派是边缘，自赫拉克里特始，后来形成辩证法。它猛烈抨击形上是静止地看问题，孤立地看问题，这话是对的，形上正是这样看问题的。

实证主义研究不可见世界台前的可见世界，研究本体世界台前的现象世界，研究彼岸世界台前的此岸世界。所谓现象为限，经验为限，可观察为限，可感觉为限，可论证为限，只有在这个严格框定的范围内，科学考察才是可能的、可行的和可靠的。实证主义所重不在事物内部，而在事物外部；不在事物自身，而在事物之间。用孔氏的话说，就是事物之间的相似关系和先后关系，总之是些外部关系。早先的经验主义同样注意到了这点。

形而上学研究是（存在、有）、本体、实体、本质等，它们都是事物的恒定部分，当然也是事物的根据部分，所以都是重点观照对象。动用理性手段对它们展开探讨，这就构成后世所谓本体论。理性能力如何，这些对象全部可知，部分可知，抑或全部不可知，在这些方面，古来就有争论，而形上多持可知论。近代认识论转向和方法论转向后，包括语言学转向和逻辑学转向后，它们连同本体论都成为哲学的基本内容。

　　实证主义研究现象、经验、属性、关系、结构、过程、规律等，它们都是事物的外部联系，当然也是事物的外部表现，科学把自己局限在这个范围内。科学对理性持有乐观态度，同时也是谨慎态度，既不是全部可知，也不是全部不可知，只是部分可知。达成这个认识，理性主义、怀疑主义和康德都有贡献。实证主义尤其重视数学，重视逻辑，但凡是能用数理方式加以处理的、加以验证的都是科学，否则免谈。而且，数理方式本身就是科学！

　　形而上学是哲学的别名，就形上在哲学史上的地位而言，这么讲，大概不过分。实证主义是科学的别名，就科学对于实证主义的意义而言，这么讲，大概也不过分。说到别名，神秘主义可算神学的别名了，就如今对它们的如潮恶评来说，把它们同占星术、炼丹术以及国故中的龟蓍之学、术数之学、图侯之学、谶纬之学等归为一类，再正常不过了。神学、形上和实证，或说神学、哲学和科学，与其说存在正庶之争、高下之判，毋宁说只是胜败之别、古今之辨，这样做，似乎更稳妥一些。

　　在近代，哲学号称科学的科学；在中古，神学必是哲学的哲学了。这就像宪法是法律的法律，而皇帝是国王的国王，道理是一样的。科学的前提，在哲学，可能只是对象或结论；哲学的前提，在神学，可能只是对象或结论。科学研究可能折射出某种哲学立场，同样，哲学研究可能流露出某种神学观点。科学研究山这头，哲学研究山那头，神学则研究天外头；科学研究自然，哲学研究自然和精神，神学研究精神；科学研究人脑，哲学研究人心，神学研究灵魂。不同终究是不同，相似仍然有相似。

在中间，还有一门人学，孔氏叫作社会学！实证主义本质上是人学，是社会学，不过，它们只是科学的自然延伸而已。历史上，不知有多少贤德者宿倡导人学，意在用人的眼光而非神的、亦非自然的眼光看待事物和自我。现如今，人类学自不必说；举凡伦理学、政治学、历史学、美学、文学、法学、社会学诸科，无不是人学；就连神学也是人学，叫作宗教学！当然，是人学的，也都是科学，它们都叫作科学。

这样，在神学是神，是精神；在哲学和科学，是自然；在实证，是人，是社会，是文化。《三字经》上说："三才者，天地人。"《易·说卦》："数往者顺，知来者逆，是故易逆数也。"精神属天，自然属地，社会属人，所谓自然科学、社会科学和精神或文化科学之分，或许有这样的考虑在内吧。按孔氏设计，数学和天文学算一组，物理学和化学算一组，生物学和社会学算一组，三组六门，构成"不可分割的体系"，或许也有这样的考虑在内吧。［第七〇、七二页］

孔氏又讲，那出"三幕剧"不只是思想进程，也是历史进程；不只是历史进程，也是人生经历。他说，神学适用于原始时期，形而上学适用于中古时期，而实证则适用他那个时代，他叫作军事社会、抽象法权社会、工业社会。［《精神》，第二二至二三、二七页］他又说，人在回忆起过往时，他不禁会问道：人难道不是"在童年时期是神学家，在青年时期是形而上学家，在壮年时期是物理学家吗？"［《选辑》，第二七页］

这里要问，工业时期之后，情况怎样呢？壮年时期之后，情况怎样呢？那时，是不是会回归精神，展开另一轮循环呢？由天而地，而人，再回归天，然后由天，而地，而人……曾记得，在古希腊，荷马和赫西俄德讲神，是第一阶段；泰勒斯讲自然，是第二阶段；普罗泰戈拉和苏格拉底讲人，讲社会，是第三阶段。又，中世纪讲神，是第一阶段；近代科学和启蒙作家讲自然，是第二阶段；

人文主义和人本主义讲人，讲社会，是第三阶段。社会发展似乎已然见证这类循环，而且还不止一轮呢!!

今天讲，实证主义有逻辑实证主义和经验实证主义之别，法实证主义也有分析法学和法社会学之别，前者重分析，后者重事实，这些都是常识，司空见惯，见怪不怪了。但是，常识是最不易理解的，如果不同一些大背景、大轮回结合起来看，不去深思，不去揣摩，不去挖掘，其中的深意真意便无由展现出来，那么，常识便"真真正正"地成常识了，即经常可见，无所谓识。

（二○二○年九月廿五日）

# $86$ 论比较

外出购物，离不了比较。俗语说："货比三家。"又说，"不怕不识货，就怕货比货。"货比货只是其一，品牌比较，门面比较，商家比较，服务态度比较，售后比较。没有比较，就没有鉴别。

出国求学，离不了比较。专业比较，学校比较，学费比较，录取概率比较，发展潜力比较，所在国家比较，生活成本比较，治安状况比较。没有比较，就没有鉴别。

生活中处处在比较，比较也是生活。没有比较，就没有鉴别；没有鉴别，就没有选择；没有选择，就没有决定。生活中不能不做决定，不能不做选择，不能不做鉴别，所以，不能不做比较。

私人生活要比较，社会生活要比较，公共生活要比较，政治生活要比较，国与国之间要比较，文明和文明之间也要比较。

人说文明之间无优劣，也就是不可比较，但具体事上有高下，也就是可以比较。军事斗争不是比较吗？外交角力不是比较吗？市场竞争不是比较吗？体育比赛不是比较吗？各类兵器排行榜，实力排行榜，GDP 排行榜，金牌排行榜，所有这些，不正是比较的产物吗？

历史是残酷的。中华文明和西方文明在近代相遇，结果是无数的屈辱和失败。伊斯兰文明和西方文明在中东相遇，结果是无数的苦难和泪水。文明舞台上的竞争，也和物种世界的竞争一样，不是你消灭我，就是我消灭你；不是西风压倒东风，就是东风压倒西风。

科技竞争是文明竞争的一部分，思想竞争也是文明竞争的一部分。科技成果之间的关系，思想成果之间的关系，无不是竞争关系，正像商品产品之间的关系，又像物种物类之间的关系，物竞天择，适者生存。

因此，学者之间，学科之间，学院之间，学校之间，无一不需推出自己的产品和服务，无一不需降低自己的价格和成本，无一不需形成自己的优势和垄断，无一不需维护自己的信誉和影响。

也因此，学问之间维持着一种紧张关系，一种学问的使命在于挑战另一种学问，取代另一种学问，压制另一种学问，在台下时争取上台，在台上时努力霸台，能出台时尽量出台，该退台时决不退台，务必时时且牢牢保住其优越地位和市场份额不可。

也因此，学术竞争不再是学术事件，而成为商业事件，学术事件和商业事件本身都是社会学事件，有太多太多的因素夹杂其中，在其中或强或弱、或隐或显地发挥着作用，这使得情形变得无比复杂，难以预料。这种情况下，包装、营销、推广、排名，所有这些都成为竞争策略的一个部分。

文明之间的竞争，思想之间的竞争，学问之间的竞争，同商品之间的竞争，同物种之间的竞争，并无不同，相反，数者在本质上是一样的。它们的规则都是物竞天择，适者生存，就是所谓"丛林规则"。

哲学上的个人主义，经济上的放任主义，政治上的自由主义，政策上的社会达尔文主义，同生物上的进化论，是相互配套的，不是么？这次疫情，告诉我们很多。

竞争是强烈的比较，不是微弱的比较；是实践层面的比较，不是理论层面的比较；是行动层面的比较，不是认识层面的比较；是存在层面的比较，不是意识层面的比较；是现实层面的比较，不是观念层面的比较。不要以为比较只有一面，比较还有另一面。

竞争就是斗争，就是战争，是战争，就是残酷的。历史为什么是残酷的？因为它是一部竞争史。又，自然为什么是残酷的？因为它是一部竞争史。宗教为什么是残酷的？因为它是一部竞争史。竞争就是最残酷的比较！

竞争是最残酷的比较关系，是一种极易夸大了的、极易扭曲的、极易反常的人际关系。反观千年之前，老子主张"无争"，千年之来，国人奉行"与世无争"，不知是否出于某种自觉，或者是某种预感？

老子极言"不争"，赞许有加。《老子》第三章："使民不争。"第八章："水善利万物而不争。"第二十三章："夫唯不争，故天下莫能与之争。"第六十六章："以其不争，故天下莫能与之争。"第六十八章："是谓不争之德。"第八十一章："天之道，为而不害。圣人之道，为而不争。"

世道相争，圣人不争，这是何故？后世说："反其道而行之。"重要的是"反"字。《老子》第四十章："反者道之动，弱者道之用。"第二十五章："大曰逝，逝曰远，远曰反。"第六十五章："玄德深矣，远矣，反矣，然后至于大顺。"或许，这就叫作"道法自然"。

在汉字中，比字意义特别，论字形，要牵涉出一张人际关系网。人（𠆢）字，篆文象左向侧立，屈胫垂臂之形。反人为匕（𠤎），倒人为𠤏（𠄐）。二人为从（𠈌），反从为比（𠤼）。二人相背为北（𠈉），二人相向从阙，疑为卯（𠨙）字，又疑向字。三人为仈（𠈊），即众本字。四人为𠈤，同虞。五人为𡤫，同盗。

篆文大（大）夫（夫）二字，皆可表人。凡人侧立为人，正立为大，戴簪为夫。夫字从大从一，一象发簪。二大为夶（夶），同比；二夫为㚘（㚘），通伴。㚘，依《说文·夫部》，"读若伴侣之伴"。㚘下为夶，如上，同并。

《说文·比部》："比，密也。二人为从，反从为比。凡比之属皆从比。夶，古文比。""二人为从，反从为比"，这是一句。"夶，古文比"，这是一句。由前句看，比是反常关系。《论语·为政》："君子周而不比，小人比而不周。"从后句看，比是并列，是正常关系，如比目鱼之比。

所谓比较，就是把两个事物并列一处，这是"夶"；如果把两个事物不正常地并列在一起，这就是"比"，所谓"反从为比"。可见，比较可以，但不能超越一定限度，尤其不能达到一定烈度。否则，就是"没有比较，就没有焦虑"，"没有比较，就没有伤害"了。

　　不是什么都可以拿来比较，不是什么都适合拿来比较。欲知其可比，先知不可比；既知其不可比，然后可比。

　　　　　　　　　　　　　　　（二〇二〇年六月十九日）

# $87$ 论比喻

比喻之喻，篆文作谕（譣），从言俞声。《说文·言部》："谕，告也。"段注："凡晓谕人者，皆举其所易明也。周礼掌交注曰，谕，告晓也。晓之曰谕，其人因言晓亦曰谕。谕或作喻。"

喻意为明白、理解，把事情说明白，叫喻；对方因此理解了，也叫喻。比是喻最有效、最直截的手段，用对方理解的事情把对方不理解的事情说明白，所谓"举其所易明也"云，这样，对方才能明白。喻之以比，比而喻之，就是比喻。不知什么时候，喻也有了比的意思，二者成了同义语，几乎不可分辨。

比喻，可以举小明大，可以举大明小，可以举近明远，可以举远明近。歌曲里唱："东方红，太阳升，中国出了个毛泽东。"又唱："毛主席，您是我们心中的红太阳。"人们愿意把毛主席比作红太阳，也把红太阳比作毛主席。物理上，红太阳远，这就是举近明远；心理上，毛主席近，这就是举远明近；视觉上，红太阳大，这就是举大明小；感觉上，毛主席亲，这就是举小明大。

无论举此明彼，还是举彼明此，彼此一定是两物，不能是一物。彼此不是一物，彼才能是此，此才能是彼；彼此原是一物，彼即是此，此即是彼，无所谓彼此，也就无所谓是了。

同理，甲等于乙，说这个命题的前提就是甲不是乙，它们是两回事。正因为甲不是乙，它们是两回事，所以才能使用"等于"连接。如果甲即乙，乙即甲，那么，说甲等于乙，就是在说甲等于甲，乙等于乙，这是同义反复，毫无意义。如果是在表述逻辑同一律，那么还应该加上一句，甲不等于非甲，或乙不等于非乙，否则不叫完整。

甲乙原为两物，但说甲等于乙，之所以能说相等，必定只是在某些方面相等。对于相似方面，有时可以作出分析，明确说出来；有时则难以作出分析，或者不易说出，或者不便说出。

甲乙相似度有个变化幅度，从○到百，理论上不能包括○，不能包括百，包括○，则全部不同，无法相比；包括百，则完全相同，不必相比。世上没有完全相同的两个事物，与没有完全不同的两个事物，两种说法是一样的，都是哲学猜想，都不适用于比喻。很多时候，是相同，是相异，几分相似，几分差别，并不在事物，而在于眼睛。

从○到百，○百除外，甲乙之间多大程度相似，这里有个变化范围。最为相似时，是等于，可以用"是"，如甲是乙；比较相似时，是约等于，可以用"似"，如甲似乙；比较不相似时，是非约等于，可以用"如"，如甲如乙；最不相似时，是不等于，可以用"拟"，如甲拟乙。是似如拟，还有若比宛犹等，这些标志词都可用于比喻，但它们总归是有某些细微差别的，如确有这些差别，那么，是否又与此有关呢？

一般地，甲乙相似度最小，反差度最大，比喻难度就最大，文学效果也最强烈；相似度最大，反差度最小，难度就最小，效果也就没那么强烈。两物相比，异者求其同，同者求其异，比喻是求同的，所以必须首先相异，而且反差度越大越好。反差度越大，难度越大，使用越少，越不易成功，可一旦成功，反而越奇，越妙，越发隽永，越发耐人寻味。

《世说新语·言语》讲过一则故事：

> 谢太傅寒雪日内集，与儿女讲论文义。俄而雪骤，公欣然曰："白雪纷纷何所似？"兄子胡儿曰："撒盐空中差可拟。"兄女曰："未若柳絮因风起。"公大笑乐。即公大兄无奕女，左将军王凝之之妻也。

材料中，"公大笑乐"，为什么？就是因为谢道蕴的回答，就是因为雪和絮差距大，联系小，罕有想到，但恰"因风起"，一下子让人联想到柳絮如何地轻柔、飞飏、摇曳、翻转，如何地飞天有意，落地无声。人说鹅毛大雪，鹅毛虽说与柳絮相近，但因常见常用，所以难度较小，所以不够新奇。这就是相似反差成反比，难度效果成正比。

记得钱钟书先生在《读〈拉奥孔〉》[钱钟书《钱钟书散文》，浙江文艺出版社，一九九七，第二三六页]一文中说：

> "是"就"无奇"，"如"才"可乐"；简洁了当地说出了比喻的性质和情感价值。"如"而不"是"，不"是"而"如"，比喻体现了相反相成的道理。所比的事物有相同之处，否则彼此无法合拢；它们又有不同之处，否则彼此无法分辨。两者全不合，不能相比；两者全不分，无须相比。

接着，又引佛经"分喻"的道理说明："不同处愈多愈大，则相同处愈有烘托；分得愈远，则合得愈出人意表，比喻就愈新颖。"[同上]又，引古罗马修辞学说明，"相比的事物间距越大，比喻的效果愈奇创辟。"[同上]又引皇甫湜语说明："凡喻必以非类"，"凡比必于其伦。"[同上]又引杨敬之《华山赋》："似是而非，似非而是。"[同上]

上引这些话，差不多把比喻的妙谛全都说出来了。《拉奥孔》中说，诗画不同，能入诗，未必能入画，从诗到画，有很多困难无法逾越，其中比喻就是一件。在诗中极寻常的、极自然的比喻，要通过画表达出来，却是难之又难。又记起苏东坡说过："味摩诘之诗，诗中有画；观摩诘之画，画中有诗。"王摩诘能达到如此境界，而且语出自东坡之口，真让人难以想象！

钱先生写道：

> 事实上，"画不就"的景物无须那样寥阔、流动、复杂或

伴随着香味、声音。诗歌描写一个静止的简单物体，也常有绘画无法比拟的效果。诗歌里渲染的颜色、烘托的光暗可能使画家的彩色碟破产，诗歌里钩勒的轮廓、刻划的形状可能使造型艺术家感到凿刀和画笔力竭技穷。[第二三〇至二三一页]

他又写道："一个很平常的比喻已经造成绘画的困难了，而比喻正是文学语言的特点。"[第二三五页]又，"一句话，诗里的一而二，二而一的比喻是不能入画的；或者说，'画也画得就，只不像诗'。"[第二四一页]由此足见诗画隔阂之深，足见摩诘化境之难！钱先生是诗文耆宿，更是比喻圣手，公认地有学识，有造诣，有体会，有见地，所以，讲起来深入浅出，用起来得心应手，听起来平易亲切，既旁搜远绍，严批妙选，又心到笔随，言近旨远，真正贯彻了他的一贯风格。

在钱先生文章的开始，别有段话十分引人注意：

眼里只有长篇大论，瞧不起片言只语，甚至陶醉于数量，重视废话一吨，轻视微言一克，那是浅薄庸俗的看法——假使不是懒惰粗浮的借口。[第二二三页]

长期乐于抽象思维、习于人工语言、惯于欧化表达的人，想必最容易生出这方面的倾向，又且自知未能免俗，想到此，特地把这段话抄录下来，聊以自做自勉焉耳。

（二〇二〇七月二十四日）

# *88* 论中间和极端

亚氏《尼各马可伦理学》（廖译本）第一卷第五、八章中有个观点十分出名：德性在于适度（*mesotētos*），过度（*hūperbolē*）与不及（*endeia*，*elleipsis*）趋于极端，德性就是这两个极端的中间。亚氏讲："德性就必定是以求取适度为目的。我说的是道德德性。"［第四六页］又，"德性是一种适度，因为它以选取中间为目的。"［第四七页］又，"过度与不及是恶的特点，而适度则是德性的特点。"［同前］又，"所以，德性是一种选择的品质，存在于相对于我们的适度之中。这种适度是由逻格斯规定的，就是说，像一个明智的人会做的那样地确定的。德性是两种恶即过度与不及的中间。"［第四七至四八页］

接着在第七章中，亚氏运用这个原理对一些具体德性作出简要说明。他讲，在恐惧和信心方面，勇敢是适度，鲁莽是过度，怯懦是不及。［第四九页］又，在快乐和痛苦方面，节制是适度，放纵是过度，冷漠是不及。［第四九至五十页］又，在钱财方面，慷慨是适度，挥霍是过度，吝啬是不及；大方是适度，粗俗是过度，小气是不及。［第五十页］又，在荣誉和耻辱方面，大度是适度，虚荣是过度，谦卑是不及；适度者无名，爱荣誉者是过度，不爱荣誉者是不及。［同前］慷慨和大方的区别，正如无名和大度的区别，它们的区别只是小大不同。［同前］

亚氏接着讲，在怒气方面，温和是适度，愠怒是过度，麻木是不及。［第五一页］在交往方面，诚实是适度，自夸是过度，自贬是不及；在娱乐的愉悦性方面，机智是适度，滑稽是过度，呆板是不及；在生活的愉悦性方面，友爱是适度，谄媚和奉承是过度，好胜和乖戾是不及。[第五一至五二页]在感情方面，知耻是适度，羞怯是过度，无耻是不及。在友邻方面，义愤是适度，妒忌是过度，幸灾乐祸是不及。[第五二至五三页]古希腊人讲求四德，即智慧（智）、勇敢（勇）、节制（节）、公正（义），它们都是适度，想必各有其过度和不及。

之后，亚氏又讲："所以，有三种品质：两种恶——其中一种是过度，一种是不及——和一种作为它们的中间的适度的德性。这三种品质在某种意义上彼此相反。适度也同两个极端相反。正如相等同较少相比是较多，同较多相比又是较少一样，适度同不及相比是过度，同过度相比同又是不及。在感情上和实践上都是如此。"[第五三至五四页]其中提到，三种品质彼此相反，过度和不及相反，适度又同它们相反。适度有时看似过度，有时看似不及，但过度和不及都不是适度，而是不适度。其实，适度既是过度，又是不及，而且二者得以同时兼于一身的，只有适度而已。

其中又提到，"相等同较少相比是较多，同较多相比又是较少"，这同此前一段话相关。亚氏讲过："在每种连续而可分的事物中，都可以有较多，较少，和相等。这三者，既可相对于事物自身而言，也可以相对于我们而言，而相等就是较多与较少的中间。就事物自身而言的中间，我指的是距两个端点距离相等的中间。这个中间于所有的人都是同一个一。相对于我们的中间，我指的是那个既不太多也不是太少的适度，它不是一，也不是对所有人都相同的。"[第四五至四六页]相等有时看似较多，有时看似较少，但较多和较少都不是相等，而是不相等。其实，相等既是较多，又是较少，而且二者得以同时兼于一身的，只有相等而已。

适度是过度和不及的中间，正如相等是较多和较少的中间。反过来，过度和不及是适度的偏颇，最偏颇时便是极端；较多和较少是相等的偏颇，最偏颇时便是极端。距离过度最远的是不及，反过来，距离不及最远的也是过度，但是同时距离二者最远，其实也是同时距离二者最近的，是适度，只有适度，最适度也是个极端。同理，距离较多最远的是较少，反过来，距离较少最远的也是较多，但是同时距离二者最远，其实也是同时距离二者最近的，是相等，只有相等，最相等也是个极端。

中间实在是个奇特的存在。适度和相等之所以具有这样的特点，因为它们是个中间，中间就具有这样的特点。位于中间两侧的两个极端就是一对矛盾，而中间就是那个矛盾的统一，矛盾的绝对统一本身就是某种极端！对于矛盾的任何一方而言，统一都意味着某种矛盾，自身包含着矛盾，同时又处在矛盾当中，这就是统一。中间就是这样的统一，最中间就是两个最极端的统一！也许是想到了这层，亚氏讲："善是一，恶则是多。"［第四七页］又，"要在所有事情中找中点是困难的。"［第五页］又，"但尽管两个极端同适度相反，最大的相反却存在两个极端之间。"［第五四页］

最中间是极端，就此而言，亚氏曾指出："在感情与实践中，恶要么达不到正确，要么走超正确，德性则找到并且选取那个正确。所以虽然从其本质或概念来说德性是适度，从最高善的角度来说，它是一个极端。"［第四八页］虽说最适度可以是极端，但最过度和最不及这两个极端却不能是适度。原因亚氏已经指出，他讲："因为这样，就会有一种适度的过度和过度的不及，以及一种过度的过度和一种不及的不及了。"［第四八页］又，"因为一般地说，既不存在适度的过度与适度的不及，也不存在过度的适度或不及的适度。"［同前］

线段，大约算得上亚氏所谓"连续而可分的事物"吧。［第四五页］试想一条水平线段，一个中点，左右两个端点，令中点代表适度，左侧端点代表不及，右侧端点代表过度。该线段上任意两点之间，距离越大，其意义越相反；距离越小，其意义越相近。从左侧越接近中点的点，同中点距离越小，就越接近适度，同时越远离不及，越接近过度。从右侧越接近中点的点，距离越小，就越接近适度，同时越远离过度，越接近不及。很明显，该线段上任意一点无论是接近还是远离中点，必然接近一个端点，而远离另外一个端点。

这样，左侧一点比右侧一点更加不及，右侧一点比左侧一点更加过度；没有一点比左端点更加不及，它就是最不及；没有一点比右端点更加过度，它就是最过度。又，接近中点的点比远离中点的点更加适度，远离中点的点比接近中点的点更加过度或不及；没有一点比中点更加适度，没有一点比中点同时地更加远离左右两个端点，没有一点比中点同时地更加接近左右两个端点，它就是最适度。最过度和最不及当然是个极端，但是最适度也是个极端，而且比它们更是极端！

中点，两个端点，是上述线段上最突出的三点。在线段上且不与三点重合的任意一点，均可从三点之中任意一点来观察。比如，接近左侧端点的一点，就这同一个点，在左侧端点看来，系接近不及，而不够过度；在中点看来，偏离中点较远，系偏向不及；在右侧端点看来，偏离过度最远，系太过不及。又，在线段上与三点中任意一点重合的点，同样可以这样观察。比如，位于中点的一点，来自中点的说法是适度，是适中，是适当；来自两个端点的说法是过激，是不力，是两可。当然，亚氏的看法很明确，中间是中点，过度和不及是端点，这个位次乱不得，不能乱！〔第四八页〕

不过，这些情况说明，同一行为，在实践中，在感情上，可能产生不同意义和评价，"小马过河"的故事便生动地说明了这一点。这又说明，亚氏所谓相对于事物自身的中间和所谓相对于我们的中间不同，站位不同，观点不同，所谓"屁股决定脑袋"。〔第四六页〕这也说明，所谓相对于我们的中间便不一定是"算术中点"，而可能是位于偏左偏右一些的中点，即"黄金分割点"了。这更说明，如果不是死盯着"点"，而是扩展至"区"，则接近中点的区域，都是适度；接近端点的区域，都是过度或不及。这还说明，"三点"相对于"三区"而言，不仅具有现实存在意义，而且具有认知评价意义，就像界桩和里程碑，足以给路人车马以明确的指导。

先确定两个极端情况，再讨论多种中间情况，这在社会科学中是个不错的方法，是个常见的方法，是个会以别的面目出现的方法。极端情况确定下来了，中间情况则无不是极端情况的组合，两方面此起彼伏，此消彼长，"不是东风压倒西风，就是西风压倒东风"。这就相当于笛卡尔坐标系，横轴纵轴给定了，一切点线都可以标定，既可准确定位，又可相互比较，还可观察走势，可谓一举多得，一专多能。《博登海默法理学》（潘译本）一书中多用到这种方法，比如，书中写道：

> 权力与法律，在他们的标准形态上，是敌对的两极。一极代表专擅的权力，不受任何行为的规律所限制的。另一极代表一种社会体系，在这种体系之下，权力是受到有效的约制与保证的最强的力量所限制的。在这两种之间还有许多中间的形式，他们代表从权力到法律的摆渡。而多数的社会秩序不是采取纯粹的权力，也不是采取纯正的法律作为社会统治的唯一方法。他们的政治生活式样包含这两个要素。在批判某特定的体系时，最主要的问题便是在它的社会组织里面，权力这个要素还是法律这个要素占优势。换句话说，我们必须确定该社会体系比较上接近纯粹权力的一极，抑或纯正法律的一极。[第二五页]

（二〇二〇年十月二十二日初稿）
（二〇二〇年十月二十三日改）

# $89$ 论中间和极端（二）

亚氏《尼各马可伦理学》（廖译本）以德性为适度，以适度为过度和不及的中间，德性就是保持中间，不走极端。德是一，恶是二，一德配二恶，二恶合一德。

这个道理，以线段表示，即中点代表适度，两端代表过度和不及。凡是位于中点和两端之外的点，总有几分善，又总有几分恶，这是免不了的。这样说，接近中点的，善的成分多些；接近两端的，恶的成分多些。而恰好位于中点和两端之上的点，总有几分特别。在中点，善占十分，恶占零分；在两端，恶占十分，善占零分；在左端，此恶占十分，善占零分；在右端，彼恶占十分，善占零分。凡一占十分，一占零分的情况，都有某些极端的特点。

这是着眼于半段来观察的，而不是着眼于全段来观察的。所谓半段，即半条线段，由是观之，线段上所有的点无不是善恶的合成品，善恶各自从一分至十分，比例可以有所不同。如果是全段，则线段上所有的点无不是二恶的合成品，彼此各自从一分至十分，比例可以有所不同。原来，善成于二恶!? 更有甚者，居于中点的适度，不过是居于端点的过度和不及的合成品，彼此间"二一添作五"。有个作品叫《一半是火焰，一半是海水》，至此，忽然记起了这部作品。

看来，以半段还是全段来观察，是很要紧的。以半段来观察，参照系是中点和端点，即善恶，即适度和过度不及，所有点以善恶二者来标定。以全段来观察，参照系是两个端点，即彼此二恶，即过度和不及，所有点都以彼此二恶来标定。这便是"一德配二恶，二恶合一德"的由来。既如此，有无"一恶配二德，二善合一恶"的情况呢？也就是说，以恶为中点，以善为端点，有无此种可能呢？

　　对此，亚氏持否定态度。他说，不存在适度的过度，不存在适度的不及，不存在过度的过度，不存在不及的不及；不存在过度的适度，不存在不及的适度。［第四八页］其实，这些颇为诘屈聱牙的表达，似乎也是线段上的操作。所谓过度的过度和不及的不及，即原左右端点延长线虚线上的新的左右端点。所谓适度的过度和适度的不及，即取自原线段的某段截线上的新的端点。所谓过度的适度和不及的适度，即取自原线段的某段截线上的新的中点。亚氏执着于原线段，以为不可延长，不可截取，由此作出一些论断，并断定它们"同样荒谬"，这不难理解。

　　直观上，"一恶配二德，二善合一恶"的情况，是不宜贸然排除的。道理很简单。过度和不及为二恶，二者互为相反，既然如此，适度之外，为什么不能有另外一善，比如名曰合度之类，令二者互为相反呢？又，适度为一善，过度和不及为二恶，既然如此，为什么不能合二为一，比如名曰无度之类，令它与适度互为相反呢？古贤正统执着，必定要使善先于恶，一先于二，于是善自为一，而恶自为二，这不难理解。只是，善也有它的相反者，这个相反者不是恶，而是善，此善彼善相反，正如此恶彼恶相反，与此同时，善恶又彼此对立！现在，是时候要找出那个彼善了。

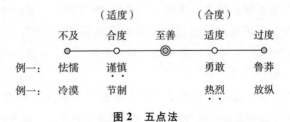

**图 2　五点法**

　　比如，亚氏讲过，在信心和恐惧方面，勇敢是个适度，其过度是鲁莽，不及是怯懦。原译是："怯懦的人、鲁莽的人和勇敢的人都是与同样的事物相联系的，不过对待这些事物的方式不同。前两种品质是过度与不及，第三种是适度的、正确的品质。"［第八一页］亚氏又讲，勇敢同鲁莽之间较为相似，同怯懦之间较为相异。［第五四页］在线段上，如果怯懦居左，鲁莽应该居右，勇敢居中，在鲁莽一侧，姑且说在"黄金分割点"上吧。那么，在怯懦一侧的"黄金分割点"上，有无另一种美德存在呢？答曰有的，姑且叫作谨慎。换某个角度看，怯懦和鲁莽分别处在勇敢和谨慎的两端，偏于勇敢一侧的是鲁莽，偏于谨慎一侧的是怯懦。

再如，亚氏又讲过，在快乐与痛苦方面，节制是个适度，其过度是放纵，不及是冷漠。原译是："快乐和痛苦——不是所有的，尤其不是所有的痛苦——方面的适度是节制，过度是放纵。我们很少见在快乐上不及的人，所以这样的品质也无其名，不过我们可以称之为冷漠。"［第四九至五〇页］亚氏又讲："与节制较为相反的不是作为不及的冷漠，而是作为过度的放纵。"［第五四页］在线段上，如果冷漠居左，放纵应该居右，节制居中，在冷漠一侧，姑且说在"黄金分割点"上吧。那么，在放纵一侧的"黄金分割点"上，有无另一种美德存在呢？答曰有的，姑且叫作热烈。换个角度看，冷漠和放纵分别处在热烈和节制的两端，偏于热烈一侧的是放纵，偏于节制一侧的是冷漠。

有两种善，即适度和合度；有两种恶，即过度和不及。勇敢和谨慎即两种善，相应的，鲁莽和怯懦即两种恶。勇敢是鲁莽和怯懦的中间，谨慎也是，因为中间不止一个。反过来，鲁莽和怯懦也是中间，因为这时热烈和节制成了两端。又，热烈和节制即两种善，相应地，放纵和冷漠即两种恶。节制是放纵和冷漠的中间，热烈也是，因为中间不止一个。反过来，放纵和冷漠也是中间，因为这时热烈和节制成了两端。又，适度和合度即两种善，相应地，过度和不及即两种恶。适度是过度和不及的中间，合度也是，因为中间不止一个。反过来，过度和不及也是中间，因为这时适度和合度成了两端。极端定义中间，中间也定义极端，两恶合一善，两善合一恶！

如用线段表示，则应该有四个点才对，原先的适度和过度、不及是其中三个。如果适度不是位于线段的算术中点上，而是位于"黄金分割点"上，那么，第四点就位于与之相对的另一侧的"黄金分割点"上，可以叫作合度，它也是某种善。如果系算术中点，则两个"黄金分割点"合一，大约就是所谓的最高善了。相比而言，另一种表示办法可能更形象些，即不及、适度、过度、合度处在同一圆周上，两两相错，交错两点连线相互垂直。在圆周中，每个点都是相邻两点的中间，相邻两点则是它的极端；该点又与第四点相对；相邻两点在性质上相反，相对两点在性质上相对。

**图3　五点月相图**

试想想月相图吧，新月，上弦，满月，下弦，残月，初一为朔，初三为朏，十五为望，十六既望，月末为晦，周而复始，循行不已。谢庄《月赋》："朒朓警阙，朏魄示冲。"《千字文》："璇玑旋斡，晦魄环照。"俗语也说："水满则溢，月盈则亏"；又说："谦受益，满招损"。天上星空，心中道德，天上月象，心中德性，古往今来，俯仰观察，徘徊瞻眺，这些，总是带给人以无尽的向往、无尽的遐思。

（二〇二〇年十月二十八日初稿并改）

# *90* 论旧教学法

从前教我们作文的先生，并不传授什么《马氏文通》，《文章作法》之流，一天到晚，只是读，做，读，做；做得不好，又读，又做。他却决不说坏处在那里，作文要怎样。一条暗胡同，一任你自己去摸索，走得通与否，大家听天由命。但偶然之间，也会不知怎么一来——真是"偶然之间"而且"不知怎么一来"，——卷子上的文章，居然被涂改的少下去，留下的，而且有密圈的处所多起来了。于是学生满心欢喜，就照这样——真是自己也莫名其妙，不过是"照这样"——做下去，年深日久之后，先生就不再删改你的文章了，只是篇末批些"有书有笔，不蔓不枝"之类，到这时候，即可算作"通"。

这是鲁迅先生在《做古文和做好人的秘诀》［鲁迅：《二心集》，人民文学出版社，一九七三，第六七至六八页］一文中的一段话，谈的是旧时如何教古文与学古文，其实，也在谈如何教和如何学。以过来人的经历，以大家的文字和造诣，寥寥几笔下去，一幅私塾教授图写意，立刻跃然纸上，栩栩如生，几乎要呼之欲出了。

按文中所记，学做古文，要反复地读，反复地做，反复地熬，肯定还要反复地背，反复地问，物换星移，时来运转，才能通。文中说"摸索"，这个词很形象。学习就是摸索，就是探索，就是研究，就是发现，用《诗经》里的话讲，就是切磋，就是琢磨，就是"如切如磋，如琢如磨"。这个过程像是在探险，在探矿，在探宝，答案不明，唯其不明，才惊异。这又像是稼穑，稼是种，穑是收，没有耕耘的艰辛，何来收获的喜悦？

《桃花源记》中说:"渔人甚异之,复前行,欲穷其林。林尽水源,便得一山,山有小口,仿佛若有光。便舍船从口入,初极狭,才通人。复行数十步,豁然开朗。"可以保证,渔人当时的心情,必定就和那行进线路一般曲折幽深,起伏跌宕,由涉猎到尝试,由煎熬到会通,那种感觉,想想这番历程,不正像渔人当时的心情一般一波三折,一日三变么?朱光潜先生在《从我怎样学国文说起》[朱光潜:《天资与修养——朱光潜谈阅读与欣赏》,辽宁教育出版社,二〇〇六,第一十四页]一文中也谈及类似话题。他写道:

> 学古文别无奥诀,只要熟读范作多篇,头脑里甚至筋肉里都浸润下那一套架子,那一套腔调和那一套用字造句的姿态,等你下笔一摇,那些"骨力"、"神韵"就自然而然地来了,你就变成一个扶乩手,不由自主的动作起来。

学是从无到有,习是从生到熟,诸如听说读写译,行动坐卧走之类,都是学习,以学代称之。学贵在切磋琢磨,这既是学习,又是学问。《论语·为政》:"学而不思则罔,思而不学则殆。"思就是切磋琢磨,切磋琢磨也就是思,懂得并善于切磋琢磨了,才能理解,把学习来的变成自己的,才能不被忽悠。学而思是一个有机统一的过程,相互不可割裂开来。

学讲究背。死记硬背是一定的,背真是一套硬功夫,大功夫,苦功夫,死功夫!人年轻时,尤其是幼年时,记忆力最强,理解力最弱,是背诵黄金季;年纪一大,理解力强了,记忆力弱了,有心背,怕也记不牢了。趁着年轻,多背经典,多背古典,不怕其多,多多益善。不怕不理解,也不求理解,因为本来就不理解;就是因为不理解,才要也才叫死记硬背。时间一久,阅历一多,理解得就会多一些,深一些,甚至于"豁然开朗"了。古人深谙此道,动手就早,要求就严,十年寒窗刚过,年纪轻轻,就"学富五车"了。

现代讲快乐教育,跟着风潮,把着一些五颜六色的畅销材料,又是讲，又是译，手之舞之，足之蹈之，追着哄着，捧着惯着，生怕不理解，又生怕输在起跑线上。这不能不说是个天大的误会，也是一种天大的浪费。难易和理解力有关，只是成人的感觉，对孩子不见得适用。成人觉得难的，孩子未必觉得难；成人觉得易的，孩子未必觉得易。殊不知，对孩子来讲，"一加一"同"元亨利贞"完全是一样的，都是一样的。旧时的一些好的东西，丢失殆尽了，想来叫人痛惜！

学也讲求问。学是问，问也是学，学问不分家。《问说》中说："君子之学必好问。问与学，相辅而行也。非学无以致疑，非问无以广识，好学而不能勤问，非真能好学也。理明矣，而或不达于事；识其大矣，而或不知其细，舍问，其奚决焉？"文中引《书》，引《孟子》，引子思，引《周礼》，痛陈问之必要，问之应当。《礼记·学记》："善问者如攻坚木，先其易者，后其节目，及其久也，相悦以解；不善问者，反此。"不仅应问，必问，古人还告诉我们如何问。

《礼记·学记》接着说："善待问者如撞钟，叩之以小者则小鸣，叩之以大者则大鸣，待其从容，然后尽其声；不善答问者，反此。"这段话，清光绪三十一年停科举后优拔试卷曾被用作考题。它讲的待问之道，也就是教的方法。在师生关系上，看上去先生的角色比较消极、被动，所以讲待问。"他却决不说坏处在那里，作文要怎样。一条暗胡同，一任你自己去摸索，走得通与否，大家听天由命。"鲁迅先生不也这样说吗？

《后赤壁赋》中说："山鸣谷应，风起水涌。"对先生的要求，怕真是这样。一定要像庙里的大钟那样，撞得狠，响声就大，撞得轻，响声就小，一定要如影之随形、响之应声似的。先生只是要多问多答，少问少答，不问不答，这样无疑是恰当的；而少问多答，多问少答，不问而答，答非所问，则是不妥的。

先生的任务是启发点拨，即便是启发点拨，也是要看情况，看时机的。《论语·述而》："不愤不启，不悱不发，举一隅不以三隅反，则不复也。"《礼记·学记》中又讲："故君子之教喻也，道而弗牵，强而弗抑，开而弗达。道而弗牵则和，强而弗抑则易，开而弗达则思，和易以思，可谓善喻矣。"所谓"开而弗达则思"，是说既已提出问题，就不要忙着给出答案，这样，学生才会思考。所谓"道而弗牵"、"强而弗抑"，都是些很有创意的思路。可见，鲁迅先生文中所谓"决不说"，其实不是不说，而是少说，少说为妙，少讲多背，甚至是不讲只背。

古文献中的一些问题，由于版本，由于师承，由于劫火，由于文字，总之由于多方面原因，很多时候真相不明，也搞不清楚。以为先生的理解一定是权威的，以为某个注疏本一定是不刊之论，就像是评卷用的标准答案一样，这种见解实在是幼稚可笑得很。先生甲的讲解是一种体会，先生乙的讲解也是一种体会；注本甲的讲解是一种体会，注本乙的讲解也是一种体会；今天的讲解是一种体会，明天的讲解也是一种体会。都是一家之言，谁能确信无疑？！况且，理解并不是一家完成的，不是一时完成的，也不是一次完成的，不同人群，在不同场合，在不同年龄，在不同学养，在不同机缘，都会生出不同体会。这也正是多背少讲甚至只背不讲的原因。

先生启发点拨，学生切磋琢磨，先生学生之间多少要有某种默契。《礼记·学记》："是故学然后知不足，教然后知困。知不足，然后能自反也；知困，然后能自强也。故曰教学相长也。"健康、良好的师生关系是双赢，对双方都是一种学习，都是一种提高。"师道尊严"是一定要大讲特讲的，但是启发点拨和切磋琢磨八字所营造出来的惬意氛围，对学习和学问本身乃是一桩大大的幸事！

教学不能没有目的。自从有了科考之后，人们的目的首先便是科考，就像今天的目的是高考一样，就是叫作考前培训，也并不为过。经义、策论、试帖诗之类的考试科目是不会落下的，各种制义时艺、文稿堂稿之类的辅导材料更是不能缺的，教育为政治服务，这点毋庸讳言，也无法避免。

（二〇二〇年六月二十四日）

# *91* 论问题

人的一生中，各色人等，无论君子小人，贤愚不肖，无论匹夫匹妇，贩夫走卒，无论士农工商，僧道儒法，无论是谁，不可能不谈问题，不可能不想问题，不可能不看问题，总之，不可能没有问题。问题很可能贯穿他的一生。

以校园为家，吃书本饭的，更是这样。老师提出问题，学生回答问题，学生遇到问题，老师解答问题。课上讲解问题，课下讨论问题，课前准备问题，课后琢磨问题。师生，课程，校园，书本，问题把他们贯穿在一起。

然而，什么是问题？问题是怎样的？问题有真假吗？有好坏之分吗？这些问题当真是问题，只不过，少有人把它们当成问题，或者以为不成问题，所以看上去像是没问题似的。

一般说来，所谓问题，就是未知。已知而有未知，未知而必求知，求知而获告知，告知而可得知，得知而归已知，其中的未知，这就是问题。

> 问："中国的首都是哪里？"
> 答："中国的首都是北京。"

在上述问答中，"是哪里？"即"是哪座城市？"，这是未知成分，即问题所在。"中国的首都"，由此可推出"世界上有中国"，"中国有首都"，这是已知成分。"是北京"，这是得知成分。

其中，已知是预设，得知是答案，未知便是问题本身。因为不知，所以求知，这就是提问。因为求知，所以告知，这就是答问。

问题就是提出的那个东西，也是回答的那个东西，也是提出之前产生的那个东西，也是回答之后消失的那个东西。

一个问题，一个真正的问题，必须包括预设和答案在内，或者说必须联系预设和答案来理解。问题指向答案，答案回应问题。预设是问题和答案的共通部分，它连通问题和答案，是它们之间的桥梁和纽带。预设设置问题场景，也确定答案范围。

有时候，我们发现，人们在提到一个问题时，前面要加上一长串"铺垫"。这个"铺垫"就是预设，也许还有些背景材料，也许还有些意义说明。背景和意义都是预设，它们的功能都是论证，对问题成立起到支撑作用。它们告诉人们，我的问题是真问题，不是假问题，我的问题既有必要性，也有可能性，不讲不行。

有时候，我们发现，人们在完成一个问题时，后面也要加上一长串"尾巴"。这个"尾巴"也是预设，也许还有些反思材料，也许还有些展望材料。反思和展望都是预设，它们的功能是确认，对答案成立起到支撑作用。它告诉人们，我的答案是对答案，不是错答案，我的答案既有现实性，也有前瞻性，不信不行。

在上述问句中，预设是由已知成分推断出来的，而在许多情况下，内嵌在问句中的预设，会外化为若干句子，从而敷衍为一段"铺垫"。比如，上述问句可扩充为：

> 世界上每个国家都有首都，比如，美国的首都是华盛顿，英国的首都是伦敦，法国的首都是巴黎，德国的首都是柏林。那么请问，中国的首都是哪里？

这段铺垫通过类比推理形式，得出预设。有了这段文字，便可更全面地把握问题，以方便更准确地作出回答。

在上述答句中，预设是由求知成分表述出来的，而在许多情况下，内嵌在答句中的预设，会发挥成若干句子，从而敷衍为一段"尾巴"。比如，上述答句可扩充为：

中国的首都是北京。北京是中国的政治、经济和文化中心，北京有着悠久的历史和迷人的风光，有着宽广的街道和密集的楼群，现代北京正在焕发出更为强大的生命力和发展潜力。欢迎来北京作客！

这段尾巴通过广告推销手法，深化预设。有了这段文字，便可更生动地给出答案，以方便更顺畅地提出问题。

有时候，为了更全面准确地提出问题和回答问题，人们还会走出文句的限制，去费力推测"言外之意"，去悉心揣摩"弦外之音"。人们会为一个问题，去问许多问题，比如，在问吗？问谁？谁问？问什么？怎么问？为什么问？

在文法上，疑问句表达问题。疑问句的特点在于疑问词，在于倒装句式，在于问号。疑问词和倒装句式回答"问什么"，也回答"怎么问"，问号回答"在问吗"、"问谁"、"谁问"、"为什么问"，很多时候，在文法上是看不出来的，要到语境语用当中去找。

现实问答总有一幕场景，"问谁"、"谁问"是很容易分辨的，而"为什么"就难了，回答这个问题，需要调动感觉，调动理智，甚至调动直感去找。

人们发问，往往是有疑而问，而且，如果愿意的话，只要有困厄，有错置，有扭结，有缺憾，有模糊，有摇摆，有分歧，有碰撞，有迟疑，总之是于理有所不通的，于情有所难原的，几乎都可以发问，几乎可以针对任何事物发问。古人说："人非生而知之者，孰能无惑？"有惑而不问，可乎？又说，"理明矣，而或不达于事；识其大矣，而或不知其细，舍问，其奚决焉？"

人们发问，未必是有疑而问。在古代，商民之问，是出于痛恨；屈子之问，是出于愤懑；庄子之问，是出于机辩。在现代，黄炎培之问，是出于同情；耿飚之问，是出于忧虑；钱学森之问，是出于关切。可以为爱而问，可以为恨而问，可以为情而问，可以为仇而问，悲可问，哀可问，喜可问，怒可问，问的动机千千万，问的形式万万千。

"问什么",其实也是"为什么问";"为什么问",其实也是"问什么"。问题是有含义的。了解了含义,才能理解问题;理解了问题,才能正确作答。对于理解问题而言,对于这一语义问题而言,语法分析只是一途,语用分析反倒更重要些。

问题有真有假,同样也有好有坏。真问题的含义,可以从预设当中有效推导出来,当然预设本身须为真实;假问题则推导不出来,或者预设本身就不真实。好问题能由含义触发预设,由预设触发背景,由此走向更深处;坏问题则含义不明,预设不真,背景不清,意义不大,在一些场合,让人觉得无聊和尴尬,甚至是手足无措,哭笑不得。

如果提问是在求取真知,表达友善,追求大美,那么,这个问题首先是个好问题,其次则有可能是真问题。如果不是这样,提问是在混淆视听,释放敌视,暴露恶俗,那么,这个问题,首先不是一个好问题,其次也可能不是个真问题。有文章提到,"甚且心之所已明者,问之人以试其能;事之至难解者,问之人以穷其短。"这叫作"其心可诛",至于其问,即便是个真问题,也决计不是什么好问题!

读者诸君,想必都解过方程,方程就是已知和未知的完美结合,所谓问题,正是这种结合。想必也做过考卷,填空题也是已知和未知的完美结合,所谓问题,正是这种结合。其他题型,如名词解释、判断题、选择题、简答题、论述题、材料题和证明题,它们都叫作"题",它们都是已知和未知的完美结合,所谓问题,正是这种结合。其实,试卷就是不同类型的问题集,而那些问题之所以是问题,之所以称其为问题,还因为在作答之先,一份标准答案,或一份参考答案,已然在那里了。

思考问题,研究问题,探讨问题,本身就是每个学人的职责所在,也是本分所在,也是他们工作生活的基本内容。但工作生活之余,如果搞清楚了什么是问题,问题是什么,那时,大概可以算得上真正在思考问题、研究问题和探讨问题了吧?!

　　面对问题、分析问题、解决问题，本身就是每个人工作生活的基本内容。但工作生活之余，如果搞清楚了什么是问题、问题是什么，大概可以算得上真正在面对问题、分析问题和解决问题了吧?!

（二〇一九年十二月七日）

# *92* 论套路

近年，武林有段公案，讲的是某公太极对 MMA 狂人徐某某，一交手，分分钟倒地落败，大流其鼻血云云。半个世纪前，香港也有类似公案，讲的是某派太极传人对某派掌门，你来我往，形似街斗，让人大跌其眼镜云云。

两段公案一经揭晓，立刻舆论大哗，传统武术打假之声甚嚣尘上，天下汹汹，未知所从。国术不敌现代格斗，门道很多，有一条很关键，那就是：套路太深！习武者只知套路，不知技击，只知表演，不知对抗，只知用嘴，不知用功，只知教拳，不知实战。于是，"只练不说"的傻把式，不鲜其事；"只说不练"的假把式，不乏其人。

老话说得好："练功不练拳，犹如无舵船。练拳不练功，到老一场空。"这里的拳，既指套路，又指招式。套路只是一种设计，一种编排，一种舞美，一些有用的招式连缀在一起，如风如水，先后相继，连绵不断。便于教学，便于演练，便于观摩，便于宣传，便于保存，便于传承，这大概是套路最重要的优势所在。而实战要靠招式，也就是套路的基本单位，它们本身就是在实战中锤炼出来的，既经过了试错，又经过了检验；既是经验，又是教训；既是凝聚了前人智慧的结晶，又是前人用命和血换来的惨痛记忆。招式是活的套路，套路是死的招式。招式用活了，就是招，就有招；套路练死了，就是套，就被套。当然，正像老话说的，它们的基础都是功夫，这要靠三五更，日积月累，经年累月，没有讨巧！

上面只是些理解，纯属痴人说梦，纸上谈兵。现在要谈的是另一种套路，即写文章的套路，具体说，即常见的论文套路。

最常见的套路是这样：先是引言，有叫导论的，其实就是个引子；然后是原理，如定义、特征、辨析等，一大堆；然后是比较，如美国、英国、法国、德国、日本，都是列强；然后是问题，也有现状，如表现、不足等；然后是对策，从立法到行政，到司法，到社会，无所不用其极，但是又"空空如也"；最后是个结论，同样地，不知所云，不着边际。此外，就是封面，中英文摘要，注释，参考文献，附录，致谢，等等，不一而足。

这的确是个套路，引子相当于起势，结论相当于收势，中间起承转合，提手上势，手挥琵琶，揽雀尾，单鞭……拥捋挤按，采挒肘靠，粘黏连随，引进落空，闻鸡起舞，东方欲晓，兔起鹘落，行云流水。一趟下来，气不长出，面不更色，周身有种说不出来的舒坦！开合是那样地舒展，布局是那样地紧凑，可结果是那样地不中用，唉！正像《红楼梦》中黛玉借戏词说宝玉的，"银样蜡枪头"。

论文的这些要素，文献、注释、章节，可以做得特别精致，可以做得特别别致，可以做得特别雅致，但终究觉得少点什么。也许正像一篇文章所说，是"精致的平庸"。这是做得极好的，也有做得极差的，就如同我们日常所见，不啻一沓子泛黄的讲义，时而散发出淡淡的油墨清香。作者可能嫌弃读者水平低，所以端起架子，板起面孔，一本正经讲个不停。于是，每论必自概念始，必自概论始。对照前说，此处是一种"稀松的平庸"。

这类"官样文章"的最大弊病，就出在套路上：套路要不太熟，流于油滑；要不太生，泥于生涩。由于太重套路，所以轻视实战，这种情况，学林武林差不太多。当然，现在更切近的情形，是套路太生，因而缺少章法，或者，没有套路，因而没有章法。鉴于此，有必要重申套路，熟悉套路，活学活用套路。

上述常见套路适合于讲义，而不适合论文。论文就是实战，实战就是实践，就事论事，见招拆招，因形就势，随机应变。所以，不能从概念出发，而要从问题出发；不能从套路出发，而要从实战出发。用一句现在流行的话讲，就叫问题意识。而具体策略，就是毛主席所讲的提出问题、分析问题和解决问题。

一篇文章有导论，有结论，有正文。导论部分是负责提出问题的，这是导论部分的中心任务；结论部分是负责解决问题的，也就是给出答案，这是结论部分的中心任务。导论部分，可以没有意义，没有背景，没有文献综述，没有内容安排，没有思路说明，但绝不能没有提出问题部分。结论部分可以没有反思，没有展望，没有总结回顾，没有引申发挥，但绝不能没有给出答案部分。导论对应于问题，结论对应于答案。

导论和结论是两端，居于中间的是文章主体，即正文部分。正文部分是负责分析问题的，这是正文部分的中心任务。所谓分析问题，可能是个应用原理过程，也可能包括发现原理过程。如果有现成原理可用，可直接或间接应用到问题上并得出结论，这时就是应用过程。如果没有现成原理可用，那就设法寻找一个原理，然后再应用以得出结论，这里就增加了发现过程。对于实践类文章，分析问题通常包括应用过程，也包括发现过程。

分析问题的过程，正像是个三段论推理过程。问题是："苏格拉底会死吗？"，大前提是"人是会死的"；小前提是"苏格拉底是人"；结论是"苏格拉底会死"。导论部分一定要问出："苏格拉底会死吗？"结论部分一定要回答："苏格拉底会死"。正文部分一定要找到大前提："人是会死的"。然后接下的任务是论证小前提："苏格拉底是人"。这个过程是一个分析过程，即由大前提"人是会死的"，得出结论"苏格拉底会死"。

现在的问题是如果没有一个这样的大前提，又当如何呢？回答是：去找！如何找？

第一，历史回顾。古希腊的人是要死的，中世纪的人是要死的，近代的人是要死的，现代人也是要死的，所以人是要死的。

第二，现状考察。自然人是要死的，社会人是要死的，政治人是要死的，法律人是死的，文化人是要死的，所以人是要死的。

第三，比较研究。美国人是要死的，英国人是要死的，法国人是要死的，德国人是要死的，所以人是要死的。

第四，文献综述。甲派说人是要死的，乙派说人是要死的，丙派说人是要死的，丁派说人是要死的，所以人是要死的。

历史回顾、现状考察、比较研究和文献综述，都是某种归纳，它们帮助人们找出大前提，也帮助人们找到应对方法。归纳推理的特点是由特殊到一般，其中，普遍抽象的原理，正是经由不同角度的观察、不同维度的概括而得出的。在观察概括基础上，如附加上理论论证，原先结论即或摆脱或然性羁绊，一跃达到必然性高度。

原理有了，原因便不远了，实践类文章少不得原因分析。现在已经找出大前提"人是会死的"，接下来的工作便是找出小前提"苏格拉底是人"。在三段论中，小前提即原因，我们可以说何以"苏格拉底会死"，是因为"苏格拉底是人"，而"人是会死的"，所以才能得出结论"苏格拉底会死"。大前提是根据，小前提是原因，所谓原因分析，就是要找到并论证小前提成立。

要确定原因，也就是要找出并论证三段论小前提成立，近世有所谓"穆勒五法"可参考，因有专论，此不赘述。而关于原因种类，古来有所谓"四因说"可沿用。广义上，原因也是原则，也是原理，对原则原理的研究就是原因分析，对原因的分析，也就是对原则原理的研究，两方面是分不开的。如果说区别，原因分析大概侧重于小前提，原则原理研究大概侧重于大前提。笼统地说，把两方面都称为原因分析。

原因分析是文章正文部分的核心任务，应用发现原理和找到论证原因是这个部分的基本环节，历史回顾、现状考察、比较研究、文献综述是这个部分的基本方法。原因分析就是理论分析，是整个文章中最见功力的部分，是把一般原理应用于具体情况的实际操作。从某种意义上讲，分析问题就是原因分析，没有原因分析，也就谈不上分析问题，没有分析问题，就更谈不上解决问题了。因此，原因分析必须引起足够重视。

而且，原因分析须要与对策建议部分相互呼应，其中，原因分析是前提和基础，对策建议是延续和结果。有了原因分析，对策建议才能具有针对性，避免盲目性；才能具体明确，避免贫乏空洞。对策建议相当于药方，原因分析相当于病因，不搞清楚病因，如何开方子呢？不开方子，又搞清楚病因做什么呢？因此，原因分析必须引起足够重视。

从提出问题开始，到解决问题结束，以分析问题为中介，整个文章如此这般开宗明义，谋篇布局，即可谓贯彻问题意识，具有问题导向。作为论文，必须以问题为核心，贯彻问题意识，具有问题导向。原理概念同问题相比，不过是工具而已，不管何种原理概念，均以解决问题为原则。

与之形成鲜明对比的是讲义，讲义往往以原理为中心，从概念出发，虽然也列举问题，但问题只是用以印证检验原理的示例而已。用这个或那个问题作示例，只要符合原理概念要求则可，其他是无关大碍的。就像是数学教学中的例题，只要不影响理解公式，使用这道或那道作例题，是无关大碍的。

常规套路讲如何撰写讲义，改良套路讲如何写论文。它们都是套路无疑，但相比之下，后一套路更加贴近实战。当然，没有机会实战，首先了解一些套路，进行实战之前，首先习练一些套路，也未见得是什么坏事。

必须明确，有了套路，不见得就能实战，实战需要功夫，需要经验，需要心理，需要本能。掌握这些本领，绝不是一朝一夕、一蹴而就的事情，而是需要经过长期艰苦的练习，需要经历千般困苦，万般磨难，非如此不可得也。反之，妄图投机取巧，不劳而获，行险侥幸，坐享其成，这种想法，想想都是天方夜谭，是要不得的。

记得早年读过老舍小说《断魂枪》，其中有段关于查拳的描写，文字干净利落，就像拳脚一样呼呼生风，掷地有声，给人留下极其深刻的印象：

拉开架子，他打了趟查拳：腿快，手飘洒，一个飞脚起去，小辫儿飘在空中，象从天上落下来一个风筝；快之中，每个架子都摆得稳、准，利落；来回六趟，把院子满都打到，走得圆，接得紧，身子在一处，而精神贯串到四面八方。抱拳收势，身儿紧缩，好似满院乱飞的燕子忽然归了巢。

不知孙老者的查拳是否也像当时的某公太极一样，也像当年香港的某派传人一样，中看不中用，而徒令观者"太急"呢？答曰应该不会！

（二〇一九年十二月八日）

# *93* 论提纲

纲是渔网的总绳，提是抓住，提纲就是抓住总绳。渔网除了纲外，还有一个个孔洞，好像一只只眼睛，就叫作目，牵动总绳，一只只眼睛随之便像是睁开了似的。纲举而目张，"牵一发而动全身"，纲就有这样的效果，对渔网来说是要领，是关键，提纲就是抓住要领，抓住关键。

要是腰部，领是脖子，对人来说，腰部脖子的地位作用，可谓不言自明。关是门闩，键是车辖，关对门来说，键对于车来说，其地位作用，可谓不言自明。当然，对于渔网来说，纲的地位作用，更是不言自明了。

大家想必有过这样的体会：提取网兜时，只需抓住套手，一提即走；抖擞外套时，只需紧握衣领，一抖即顺。这个意思，有个成语叫"提纲挈领"，概括得非常形象！挈就是抓住，所以也用"握"、"持"等字替换。领就是衣领，在人体时就是脖子。

所以古书上有很多说法，足见提纲的重要性。《韩非子·外储说右下》："善张网者引其纲，不一一摄万目而后得。"《荀子·劝学》："若挈裘领，诎五指而顿之，顺者不胜数也。"《宋史·职官志八》："提纲而众目张，振领而群毛理。"所谓"提纲以张目，挈领以振裘"是也。《说文·手部》："提，挈也。"又，"挈，县持也。"

汉语提纲一词，本义如此。现在这个词用作名词，指一篇文章、一本著作或一件事情的要点或纲目。列提纲，就是把要点开列出来，一条一条，一层一层，一步一步，醒目！现在论文写作中，提纲往往以目录形式呈现出来，而且，有时还要求下到三级标题。目录本来要在作品完成之后生成，现今提前制作，所以叫提纲。

现在最常见的是讲义型提纲。顾名思义，第一步，先讲概念、特征、分类、作用及相关理论、相关原则等。第二步，讲现状和问题，有立法状况、司法实践、社会现状，以及问题或不足。第三步，讲比较，当年欧美列强，外加日俄，庶几乎八国架势。第四步，讲对策建议，从立法层面到行政层面，再到司法层面，再到社会层面。以此为主体，前冠导论，后缀结论，自此，一份讲义提纲便粉墨登场，呼之欲出了。

这一提纲弊端之一，是问题意识不强。这份提纲称为讲义，之所以如此命名，是因为它不是以问题为主线，而是以原理为主线；不是以论证为特点，而是以讲授为特点。讲义基本上采取演绎思路，从一般到特殊，从概念出发，把原理应用到问题上，最后提出对策。而论文则不然，须从问题出发，最后归结到问题，基本上采取类推思路，从特殊到特殊，中间既要用到演绎，也要用到归纳。

弊端之二，是铺垫内容过多。这份讲义提纲一般在讲完原理现状后提出问题，而很少开篇即提出问题。在提出问题之前，既有概念，又有分类，既有现状，又有学说，既有比较，又有历史，只是到了中段，甚至到了后半段，才提出问题，所谓"千呼万唤始出来，犹抱琵琶半遮面"，又所谓"上穷碧落下黄泉，两处茫茫皆不见"。鲁迅评论向子期的文章，称"刚开了头，便煞了尾"。这份类纲便体现这种风格。

弊端之三，是原因分析阙如。原因分析是中介，前连问题，后连对策，上连理论，下连实践，是全文最重要的环节之一，也是文章最见理论功底的部分，是文章论证部分的精彩精华所在。而对此，再看这份讲义套路，则要么置若罔闻，略而不论，要么轻描淡写，语焉不详。问题之后，即是对策，丝毫不觉突兀，也没有违和之说，这终究是认识不足所致。

弊端之四，是对策建议空疏。因为没有原因分析，所以对策建议没有针对性；因为没有针对性，所以没有明确性；因为没有明确性，所以没有可行性；因为没有可行性，所以没有操作性；因为没有操作性，所以没有合理性。而且动辄上升至立法层面，殊不知立法是难度最高的、成本最大的政治措施。相应地，对切实可行的社会层面的建议却重视不够，对司法及其他解纷途径也是重视不够。

弊端之五，是理论深度欠缺。因为没有原因分析，因为没有问题意识，所以对原理概念的引介和展开也便成为无源之水、无本之木。有的理论概念部分纯属冗余，同后文没有实质关联；有的则又嫌薄弱，于后文没有坚强支撑。更有甚者，在理论引介之前，增加一部分主题概述，本身就是专论，何必概述之为？可叹无厘头内容过多，直接稀释了浓度，降低了烈度，好比一杯掺水太多的橙汁，寡淡而无味。

弊端之六，是方法类型错乱。说到方法，一般会列举很多，且不说每种方法具体含义如何，具体要求如何，具体限度如何，相互之间关系如何，可能所知不多，或不甚明了。即便胸有成竹，在提纲章节安排当中，也少有体现；即有体现，也少有意识；即有意识，也少有表达；即有表达，也少有到位。过去说，"下笔虽有千言，胸中实无一策"，说的大概就是这些情况。

弊端之七，是论题不够集中。一篇文章总要围绕一个论题展开，或者是实践问题，或者是理论问题，或者是证明，或者是反驳，或者是考察，或者是探索，或者是议论，或者是评价。只有这样，各章各节才能合而为一，凝聚成为一篇文章；而不是分而为多，离散成为若干章节。是一个主题，不是"若干问题"；是一篇文章，不是一册"文集"；是一，不是多！

弊端之八，是标题拟定失当。名实相符，文题相当，这是基本要求，题目过大过小，不能承载，不能覆盖，都不好。有时候，见到有章节标题同整个文章标题相近，甚至有雷同的。之所以相近或雷同，说明作者认为，或潜意识里认为，只有本章内容才适于表达全文内容，或者仅有本章内容便足以表达全文内容了，其他章节都是赘疣，都应该割舍。出现了这种情况，即是硬伤，必须调整。

以上八弊，随意列举而已，不敢说穷尽。只能说，这些弊端，也包括那些尚未列举出来的弊端，正需要专门面对，深入思考，认真总结，努力克服，如是而已。而最好的方案即以问题为线索，所以贯穿始终也；以论证为枢机，所以聚拢章节也；以理论为工具，所以深化主题也；以方法为津梁，所以契合时用也。

这些弊端给人以普遍印象，仿佛非止一隅，非止一时。于是乎，年复一年，月复一月，日复一日，因为司空见惯，所以见怪不怪了。记得有一次开题，在谈到第二条弊端时，有过两则说明，形成了文字，此处抄录下来，希望引起注意：

> 本来，写文章，就要开门见山，要开宗明义，要直截了当，不能铺垫太多。而这类讲义提纲便存在这个毛病，很是习见。读来往往有种感觉，就好像是看连续剧，四十集，千盼万盼，到二十集了，就是不见主角出场；到二十五集了，还不见人；最后到了三十集，好不容易出场了，戏也快结束了。

> 又好像是感冒了，高烧，喷嚏不断，不忙买药，不忙就医，而是挣扎着起身，先查药典，先搞清感冒的定义、特征、类型，甚至是机理、药性之类，好像不如此便不足以尽兴似的。不得已要瞧病去了，也先是化妆，然后更衣，然后出门，然后打的，然后进门，然后排队，然后挂号，然后分诊，然后候诊，终于进门了，一见到大夫，一句不说，扭头走了。试对照一下，是不是这样？

文章选题有多种，按类别论，有实践类文章，有理论类文章，有创作类文章。其中以实践类文章最为多见，大家似乎以为实践类文章写起来容易，其实这是个误解。如按照选题范围论，选题大的是大文章，选题小的是小文章，还有不大不小的文章。其中以小文章最为常见，大家似乎觉得小文章写起来容易，其实这也是误解。

各种文章写起来都不容易，写好了就更不容易。不下一番苦功，不经历一番苦难，不脱一层皮，不掉一身肉，轻轻松松就想交差了事，怎么可能呢？还有，虽说"文无定法"，但是"术有成规"，文章各有各的写法，套路固然不止一个；提纲各有各的列法，风格固然也不止一种。假如把当下常见的、流行的套路和提纲略微总结一下，做成"秘籍"、"攻略"什么的，使之行之当世，传之后世云，其实也是件特别有意思的事情。

（二〇一九年十二月九日）

# 94 论真实

《列子·周穆王》中记载一起案子，本是一则故事，看似荒唐离奇，实则发人深省，思之则兴味悠长，人我两忘。案情大致如下：

> 郑人有薪于野者，偶骇鹿，御而击之，毙之。恐人见之也，遽而藏诸隍中，覆之以蕉，不胜其喜。俄而遗其所藏之处，遂以为梦焉。顺途而咏其事，傍人有闻者，用其言而取之。既归，告其室人曰："向薪者梦得鹿而不知其处；吾今得之，彼直真梦者矣。"室人曰："若将是梦见薪者之得鹿邪？讵有薪者邪？今真得鹿，是若之梦真邪？"夫曰："吾据得鹿，何用知彼梦我梦邪？"薪者之归，不厌失鹿，其夜真梦藏之处，又梦得之之主。爽旦，案所梦而寻得之。遂讼而争之，归之士师。士师曰："若初真得鹿，妄谓之梦；真梦得鹿，妄谓之实。彼真取若鹿，而与若争鹿。室人又谓梦仞人鹿，无人得鹿，今据有此鹿。请二分之。"以闻郑君，郑君曰："嘻！士师将复梦分人鹿乎？"访之国相，国相曰："梦与不梦，臣所不能辨也。欲辨觉梦，唯黄帝、孔丘。今亡黄帝、孔丘，孰辨之哉？且恂士师之言可也。"

事情的源起，是一头鹿。猎鹿后杀鹿，杀鹿后藏鹿，藏鹿后忘鹿，这么大一件事情，居然转头便记不起来了，健忘至此，这是离奇处。失鹿后不满意，蒙头做梦，居然就梦到了鹿之所在和占有之人，天明按图索骥，居然就找着了，巧合至此，这又是离奇处。

告至官家，官家意见是"请二分之"。理由是真就不是梦，是梦就不是实，一方因梦争鹿，一方梦认人鹿，梦幻真实就这样交错在一起。既然失而复得，既然又与争讼，就不能是梦，可偏偏因梦而起。既然占有此鹿，既然无人猎鹿，可偏偏又口称是梦。官司断不清了，干脆"请二分之"了事。真有些"葫芦僧乱判葫芦案"的意思，这是荒唐处。

最先产生梦幻般感觉的，是薪者。接着是室夫，他取笑薪者是梦者。接着是室人，她取笑室夫是梦者。接着又是薪者，他先是自觉是梦者，这时真的成了梦者。接着是士师，他纠结于梦者和非梦者，在二者间不断摇摆。接着是郑君，他取笑士师是梦者。接着是国相，他不能辨觉梦，觉者能辨觉梦，梦者不能辨之，在终极意义上，只有黄孔圣人才是觉者，所以，所谓国相，其实也是个梦者。这是发人深省处。

室夫取笑薪者是梦者，室人取笑室夫是梦者，面对取笑，室夫自嘲说，我占有鹿了，薪者是梦者，还是我是梦者，管他呢。后来，士师论及室夫时，又说他"梦认人鹿"，而且"无人得鹿"，显然，室夫说了假话。如何知道说了假话？因为有作者叙述文字在。作者会不会认为室夫是梦者？当然！因为作者认为每个人都是梦者！作者自己是梦者吗？读者会不会认为作者是梦者？读者自己是梦者吗？这些是兴味悠长处，也是人我两忘处。

设身处地站在室人角度上，她如何相信室夫的话是真实的？她自然是怀疑，所以她说不是事实，而是梦真！设身处地，站在士师角度上，他又如何相信两造的话是真实的？他自然也是怀疑，他无法辨明是否真实，但也无法断定不是真实，所以想出了个"和稀泥"的法子，即"请二分之"。设身处地站在郑君和国相角度上，他们又如何相信事情本身是真实的？他们自然也是怀疑，既不能肯定，也不能推翻，所以退而求其次，"且恂士师之言可也"，"且恂……可也"，换句话说，即"将就信了吧"。

这则材料的用意，实则不难捕捉得到。通过这样一则看似荒唐离奇，实则发人深省，思之则兴味悠长，人我两忘的故事，也是一起案子，文章讲的是这样一个道理：所谓真实，不过是梦幻，而所谓梦幻，才是真实！《红楼梦》太虚幻境联语说："假作真时真亦假，无为有处有还无。"又说："都云作者痴，谁解其中味？"这话倒是颇得道家三昧。

世界这样大，究竟哪部分是真实的？如何判定它们是真实的？又如何判定自己的判定是真实的？接着，判定的判定，由此推开来，它们如何又是真实的？

俗话说："耳听为虚，眼见为实。"俗人如是说。眼见为虚，理念为实，或说可见的为虚，不可见的为实，哲人如是说。个体为实，整体为虚，唯名论如是说；整体为实，部分为虚，唯实论如是说。物质为虚，精神为实，唯心论如是说；精神为虚，物质为实，唯物论如是说。变易者为虚，不易者为实，形而上学如是说；不易者为虚，变易者为实，辩证思想如是说。经验为实，数理和逻辑为实，实证论如是说；精神为实，本体为实，信仰和教条为实，有神论如是说。

可见，在何谓真实、何谓虚假问题上，历来分歧甚大，尤其以古今之变、中外之辨为著，可谓众说纷纭，莫衷一是。试以今日观之，所谓真实，要么是可观察的和可验证的，要么是可接受的和可依赖的。前者须获得经验支持，通过理性筛选，方为真实，这是科学方面的标准，如科学真实或客观真实。后者须符合共识认可，面临直观约束，方为真实，这是人文方面的标准，如艺术真实或主观真实。

比如，现在的历史真实倾向于某种科学真实。历史学的原则有两条，一是文献记载，二是考古发掘，历史解释必须建立在这两条原则基础上。正因此，上古神话就显得荒诞不经，不可采信。又如，现在的法律真实也倾向于某种科学真实。法律的原则也有两条，一是证据，二是辩论，法律解释必须建立在充分证据和自由辩论基础上。正因此，现代法律制度排斥赌咒发誓，排斥刑讯逼供。

究其原因，近代以来，商业化工业化一枝独秀，社会政治结构渐趋定型，西方主导的国际秩序在全球推广；形式各异的伦理学、政治学主张纷纷登场，花样翻新，叫人应接不暇；自然科学和个人主义大行，虽经冲击，仍不失为思想主流；各种哲学思潮和认知范式随之屡经转向，至今仍在不断调适中。所有这些因素，不能不对流行的真实观产生重大触动。

在西学大潮下，在现代观念下，本土的、传统的因素一再遭受挫败，又兼百年来西化潮流推动，国人之先进分子，出于图存救国目的云云，目一切为腐朽落后，纷纷倒戈相向，亟欲去之而后快。这样，国故之沉沦没落，几乎无法逆转，其颓势之速之甚之必，至今依旧，曾无改观。身处洪流之中，木叶飘摇，风雨交加，立足尚属不易，更遑论独立思考和反躬自省了，其实，根本没有这样的能力和机会。这种状况，或这种叙事，不知算不算得一种真实呢？不知道！

《庄子·齐物论》："昔者，庄周梦为蝴蝶，栩栩然蝴蝶也。自喻适志与，不知周也。俄然觉，则蘧蘧然周也。"这是有名的"庄周梦蝶"的故事，其中，庄子也在自己和蝴蝶之间发生了错觉，不知庄周是蝴蝶，还是蝴蝶是庄周呢？本质上，所谓真实，就是一种梦幻，而梦幻才是一种真实！这种真实观，当然指望不上科学真实了，只是不知艺术真实能否指望得上？

（二〇二〇年八月十二日）

# 95 论全貌

幼时学到一则印度故事，叫作《盲人摸象》，可惜，一直不知出处。翻检架藏，偶见《管锥编》第四册《全上古秦汉三国六朝文》第二三五条《全陈文卷一六》"众盲摸象"中有考，中心喜悦，不能自禁。书中先说"'象形'事出释典"，然后明列三国至隋闲移译佛经六部，有《佛说义足经》、《六度集经》、《大楼炭经》、《长阿含经》、《世纪经》、《起世经》等，俱载其事。再然后，引《大般涅槃经·狮子吼菩萨品》第一一之六：

> 譬如有王，告一大臣："汝率一象，以示盲。"……众盲各言："我已得见。"王言："象为何类？"其触牙者，即言："象形如芦菔根"；其触耳者，言："象如箕"；其触头者，言："象如石"；其触鼻者，言："象如杵"；其触角者，言："象如木臼"；其触脊者，言："象如床"；其触腹者，言："象如瓮"；其触尾者，如"象如绳。"〔第一四八六页〕

这是一段记载，另一段取自《全梁文》卷七四释僧顺《释〈三破论〉》，但文字要简短得多："或有三盲摸象；得象耳者，争云：'象如簸箕'；得象鼻者，争云：'象如舂杵'；虽获象一方，终不得全象之实。"〔同上〕明明"三盲"，止言其二，未及其一，不审何故，令人费解，可能是传抄有遗漏吧。

第一段记载中涉及象形八部分：第一，象牙，如芦；第二，象耳，如箕；第三，象头，如石；第四，象鼻，如杵；第五，象角，如臼；第六，象脊，如床；第七，象腹，如瓮；第八，象尾，如绳。

原说象牙如芦菔根，即如萝卜。《说文·艸部》："芦，芦菔也，一曰荠根。"又，"菔，芦菔，似芜菁，实如小未者。"段注："今之萝卜也。"第二段记载仅提及象耳和象鼻，设譬略同。

看得出来，原故事当系口耳相传，形诸文字在后，流传地域一定不小，流传时间一定也不短。两则记载，出处不一，时间不一，而情节有所重合，比方雷同，可窥一斑，并为佐证。也看得出来，原故事作者们试图照顾大象全体，从上到下，从前到后，所以讲到大象八部，如果有更多记载，也许还会更详尽。

不论详略繁简，故事题旨却很明确，如第二段记载所言："虽获象一方，终不得全象之实。"第二段记载只分作两部，固然不得全象，而第一段记载分作八部，就得到全象了吗？显然，答案是否定的。那么，第二段是否比第一段要全面呢？是的，因为第二段提到的分部第一段都提到了。是否分部越多，就越全面呢？未必。分多少部分才叫作全象呢？如何才是大象全貌呢？实在说，这是一个极具挑战性的问题！

有则新闻报道说，二〇一五年时，美国，马里兰州，一名五十九岁的女性逝者被做成人体切片。据说，总共有五千个切片，每个切片厚度仅为〇点三三毫米。这个项目叫"可视人计划"（Visible-Human Project），利用人体切片建立在线复原实感人体模型。同样的事情以前有过，对象是德州一名死囚，切片厚度在一毫米左右。切片厚度从一毫米减至三分之一毫米，或许，这就叫科技进步吧！

人体切片，比之大象分部，看上去要先进一些了，因为，五千片和八部，完全不是一个数量级。又，大象分部只是从前到后、从上到下，而人体切片则实现了从外到内，可谓进展。试想有一天技术继续进步，数量从五千片再增加几个数量级，厚度从三分之一毫米进至纳米级别，就像现在手机芯片达到五纳米精度一样，那时是否就得到或者近乎人的全貌了呢？是否切片越多，厚度越薄，就越全面呢？如何才是人体全貌呢？实在说，这是一个极具挑战性的问题！

科学上，原子本义是事物基本的、不可划分的部分，所以叫原子。后来发现原子之上有分子，原子之下有离子，离子之下有质子，质子之下有中子，中子之下有电子，最小的叫夸克。在宏观层面，星球之上有恒星系（如太阳系），恒星系之上有星系（如银河系），星系之上有星系团，星系团之上有超星系团，超星系团之上有总星系，总星系之上有宇宙。这种宏观和微观上的分层，就像是镟萝卜皮一样，一圈一圈，一层一层，大到宇宙，小到夸克，我们对宇宙全貌的认识增加了多少呢？是否划分越细，分层越多，就越接近全貌呢？如何才是宇宙的全貌呢？实在说，这是一个极具挑战性的问题！

在法学上，人们一直在努力认识法律全貌。比如，博登海默倡导"综合法学"，他做了一个大厦的比喻。他写道：

> 法律是一个带有许多大厅、房间、凹角、拐角的大厦，在同一时间里想用一盏探照灯照亮每一间房间、凹角和拐角是极为困难的，尤其是由于技术知识和经验的局限，照明系统不适当或至少不完备时，情形就更是如此了。"［博登海默：《法理学——法哲学及其方法》，邓正来、姬敬武译，一九八七，华夏出版社，第一九九页］

的确，大厦之内有大厅、房间、凹角、拐角，大厦之外又有街区、市区、城市、州、国家、地区、大洲、全球。这些不同层次，哪一层次代表法律全貌呢？从法律构成角度讲，法律规范构成法律制度，法律制度构成法律部门，法律部门构成法律体系，法律体系构成法系。这一思路，颇像是语言学上的分层，自下而上依次是方言、语种、语支、语族、语系；又像是生物学上的分层，自下而上依次是种、属、科、目、纲、门、界。这些不同层次，哪一层次代表法律全貌呢？是否划分越细，分层越多，就越接近全貌呢？如何才是宇宙的全貌呢？实在说，这是一个极具挑战性的问题！

可以想象，在众盲之中定有一番激烈争论，群情激愤，"讻讻然不可胜听"。其中，有持如芦说的，有持如箕说的，有持如石说的，有持如杵说的，有持如臼说的，有持如床说的，有持瓮说的，有持如绳说的，可谓众说纷纭，百喙争辩。

纵观这些争论，有时是诸说并存，某说为通说；有时是某说独霸，一枝称独秀；有时是群雄逐鹿，诸侯蜂起；有时是新陈代谢，新老交替。其势此起彼伏，风起云涌，所谓"不是西风压倒东风，就是东风压倒西风"，又所谓"长江后浪催前浪，世上新人换旧人"。

每个时期中，每种局面下，大家必定极言己说为通说，极言己见为全貌，虽不能察，概莫能外。试问，诸极言通说者，极言全貌者，以及命运不同的分持各说者，何者为通说，何者为全貌呢？试问，各教各宗，各门各派，焉知自家不是正在争论不休的那些心浮气躁、面红耳赤的盲人中的一位呢？

（二○二○年七月廿四日）

# 96 论学问

　　学问是个代称。《中庸》上说："博学之，审问之，慎思之，明辨之，笃行之。"学，问，思，辨，行，这一系列，都是学问。以首句二字兼领其余，总括全体，所谓以偏概全，这是极其常见的修辞手法。比如，《论语》二十篇，每篇篇名，都是取首章中二字命名的。

　　那么，学问的内容仅限于这五项吗，穷尽了吗？不好说，我理解，应该是没有，这里只是列举，举其荦荦大端而已。

　　为什么没有？比如答。问答，答问，谁都不否认答是学问的内容，却没有列入。再比如证。证实，证伪，谁都不能否认证是学问的内容，但也没有列入。这五项仅是学问内容的代表，正像学问是这五项内容的代表一样。

　　《中庸》继续说："有弗学，学之弗能，弗措也；有弗问，问之弗知，弗措也；有弗思，思之弗得，弗措也；有弗辨，辨之弗明，弗措也；有弗行，行之弗笃，弗措也。"

　　可见，既然学，就要能，学了就会能，不学不能，不能不学；既然问，就要知，问了就会知，不问不知，不知不问；既然思，就要得，思了就会得，不思不得，不得不思；既然辨，就要明，辨了就会明，不辨不明，不明不辨；既然行，就要笃，行了就会笃，不行不笃，不笃不行。能，知，得，明，笃，这五项，既是目标，又是要求，还是效果，也是评价。既然如此，这五项是否也是学问的内容呢？如果是，学问的内容就已十有二项了。

　　有了前五项，又有了后五项，中间穿插了两项，即便如此，仍然不能说穷尽了学问的全部内容。《论语·学而》："学而时习之，不亦说乎?"学习不同。学是不会而会,习是不熟而熟;学是接触摄取,习是消化吸收;学是问路入门,习是登堂入室;学是浏览涉猎,习是巩固提高。既如此,习是不是学问的内容呢?当然是,而且是重要内容。

加上习,现在,学问的内容已经升至十有三项了。要寻找,要罗列,应该还有。我们不再继续寻找、继续罗列,这里,只是要问,学问的内容何以如此之丰富多彩呢?回答是为了把握对象,叫作掌握也可以。把握不单是理解,理解有助于把握。什么叫把握,如何衡量?把握就是能理解,能运用,能理解是因为能运用,能运用也是因为能理解。

在此意义上,诸如科学、哲学、数学、逻辑学,其实都是把握,把握的方式是理解,理解的媒介是理性。诸"学"都重理性,以理性求理解,以理解求把握。

在此意义上,诸如道德、政治,也包括经济和社会,其实也都是把握,把握的方式是实现,实现的媒介是意志,或者叫知性。诸"术"都重意志,以意志求实现,以实现求把握。

在此意义上,诸如文学、诗歌、艺术、宗教,也包括神学,其实也都是把握,把握的方式是创作,创作的媒介是感觉,或者叫爱。诸"科"都重感觉,以感觉求创作,以创作求把握。

亚里士多德把人类活动分作理论、实践和制作等三种类型,相应知识体系也分为三种类型,即理论学科、实践学科和创制学科。康德也区分先验、后验和超验三界,并规定理性、知性和感觉为各自主要把握方式。欧陆学科体系向来就有自然科学、社会科学和文化(精神)科学之分,究其根源,与此不无关联。

从苏格拉底和柏拉图开始,西学就讲究分,越分越细,越来越专。其结果,先是哲学被驾空了,后来是各领域理论分支被架空了,再后来,各分支总论概论部分被架空了,以此类推。这就好像一个大家庭不断分家,父母分家后,祖辈被架空了;儿女分家后,父母被架空了;孙辈分家后,儿女又被架空了,以此类推。

以现有学科体系看，先是学科门类，再是一级学科，再有二级学科，二级学科又设方向，方向之下又有专题，不一而足。以法学来看，法学门类下有法学一级学科，法学一级学科下有法学理论二级学科，法学理论二级学科下又有比较法等方向，不一而足。

在这种格局之下，分和专是主流，所以专家特别走红，社会上发表权威意见的都是专家，政治上起主导作用的也都是专家，显见地，政治需要专家，专家也需要政治。学人各入一门，各专一科，各治一学，各钻一题，再加上本来就"文人"相轻，最后，小国寡民，老死不相往来。这样，小学阶段要分年级，中学阶段要分文理，大学阶段要分专业，研究生阶段分方向，博士生阶段分专题。博士生阶段本应最"博"，其实最细，反倒是小学生本应最"小"，其实最博。品咂起来，多少有些滑稽。

人们常说，"钻牛角尖"，这种状况真是"钻牛角尖"，根上最宽大，越里越细，到尖上就是点，最终不通了。人们常说，"各扫自家门前雪，莫管他人瓦上霜"，这种状况，家家独门小院，互不往来，或者，单元高层，对面不识，大门上锁，家门安装防盗门，窗户装上铁栅栏，活像是樊笼，叫人透不过气来。高校的学科名录，社会的职业名录……看上去眼花缭乱。

不过话说回来，分工代表进步，只是不能推向极致。现有一起杀人案件，是找一般律师代理呢，还是找刑事律师代理呢？如果有民事律师自告奋勇，毛遂自荐，那么他值得信任吗？试问，敢冒这个险吗？现有一件外科病例，是找一般大夫治疗呢，还是找专科大夫治疗呢？如果一名放射科大夫自告奋勇，毛遂自荐，那么他值得信任么？试问，敢冒这个险吗？

分有分的道理，但是只讲分是不对的。只讲分，不讲合，或者分讲得太多，合讲得不够，这是西学的特点。文理分科，理工分科，科学技术分开，科学哲学分开，事实价值分开，现象和本质分开，变和不变分开，可见和不可见分开，西人讲分，名不虚传！西学叫"学"，内在蕴含分科的意思；叫"主义"，叫"说"，叫

"论"，叫"理论"，叫"模型"等时，又内在蕴含竞争对抗的意思。知识需要在否定基础上进步，真理需要在替代基础上更新，以我之长，攻人之短。学界正如同官场，官场又如同市场，市场又如同丛林，物竞天择，适者生存！

正因此，学不是学问，它只是学！在学之后有问，在问之后有思，在思之后有辨，在辨之后有行，在行之后有……这才是学问。学问不是科学，不主张分，而主张合；不主张异，而主张同；不主张繁，而主张简；不主张知，而主张行；不主张学，而主张用。学以致用，知行结合！

所以，学问没有固定对象，科学分科不适用于学问，三界五行，八荒六合，三亲六故，五行八作，可大可小，可远可近，都可以成为学问对象。《说文·序》上有几句话："仰观天文，俯察地理，近取诸身，远取诸物。"俯仰之语，出自《易·系传》。这几句话，很适合于学问。《红楼梦》中有副对联，叫作："世事洞明皆学问，人情练达即文章"。世事，不是学问么？人情，不是学问吗？有字之书是学问，无字之书也是学问！

学问没有固定对象，有没有固定方法呢？有！是什么？前文十三项，某种程度上都是。但这里概括为四个字：切，磋，琢，磨。《诗·卫风·淇奥》上说："有匪君子，如切如磋，如琢如磨。"当年，子贡以此对夫子，夫子一下高兴了，夸他"告诸往而知来者"。在骨为切，在犀为磋，在玉为琢，在石为磨，这四个字，前列十三项在其中，十三项之外若干项也在其中，值得沉潜之，涵咏之，优游之，陶冶之。

有句话叫作："为学问而学问。"这种学问不适合学问。有句话叫作："学而优则仕，仕而优则学。"这种态度才是学问。考证不是学问，辩证才是学问。辩论不是学问，体会才是学问。书本不是学问，修行才是学问。分立不是学问，一贯才是学问。创新不是学问，通达才是学问。知识不是学问，道德才是学问。所知即所行，所行即所知。讲的不信，信的不讲，这类怪现象绝非真学问！

真学问用以说明问题，问题中就有真学问。大学问必定能够说明小问题，连小问题都不能说明，如何能够说明大问题？不能说明大问题，如何能够称得大学问？所谓"一屋不扫，何以扫天下？"小学问研究小道理，小道理也在大事情中；大学问研究大道理，大道理就在小事情中。道理无大小，功夫有深浅；事情无大小，学问有深浅。以可知见于不可知，以可见明于不可见，以小见大，以近明远。

《中庸》讲："道也者，不可须臾离也，可离非道也。"又，"子曰，道不远人，人之为道而远人，不可以为道。"又，"君子之道，辟如行远必自迩，辟如登高必自卑。"这些话所表达的，都是这些意思。这些意思，可以概括一下，即：

　　　　真知必有用，无用非真知。
　　　　学问求真知，真知在于用。


（二〇一九年十一月七日）

# *97* 论法哲学

　　不知何时开始，有了这样的印象，这就是古希腊有哲学，没有法学；古罗马有法学，没有哲学。或者，更准确地说，应该是古希腊没有古罗马那样的法学，古罗马没有古希腊那样的哲学。

　　古希腊有审判，有立法，有宪法，而且，柏拉图传有《法律篇》，亚里士多德传有《雅典政制》，虽然如此，这仍不是法学，而是法哲学。法学以法学家为依托，法学家面向实务，以他们的专业知识为司法实践服务。在这点上，古罗马做得很好，所以有法学；古希腊做得不好，所以没有法学。古希腊没有古罗马那样的法学。

　　古罗马有西塞罗，有卢克莱修，有塞内卡，有奥勒留皇帝，上承希腊化余绪，下开天主教源流，传下来了使徒哲学和教父哲学，虽然如此，这仍不是哲学。哲学以哲学家为依托，哲学家面向自然，以他们的理性思辨为人类社会启蒙。在这点上，古希腊做得很好，所以有哲学；古罗马做得不好，所以没有哲学。古罗马没有古希腊那样的哲学。

　　最初，法学（*iurisrpudentia*）指实践法学，奥斯丁之后，转指理论法学，叫作法理学（jurisprudence）。直至今日，在不少西方国家，其同源词法学（Jurisprudenz），仍保留强烈的实践意味。法学体现实践智慧，在法理学出现之前，对法律的理论思考，由法哲学来承担。法学家免不了关注哲学，但不是出于个人兴趣，就是出于办案需要，那种理论实践一肩挑的，且双丰收的，少见。

　　最初，哲学指自然哲学，后来扩及实践哲学。哲学出于神学，归于神学，由是观之，古罗马恰是一个过渡，也是一种回归。哲学体现深层追问，乃至终极关怀，在法学出现之前，对法律的特别关注，由法哲学承担。哲学家免不了关注法律，但不是出于个人兴趣，就是出于体系完整，那种专注于办案的，有丰富实务经验的，且又有影响的，少见。

法学家群体是古罗马一大特点，就像哲学家群体是古希腊一大特点一样，两方面无不是群星璀璨，光彩夺目。然而，所谓法哲学却并非二者联姻的结果，而主要归功于哲学家，少了他们的贡献，不知要少去多少不一样的观感体悟。事实上，两个方面独立活动，各自为战，平行推进，鲜有交集，如有，也是个别事件。

在这层意义上，古希腊哲学家有法哲学，古罗马有法哲学，后世哲学家的相关讨论都是法哲学。不仅如此，哲学的具体门类中，或哲学以外的其他门类中，总之是法学以外的其他门类中，也有法哲学存在；即便是法哲学之内的一些门类中，也不能排除法学存在。这就使得法哲学视野开阔，根底深厚，内容丰富多彩，兴味盎然，发人深省，引人入胜。

比如，法的政治哲学（法政治学）、法的道德哲学（法伦理学）、法的社会哲学（法社会学）、法的艺术哲学（法美学）、法的宗教哲学、法的历史哲学（法史学）等，它们都属于法哲学范畴，居于法学之外。又如，实证法哲学（法理学）、宪法哲学、刑法哲学、民法哲学等，它们都体现某些哲学观点，同样算作一些特别的法哲学，居于法学之内。

法哲学是对法或法律的哲学思考，是理论化和哲学化的法律研究。既然是哲学思考，便要求全、求深、求真、求本，求全是再现全貌，求深是发掘深层，求真是逼近真相，求本是探寻本原。既然是法律研究，便要求实、求异、求用、求善，求实是贴近实际，求异是突出特点，求用是发挥功能，求善是实现价值。法哲学注意的是法或法律的原貌或全貌，离不开整体观察、通盘考虑和总体判断。

就此而言，哲学显然更能胜任，法学之外的其他学科也颇有助益。哲学有高度，有深度，有广度，有大问题，有大视野，有大体系，因而容易有大智慧。其他学科有新角度，有新工具，有新资源，因而容易有新认识。诚然他们或许都是法律外行，没有从业经历，没有办案资格，没有教育背景，没有获奖头衔，但正因为是外行，他们才有可能、有条件、有机会把法律当作一个整体对待，就此得出某些全称判断和定言判断。

反之，对于案件，对于规则，法律界可谓内行，办理起来如运斤斧，井井有条，谈论起来如数家珍，头头是道，令人仰视。可是，正因为太熟，所以看不真；正因为太近，所以看不全；正因为太忙，所以看不及。一叶障目的短处，正在这里显现出来。而且，既有分工体系和利益格局横亘在前，也使得跨界操作难之又难，务须慎之又慎。这样，一隅之见的局限，又一次显现出来。

法学家见实而不见虚，哲学家见虚而不见实；法学家见近而不见远，哲学家见远而不见近；法学家见细而不见大，哲学家见大而不见细。法学家的长处正是他们自己的短处，反过来，他们的短处也正是他们自己的长处。又，法学家的长处正是哲学家的短处，反过来，法学家的短处正是哲学家的长处。因为求的是全貌，是原貌，是长远，是根本，所以哲学家更适合法哲学，其次是其他学科。

当然，这不是说法学家不能有自己的哲学追求和理论建树。法学家完全可以有自己的哲学立场，可以有审美取向，甚至是宗教情怀，而且可以就此发展出一套法律理论，这时，便与法哲学无异；也可独立于这些背景，而单独发展出一套法律理论，这便是法理学，也叫法理论。法理学追求的是专业性、中立性、客观性和普遍性，这在一定意义上讲也是法哲学，是法学家自己的法哲学。

概括起来，法哲学体现的是哲学家的法律兴趣，法理学体现的是法学家的哲学追求。法哲学是哲学家的法学，法理学是法学家的哲学。在法律界看来，法理学是理论法学和基础法学；在哲学界看来，法哲学就连法学本身都是哲学的一个部门，系实践哲学或应用哲学。法哲学代表一种哲学，法理学代表一种理论；法哲学代表外行看法，法理学代表内行看法；法哲学代表一般意见，法理学代表专业意见。这些方面不可绝对化，如上，法理学本就是法哲学中的一种，生于斯，长于斯，一切都在法学之内进行。

许多场合都讲，法理学即法哲学；又讲，法哲学即法理学。这种讲法是对的，的确，它们是近义语，甚至是同义语，在百分之九十五以上的场合可以互换，无须区分。但在剩余的百分之五的场合，它们还是有区别的，是可以区别的。尽管这种区别很细微，现在更是微乎其微，但区别并非不存在，需要讲清楚时，一定要努力把它们讲清楚。

什么是法哲学？考夫曼讲过，法哲学就是法学家提问，哲学家回答。并且，他坚持讲，法哲学属于哲学，不属于法学。凡是哲学家关于法律的见解，或哲学文献中关于法律的论述，都是法哲学。与之相对的是法教义学，或叫法解释学，相当于部门法学。它们的区别是后者局限于现行法，前者超越于现行法。

过去，奥斯丁讲过，法学研究实然法，立法学研究应然法，立法学不属于法学，而属于伦理学。这里，立法学相当于法哲学，它们都不属于法学，而与法学并立。按照这个标准，法政策学、法社会学等均属法哲学范畴。

（二〇二〇年九月三十日）

# *98* 论法理教材

## ——致朱景文老师的一封信

朱老师好！

您的大作，我拜读过了。有些地方读得快，有些地方读得慢，有时又会停下来，琢磨一会儿，再加上这两天课多，所以回复晚了，尚请见谅。

您的文章以人大教材为样本，对中国法理学学科体系问题，进行全面系统的盘点和审视，小中见大，鉴往知来，令人钦服。文章第一部分讲历史，第二部分讲特点，第三部分讲方法，第四部分讲趋势，整体持论中和，线索清晰，信手而至，不逾规矩，完全是您的一贯风格。看您的文章，就像是在听您谈话，两个方面是一样地亲近、自然。

您说让提意见，我也提不出什么意见，只是找到几个问题，提提粗浅的感想，不妥之处，请老师不要介意。

关于法和国家的关系问题。您文中讲到凯尔森，讲到前苏联，讲到如何正确看待教材名称变化的问题，我都赞成。只是，把法和国家联系起来讲，或者把法律放在国家当中去讲，在西方似乎是一种传统。布丹主权论兴起后，近代启蒙哲学、边沁功利主义、奥斯丁分析法学、德国一般法学、耶林利益法学等都是这样讲。再往前，中世纪托马斯主义，古希腊亚里士多德、柏拉图等都是这样讲。分着讲和合着讲比起来，后者时间反倒更长些。

关于当代中国法学的理论资源。您提到，相关资源大致包括：第一，马克思主义法学；第二，西方法学；第三，我国古代法学（律学）。另有，四九年前中国法学，四九年后中国法学和改革开放后中国法学，按其来源性质，各有归属，但无不是当代中国法学继续往前走、走下去的重要依托。就此而言，每一种法学最终都要做出某种选择，从而确定自己的基本立场。纯粹相对主义或多元主义不是不可以，但即便是那样，其实也是一种选择。有了选择，才会有态度；有了态度，才会有主张；有了主张，才会有取舍；有了取舍，才会有体系。您对中国古代法律思想史的欣赏和鼓励，令人十分振奋。

关于法理学体系的时代性问题。您具体考察了人大教材的变与不变，具体论证和材料，我都没有异议。我只是觉得，每部教材都应该具有自己鲜明的本国特色和时代特点，都应该勇于面对和回答自己的问题。比如，近代启蒙思想、洛克、孟德斯鸠、卢梭、潘恩、汉密尔顿等，哪一家不是在面对自己的问题，寻找自己的答案？凡是学术名著，完全不关注自己问题的，而只是空想着、幻想着跟别人隔空对话的，不是没有，少！

那么，当代中国的问题是什么？或者说，当代中国变革的底线何在？曰中国共产党的领导。千条万条都可变，这条不能变，为国家计，为民族计，为长远计，都不宜变。这条是中国的"活的宪法"，也是中国不可碰撞的"高压线"，同时是中国当下一切政治改革的基本前提和根本归宿，任何政治改革方案和社会变革方案，离开了这条，即不具有可行性。所以，摆在当代中国面前最现实、最紧迫也是最实质的问题，是执政党政策和法律的关系问题，也就是法和政策的关系问题，从法学上讲是这样。

还有，就是法和文化的关系问题，这个问题更加深刻和紧迫。当代中国的法的精神在哪里？我觉得，这个问题可以同民族复兴问题结合起来理解。百年国耻，复兴在即，中国人如何理直气壮地做回中国人，靠什么？除了GDP，除了科技，除了制度建设，除了社会建设，更重要的，是文化问题。中国人需要对问题有自己的理解，中国人需要对世界有自己的看法，中国人需要对危机有自己的策略，中国人需要对未来有自己的担当，而解决这些问题，却不注重、不强调文化问题，是决计行不通的，是不能从根本上解决问题的，也是走不长、走不远的。这也就是我对您对待旧传统上的开明和宽容态度十分感动的原因。

还有，就是法和社会的关系问题。这个方面您用力用心甚多，您致力于法社会学研究，致力于比较法社会学推广，这些，以前不太理解，现在，随着年龄阅历增长，越来越能够理解了。中国有自己的问题，中国需要自己的答案；中国有自己的社会实践，中国需要自己的制度安排；中国有自己的前途，中国需要走出自己的道路。中国没有必要刻意排斥什么，但也没有必要刻意验证什么，更没有必要刻意迎合什么，做回自己，真正做回自己了，其他就好办了。

法和政策问题，法和文化问题，法和社会问题，换言之，政治建设问题，文化建设问题，社会建设问题，这些都是实质性的问题，它们同中国所独有的因而也是独特的国情、境遇和经历有关，法律制度应该是从这些东西当中塑造出来的，反过来，也会对这些东西加以塑造。中国法理学因中国法律而独特，中国法律因中国政治、中国社会、中国文化而独特。过去，法理教材中罗列许多"法律和X"，且不说它们各自有什么特殊的历史背景和社会条件，仅这种等量齐观的做法而言，就是值得商榷的。

关于两点论和重点论问题。这种概括简明生动，颇得辩证法三昧，中间不知凝结了多少劳动、心血和智慧。两点论讲全面性，重点论讲方向性，能兼顾两点和全面，本来就是辩证法要求。人大法学无疑是新中国法学的一面旗帜和一种象征，长期坚持和自觉贯彻党的路线方针政策，同时面向问题，面向社会，面向世界，而且，如今正在以一种更为开放包容的胸怀面对世人。但是，如何更直接地面对问题，形成独立见解，同时协调好同党和国家大政方针之间的关系，这是一个不得不认真思考并且亟须努力解决好的问题。您指出，法理学"不是一个应时应景的宣传提纲、材料或解读"，这确实是一个值得警惕的倾向。

当然，教材编写应有其内在规律，但具体如何，又要看同哪方面进行比较，而且处理起来，谈何容易？比如，和外国的比，要有本国特色；和过去的比，要有时代特点；和论文专著比，要凝聚各方共识；和年鉴全书比，又要体现专业水平，见仁见智，众口难调。其实，法理也是这样，和哲学比要专，和部门法学比又要通，对象不一样，特点也不一样。在现实生活中，的确，也很难求全。不过，话说回来，像现今法理学这样的既缺乏共识又缺乏体系的学科，也真是不多见！！

关于法理学分合问题。我一度有一种感觉，法理学在衰落，有时候甚至有些尴尬。以单位部门举例，有段时期，法理学相当于决策部门；有段时间，法理学则相当于办事部门；现在，则有些相当于后勤部门。这是为什么？也许跟人们的理解有关。法理学要区别于部门法学，要区别于其他基础法学（法史学、立法学等），要区别于相关学科和交叉学科。试想，区别之后又能够剩下些什么呢？反过来，如果不讲区别，专讲合作，结合之后又能提供些什么呢？其结果，不外要么窄，要么泛，要么空，要么杂。记得费孝通先生当初在梳理社会学发展状况时，也是发过一番慨叹的。社会学是这样，法学何尝不是这样？这么多年过去了，情况并无实质改观。

您指出，向自然法和科学学习，"以马克思主义法学核心观点为基础，把法哲学、法社会学、法实证论有机地聚合成一个整体"。如果理解不错，这应该是全文核心观点所在，对此，我特别同意。我也认为，法理学，也包括法学在内，不能自我封闭，不能局囿于门户之见，不能只是相互攻讦、蔑视，不能"老死不相往来"。但是上述三项是否全面？比如，法史学可否单列？名称是否明确？比如，其中法实证论一语，似可兼指法社会学。

综合，或如您指出的"聚合"，其用意是要全面，不要片面；另则，鲜明，或如您指出的"基础"，其用意是要深层，不要表层。要实现这样的目的，就需要在法的本体论、认识论和方法论上有预先的、必需的和足够的理论准备，这项工作不能少。过去博登海默综合法学、霍尔整合法学，斯通、伯尔曼、庞德等人都有过类似主张，但评价不高，原因恐怕与此有关。法理学本来就是研究法或法律的全貌和原貌的，如不能做到再现全貌并且还原原貌，作为一门理论法学和基础法学来讲，多少总是有缺憾的，至少是不能令人满意的。

上面就文章内容问题，提了些零乱的、不成熟的看法，下面是些枝节方面的建议。

第一，第一个问题第三个小问题"法理学"中，提到沈宗灵老师主编的一部教材，可否增加一个脚注，标明出版信息？

第二，接着下页"两本书几乎同时出版"那个自然段中，所谓"人大教材"和"统编教材"，感觉有些指代不明，可否提前括号标注？

第三，您在"重点论"部分提到"权利与义务"问题，这部分只列问题，没有主张，似乎与前面几个问题下的论述风格不相匹配，可否考虑调整？

第四，"合"、"分"部分第一个自然段中提到"有法律从法律"等话，感觉同本段主题句联系不大，可否重新关注一下？

第五，在"综合趋势"部分之下的从"首先"到"最后"的五个小段中，为醒目计，可否分别增加概括性的主题词或主题句？

第六，文中有些零星的笔误，如把"尊重"写作"遵重"的，把"做套"写作"座套"的，把副词"地"写作"的"的，可否进一步校对更正？

新中国法理学发展几十年了，时至今日，情况起了巨大变化，思想界也是异常地活跃，一切都表明，是到了该总结总结的时候了。您的文章，可谓适逢其时。

而且，这个题目，由您来谈，以您的经历，以您的视野，以您的造诣，以您的修养，我觉得十分地合适。许多话语读起来特别亲切，特别有感觉，仿佛又回到了当年的课堂上，十分幸运地一道薰沐着老师们独具一格的气度、神采和风骨。

我自二〇〇〇年跟随老师学习，二〇〇三年毕业，一转眼快二十个年头了。平日自恨根底浅，能力弱，成绩小，进步慢，不能给老师争光，反而经常添乱，现在想起来，每每十分地惭愧。不过，有机会能读到老师的新作，还能够产生一些想法，还能把它们记录下来，或许这也是段机缘，有了这段机缘，就能自觉多少有些慰藉。

谢谢老师多年来的教导！谨此，敬候　老师、师母　冬安，并颂　道履健吉！

年月日，单位，姓名。

（二〇一九年十二月五日）

# *99* 论法学分科

有两则材料值得注意，第一则与现行法学学科划分有关，第二则与现行法学课程设置有关。

二〇一一年三月，国家学位委和教育部联合出台《学位授予和人才培养学科目录（二〇一一年）》。据此，我国现有十三个学科门类，一一〇个一级学科，三七五个二级学科。法学门类之下的法学一级学科，下设十个二级学科，它们是：法学理论、法律史、宪法学与行政法学、刑法学、民商法学（含劳动法学和社会保障法学）、诉讼法学、经济法学、环境与资源保护法学、国际法学（含国际公法、国际私法和国际经济法）、军事法学。

二〇〇七年三月，教育部高校法学学科教学指导委员会举行全体委员会议。会议决定把法学学科核心课程，由原先的十四门调整为十六门。新增两门是：环境与资源保护法、劳动法与社会保障法。原先十四门是：法理学、宪法、中国法制史、刑法、民法、商法、知识产权法、经济法、刑事诉讼法、民事诉讼法、行政法与行政诉讼法、国际法、国际私法、国际经济法。

对比两则材料，主管部门关于法学分科的一些考虑，不难想见。这当中，涉及：第一，理论法学和部门法学；第二，国内法学和国际法学。在部门法学当中，又涉及：第一，根本法学和普通法学；第二，公法学和私法学；第三，实体法学和程序法学；第四，传统部门法学和新兴部门法学。所谓新兴部门法学有三个，即劳动法学和社会保障法学、环境与资源保护法学、军事法学。

可见，现行法学分科不只是一般意义上的理论划分而已，实际上，它带有相当多的甚至有些复杂的现实考量。课程设置不能不考虑学科划分，学科划分不能不考虑部门划分。部门划分是实践基础，学科划分是认识成果，部门法学分科就是在这个基础上取得的成果。把部门法学比作文学，把法律部门比作生活，二者间的关系，套用一句话，就是"文学源于生活，高于生活"。

理论上讲，法律部门的下位概念是法律制度，其上位概念是法律体系。法律部门划分，既要考虑调整对象标准，也要考虑调整手段标准；既要考虑整体性原则，也要考虑均衡性原则；既要考虑现实性原则，也要考虑前瞻性原则。目前，我国通行由全国人大常委会法工委方面推出的"七部门说"，它们是：宪法及宪法相关法、民商法、行政法、经济法、社会法、刑法、诉讼与非诉讼程序法。

所有这七个法律部门，可以拼接出一张相对完整的网络，这就是我国法律体系，即我国现行法。法律部门支撑起部门法学，部门法学倚重于法律部门。部门法学十分注意阐明现行法律规则和相关法律原则的意义，并结合法律实务，就法律应用中所出现的争议和难题，提出自己的意见和建议。部门法学围绕法律部门展开，而法律部门则是现行法，因此，部门法学属现行法学。部门法学关注现行法，但有时，在有助于说明和理解现行法的限度内，部门法学也旁及比较法学、立法学甚至法律史内容。

其实，不只是部门法学，在最朴素、最原始的意义上，连法学本身也是现行法学。所谓法学（jurisprudence），即现行法之学，它为现实而生，以实践性见长。部门法学是法学的原型，是主干，是"重中之重"，而某种意义上，法学主要指部门法学。法学之内可以没有法理学，没有法律史，没有比较法，但是不能没有部门法学，否则，毫无法学可谈。这是因为，部门法学同实务距离最近，联系最紧，最接地气，而法学最重现行法，最讲实践性。

可以这样说，法学主要研究如何以现行法方式回应现实，如何用规则妥善地解决纠纷。法学研究不能不关注本国现行法，不能不受到本国现行法的影响，那种轻视、漠视甚至敌视本国现行法的法学研究是令人生疑的。法学从诞生之日起，即面向司法审判，面向

"定分止争"，为社会需求服务。只是，转入近代，法学狭义化了，成了法理学，而该词传统用法，则成了法律科学。时至今日，在美国，但提到法学，法官仍是中心；甚至在欧陆，在提到那个同形同源词（如 Juriprudenz）时，仍旧同司法审判有着摆脱不开的瓜葛。

法学主要以法或法律为研究对象，最直接地，最直观地，就是以现行法为主要研究对象。现行法是现在的法，由此推广开去，又有过去的法，有未来的法，有未出现的法。现行法是本国法，由此推广开去，又有外国法，有国际法，有区域法。现行法是国家法，由此推广开去，又有民间法，有"活法"，有原始法，有亚国家法，有超国家法。现行法是制定法，由此推广开去，有习惯法、条约法等。现行法是实证法，由此推广开去，有自然法、神法、永恒法等。所有这些法律形态，均参照现行法联络起来，经由现行法组织起来。这个体系以现行法为中心，至少现在是这样。

法学研究现在的法，法律史研究过去的法，立法学研究未出现的法，法哲学研究未来的法。法学研究本国法，比较法学研究法系和外国法，国际法学研究国际法和区域法。法学研究国家法，法社会学研究民间法，研究各种超国家法和亚国家法，研究"活法"，法人类学研究原始法。法学研究制定法，法社会学研究习惯法，国际法学研究条约法。法学研究实证法，法哲学和法学史研究自然法、神法、永恒法等。所有这些相关学科形态，均参照法学联络起来，经由法学组织起来。这个体系以法学为中心，至少现在是这样。

**表6　法学体系示例**

|  | 理论学科 | 非理论学科 |
|---|---|---|
| 基础学科 | 如法理学 | 如法律史 |
| 非基础学科 | 如刑法哲学 | 如刑法学 |

这样，站在法学体系角度上，可以区别出几个层次来，如：第一，基础学科和应用学科；第二，理论学科和实务学科；第三，核

心学科和边缘学科；第四，独立学科和交叉学科；第五，传统学科和新兴学科。既是基础学科，又是理论学科的，如法理学；虽是基础学科，但非理论学科的，如法律史；虽是理论学科，但非基础学科的，如刑法哲学；既是应用学科，又是实务学科的，如刑法学。以这两种分类搭建起一个框架，可以帮助人们看清一些法学分科的性质，从而理清它们之间的关系。

可见，部门法学既具应用性，又具有实务性。部门法学最主要地以现行法为研究对象，它只应用现行法而不质疑和挑战现行法，只解释现行法而不否定和推翻现行法，所谓应用性，所谓实务性，即与此相关。部门法学，在欧陆一些国家和地区，把它们叫作法解释学，或叫作法教义学，这些名称突出了它们同法哲学、立法学的区别。

可见，法理学既具有基础性，又具有理论性，所以，历史上，有时称为法学（律）基础，有时称为法学（律）理论，有时更是称为法学（律）基础理论。比较地说，法律史和比较法称为理论法学可能有些勉强，不妨称为基础法学，而且，不妨从中发展出一些法律理论来，比如法律传统、法律文化、法系、法律传播、法律演进、习惯法理论等。这不仅是有益的，而且是必要的。

在法学分科内部，也有一些更为细致的分科，从而实现法学分科的体系化。如法理学分科，现在通行做法是：第一，法哲学；第二，法社会学；第三，立法学；第四，比较法学；第五，西方法律思想史。又如刑法学分科，除"本来"意义的刑法学，即刑法解释学，或刑法教义学外，可以区分出：第一，刑法哲学；第二，刑事社会学；第三，刑事政策学，或刑事立法学；第四，比较刑法学；第五，国际刑法学；第六，犯罪学和刑罚学；第七，其他一些更远的刑法学分科。

另有一些边缘学科、交叉学科和新兴学科值得注意。边缘学科，如侦查学、法医学等；交叉学科，如司法统计学、法律逻辑学等；新兴学科，如法经济学等。边缘相对于核心而言，交叉相对于独立而言，新兴相对于传统而言，它们都是些相对概念，相互之间不免会发生转化。严格来说，许多学科都是交叉学科，或是学科交叉的产物，如法哲学是法学和哲学的交叉，法律史是法学和历史的交叉，法社会学是法学和社会学的交叉，但一般处理作独立学科。这些归类，有时显得很是随意、凌乱，这里，既有个人偏好因素，又有习惯做法问题，不可一概而论。

又有一则材料，涉及法学分科，全篇可称宏富细密，谨录如次。二〇〇九年五月，国家质检总局和国家标准化管委会推出《学科分类与代码》国家标准，全称《中华人民共和国学科分类与代码国家标准》（GB/T 13745 - 2009）。这份文件共设五个门类六十二个一级学科七百四十八个二级学科近六千个三级学科。具体到法学一级学科，下设五个二级学科，涉及三十七个三级学科，含五个二三级学科其他学科项目。

这个国家标准有几个特点：第一，使用学科分类名称作为二级学科名称，如理论法学；第二，三级学科，搜罗甚广，如法律教育学、法律心理学、安全法学等；第三，有些并列不妥，法史学和理论法学并列；第四，排序标准不尽一致，如刑诉法排在刑法之前，而民诉法却排在民法之后；第五，二三级学科各设其他学科项目，似有叠床架屋之嫌；第六，同开篇两则材料对照，划分结果不尽相同。看来，即便同样的事情，由官方操办起来，也未必十分地严谨精到，显然，它们相互之间缺少必要的沟通和协调。

（二〇二〇年七月六日初稿）

（二〇二〇年七月七日改）

附：《中华人民共和国学科分类与代码国家标准》（GB/T 13745 - 2009）。

法学（820）下设理论法学（820.10）、法律史学（820.20）、部门法学（820.30）、国际法学（820.40）、法学其他学科（820.99）。

第一，理论法学（820.10），共 9 个。它们是：法理学（820.1010）、法哲学（820.1020）、比较法学（820.1030）、法社会学（820.1040）、立法学（820.1050）、法律逻辑学（820.1060）、法律教育学（820.1070）、法律心理学（包括犯罪心理学）（820.1080）、理论法学其他学科（820.1099）。

第二，法律史学（820.20），共 4 个。它们是：中国法律思想史（820.2010）、外国法律思想史（820.2020）、法律制度史（820.2030）、法律史其他学科（820.2099）。

第三，部门法学（820.30），共 17 个。它们是：宪法学（820.3010）、行政法学（820.3015）、民法学（820.3020）、经济法学（820.3025）、劳动法学（820.3030）、婚姻法学（820.3035）、民事诉讼法学（820.3040）、行政诉讼法学（820.3045）、刑事诉讼法学（820.3050）、刑法学（820.3055）、刑事侦查学（820.3060）、司法鉴定学（820.3065）、军事法学（820.3070）、环境法学（820.3075）、安全法学（820.3080）、知识产权法学（820.3085）、部门法学其他学科（820.3099）。

第四，国际法学（820.40），共 7 个。它们是：国际公法学（820.4010）、国际私法学（820.4020）、国际刑法学（820.1030）、国际经济法学（820.4040）、国际环境法学（820.4050）、国际知识产权法学（820.4060）、国际法学其他学科（820.4099）。

第五，法学其他学科（820.99）。

# *100* 论法学方法

法学方法知多少？可如何归类？各自有哪些特征？应用状况和前景如何？

就这些问题而言，有过专门研究。比如，耶林曾提出分析的、规范的和经验的三种视角。再如，庞德曾提出分析角度、历史角度、哲理角度和社会学角度，并且径直称作"法理学的研究方法"。庞德的概括，对日本，对旧中国，影响甚大，几成通说。

这里关注的是另外两种意见，一种来自英国学者，一种来自德国学者；一种涉及法学方法，一种涉及法学立场。这两种意见颇有代表性，也颇有启发性，在法学界传行甚广。关于前种意见，庞德《法理学》一书曾特别提及，并予评论辨析。

前种意见见于"法学的方法"一文，原为蒲徕斯所著《历史和法学研究》（*Studies in History and Jurisprudence*，1901）第十二章。作者蒲徕斯勋爵（James Bryce，1838－1922），前英国牛津大学教授，讲授民法学。学过宪法的，都知道宪法可以分为"刚性宪法和柔性宪法"（rigid v. flexible），可以分为"成文宪法和不成文宪法"（written v. unwritten）。这两种著名的分类，就是蒲氏提出来的。同样，蒲氏这篇文章问世后，广为传播，得到了普遍关注。

在文中，作者列出了四类方法，第一，形而上学方法或先验方法；第二，分析方法；第三，历史方法；第四，比较方法。他认为，这些方法为一般法学所承认，是正确的方法。学习法学，应当从方法开始。

所谓形而上学或先验方法，其着眼点在于探讨法或法律的存在根据，比如道德、自由、意志等。这种方法可以是哲学的，可以是神学的，可以用于解决法律领域的问题，也可以延伸至政治领域，解决政治问题。

在法学领域，这类方法呈现出两种倾向，一是演绎倾向，一是归纳倾向。演绎倾向具有先验特点，过于抽象化，很难同实际相结合，把握起来也非常地困难。就归纳倾向而言，这种方法，看似深邃，实则无不是对现实生活的抽象和概括。康德和黑格尔使用的就是这样的方法，他们的著作晦涩艰深，但在实践哲学领域，多有可取之处。

所谓分析方法，通常反对形而上学和伦理学，其着眼点在于从经验出发，尽量使用通行的自然语言，努力对术语加以界定、解释和分类，并揭示它们之间的逻辑关系。当然，出于体系的考虑，经常不得不扭曲日常概念的含义，甚至独创一些概念。

英国法学，特别是边沁和奥斯丁就运用这种方法，进行他们的研究。他们的著作曾受到欢迎，但意义有限，边氏尚可，奥氏就差多了。问题在于：他们执着于功利主义，而缺乏历史眼光和比较观点。边氏研究立法学，消极影响还不明显；奥氏研究法理学，后果就严重了，他的作品错误太多，又过分自信。但总的看，这派对英国法律进步还是有积极作用的。

所谓历史方法，有别于前两种类方法，着眼于法律产生、成长、发展和衰亡的整个过程。运用历史方法，可以解释：法律如何成为现在这个样子？它们又将走向何处？据此，法律乃是"胚胎"与环境交相作用的产物，也将随之发生变动，国家法不过特定形式之一而已。

这种方法正面作用是主要的，但也存在负面作用。它可以解释许多纯粹分析所无法解释的概念、原理和规则，因为，它们并非来自理论推演，而是来自习惯和特定历史条件。同时，即便现阶段相当合理，也都不会永远如此，总有一天要改变的。这类方法如使用不当，有可能滑向厚古薄今和泥古不化，对法律改革和社会进步产生阻碍和牵制。

所谓比较方法，产生最晚，其着眼点在于通过收集、检验和权衡大多数法系都存在的概念、原理、规则和制度，同中求异，异中求同，最终找出一套自然体系、哲学体系或实用体系。简单说，历史方法关注时间，比较方法关注空间。

这种方法发展为两支：历史比较和制度比较。历史比较研究不同法系间的关系，通过考察沿革过程来辨明差异原因，本质上是对一般法的历史研究。制度比较带有实践目的，以实际问题为线索，考察解决办法特别是法律规则方面的差异，找出原因，做出解释，提出对策。历史比较本质上仍停留在印欧文化内部，而制度比较本质上属于立法领域，但作用要大些。

最后，作者在分别考察的基础上，作出综合评论。他认为，四类方法，都是合理的，都有特定范围和特殊价值，在法学教育中应当结合使用；前两类方法只适用于某些环节，后两类方法则共同适用于所有学科。罗马法学家的成功告诉我们，法律哲学的真正价值是使规则与细节保持和谐，保持一致，成就法律体系优点的不是别的，而是合理性、简易性和自洽性。

在蒲氏和庞氏之后，有学者把他们两家综合起来，从而开列出五种法学方法，它们是：第一，分析方法；第二，历史方法；第三，社会学方法；第四，哲学方法；第五，比较方法。在法学史上，分析法学侧重分析方法，历史法学侧重历史方法，法社会学侧重于社会学方法，自然法学侧重哲学方法，比较法学侧重于比较方法。这种提法简明扼要，虽不免失之粗糙，但仍给人以耳目一新的感觉。

如前，前种意见见于蒲徕斯，后种意见见于拉德布鲁赫。拉德布鲁赫（Gustav Radbruch，1878 - 1949），是战后德国最著名的法学家之一，曾出任魏玛共和国国会议员和司法部长，并执教于柯尼斯堡、基尔和海德堡等多所大学，担任刑法、法哲学教授职务。他的学说在德国学界影响甚大，已故法学家考夫曼教授（Arthur Kaufmann，1923 - 2001）即其亲炙弟子，再传弟子诺伊曼教授（Ulfrid

Neumann，1947 - )，也是当代有分量的学者。

拉氏著述颇丰，如《法学导论》（一九一〇）、《法哲学》（一九一四）、《法哲学入门》（一九四七）等，身后，又有《古斯塔夫·拉德布鲁赫全集》（1987）等问世。这部分内容，选自《法哲学》（*Rechtsphilosophie*，1932），集中体现了他对世界的整体把握，是了解他的思想体系和思想方法的重要参照。

在文章中，他特别钟爱"四"这个数字，他赞同歌德等的理解，认为"四维性"，体现了"双重对称性"，在几乎所有民族都具有神秘色彩。他宣称，存在四种基本立场，即"价值无涉的"、"价值评判的"、"价值关联的"和"价值超越的"等。这些立场，均来自精神的筛选，而不是人或者事物本身。

### 表7　法学基本立场

| 立场 | 现实 | 领域 | 学科 | 示例 |
|------|------|------|------|------|
| 价值无涉的 | 存在 | 自然 | | 自然科学 |
| 价值评判的 | 价值 | 理想 | 法哲学 | 真、善、美 |
| 价值关联的 | 意义 | 创造 | 法律科学 | 文化，如艺术、科学、道德等 |
| 价值超越的 | 本质 | 信仰 | 法宗教哲学 | 宗教 |

所谓价值无涉立场（wertbinde，wertfreie），本质上是自然科学的立场，适用于自然科学领域。

所谓价值评判立场（bewertend，wertende），涉及评价活动中意识到的尺度、规则和它们之间的关系，体现为逻辑学（真）、伦理学（善）和美学（美）等价值哲学学科当中。

所谓价值关联立场（wertbeziehende），涉及现实活动。在各类文化活动中，如科学、艺术、道德、文化等，各种正价值、负价值混杂在一起，虽然如此，人们仍怀着"对价值的追求"，仍在努力去实现正价值。在这点上，这种立场，同其他立场区别开来。

所谓价值超越立场（wertüberwindende），涉及宗教信仰。宗教意味着把价值和非价值放在同一层面上，然后在更高层面上处理它们的对立关系，最终实现对二者的超越。宗教本质上是对存在的肯定，这反映出它的宽容特点，这同时使得人们在自然和现实的激烈冲突中，获得精神上的慰藉。

价值关联和价值超越，是处在价值无涉和价值评判之外的精神态度，以不同方式在它们中间起到中介作用。这样，就有四种现实存在，即存在、价值、意义和本质；与此相应，也有四个领域存在，即自然、理想、创造和信仰。

在上述立场框架中，"法律是一种文化现象"，是"一种涉及价值的事物"。法律现象只有在有意识地实现理想的情况下，才能予以确定。法学包括三个分支：对应于第二种立场的，是法哲学；对应于第三种立场的，是法律科学；对应于第四种立场的，是法宗教哲学。

拉氏的分析，是以价值为出发点的。价值是抽象的、纯粹的精神目标，它推重正价值（真、善、美等），抵制负价值（假、恶、丑等）。这是一个极端，另一个极端是客观的、真实存在的自然事物，它们当中不包含这类价值，而对它们展开研究，也不宜抱有太多、太重、太苛刻的价值标准，所以是非价值的。

再一类就是人的活动，包括社会活动和文化活动，其中，不全然是价值，但不可避免要涉及价值问题，而追求价值目标，克服各种障碍，又是它们的意义所在，所以是价值关联的。

最后一类，体现了拉氏对宗教的思考，尤应注意。宗教本身不是价值，也不能牵连到价值关系中去，但也不能因此归入自然范畴，相反，它处于三者之外，圣洁自处，安然若泰，同时又以仁慈去唤醒良知，以宽容来感召沉沦。所以，它是独立的，采取价值超越态度。

法学研究应该采取何种方法为佳，以何种立场为上？人们常说，"文无定法"，的确，应该一语，语气太重了，在现代人眼中，其中糅入了太多个人偏好的成分。但是不妨换个角度，我们尽可以问问，法学史上曾经采取过哪些方法，曾经采取过哪些立场，进而紧紧围绕方法和立场问题，来上一番认真细致的梳理和总结。如能在以上工作基础上，形成法学方法史，或法学方法论，即便是个提纲或线索也好，它们对法学研究最终走向自觉，走向成熟，走向繁荣，无论如何都是有利无害的。

（二〇二〇年六月十五日改定）

# 后　记

　　时至今日，稿子终于有些眉目了，也完成了初校，事情暂时告一段落了，心中的纠结能放放了。细想想，之所以心情纠结，是因为看不到结果，一是稿子没有着落，二是出版没有着落，现在两方面都窥见了希望，似乎可以略微放放了。

　　忽而记起，从前，也就是稿子写作过程中，曾留有一段文字，似乎便于交代一些情况，且先抄录下来：

　　　　古语有云："知者千虑，必有一失；愚者千虑，必有一得。"愚也不敏，质不中人，时运不济，唯勤补之。每日成篇，三月结集，碁年小得，殆可冀也。积沙成塔，集腋成裘，涓滴江海，或可及也。既散且乱，既枝且蔓，既雕且琢，故曰卮言。或冠斋名，或弁别号，甲乙丙丁，未知可否？是可陈者，亦称微衷，因记于右，幸毋见哂。偶有所感，得此数语，聊充序跋，录之备忘。年月日。

　　上引文字主要涉及三个情况，一是书名，二是初衷，三是感慨。接下来，借着后记的机会，补充说两句：

　　关于书名。《庄子·天下》："以卮言为曼衍，以重言为真，以寓言为广。"《庄子·寓言》："卮言日出，和以天倪。"卮是酒器，卮言就是酒话，是酒话，所以显得发散，吞吞吐吐，断断续续，不着边际。书中的话，兴许也包括这世上的话，大半是酒话，剩下的算酒话，是酒话的不见得都假，算酒话的不见得都真。是还是算，真还是假，各自有几分，孰人理得清楚？既然理不清楚，那就归入酒话吧，姑妄言之，姑妄听之。

关于初衷。书中所收百篇，都是小文，没有一篇是大作，这些都是无数个"一闪念"光景敷衍而成的，或者课间座次，或者茶余饭后，颇近于街谈巷议、引车卖浆者流。《荀子·劝学》："骐骥一跃，不能十步；驽马十驾，可致千里。"限于资质，限于能力，限于水平，自开笔之初，便抱定了"千虑一得"的心思，但行进之中，不免又生出"十驾千里"的企望来。于是乎，有了这本"备忘录"。

关于感慨。庚子年，不平静，坏消息，连珠炮似的，一件接着一件。其实，这何尝不是个缩影？大时代，大变局，天道轮回，世事沧桑，身逢其时，亲见亲历，不可谓为不幸。只是，侥幸经过了，又看不清；侥幸看清了，又讲不明；侥幸讲明了，又行不通；侥幸行通了，又传不开；侥幸传开了，又走不远；侥幸走远了，又不能长久。这些"侥幸"，不知是幸呢，还是不幸呢？有老歌唱道："外面的世界很精彩，外面的世界很无奈。"又，"不是我不明白，这世界变化快。"个人在时代面前，是那样地孤单无助；殊不知，人类在自然面前，比个人还要更加地孤单无助呢。

时代在考验人，历史在考验人，考验也是煎熬，总有些人能经得起考验，经得住煎熬，所谓"疾风知劲草，板荡识荩臣"。圣贤就是这样的人，他们帮助民族、帮助社会、帮助国家解决时代难题，完成历史使命。有了这样的人，其他人就不那么地孤单无助，尽管这样的人比其他人要更加地孤单无助。这样的人有别于其他的人，他们更加地孤单无助；其他人有别于这样的人，他们因为这样的人而不那么地孤单无助。古来圣贤之为圣为贤，后之人之希圣希贤，其中必有若干道理在，他们懂得如何地面对孤单无助，他们教会人们如何地面对孤单无助。能够一己面对孤单无助，进而共同面对孤单无助，才能对民族、对社会、对国家有作用、有贡献，这样的生活才有价值，才有意义。

《论语·宪问》："子曰：'不怨天，不尤人，下学而上达。'"圣贤有无数优秀品质，比如抱负要远大，心志要笃定，行事要坚忍，当然，见识也要通达等，千条万条，不怨不尤无疑算一条。不怨不尤是大胸襟，是大境界，唯圣贤这样的过来人为能之，这方面，孔夫子确乎是个好榜样！孔夫子常常感到孤单无助，常常面对孤单无助，但他不怨不尤，知其不可为而为之。《论语·雍也》："子曰：'贤哉，回也！一箪食，一瓢饮，在陋巷，人也不堪其忧，回也不改其乐。贤哉，回也！'"孔夫子最看重颜回，经常表扬他，想来他也是个面对孤单无助而不怨不尤的人。其实，何止是孤单无助？何止是不怨不尤？众人皆忧，回也独乐，这又是何等的眼界和心境！

如何看待外界？如何审视内心？这是每个读书人不能不思考的问题，无从回避。生活在现代，生活在新世纪，物质条件比前辈不知要优渥多少倍，耳闻目见也不知要丰富多少倍，但是思想认识也真的前进了那么多倍吗？道德修养也真的提高了那么多倍吗？审美追求也真的升华了那么多倍吗？眼前的时代是个什么样的时代？有什么特征？挑战有哪些，代价有哪些？走向如何？前景如何？背后的历史真相如何？另一方面，面前的人是些什么样的人？有什么特点？类型有哪些？层次有哪些？构成如何？发展如何？背后的文化基因如何？许多事情，我们真的讲得清楚吗？真的看得清楚吗？真的理得清楚吗？

在这类关乎世道人心的问题面前，法条真的是些皮毛，法律和公共政策也只是些表象，是这类问题给予法律政策及其条文以精神实质，让它们立刻鲜活了起来，这才是"法"背后的"理"！法是皮囊，理是魂魄；法是台柱，理是基础；法是枝叶，理是根本；法是江河，理是源泉。法而无理，则流于琐屑，流于贫乏；

理而无法，则流于干涸，流于空洞。人说："功夫在诗外。"对文字的理解不难，难的是文字背后的行动；对法律政策的理解不难，难的是法律政策背后的社会和文化，是世道人心！这个道理理解起来不难，难的是实际运用。正因此，对法律人来说，经验阅历总是一笔最可宝贵的财富。

真正的学问无不是对世道人心的解读阐释，法理即关于法或法律的真正的学问，所以，一定要敢于针砭时弊，直指世道人心。不能不说，法理之所以有力，或与此相关；之所以乏力，也与此相关。现在是一个大时代、大变局，风云变幻，苍黄反复，既有的许多观念，许多解释，许多定性，许多评价，诸多方面都在变化，事情正在起变化，所以许多看法想法也要有变化。诚然，世道在变，人心也在变，但在这些方面体察得越深，揭示得越透，人们在面对孤单无助时，在随波逐流、与时进退之余，就多出一分定力，多出一重保障，从而接近圣贤不怨不尤的境界。学问的真谛既在觉悟，又在修为，修为即觉悟，觉悟即修为。

但是，很多时候，外界太强大了，内心太弱小了，又当如何呢？或者，就像是洪流中的石砾，又像是风暴中的落叶，在大自然面前，个人实在太渺小了，除了漂流翻转，身不由己之外，还能做些什么呢？这时，所谓世道人心，又派得上什么用场呢？答案也许是：既然在人力之外，既然不可为，这便是命运；而它能使我们内心平静，平和地接受命运的支配，在灾难和危机降临之前保持一份最后的尊严。

时逢冬至，转眼又是岁末了，各种辞旧迎新的事务照例进行中，有条不紊。一想到岁末，看着一切有条不紊，心中还是纠结起来。某日，冬晨楼下，清寒凛冽，落鸦满树，车水马龙，往来匆遽。眼前即景，忽有所动，偶得几句，胡乱凑成一首，就叫《眼前即景》吧。其词曰：

新街口外鸦声噪，

铁狮坟前行色忙。

眼看年来又将尽，

十分无奈叹江郎。

回首过往，倏忽半生，读书二十三年，教书一十五年，出入秦晋之际，流落燕赵之间，后学晚进，常鳞凡介，本乏才具，略无建树。不过各方帮助，时运机缘所至，兼此数者，方有今日，窃尝自喜，每庆幸焉。设若无此数者，今日如何，身在何方，实在不敢想象。

其中，最应该感谢的是我的三位老师，他们是中国政法大学法学院刘金国教授、中国人民大学法学院朱景文教授和中国人民大学哲学院安启念教授。三位老师求真务实，忧国忧民，宽和睿智，乐观豁达，很容易感染到学生。想想自己，出身寒微，资质平平，没有三位老师的提携关心，很难走到现在，师恩如山，难报万一。我虽毕业多年，平日放浪形骸，徘徊虚诞，终不能用成绩报答老师，中心有愧。

家人的多年不断的、多种形式的牺牲付出，而且是不计成本、不图回报、无怨无悔的牺牲付出，这一切，既让人温暖，又让人动容，还让人喟叹，同时，更让人羞惭。

本单位梁迎修老师、柴荣老师一直关心过问小书，在此，谨致敬意；刘培峰老师、马建银老师、刘懿彤老师、张晓婷老师曾给予很多切实的帮助，令我受益良多，难以忘怀，在此，深表谢忱；我的研究生徐施峰、李新天参与校稿，在此，一并感谢。其他外单位的、外地的领导、师长、同学和朋友的热心问候，欣幸感念之余，在此，衷心为大家祝福！

承蒙不弃，小书之能够顺利出版，最直接的、最有力的支持来自社会科学文献出版社刘骁军老师、姚敏老师以及其他各位老师，他们新颖独到的眼光，严谨认真的态度，扎实细致的作风，热情周到的帮助，十分令人钦佩。在此，向他们致敬，并表达由衷的感谢！

当然，文责自负，小书中轻率唐突之论，虚妄鄙薄之见，颠倒脱讹之文，错误纰漏之处，诸如此类问题，概由笔者本人负责。在此，不揣谫陋，敢以刍荛芹献之说，谨就教于读者方家，倘蒙垂鉴教正于一二，是所至感，又深自引以为幸焉！

北京师范大学法学院　周静

（二〇二〇年十二月二十一日初稿）
（二〇二〇年十二月三十日改）

## 图书在版编目（CIP）数据

法理卮言：法哲学视野中的法或法律／周静著. --
北京：社会科学文献出版社，2021.3
　ISBN 978 - 7 - 5201 - 8098 - 6

Ⅰ.①法… Ⅱ.①周… Ⅲ.①法哲学 - 研究　Ⅳ.
①D90

中国版本图书馆 CIP 数据核字（2021）第 046545 号

## 法理卮言
——法哲学视野中的法或法律

著　　者／周　静

出 版 人／王利民
组稿编辑／刘骁军
责任编辑／易　卉

出　　版／社会科学文献出版社·集刊分社（010）59367161
　　　　　　地址：北京市北三环中路甲 29 号院华龙大厦　邮编：100029
　　　　　　网址：www. ssap. com. cn
发　　行／市场营销中心（010）59367081　59367083
印　　装／三河市东方印刷有限公司

规　　格／开本：880mm × 1230mm　1/32
　　　　　　印 张：14.125　字 数：387 千字
版　　次／2021 年 3 月第 1 版　2021 年 3 月第 1 次印刷
书　　号／ISBN 978 - 7 - 5201 - 8098 - 6
定　　价／138.00 元